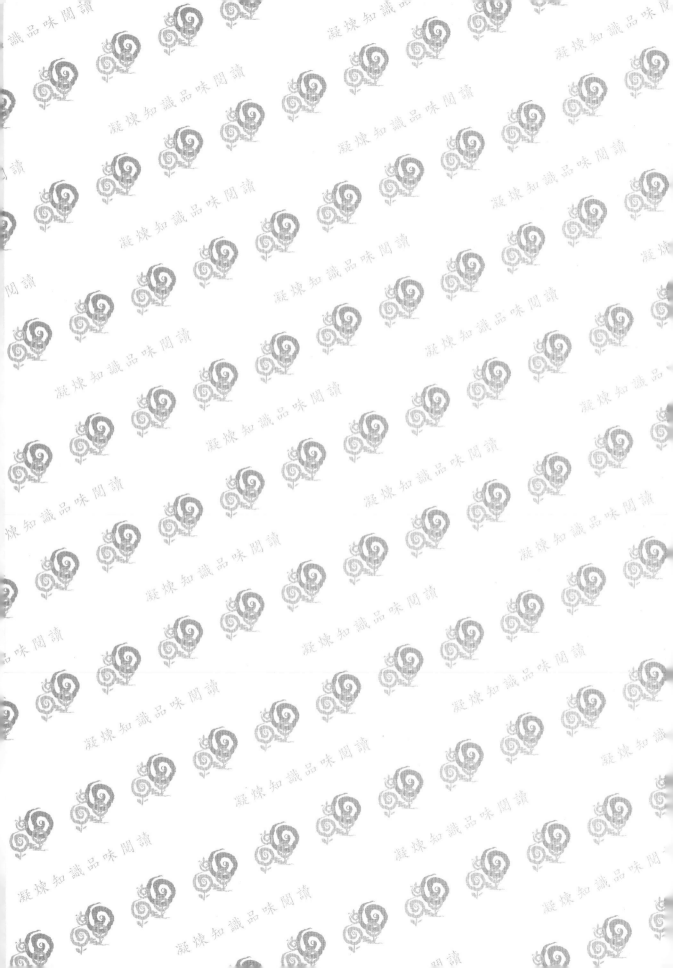

# 運輸規劃

## 基礎與進階

### TRANSPORTATION PLANNING

陳惠國 著

五南圖書出版公司 印行

# 序言

　　《運輸規劃—基礎與進階》除了包括傳統運輸規劃內容之外，亦導入較新發展的題材，兼顧基礎與進階的需求。第一章至四章介紹運輸規劃的觀念、規劃程序與資料收集；第五章概述二次規劃最佳化與變分不等式的模型架構與求解步驟；第六至十一章探討總體旅運需求預測的議題；第十二章聚焦於雙層規劃問題的建模與求解；第十三至十五章專注於個體旅運需求分析模型；第十四至十八章說明運輸系統方案的研擬、評估與執行；附錄則闡述智能合約在公共運輸幸福巴士之應用。大學部高年級同學，可閱讀第一、二、三、五、六、七、八、十三、十六、十七、十八等十一章，以便有一般性之認識；而研究所同學則可增加第四、九、十、十一、十二、十四、十五等七章以進行深度學習；至於交通運輸專業人員則再增加閱讀書末附錄一、附錄二等兩章，俾能瞭解區塊鏈在實務上之應用。

　　本書能順利完成，需要感謝的人非常多。首先我要感謝博士論文指導教授Dr. D.E. Boyce，由於他的引領，才能讓我得以進入運輸規劃這個豐富而又具有挑戰性之學術殿堂。其次我要感謝的是這三十多年的教學生涯中，跟隨我進行研究的博碩士班學生們，由於你們過去的努力才有今日之成果展現，在此特申謝誠。最後我還要特別感謝我的家人，特別是陪伴我努力的內人周惠文教授以及三位壯丁建宇、建安、建仰，沒有他們的鼓勵與支持，本書將無法順利完成。

　　本書之編纂過程，雖然力求完善，但囿於個人能力所及，疏漏之處在所難免，尚祈交通運輸界之先進前輩不吝多加指正。

國立中央大學教授

陳惠國 謹誌

2023 年 12 月

# 目 錄

# 16　運輸系統方案之研擬

# 17　運輸系統方案之評估

# 18　運輸系統方案之執行

## 附錄一　區塊鏈基礎之智慧運輸系統

## 附錄二　智能合約在公共運輸的應用

# 第 1 章

# 運輸規劃概論

運輸規劃（transportation planning）為交通運輸學域之核心課程，也是從事交通運輸專業所必備之基本知識。一個良善之運輸規劃，不但可以協調其他專業，形成健全之計畫體系（例如，交通運輸系統連同土地使用、公共設施建設攸關著整個都市的健全發展），同時也成為下游之交通實質設施計畫（例如，交通工程、運輸工程）之佈設與管理之指導原則。因此，唯有做好運輸規劃，才能有效的進行交通實質設施建設以及健全的運輸管理，從而帶動整個國家之經濟發展。

本章內容之順序安排如下：第一節簡述運輸規劃的基本概念；第二節說明計畫體系與運輸規劃的分類；第三節介紹運輸規劃的發展沿革；第四節探討運輸規劃未來的發展趨勢；第五節提出本章之結論與建議。

# 1.1 運輸規劃之基本觀念

規劃（planning）是一個重要但卻經常被忽視的專業，一個好的規劃可以引導朝向美好的願景發展，但一個壞的規劃卻會留下許多問題與爭議。一般說來，規劃師必須經由預測與解決社區之衝突，協助社區居民創造他們美好的前景。

規劃師需要具備專業之特殊技巧（skills）與前瞻性遠見（perspectives），才能做出一個好的計畫方案（Litman, 2013, p. 2）：

1. 大多數人都忽視問題的存在，直到必須面對它為止。但規劃師則是專業的戰士，專門找尋潛在的問題並設法緩和它們的嚴重性。

2. 大多數人只看問題的單一面向。但規劃師則必須從多面向來考慮問題，他們經常思考的問題是：整體而言，什麼是對每一個人最好的？

3. 大多數人只處理簡單的問題與答案。而規劃師則是學習認真對待問題的複雜性，並尋求深入的意義與潛藏之原因。換句話說，規劃師學習處理不確定性（uncertainty）與模糊性（ambiguity）的情境。

4. 大多數人認為妥協是一種懦弱與失敗之象徵。但規劃師則認知妥協是情感的表達，因為它可以解決衝突而且帶來更佳的解決方案。

5. 大多數人一次只考慮一個課題。但規劃師則運用整合性的分析，使得個別的、短期性的決策能與多項的、長期性之目標並行不悖。

由上述可知，規劃是以未來為導向，可以引導一個狀況（situation）朝向一個所要的方向（例如：朝向達成正面的目標、避開問題、或以上兩者）發展（Papacostas and Prevendouros, 1985, p. 318）。換句話說，一個規劃的活動發生在某一個特定的時點，但是所在意的活動卻發生在未來的許多時點上，它是現代社會非常重要的功能。因此，

各專業領域均須擬定合理之規劃以引導合理而健全之發展，常見之專業規劃種類包括：都市規劃、經濟規劃、公司規劃、產業規劃、水資源規劃、環境規劃等。雖然規劃可以增加建議行動被執行的機率，但卻沒有絕對的保證會百分之百被執行，此外，規劃行動的執行與效果的顯現之間存在著一段時間的落差，而且真正的成效如何也存在些許不確定性，因此規劃可說是科學（science）與藝術（art）的結合體。

運輸規劃（transportation planning）可定義為是一連串、持續性的作業程序。此程序包含問題界定、目標的建立、方案產生與分析、方案的評估以及相關的技術分析等步驟。具體而言，運輸規劃是透過一套科學的程序，利用嚴謹的分析方法預測旅運需求，再研擬各種運輸計畫方案，並評估不同計畫方案的利弊得失，選出最佳的改善方案並予以執行。由此可知，運輸規劃就是制訂運輸計畫的過程，而運輸計畫（transportation plan）可說是運輸規劃的一種成品。

運輸規劃與一般社會大眾之福祉息息相關，其主要目的在於提供安全、公平、效率及環保之運輸系統（內含固定設施、流量單元，以及控制系統三個基本要素），即藉由預訂實質的建設方案及非實質的政策、策略或措施，提升交通實質設施的易行性（mobility）與可及性（accessibility），以達到滿足用路人就學、就業、社經以及遊憩活動的需要，以及貨物流通之目的（Papacostas and Prevedouros, 2001, p. 1; Meyer and Miller, 1984, p. 12）。

運輸規劃必須兼顧短期改善規劃與長期發展計畫。短期改善規劃年期通常為五到十年，是以低成本、即時且有效的系統管理策略將現有運輸設施做充分有效的利用以達到短期顯著改善之效果，短期改善規劃應配合長期發展計畫，以長期發展計畫為發展參考的依據；而長期發展計畫則是須考慮較為長遠的政策方向與需求，時間可達二十年到三十年之久，因此在政策上應保留彈性以因應短期改善或其他新計畫的可能影響。

依據上述，運輸規劃必須包括下列作業程序（王慶瑞，p. 2）：

1. 分析現有的運輸問題並預測未來的運輸需求。
2. 探討可能的改善對策與限制條件。
3. 尋求各種可行的替選方案並分析其系統績效。
4. 評估各種替選方案達成預設目標的程度。
5. 提供決策者足夠的資訊，以便做最佳抉擇。

## 1.2 計畫體系與運輸規劃之種類

運輸規劃可以依據規劃性質、目標年之長短、規劃範圍，運輸功能的方式予以分類

（參見圖 1-1）。

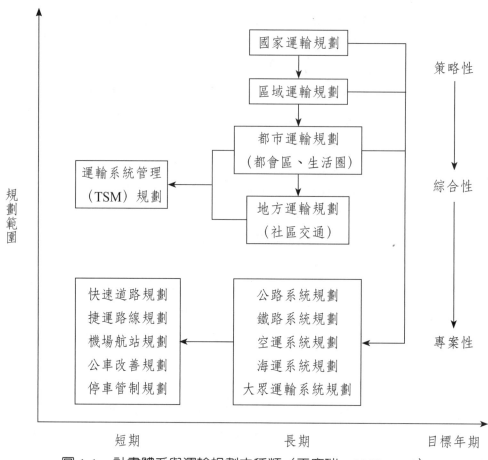

圖 1-1　計畫體系與運輸規劃之種類（王慶瑞，2008，p. 4）

　　依據規劃性質分為策略性運輸規劃（strategic transportation planning）、綜合性運輸規劃（comprehensive transportation planning）、運輸專案規劃等（transportation project planning）；依據規劃目標年之長短可分為長期運輸規劃（long-term transportation planning）與短期運輸規劃（short-term transportation planning）兩種；依據規劃範圍可分為國家級運輸規劃（national transportation planning）、區域運輸規劃（regional transportation planning）、都會運輸規劃（metropolitan transportation planning）、都市運輸規劃（urban transportation planning）以及地區性運輸規劃（local area transportation planning）等；以運輸功能劃分則可分為公路系統規劃、鐵路系統規劃、大眾運輸系統規劃、空運系統規劃以及海運與港埠規劃等。

　　各種運輸規劃之間並非各自獨立，彼此間具有重疊性或是互補性，例如運輸專案規劃屬於短期規劃；綜合性與策略性運輸規劃屬於長期規劃，其中，都市與都會運輸規劃

屬於綜合性運輸規劃，國家級運輸規劃與區域運輸規劃則偏向策略性運輸規劃。

## 1.3 運輸規劃之沿革

　　大規模之運輸規劃最早起源於 1950 年代的底特律（Detroit）或聖胡安（San Juan），以及其後更爲精細之芝加哥（Chicago）都會區。由於需要整理與分析之資料量相當龐大，若非藉助數位電腦之數據處理能力，這些運輸規劃案均無法完成。Creighton（1970）列出 1950 年代運輸規劃要處理之問題包括以下七項（但主要考量前面三項因素）：

1. 事故（accidents）。
2. 壅塞（congestion）。
3. 無效率投資（inefficient investment）。
4. 不可及性（inaccessibility）。
5. 醜陋（ugliness）。
6. 壓力與不適（strain and discomfort）、噪音（noise）、與安寧妨害（nuisance）。
7. 空氣汙染（air pollution）。

　　從 1950 年代至今，由於時空背景之不斷變化，美國相繼通過各種不同之法案與因應措施，這些做法都深深影響到運輸規劃之法人地位與研擬內容重點，茲將美國過去各階段發展的特色分別說明如下：

1. 1962 年之公路法案（Highway Act of 1962），曾確認發展運輸規劃程序之重要性，並要求所有中心都市人口達到五萬人以上之都會區必須在 1965 年以前擬訂綜合性（comprehensive）、協調性（coordinated）、與持續性（continuous）之運輸規劃（Dickey and Diewald, 1983），否則聯邦政府將不予補助。
2. 1960 年代訂定都市大眾運輸法案（The Urban Mass Transportation Acts of 1964 and 1966），以照顧弱勢族群。
3. 1969 年所訂定之全國環境政策法案（National Environmental Policy Act of 1969），1973～1974 年的能源危機，使得 1970 年代的車輛製造必須考量油耗效率，以及降低空氣汙染。同時由於州政府以及聯邦政府之信託基金（trust funds）逐漸耗盡，運輸規劃之重點開始轉移至運輸系統管理（transportation system management）。
4. 1980 年代以降，則強調應急評估（contingency assessment）並以維持（preserve）與維修（maintain）現有交通運輸系統爲主。

　　至於台灣的都市運輸規劃則發展較遲，其發展進程如下：

1. 1970 年 8 月 1 日成立交通部運輸計畫委員會，並於 1970 年開始辦理「台北市綜合運輸調查規劃」，採用美國發展的都市運輸系統（urban transportation planning systems, UTPS）規劃程序，是台灣的第一個都市運輸規劃。
2. 1972 年提出台北市運輸系統綱要計畫，作為台北市運輸系統長期發展的藍本。
3. 1974 年完成高雄市綜合運輸計畫研究。
4. 1975 年完成「台灣地區整體運輸規劃」，奠定台灣運輸規劃發展的初步基礎。

# 1.4 運輸規劃之發展趨勢

在都市尚未開發完善之際，過去的運輸規劃著重在長期運輸規劃的發展，希望能擬定一個全面性的運輸建設。但隨著城市發展日漸完善，可用土地資源減少，再加上財務的短絀，規劃重點已經如上所述，逐漸轉向為短期運輸規劃，強調應急評估，並以維持與維修現有交通運輸系統為主要重點。

短期運輸規劃方法很多，但一般常用的兩大類方法稱之為運輸系統管理（transportation system management, TSM）與運輸需求管理（transportation demand management, TDM）：

1. 運輸系統管理：不同於傳統以（大規模）交通工程建設作為解決都市交通問題的手段，運輸系統管理之主要觀念在於找出低成本且能短期見效之改善策略，以提高現有交通系統之操作性容量以緩和交通壅塞問題。利用較佳之方法來管理與操作現有運輸設施，可以有效地的改善車流狀況、空氣品質、能源消耗、車輛與貨物之移動，以及提升運輸系統之易行性、安全性、服務水準與環境品質。常見之運輸系統管理策略有以下幾種：
   (1) 路口與號誌改善（intersection and signal improvements）：例如，號誌時制最佳化（signal timing optimization）、交通控制器（controller/cabinet）與號誌燈頭（signal head）之更新、車輛偵測器修理更換（vehicle detectors repair/replacement）與中央控制系統之通訊（communication with a central system）、轉向車道（turning lanes）、立體分隔（grade separations）、鋪面劃設標線（pavement striping）、車道指派改變（lane assignment changes）、路標與照明（signage and lighting）的改善。
   (2) 高速公路交通擁擠路段改善（freeway bottleneck removal programs）：例如，不足之加減速車道與匝道（insufficient acceleration/deceleration lanes and ramps）、交織路段（weaving sections）、過彎的水平、垂直曲線（sharp hori-

zontal/vertical curves）、過窄車道與路肩（narrow lanes and shoulders）、不佳之標誌與鋪面標線（inadequate signage and pavement striping），以及其他幾何設計缺點（other geometric deficiencies）的改善。

(3) 收集資料以監控系統績效（data collection to monitor system performance）。

(4) 特殊活動管理策略（special events management strategies）。

運輸系統管理策略經常應用非運輸的手段（如都市計畫、土地使用、通訊科技等）來改善旅運型態及頻率，包括減少旅運次數、轉移旅次目的、分散旅次時間及減少私人運輸之使用，以紓緩都會區交通擁擠的問題，從而取代興建或擴充造價高的運輸系統，降低對環境的破壞。

2. 運輸需求管理：運輸需求管理亦稱交通需求管理（traffic demand management）、或旅運需求管理（travel demand management），都是指應用一些策略與政策以降低旅運需求（特別是指那些單人乘載的私人汽車），或是將需求進行空間或時間維度上之重新分配。在交通運輸上，需求管理可以成為一個增加道路容量的低成本的替選方案。一個有潛力的需求管理方法可以改善環境品質（better environmental out-comes）、改進公共衛生（improved public health）、創造更強機能的社區（stronger communities）、或更繁榮與活化的都市（more prosperous and livable cities）。TDM 可以結合社區運動達到永續性運輸（sustainable transport）的目標。

除了運輸規劃的觀念與重點的改變之外，旅運需求預測技術也有大幅的進步，例如，近年才發展出來的快速精確（quick-precision）TAPAS 交通量指派演算法，無論是運算速度、記憶體需求或是路徑資訊之提供方面，均比傳統的方法改善許多。此外，隨著都市化、民主化、教育普及和資訊發展，公民意識的高漲，民眾的意見也逐漸成為計畫決策的主要考量因素。換句話說，運輸規劃除了要依據專家意見之外，也需要充分反應用路人或當地居民之需求，因此透過民眾參與，將公眾的意見納入，可使運輸計畫方案更臻健全與有效率。

依據上述分析，運輸規劃近年來的發展趨勢可歸納如下：

1. 著重短期低成本的改善方案
2. 著重現有運輸系統的維持與維修
3. 發展快速精確的運輸需求預測模型與演算法
4. 注重大眾參與
5. 加強考量不確定因素對運輸系統的影響
6. 強調系統性與整合性的規劃觀念
7. 納入電腦與資訊科技之應用
8. 著重評估運輸計畫於對環境的影響

9. 加強防災之觀念
10. 兼顧個體旅運需求行為

# 1.5 結論與建議

　　運輸規劃為交通運輸學域之核心課程，因為運輸規劃與下游的交通實質建設有著密不可分的關係，並且會深切影響到都市土地使用的發展、居民生活環境的品質，與經濟發展成長的活力。因此，唯有做好前瞻性的運輸規劃工作，才能進行有效的交通設施建設與健全的運輸管理，進而達成綠色運輸（green transportation）系統與都市永續運輸（sustainable transportation）發展的使命。

　　就理論與技術而言，運輸規劃是透過一套科學的程序，預測旅運需求，研擬各運輸計畫方案，評估利弊，選出最佳方案，其目的就是為了提供安全且有效率的運輸設施，解決民眾行的問題。就實務而言，由於電腦與資訊科技（例如雲端運算、電子通勤、智慧型運輸系統技術）快速發展，運輸規劃技術（例如快速精確的交通量指派演算法）的持續進步，環境保育（如綠色運輸以及防災科技）的重視與公民意識之覺醒，運輸規劃的觀念已經進入一個嶄新的階段，從事運輸規劃之工作將面臨更大之挑戰，因此，需要具備更為專業的技術與知識，才能規劃最適合的運輸系統，達到地區發展的特色與目標。

# 問題研討

1. 名詞解釋：
   (1) 運輸規劃
   (2) 運輸計畫
   (3) 運輸系統管理
   (4) 運輸需求管理
2. 運輸規劃的種類有哪些？
3. 請說明運輸規劃要處理之問題有哪些？
4. 請說明運輸規劃的發展趨勢為何？
5. 一個好的運輸規劃師需要具備哪些分析的能力與技巧？

# 相關考題

1. 何謂「運輸政策白皮書」？其目的、內容與期程各為何？（96 專技高）
2. 試說明長期與短期運輸規劃之差異。（109 特四等）

# 參考文獻

一、中文文獻

[1] 王慶瑞，2008，運輸系統規劃，訂正版，亞聯工程顧問公司。

[2] 凌瑞賢，2009，運輸規劃原理與實務，第二版，鼎漢國際工程顧問股份有限公司。

二、英文文獻

[1] Litman, T., 2013, Planning Principles and Practices, Victoria Transport Policy Institute, Canada.

# 第 2 章

# 運輸規劃程序

運輸規劃係指訂定運輸計畫的動態過程，主要探討計畫範圍內之目前與未來的社會、經濟活動規模，了解可能衍生的（derived）旅運需求（travel demand）與相關的課題，進而擬定合理之改善方案，並評選最佳計畫提供決策與施政的依據與參考。因此，嚴謹的循序進行運輸規劃程序（流程），才可以避免產生不佳之計畫方案、形成不正確的決策，以致損及國家經濟之發展。換句話說，合理的運輸規劃程序有助於研擬良善之交通運輸系統方案，並帶動國家健全之經濟與社會之發展。

本章內容之順序安排如下：第一節介紹運輸規劃的目標與標的，第二節說明運輸規劃程序的基本原則，第三節詳述運輸規劃程序與步驟，第四節說明價值的轉換方式，第五節介紹民眾參與之內容，第六節提出結論與建議。

## 2.1 運輸規劃之目標與標的

運輸規劃必須具有前瞻性，除考量現況外，亦須考量未來各種不確定性與變動的因素，預測並掌握未來可能的發展情況，透過各種資源配置與策略引導，改變現況的自然成長之趨勢，使運輸系統能朝最佳的狀況發展。運輸規劃之目標大致可歸納成八個，每一個目標（goal）均有其對應之標的（objective），分別列舉如下（County of Saginaw, 2012）：

1. 提升經濟活力（economic vitality），特別是指提升產業之競爭力、生產力以及效率。
   (1) 紓解交通壅塞、最小化旅運時間。
   (2) 改善員工前往就業中心的可及性。
   (3) 改善貨品與服務的移動。
   (4) 改善複合運輸如機場、捷運站之可及性。
   (5) 結合公家與私人的資源以最大化運輸設施之投資。

   效率係指使用正確的方法做事（do the things right），效能則指做正確的事（do the right things），均為交通運輸所追求的重要目標。透過周詳與完善規劃，促使整體運輸系統的營運能夠更有效率，例如，增加旅客或貨物之運送量、降低旅客之旅運成本、減少貨物運送時間以及提升能源使用效率等。

2. 提升運輸系統所有用路人之安全（safety）與保安防護（security）。
   (1) 提供更安全之旅行，包括行人、自行車、捷運與小汽車等各種運具在內。
   (2) 降低壅塞的各種措施。
   (3) 改善針對事故的緊急反應措施的策略。
   (4) 使用智慧型運輸系統（ITS）的先進科技來監控運輸系統。

(5) 擴充設置非機動車輛路線。

(6) 提升運送危險物品之安全。

安全為交通運輸之首要目標，每一起交通意外事故的發生除了造成人員傷亡與財務損失之外，也間接的產生極高的社會成本。因此，在進行運輸系統的規劃時，必須全面評估所有可能引發事故發生的風險，研提相關預防措施，以提升運輸系統安全的標準，進而減少交通事故的發生與傷亡。

3. 提升用路人與貨物之可及性（accessibility）與易行性（mobility）。

(1) 連接各種運具，發展整合性之運輸系統。

(2) 加強便利殘障或被低度服務人士進出之運輸系統。

(3) 擴充或提升用路人移動之能力。

(4) 擴充或提升貨物移動之能力。

(5) 提升進出重要土地使用與活動中心（包括住宅、就業、零售以及服務地點）的可及性。

4. 保護環境、節約能源使用、改善生活品質、加強不同運輸改善方案之間的一致性。

(1) 鼓勵減少車輛排放之措施。

(2) 鼓勵減少石化消耗之措施。

(3) 鼓勵減少交通噪音之措施。

(4) 鼓勵減少空氣與水汙染之措施。

(5) 維護文化與歷史資源。

(6) 保護重要之農地、開放空間，以及獨特的資源。

(7) 保護重要之棲息地，包括濕地在內。

(8) 促進棕地（指廢棄的工業或商業用地）的再發展。

(9) 促進非機動車輛之旅運。

(10) 研訂交通寧靜區的措施。

(11) 交通計畫方案須與地區之土地使用計畫配合。

(12) 鼓勵社區擬定的土地使用與運輸規劃相互整合。

(13) 促進環境正義。

由於環境保護意識的日益提升，運輸計畫除考量實質效益外，亦須考量對環境造成影響的程度。因此，進行運輸規劃時應盡可能維持生態系統的完整性與平衡，除了必須留意該運輸系統是否經過生態敏感區，以及興建時對於周圍環境的損害程度之外，同時亦須考量營運時對於周圍環境所造成的汙染，如車輛運轉時所產生的空氣汙染、噪音與振動汙染。若在規劃階段即將所有可能影響生態環境的因素納入考量，嗣後就可減少不必要的破壞與汙染。

5. 提升運輸系統的整合性（integration）與連接性（connectivity），即建立包括各種運具，以及人貨在內之複合運輸系統。

(1) 鼓勵連接用路人與貨物之複合運具。

(2) 鼓勵改善人貨運具之整合，並降低運具之間的衝突。

(3) 降低對機動性受限之用路人（如老人、不會開車等人）的運輸障礙。

各個運輸系統必須同時考量本身的功能性以及與其他運輸系統之間的連接性，即運輸系統的系統性或整體性。運輸系統之間若能有效連接，達成空間、時間與資訊上的無縫接軌，就能提升整體運輸系統的品質。

運輸規劃對象為全體社會大眾，不能只考量某一特定族群的利益，但為兼顧社會公平性，有時也必須特別考量偏遠地區與弱勢族群的需求，例如配置合理資源，提供大眾運輸服務。

6. 促進有效之系統管理與運作。

(1) 鼓勵可以促進運輸效率之土地發展。

(2) 最大化現有運輸系統之使用，以避免不必要之新建容量擴張。

(3) 減少不同運具使用之間的衝突。

(4) 紓解交通擁擠，並減少旅運時間。

(5) 引用最新科技以提升現有設施容量，並延長現有設施之使用年限。

7. 維護現有之運輸系統。

(1) 優先將資金使用於維護現有之容量。

(2) 引用最新科技以最大化現有設施之利用。

(3) 鼓勵改進維護現有系統之機能。

8. 促進行政單位之間的合作，以改善跨越行政界限之運輸設施。

(1) 與不同層級、或鄰近不相隸屬，或不同專業性質行政單位合作，以強調共有之區域運輸課題。

(2) 鼓勵研究區域性之運輸問題。

運輸系統規劃最終的目標係希望改善現況交通，提升營運效率。因此，必須將不同行政單位（包括不同層級、或不相隸屬，或不同專業性質）的界面予以整合，使參與規劃的單位與部門皆能朝共同設定的目標與方向前進。唯有各單位與部門方向與步調一致，方能充分發揮組織的團隊力量，促使整體目標予以達成（唐富藏，1988）。重大運輸建設計畫往往會跨越行政區界，例如，中央政府與地方政府之間或各地方政府之間，或者不同的專業領域之間，例如，交通運輸、都市計畫、土木水利以及資訊電機等，此時即牽涉到不同權責機關與跨領域協調整合的問題。由於重大運輸建設計畫須由數個行政單位共同規劃與執行，因此，若欲成功推動與執行，就必須

凝聚各機關組織的共識及向心力，並進行有效的溝通與管理。

## 2.2 運輸規劃程序的基本原則

一個好的運輸規劃必須有一套方法程序，可以明確的定義每一個步驟，從而達到一個最佳之解決方案，因此，這個程序必須足以反應下列基本原則（Litman, 2013, p. 4）：

(1) 全盤性（comprehensive）：考量所有重要的替選方案（options）與衝擊（impacts）。

(2) 效率性（efficient）：規劃程序不會造成時間與金錢的浪費。

(3) 周延性（inclusive）：所有權益關係人（stakeholders）均得以參與規劃。

(4) 教育性（informative）：所有權益關係人必須能夠清楚了解規劃所產生的結果。

(5) 整合性（integrated）：個別的或短期的決策必須支持策略性與長期性之目標。

(6) 關聯性（logical）：每一個規劃步驟都必須引導至下一個步驟。

(7) 透明性（transparent）：參與計畫的每一個人都必須了解規劃的運作過程。

## 2.3 運輸規劃程序與步驟

運輸規劃之程序可以劃分為十個步驟予以執行（參見圖 2-1）（Papacostas and Prevedouros, 2005）：

**步驟 1**：問題界定。

充分了解待解決的問題，並且針對問題的內容與說明進行做清楚地界定，其中包括目標、標的及限制條件，才能夠進行後續的步驟。若問題界定不清，則容易浪費資源，產生無效的分析。

**步驟 2**：預測研究範圍目標年之人口、土地使用與經濟成長。

運輸規劃的目標年為二十至三十年，必須同時考量人口、土地使用與經濟成長等相關因素進行運輸計畫之制定，才能符合目標年之發展需要。

**步驟 3**：劃定交通分區（traffic zone）並將步驟 2 之預測值往下分配至各交通分區。

高層級的運輸規劃（如國家運輸規劃）其分析的問題層級較高，因此比較重視策略性方案，故採用的交通分區較大；反之，較低層級的運輸規劃其所劃定的交通分區也較小。

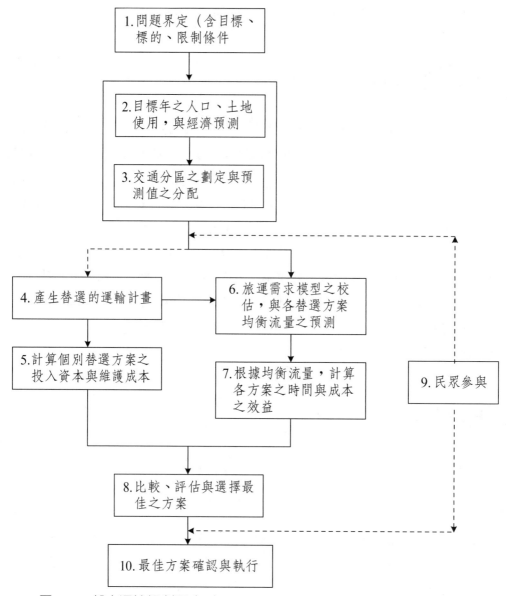

圖 2-1　都市運輸規劃程序（Papacostas and Prevedouros, 2005, p. 339）

此外，交通分區可區分爲界內交通分區（internal zone）與界外交通分區（external zone），研究範圍內之界內交通分區可作爲旅次起迄及相關社經資料如人口、就業等資料的統計分析基礎；研究範圍外之界外交通分區的面積大小可依距離愈遠而愈大，以分別評估長短程的旅次對於研究範圍運輸系統的影響。同一研究範圍內，愈接近人口密集或都市中心商業區的交通分區較小，因交通分區愈小其運輸需求型態的分析與預測精密度及準確度愈高。有關於交通分區之劃設標準請參見第 3 章「運

輸規劃資料之蒐集與分析」。

**步驟 4**：根據步驟 2、3 之結果，產生替選之運輸計畫方案。

以上述兩步驟的結果為依據，研擬新的運輸計畫方案，例如進行交叉路口號誌改善、實施車輛共乘計畫等方式的運輸系統管理（transportation system management, TSM）或執行差別停車費率、限制使用低乘載運具等方式的運輸需求管理（transportation demand management, TDM）。

產生方案最常使用的方法為腦力激盪法（brainstorming），與會者在沒有壓力、不受限制之環境氛圍下，以輕鬆自然的方式，互相激發想像力與創造力，從而產生一些寶貴的計畫方案。有關計畫研擬的內容，請參見第 16 章第「運輸系統方案之研擬」。

**步驟 5**：計算每一個替選方案所需之資金與維護成本。

每一計畫方案需要投入的資金與維護成本有所不同，有些方案於建設期間需投入大量資金，但其維護成本相較下較低，如高速公路；而有些方案於建設期間所需投入成本較小，但需要大量的維護成本，如資料建置與維護。因此需要分別計算每一方案的資金投入與維護成本，並折算至相同之標準，以便進行完整性地評估，選取較佳方案。

**步驟 6**：校估需求預測模型；根據步驟 3、4 之結果，預測每一個方案目標年之均衡流量。

都市旅運需求預測的方法很多，但依性質與資料使用方式大致上可歸納為總體需求預測模型（aggregate demand forecasting model）、個體需求預測模型（disaggregate demand forecasting model），以及模擬式指派模型（simulation-based assignment model）三大類。總體需求預測模型可再細分成三種，即直接式預測模型（direct demand models）、循序性預測模型（sequential forecasting models）、與整合模型（combined models）。選擇所需模型，依據步驟 3、4 所得結果預測每一方案目標年的均衡流量，詳細說明請參見第 6～11 章有關都市旅運需求預測與交通量指派之內容。

**步驟 7**：將每一方案目標年之均衡流量轉換成直接之使用者效益，例如時間或成本之節省。

當運輸路網流量到達均衡狀態時，其路段（或路徑）旅行時間也同時達到均衡狀態，整個路網之總旅行時間可藉由路段（或路徑）流量與路段（或路徑）旅行時間之乘積並進行累加而獲得，因此可以進一步計算時間或成本之節省數量。

**步驟 8**：根據步驟 5、7 之結果，比較、評估與選擇最佳之替選方案。

運輸替選方案的評估是在各計畫方案中進行評比，選取一個較合適的方案予以執行。一般在評估方案的時候，係以工程、財務、經濟和環境影響等四方面分別進行

考量。

實務上，運輸系統方案的評估只能尋找一個可行的好計畫（good plan），而非一個「真正的」最佳計畫（optimal plan）。因為運輸系統涉及的範圍很廣，在方案評估時無法將所有因素或可行方案予以考量，故很難尋找到最佳計畫，有關方案評估的內容，請參見第 17 章「運輸系統方案之評估」。

**步驟 9：** 政府機關的權責與民眾參與（public participation）。

運輸計畫方案與民眾的生活息息相關，會直接或間接地影響民眾的社會經濟活動，因此，不應只參考專家學者的見解，亦需考量民眾的看法與意見。有鑑於公民意識日益提升，民眾認知參與公共事務是不可剝奪的權利，因此，在決定執行運輸計畫前，有必要增加民眾參與計畫討論的機會，多舉辦公聽會，以避免實施不符民意的計畫方案。有關細節請參見第 2.5 節。

**步驟 10：** 方案執行（implementation）。

選定運輸計畫方案的執行，必須持續監控方案進度與執行內容。若與原訂定計畫內容有所落差，則必須適時回饋（feedback）修正。

## 2.4 價值轉換

價值轉換係指將不同之價值衡量單位轉換為相同之價值衡量單位（可為貨幣或效用單位），例如，將不同年期的貨幣單位轉換成同年期的貨幣單位，或將不同單位之成本、時間、實質耗損轉換為標準的效用單位。經由價值轉換後，各替選方案彼此之間就可進行比較、評估與選擇，因此，價值轉換這項作業在運輸規劃程序流程之第 6、7、8 三個步驟都扮演著重要角色，成為旅運需求決策（可區分為旅次發生、旅次分配、運具選擇，以及路徑選擇等四種旅運決策）重要的基礎。

旅運需求為一種衍生需求（derived demand），需求量之高低與用路人所產生之效用（utility）有關。假若方案對用路人所產生之效用愈高，則產生運輸需求量就愈大；反之，則不然。因為效用牽涉到主觀的價值評斷，因此，同一種替選方案對不同的用路人所產生之效用值也會不同。一般說來，運輸需求函數需同時將替選方案屬性、用路人社經特性與旅次目的吸引力均納入考量，其中替選方案屬性經過價值轉換後可形成一般化成本（generalized cost）或更一般性之服務水準（level of service），然後併同其他重要影響因子建構旅運選擇決策模型，並據以進行需求量預測。針對同一位用路人，因為社經特性相同，因此在選擇替選方案時可以對消，無需特別加以考慮。

茲以總體需求模型為例，依照旅次目的（或社會經濟活動）進行分類，從 $i$ 地到 $j$

地使用運具 $m$ 之運輸需求函數 $D_{ijm}^p$ 可以表示如下：

$$T_{ijm}^p = D_{ijm}^p(L, S, E) \qquad (2\text{-}1)$$

其中：

　　$E$：表示旅次迄點之最終貨品或經濟活動系統的吸引力或強度（intensity）變數向
　　　　量

　　$L$：服務水準向量

　　$S$：社會經濟變數向量

　　$T_{ijm}^p$：旅次目的 $p$，從 $i$ 地到 $j$ 地使用運具 $m$ 的旅次數

　　式（2-1）為運輸需求理論所導引出來的旅運需求模型基本型式，即運輸需求必須
依據旅次目的先進行分類，再分別建立模型，且運輸需求量為運輸工具服務水準變數、
消費者社會經濟變數，以及旅次迄點活動系統強度變數等向量的函數。

　　服務水準變數 $L$ 可以細分為運輸成本向量 $C$ 以及運輸工具特質矩陣 $B$ 兩項，其式
如下：

$$L = (C, B) \qquad (2\text{-}2)$$

其中：

　　$B$：運輸工具使用一次的特質矩陣，即為服務水準

　　$C$：運輸成本（或運輸價格）向量

　　又運輸工具特質矩陣 $B$ 還可進一步細分為時間（time）、舒適（comfort）、安全
（safety）等，各有其不同的價格，因此可視為與成本（$C$）同類的變數，其式如下：

$$L = (C, B) = (C, t, c, s) \qquad (2\text{-}3)$$

其中：

　　$t$：運輸時間

　　$c$：舒適性指標（comfort index）

　　$s$：安全性指標（safety index）

　　若將式（2-2）帶入式（2-1），則可得運輸需求函數 $D_{ijm}^p$ 如下：

$$T_{ijm}^p = D_{ijm}^p(C, B, S, E) \qquad (2\text{-}4)$$

## 2.5 民眾參與

　　民眾參與係指民眾可參與政府的決策過程，共同討論並表達意見，希望藉由這個溝通管道，將民眾之想法納入運輸計畫內容。茲將民眾參與的理由、目的、優缺點，分別說明如下。

### 2.5.1 民眾參與理由

　　運輸計畫的實施與民眾生活息息相關，為避免不合理的內容影響個人或團體權益，導致計畫延宕實施，政府於制定計畫之初就應該邀請民眾一同參與討論並提供看法，例如，舉行公聽會、現場訪談、發放問卷調查、參與審議等方式。茲將民眾參與公共事務的理由臚列如下（林英彥等人，p. 401）：

(1) 實踐民眾知的權利，落實監督市政的責任與義務。

(2) 雙向溝通了解彼此的立場、困難，可避免公私部門的衝突，從而加強彼此的合作。

(3) 爭取民眾的支持，加強政府計畫執行上的合理性與適法性。

(4) 協助政府官員了解民眾意見與回應解決民眾問題的能力。

(5) 提供政府與民眾溝通平台，增加民眾對政府部門功能運作的了解。

(6) 提昇民眾參與交通建設的意願。

(7) 增加民眾參與管道，降低民眾與政府的疏離感。

## 2.5.2 民眾參與目的

　　民眾參與的目的可歸納如下（美國府際關係諮詢委員會，Advisory Committee on Intergovernmental Relations，ACIR，1959）：

(1) 傳遞相關的資訊給予民眾。

(2) 從民眾處獲得有用的資訊。

(3) 改進公共決策、方案、計畫、服務的品質。

(4) 提升政府計畫的公眾接受性。

(5) 補強公共機關的工作內容的完整性。

(6) 改變政治權力型態和公共資源的分配。

(7) 保障個人和少數民眾的權益。

(8) 避免或延遲比較困難的決策。

### 2.5.3 民眾參與的優缺點

透過民眾參與的管道可以適當反應民意，協助公共事務的決策，現已逐漸成為民主國家施政的標準程序之一，茲將民眾參與所帶來的優缺點分別歸納如下（林英彥等人，p. 403）：

1. 優點：

(1) 傾聽民眾的意見，產生可被接受的政策。

(2) 擴大民眾的生活領域，開發民眾本身的潛能。

2. 缺點：

(1) 無法確保所有參與者都了解討論議題。

(2) 容易干擾決策過程，拖長決策時間。

(3) 社經地位較低者較少獲得參與機會。

(4) 部分民眾只關心自身的利益，忽略社會整體的需求。

(5) 經常犧牲長期利益而遷就短期需求。

(6) 容易產生為反對而反對的情況或僅提供負面的意見。

## 2.6 結論與建議

本章介紹運輸規劃的目標與標的、運輸規劃程序的基本原則、運輸規劃程序與步驟、價值的轉換方式，以及民眾參與之內容。在運輸規劃程序中，每一步驟均環環相扣、缺一不可，因此必須嚴格遵守運輸規劃原則與流程，才能訂定出完善的運輸計畫。運輸規劃步驟之詳細內容，例如，運輸需求預測模型、方案研擬以及方案評估，均將於後續章節中詳加探討。

## 問題研討

1. 名詞解釋：

   (1) 價值轉換

   (2) 一般化成本

2. 運輸規劃的目標與標的為何？

3. 運輸規劃程序之基本原則為何？

4. 運輸規劃程序之步驟有哪些？

5. 民眾參與運輸規劃的理由、目的與優缺點各為何？

# 相關考題

1. 名詞解釋：

   (1) 誘導交通量（Induced Traffic）（91 高三級第二試）

   (2) 機動性管理（Mobility Management）（95 專技高）

   (3) 理智成長（Smart Growth）（95 專技高）

   (4) Land Use（98 高三級）

   (5) Urban Plan（98 高三級）

2. 何謂問題界定（Problem Definition）？試說明問題界定在運輸規劃程序中的重要性。（90 高三級第二試）

3. 繪圖說明以決策為導向（decision-oriented）的運輸規劃過程，並指出決策者與一般大眾如何在此過程發揮作用？（91 專技高）

4. 請舉例說明決策分析（Decision Making）的模式，並說明決策導向的運輸規劃分析的程序與流程。（96 高三級）

5. 請繪製運輸規劃流程，並詳述各步驟的內容。（110 普考）

6. 試說明運輸系統與活動系統之動態互動關係。試以運輸系統與都市發展之關係為例，闡述交通擁擠問題之成因與對策。（108 特三等）

7. 試說明運輸發展與土地使用之間的循環關係為何？有哪些策略有助於維持此一循環的穩定關係？（109 普考）

8. 說明公共運具（public modes）在區域運輸及都市運輸之差異，並分別從功能類型、服務佈設、使用特性、時空分布等面向論述。（111 特三等）

# 參考文獻

一、中文文獻

[1] 林英彥、劉小蘭、邊泰明、賴宗裕，1998，都市計畫與行政，初版，國立空中大學，台北。

[2] 唐富藏，1988，運輸管理，初版，華泰書局，台北。

二、英文文獻

[1] Papacostas, C.S. and Prevedouros, P.D., 2005, Transportation Engineering and Planning, SI ed., Pearson Education South Asia Pte Ltd, Singapore.

[2] County of Saginaw, 2012, Saginaw Metropolitan Area Transportation Study (SMATS) 2040 Metropolitan Transportation Plan (MTP), Michigan, USA.

[3] Litman, T., 2013, Planning Principles and Practices, Victoria Transport Policy Institute, Canada.

# 第 3 章

# 運輸規劃資料
# 之蒐集與分析

　　資料（或數據）爲任何正確決策最爲重要之根據，因此，應用適當之調查方法來蒐集完整而有效的運輸規劃資料，是運輸規劃程序中最爲基本而且不可或缺的工作項目。然而在蒐集與調查運輸規劃資料之前，必須先確定研究範圍與目的，選定適當的調查方法來蒐集資料，才能據以進行後續之調查作業。

　　本章內容之順序安排如下，第一節定義規劃範圍、研究範圍與交通分區的意涵；第二節介紹運輸規劃之基本資料；第三節簡述常見的調查方法與項目；第四節介紹資料蒐集及處理程序、資料處理方式；第五節提出結論與建議。

# 3.1 規劃範圍、研究範圍與交通分區的定義

　　茲將規劃範圍、研究範圍，以及交通分區（參見圖 3-1）之定義分別說明如下：

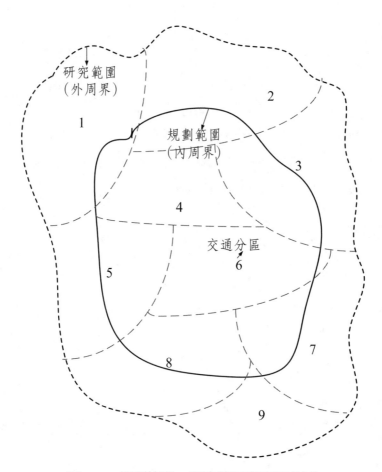

圖 3-1　規劃範圍、研究範圍與交通分區

1. 規劃範圍（planning area）：規劃範圍是指未來目標年的運輸系統其所服務或涵蓋的地理範圍，其所形成之界線稱為周界（cordon line），而其所涵括面積大小通常在規劃案成立時就已經確定。

2. 研究範圍（study area）：研究範圍除了規劃範圍之外，還包括了鄰近社會經濟活動相互影響的地區，其所形成之界線稱為外周界（external cordon）。研究範圍所涵蓋的面積通常比規劃範圍更廣，但也可能相同。

   研究範圍的劃設原則可歸納如下：（凌瑞賢，2009，pp. 3-4；本書）

   (1) 絕大多數的旅次在研究範圍內當地活動。

   (2) 購物、就業等活動端賴本中心者，包括已發展地區及其毗鄰地區。

   (3) 考量以天然界線為界，並與其他相關的研究或專案相互配合。

   (4) 考量路邊調查測站設置的合宜性。

   (5) 避免不規則的形狀，以方便道路網之規劃。

   (6) 外周界的劃設盡量與現有的行政區及原有的上位計畫分區系統相配合。

3. 交通分區（traffic zone）：為交通資料的統計單位，每一交通分區代表一個群體活動的單元，可做為旅次起迄及相關社經資料的統計分析基礎。為兼顧交通資料收集之成本與規劃結果之精度，通常將研究範圍劃分成數目適當且具同質性之交通分區以利進一步分析，範圍太大或太小的交通分區均非所宜。一般說來，若規劃層級愈高，則分區範圍會愈大；若愈接近市中心，則分區會愈小。Ortúzar and Willumsen（2001）從實際案例的經驗中整理出交通分區的劃分原則如下（pp. 113-115）：

   (1) 土地使用型態、社經特性均相近，即具均質性（homogeneity）。

   (2) 區內旅次最小。

   (3) 儘量與河川、鐵路、周界線、屏柵線一致，並與以前的交通分區相容。

   (4) 面積大小不必相同，但住戶數、人口數、旅次產生、旅次吸引數儘量相近。

   (5) 形狀儘量規則化，使得區心（centroid）容易決定。

   (6) 數量與大小應配合規劃性質與內容。

   (7) 儘量配合行政分區及上層計畫的分區。

## 3.2 運輸規劃之基本資料

在進行運輸規劃時，獲得完整而有效的基本資料，可供運輸規劃師進行供給面與需求面之資料分析，其內容可以區分為以下四點：

1. 現況需求面：了解研究範圍的運輸需求量及特性。

2. 現況供給面：探討現有運輸系統的運輸能量及服務績效，以確定運輸問題之所在。

3. 未來需求面：建立運輸需求模式，以便預測未來之運輸需求量。

4. 未來供給面：分析未來運輸系統方案的服務績效。

　　運輸規劃需要收集的基本資料種類繁多，數量也相當龐大，這些資料有些可以經由相關單位直接取得，但有些則需透過實際之調查才能得到，其中以運輸需求型態資料的取得最爲困難與關鍵。運輸規劃所需使用之基本資料包括以下六大類：

1. 旅客運輸：旅次目的、發生數、起迄點、使用運具。

2. 貨物運輸：貨物種類、噸數、起迄點、使用運具。

3. 道路系統：道路分類、長度與寬度、路型與車道數、交通量與組成、路口轉向交通量、尖峰小時係數、承載率、停車系統、交通控制設施、道路服務水準。

4. 大衆運輸系統：路線數、班次與班距、旅客特性、旅次長度、票證與收費系統、費率結構。

5. 社會經濟：產業結構、國民生產毛額、人口數、家戶所得、車輛登記數、就業人口。

6. 土地使用：住宅區、商業區、工業區、土地使用強度、樓地板面積、公共設施、農業用地。

## 3.3 調查方法與項目

　　交通調查的方法種類很多，但常見有六種：家戶訪問調查（home interview survey）、周界線調查（cordon count）、屏柵線調查（screenline count）、旅次起迄調查（origin and destination survey）、路口轉向交通量調查（intersection turning movement survey），以及行人交通量調查（pedestrian volume survey）。

### 3.3.1 家戶訪問調查

　　家戶訪問調查之目的是爲了蒐集居民旅運活動的相關資料，了解區域內居民活動的特性，以及現有旅運需求型態。由於家戶的旅運行爲常具有重複性與規則性，以家爲起迄點之旅次通常占所有旅次約 80% 以上，因此，透過家戶訪問調查，可以充分掌握都市地區的旅運型態。

　　家戶訪問調查的方式包括：親自訪問（personal interview）、電話訪問（telephone interview），以及回郵問卷調查（mail-back questionnaire）三種。至於旅運調查之抽樣比例，人口在 500,000～1,000,000 大小之都市，建議其家戶抽樣比例爲 1：20（或 5%），唯不得少於 1：70，但在美國實務界建議常用之調查家戶數則僅僅只有 2000 戶

左右（Ortúzar and Willumsen, 2001, pp. 82-83）。凌瑞賢（2009，pp. 3-9）將家戶訪問調查抽樣建議值整理如表 3-1。

表 3-1　家戶訪問調查抽樣建議值

| 研究範圍人口（萬人） | 抽樣率建議值（%） | | |
|---|---|---|---|
| | 美國公路局（BPR, 1956） | 建議最低值（Bruton, 1993） | 運輸研究所（民 87） |
| 5 以下 | 20 | 10 | 10 |
| 5～15 | 12.5 | 5 | 6 |
| 15～30 | 10 | 3 | 5 |
| 30～50 | 6.6 | 2 | 3 |
| 50～100 | 5 | 1.5 | 2 |
| 100 以上 | 4 | 1 | 1.5 |

家戶訪問調查（參見圖 3-2）是各種調查中最重要、最詳細，也是費用最高的調查方法，其收集之資料包括：家庭特性（包括：戶籍人口、實住人數、車輛之持有與使用、各種運具之交通費、每月平均可支配所得）、人員特性（包括：家庭成員之性別、年齡、職業、駕照持有、教育程度、主要使用運輸工具、工作或上學地點），以及旅次特性（包括：每位家庭成員之旅次數、旅次目的、起點、迄點、旅次發生時間、步行時間、等車時間，以及轉車情況等）等詳細內容。

## 3.3.2 周界線調查

周界（cordon）係指市中心區範圍或某特定型態之區域邊界（參見圖 3-3a）。因此，周界線調查就是指調查人、車進出一條假想研究區邊界線（cordon line）的交通量，可構成起迄需求量調查的一部分。透過周界線調查可以瞭解研究區域在某一時間內各項交通設施的供需狀況（如道路容量、停車需求等），俾能規劃與改善該區域範圍內之交通問題。

周界調查首先要確定跨越周界的道路，選定重要的進出路段，可於直線路段較寬的地方進行調查，調查的項目可區分為：(1) 流量調查；(2) 攔車訪問調查兩種。流量調查可獲得進出研究範圍的車輛數，而攔車訪問調查內容則包括：車輛種類、乘載人數、旅次起點迄點、旅次目的、時間、貨車起迄點與重量等資料。可搭配家戶旅次特性訪問調查（例如路邊訪問調查法）進行之。

抽樣住戶編號：＿＿＿＿＿＿＿　　　　　　　　　　　　　　填表日期：＿＿＿年＿＿＿月＿＿＿日

填表人：＿＿＿＿＿＿＿　　高雄都會區住戶交通旅次調查問卷　　表一　住戶基本資料

1. 家庭成員結構（戶籍人口數 ＿＿＿＿＿，實住人口數 ＿＿＿＿＿，就業人口數 ＿＿＿＿＿，學生人口數 ＿＿＿＿＿）

實住人口結構

| 個人 | 稱謂 | 年齡 | 性別 | 職業 | 殘障 | 教育 | 工作或就學地點 | | | | | |
|---|---|---|---|---|---|---|---|---|---|---|---|---|
| | | | | | | | 地點名稱 | 地　　　址 | | | | |
| | | | | | | | | 市(縣) | 區(市鄉鎮) | 村里 | 路(街) | 段 巷 弄 號 |
| 2 | | | | | | | | 市(縣) | 區(市鄉鎮) | 村里 | 路(街) | 段 巷 弄 號 |
| 3 | | | | | | | | 市(縣) | 區(市鄉鎮) | 村里 | 路(街) | 段 巷 弄 號 |
| 4 | | | | | | | | 市(縣) | 區(市鄉鎮) | 村里 | 路(街) | 段 巷 弄 號 |
| 5 | | | | | | | | 市(縣) | 區(市鄉鎮) | 村里 | 路(街) | 段 巷 弄 號 |
| 6 | | | | | | | | 市(縣) | 區(市鄉鎮) | 村里 | 路(街) | 段 巷 弄 號 |
| 7 | | | | | | | | 市(縣) | 區(市鄉鎮) | 村里 | 路(街) | 段 巷 弄 號 |
| 8 | | | | | | | | 市(縣) | 區(市鄉鎮) | 村里 | 路(街) | 段 巷 弄 號 |
| 9 | | | | | | | | 市(縣) | 區(市鄉鎮) | 村里 | 路(街) | 段 巷 弄 號 |
| 10 | | | | | | | | 市(縣) | 區(市鄉鎮) | 村里 | 路(街) | 段 巷 弄 號 |

| 年　齡代　碼 | 職業類別代　碼 | 教育程度代　碼 | 性別 |
|---|---|---|---|
| 1.5 歲以下 | 1.軍公教 | 1. 不識字 | |
| 2.6~15 歲 | 2.製造業 | 2. 小學、國中 | 1.男 |
| 3.16~25 歲 | 3.商業 | 3. 高中、高職 | 2.女 |
| 4.26~35 歲 | 4.服務業 | 4. 大學、專科 | |
| 5.36~45 歲 | 5.農漁牧業 | 5. 研究所以上 | |
| 6.46~55 歲 | 6.學生 | | |
| 7.56~65 歲 | 7.家管 | 殘障代碼 | |
| 8.66 歲以上 | 8.無業 | 1.非殘障人口 | |
| | | 2.殘障人口但不影響行動 | |
| | | 3.殘障人口且影響行動 | |

2. 家庭車輛持有使用狀況：　(1) 小客車 ＿＿＿＿＿ 輛　　(2) 機車 ＿＿＿＿＿ 輛　　(3) 小貨車 ＿＿＿＿＿ 輛　　(4) 腳踏車 ＿＿＿＿＿ 輛

3. 住所小客(貨)車停車方式：　有固定車位　□(1) 自用停車位，＿＿＿車位 □(2)租用停車位，＿＿＿車位
　　　　　　　　　　　　　　無固定車位　□(3) 路邊停車位　　　　　　□(4)其它路外停車位

4. 家庭全年所得

□(01) 40 萬 以下　　□(02) 40 萬 - 49 萬 9 仟　　□(03) 50 萬 - 59 萬 9 仟　　□(04) 60 萬 - 69 萬 9 仟
□(05) 70 萬 - 79 萬 9 仟　□(06) 80 萬 - 89 萬 9 仟　　□(07) 90 萬 - 99 萬 9 仟　　□(08) 100 萬 - 109 萬 9 仟
□(09) 110 萬 - 119 萬 9 仟　□(10) 120 萬 - 129 萬 9 仟　□(10) 130 萬 - 139 萬 9 仟　□(12) 140 萬 - 149 萬 9 仟
□(13) 150 萬 - 159 萬 9 仟　□(14) 160 萬 - 169 萬 9 仟　□(15) 170 萬 - 179 萬 9 仟　□(16) 180 萬 - 189 萬 9 仟
□(17) 190 萬 - 199 萬 9 仟　□(18) 200 萬 以上

圖 3-2a　家戶訪問調查 - 住戶基本資料（資料來源：交通部運輸研究所，1998）

高雄都會區住戶交通旅次調查問卷　　　　旅次資料日期：＿＿＿年＿＿＿月＿＿＿日(星期＿＿＿)

表三　個人旅次

| 個人及旅次編號 | 出發地點 | 前往地點 | 旅次目的 | 出發/到達/停留時間 | 使用交通工具 | 步行時間 | 等/乘車時間 | 轉車地點 | 交通工具 | 等/乘車時間 | 步行時間 | 乘車情形 | 停車方式 |
|---|---|---|---|---|---|---|---|---|---|---|---|---|---|
| | | | | | | | | | 若有轉車情形 | | | 若使用自小客/貨/機車 | |

旅次目的代碼：1.家　2.工作　3.上學　4. 商務、洽公　5.購物　6.社交、休閒娛樂　7.私人事務　8.其他
交通工具代碼：1.自用小客車　2.計程車　3.小貨車　4.大貨車　5.定期大客車(公車、客運)　6.非定期大客車　7.腳踏車　8.機車　9.火車　10.步行　11.其他
停車方式代碼：1.自用停車位　2.租用停車位　3.路邊停車位　4.其他路外停車位　5.違規停車

圖 3-2b　家戶訪問調查 - 住戶基本資料（資料來源：交通部運輸研究所，1998）

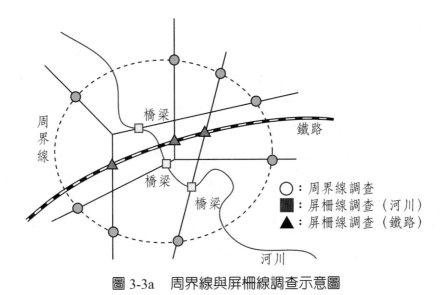

圖 3-3a　周界線與屏柵線調查示意圖

### 3.3.3 屏柵線調查

　　屏柵線（screenline）係根據交通分區、主要天然地形（山嶺、河川）以及人工界線（公路、鐵路），將研究地區劃分成若干區的假想柵線。屏柵線調查（參見圖 3-3a、b）蒐集人、車橫越地形屏障（如河流、鐵道等）之交通量，藉以核對與調整大規模家戶訪問調查所得的旅次起迄交通分區（traffic zones）的交通量調查資料。家戶調查旅次經放大調整後，若通過屏柵線的旅次數小於實際屏柵線調查結果，則以屏柵線調查結果為控制總量往上調整，以彌補家戶訪問常有的少報現象。此項資料亦可做為是否需要新建穿越此屏障之交通設施之依據。

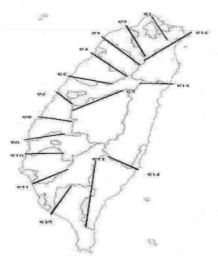

圖 3-3b　台灣地區屏柵線示意圖

### 3.3.4 旅次起迄調查

旅次起迄調查蒐集旅次起迄點、目的、時間、使用交通工具別等資料，以獲取通過調查站之旅次特性，根據旅次起迄調查可以繪製成願望線（desire line），提供都會區整體運輸系統規劃及新建道路系統之用。其調查方法一般可分為三種，分述如下（交通部，2004；陳惠國、邱裕鈞、朱致遠，2017）：

1. 路邊訪問調查法（roadside interview survey）（參見表 3-2）：配合警力協助攔車接受訪問，由訪問調查員訪問車輛上人員之起迄點、旅次目的、及乘坐人數等旅次特性資料。

2. 車輛牌照登錄法（license plate matching survey）：在不同地點抽樣登錄所經過車輛之牌照，透過追蹤整理，以了解車輛之行經路線、起迄及其數量。抽樣比率可視交通量大小調整之。

3. 錄影偵測法：利用錄影方式，紀錄車輛流動的狀況，以了解各種車輛的交通進出情況。

表 3-2　路邊訪問調查表（交通起迄點）

| | | | | | | | |
|---|---|---|---|---|---|---|---|
本表應經取得核定連續統第○○-○○-○○號
有效期限○○年○○月底

（資料來源：交通部，2004）

### 3.3.5 路口轉向交通量調查

路口轉向交通量調查（參見表 3-3、圖 3-3c）蒐集主要交叉路口交通量、流向分布

及交通組成，用以作為交叉路口號誌設計、槽化設計、容量分析與短期交通改善計畫之
參考。調查站主要設於調查地區內所有主要的交叉路口、設有號誌之次要交叉路口，以
及地區內高速公路交流道等處，並於每一調查站配置若干名調查員及一名督導員，每
15 分鐘紀錄一次。

表 3-3　交叉路口轉向交通量調查表

位置簡圖

站　　　　　號：＿＿＿＿＿　調查方向：往＿＿＿＿＿＿
站　　　　　名：＿＿＿＿＿　調查日期：＿＿年＿＿月＿＿日
臨近路口編號：＿＿＿＿＿　調查員：＿＿＿＿　督導員：＿＿＿＿

| 車型 | 大型車 | | | 小型車 | | | 機車 | | |
|---|---|---|---|---|---|---|---|---|---|
| 調查時間 | 左轉 | 直進 | 右轉 | 左轉 | 直進 | 右轉 | 左轉 | 直進 | 右轉 |
| ：～： | | | | | | | | | |
| ：～： | | | | | | | | | |
| ：～： | | | | | | | | | |
| ：～： | | | | | | | | | |
| ：～： | | | | | | | | | |

註：大型車包括：大客車、大貨車、聯結車及特種車
　　小型車包括：小客車、計程車及小貨車
（資料來源：交通部，2004）

位置簡圖

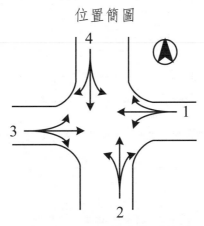

圖 3-3c　路口轉向位置簡圖

### 3.3.6　行人交通量調查

行人交通量調查（參見表 3-4、圖 3-3d）蒐集行人交通量，以作為決定交叉路口行人通過所需號誌時相長度及設置行人穿越道的適當位置，並作為是否須設置及設計行人徒步區、行人地下道或行人陸橋的評估依據。行人交通量調查是在調查通過某特定地點的行人數量，調查時間應涵蓋上下午尖峰時間約 4 小時，某些特殊地區必要時應增加夜間尖峰時間或假日之調查。

#### 表 3-4　行人交通量調查表

站　　號：_____　調查日期：____年____月____日

站　　名：_____　調查員：_____　督導員：_____

分站號：_____

○○路○段

| 調查時間 | 交通量 | 調查時間 | 交通量 | 調查時間 | 交通量 |
|---|---|---|---|---|---|
| 07:00～07:15 | | 17:00～17:15 | | ：　～　： | |
| 07:15～07:30 | | 17:15～17:30 | | ：　～　： | |
| 07:30～07:45 | | 17:30～17:45 | | ：　～　： | |
| 07:45～08:00 | | 17:45～18:00 | | ：　～　： | |
| 08:00～08:15 | | 18:00～18:15 | | ：　～　： | |
| 08:15～08:30 | | 18:15～18:30 | | ：　～　： | |
| 08:30～08:45 | | 18:30～18:45 | | ：　～　： | |
| 08:45～09:00 | | 18:45～19:00 | | ：　～　： | |
| ：　～　： | | ：　～　： | | ：　～　： | |
| ：　～　： | | ：　～　： | | ：　～　： | |

主辦單位：

註：右上圖分站號表示調查員位置與調查方向，其編號分別為 1、2、3、4、5、6、7、8

（資料來源：交通部，2004）

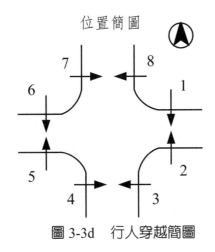

位置簡圖

圖 3-3d　行人穿越簡圖

# 3.4 資料蒐集及處理程序、數據資料處理方式

　　經由家戶訪問調查、周界線調查、屏柵線調查等所獲得的數據稱之爲原始資料，必須經過整理、檢核與編輯才能成爲可用於運輸規劃之資訊。進行這些調查工作所需耗費之人力、成本與時間均相當可觀，在整個運輸規劃專案總預算中也占有相當高的經費比例，若能將這些寶貴但龐雜的運輸規劃資料好好的加以儲存、管理，並有系統的建立、組織起一個完善之資料庫（data base），以備將來不時之需，或分享給相關單位、人員分析之用。若更進一步發展成爲資料庫系統或資訊系統，將可避免調查工作的重複與浪費。此外，有鑑於電腦科技的快速進步與大數據（big data）資料（亦稱海量資料或巨量資料）處理之創新發展，未來在建立、維護與管理運輸規劃的資料庫、資料庫系統或資訊系統時，勢必要引用這些先進的觀念與技術才能眞正滿足各相關單位、人員之需求。以下先就運輸規劃的資料蒐集及處理程序加以說明，然後再進一步介紹資訊系統以及雲端運算之初步概念。

## 3.4.1 資料蒐集及處理程序

　　運輸規劃的資料蒐集及處理程序之流程如圖 3-4 所示，分別說明如下：

**步驟 1**：研究範圍及分區

　　界定研究範圍並劃設分區，以便了解需要解決的問題與安排後續調查及分析作業。

**步驟 2**：問題陳述

　　明確列出需解決的交通問題，徹底了解問題根源方能對症下藥，進行相關調查並規

劃合適的計畫。

**步驟 3：確定調查方法及項目**

為確實改善交通問題，需具有相關的資料與數據，因此須進行交通調查。然而，不同調查方式其調查目的不同，需要調查的項目與獲得的資料亦不同，如車輛交通量調查為計算各路段所通過各車種的車輛數；路口轉向交通量調查為蒐集主要交叉路口交通量、流向分布及交通組成，以作為交叉路口號誌設計、槽化設計、容量分析與研擬短期交通改善計畫的規劃參考；路口行駛時間及延滯調查為調查各主、次要道路的路段行駛時間與交通延滯情形，找出交通問題以作為決定路口之最佳號誌管制、槽化設計及其他短期交通改善規劃的參考。因此，應依據需要解決的交通問題來確定調查方式，如此方能訂定所需要的資料並找出必需之調查項目，避免進行錯誤調查，導致資源錯用。

**步驟 4：進行調查**

依據步驟 3 確定的調查方法進行調查，如流量調查、家戶訪問調查、運輸設施調查等，相關調查方法請參照 3.3 節。

**步驟 5：初步檢核**

人工方式檢驗調查資料是否有遺漏或存在具極端狀況。若有，則進行補救調查或重新調查，以確保資料的完整性及正確性。

**步驟 6：建立資料庫系統**

由於調查所得的資料為龐大之數據，為方便後續分析，故宜將數據建立成運輸規劃資訊系統，以便資料的統整與維護。為避免不同單位重複調查而造成資源耗費，雲端資料庫為建立資料庫的首選方式，相關的雲端資料庫介紹請參見 3.4.2 節與 3.4.3 節。

**步驟 7：查核資料一致性**

檢查並核對資料的共同性，避免將不同調查方式的資料放置相同處，造成資料錯誤的狀況。

**步驟 8：建立分析模型**

藉由界定的交通問題與調查資料建立分析模型，如直接式預測模型、循序性預測模型、整合性預測模型、個體需求模型等，以做為運輸規劃之依據。

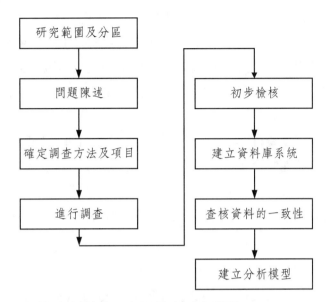

**圖 3-4 運輸規劃的資料蒐集及處理程序（凌瑞賢，2006，p. 3；本書整理）**

## 3.4.2 資料處理方式

運輸規劃的調查資料可以經過數據加工處理成為資料庫（database）、資料庫系統（database system）、或資訊系統（information system），茲將三者的定義分別說明如下：

1. 資料庫：是指一個有組織的相關資料所形成的集合體。換句話說，資料庫就是將資料依照現實需要，以有組織、不重複的方式在電腦檔案裡予以儲存，以利使用者透過檢索、排序、計算、查詢等方法有效率的擷取所需要的資料，並將之轉換成有用的資訊。在觀念上，資料庫的組織架構與電子書的章節安排類似，都可方便使用者擷取相關的資料。因此，一個有效的運輸規劃資料庫，必須能夠讓運輸規劃師很容易取得相關的資料進行分析。

2. 資料庫系統：利用資料庫管理系統（database management system, DBMS）軟體，例如，MySQL、Mongo、Oracle、SAP HANA、dBASE 等一般性的 DBMS 軟體，來管理相關資料庫檔案就稱之為資料庫系統。換句話說，若將資料庫加上資料庫管理系統，就成為一個完整的資料庫系統。資料庫系統可以方便使用者以有用的格式來儲存（store）、安排（arrange）、擷取（collect）資料。

3. 資訊系統：為一種人機系統（human–machine system），主要運用計算機技術將有用的資訊（information）用於協助支援決策。換言之，使用者能夠透過某種介面（hu-

man–computer interaction）對機器下達指令，而機器則能夠透過此介面，將執行狀況與系統狀況回報給使用者。由此可知，資訊系統是由一系列相互關聯的組件構成，透過資訊的收集，處理，儲存及發佈爲組織決策和組織控制提供支援的系統。因此，資訊系統包括三個重要的維度在內，即，組織維度、管理維度和資訊技術維度。

　　台灣的運輸規劃基本資料仍處於各自爲政、自行處理的階段，缺乏上下層級與橫向之連結，更談不上系統性的管理、加工、加值的應用階段。爲了減少基本資料在調查、處理、分析上的重複浪費，未來應朝向資料庫、資料庫系統、或資訊系統的方向發展，甚至可以進一步考量應用雲端運算科技，以有效提升運輸規劃的水準。

### 3.4.3 雲端運算

　　雲端（cloud）泛指網際網路，因此雲端運算（cloud computing）就是網路運算，凡是運用網路聯繫多台電腦的運算工作或藉由網路連線取得遠端設備所提供的服務等，皆稱爲雲端運算，如圖 3-5 所示（周天穎、衷嵐焜、辜文元，2010）。當調查資料的數量累積到大數據資料規模時，利用快速而有效的雲端運算進行分析將會是最爲適合的選擇。

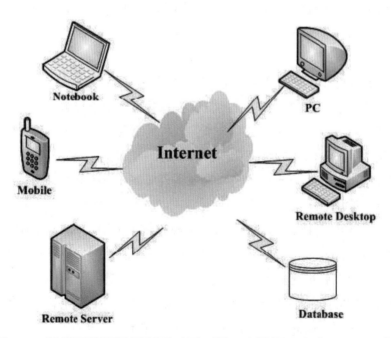

圖 3-5　雲端運算架構示意圖（周天穎、衷嵐焜、辜文元，2010）

　　「雲端運算」可進一步區分為兩類，即「雲端服務」（cloud computing services）與「雲端科技」（cloud computing technology）兩部分（Brodkin, 2008）。雲端服務指藉由網路連線從遠端取得服務，如提供使用者安裝和使用各種不同作業系統的 Amazon EC2 服務，這類型的雲端計算屬於「軟體即服務」（Software as a Service, SaaS）概念，利用這些服務使用者可以只靠一支手機做到許多過去只能在個人電腦上完成的工作；雲端科技則是利用虛擬化與自動化等技術以創造和普及電腦中的各種運算資源，可視為傳統資料中心（data center）的延伸，且不需經由第三方提供外部資源便可套用在整個組織的內部系統（陳惠國，2011）。

　　雲端資料庫為雲端運算應用之一，屬於「平台即服務」（Platform as a Service, PaaS），其透過雲端運算平台傳送數據的資料庫服務類型，提供資料建立、調整、管理與應用，使組織、企業、終端用戶等可從雲端存取、管理及檢視數據。此外，雲端資料庫亦可作為一般資料庫使用，但雲端資料庫更具有高度可用性，因使用者並非侷限於同一端點，用戶可於任何時間在不同端點藉由網際網路連線存取資料或進行數據應用，更能在遇到故障或資料遺失時自動恢復。然而，雲端資料庫並非全無缺失，關於資料的安全性、相關隱私與維護等方面為其潛在之問題與待克服的重要議題。

## 3.5 結論與建議

　　資料蒐集及處理過程為規劃程序中重要且基礎的環節，但不同的交通調查方式，如家戶訪問調查、周界線調查、屏柵線調查、旅次起迄調查、路口轉向交通量調查，以及行人交通量調查等，所蒐集的交通資料皆有所不同。由於資料蒐集作業為一項極為耗時費力的工作，為避免蒐集不合或無法使用的資料，並擴大或分享其他可能的應用，必須在資料蒐集之前，就先清楚界定規劃範圍與目的，確定後續採用的分析模式，方能進行有效率的資料蒐集。此外，調查獲得之交通數據極為龐雜，須審慎考量交通數據的使用彈性與實用性，除了資料庫、資料庫系統以及資訊系統之外，應用雲端運算科技也將是一個重要的發展方向，不僅可以減少資源浪費，還可同時提供不同單位使用，但若涉及資料的所有權或機密性，則必須特別加強資料的保安性（security）。

　　近年來由於手機使用普遍且具有定位功能，若將手機信令資料經過適當之處理，可用於追蹤用路人之行動軌跡並轉換為運輸規劃之資料，讀者可參考第四章內容。

# 問題研討

1. 名詞解釋：
   (1) 規劃範圍（planning area）
   (2) 研究範圍（study area）
   (3) 交通分區（traffic zone）
   (4) 均質性（homogeneity）
   (5) 周界線（cordon line）
   (6) 屏柵線（screenline）
   (7) 路邊訪問調查法（roadside interview survey）
   (8) 錄影偵測法
2. 交通分區的劃分原則為何？
3. 運輸規劃之基本資料包括哪些項目，請詳細說明之？
4. 請舉出六種常用之交通調查的方法，並分別說明其詳細內容。
5. 運輸規劃的資料蒐集及處理程序之流程為何？請詳細說明之。
6. 運輸規劃資料庫（database）、資料庫系統（database system）、或資訊系統（information system）的差異為何？為有效蒐集、維護與管理寶貴但又龐雜的交通資料，且提供分享共用之功能，運輸規劃的基本資料其未來之發展方向為何？

# 相關考題

1. 名詞解釋：
   (1) 周界調查（Cordon survey）（92 高三級第二試）
2. 試述家戶訪問調查（Home Interview Survey）之方式與內容。（90 專技高）
3. 典型的運輸規劃資料包括哪些？（91 高三級第二試）
4. 試述屏柵線調查與周界調查的進行方式、調查內容與調查目的。（93 高三級第二試）
5. 請說明運輸規劃中所需進行的基本調查與各項調查的目的與方法。（96 高三級）
6. 運輸規劃模型中，常需要大量資料檢核模式的輸出結果，請說明何謂周界線與屏柵線，並請描述兩者調查的目的、資料蒐集方式與應用的方式。（106 普考）
7. 某都市針對新闢社區規劃幾條公車路線，經營一段時間後，欲對這些公車路線檢討其成效。試說明應如何蒐集資料以及蒐集那些資料，以作為調整公車路線之依據。（109 特

三等）

8. 大眾運輸資料是大眾運輸規劃的基礎。試列舉大眾運輸相關之資料項目，並說明其蒐集技術與方式。（110 特三等）

9. 請說明進行長期綜合運輸規劃時，所需要蒐集的資料為何？（111 普考）

10. 試說明屏柵線調查之意義及目的，以及主要採用的調查方法或技術。（111 特四等）

11. 某縣市欲進行公路運輸設施及土地之清冊盤點（inventory survey），以作為後續「路網系統建設」之決策依據。試說明清冊盤點之意義，及你會考量哪些問題面以建構此調查計畫？請提出 3 個問題面，對應各問題面提出至少 2 項主要調查項目並說明理由。（111 特三等）

# 參考文獻

## 一、中文文獻

[1] 交通部運輸研究所，1998，高雄都會區住戶交通旅次調查。

[2] 周天穎、衷嵐焜、辜文元，2010，格網與雲端技術與 GIS，國土資訊系統通訊，第七十四期，頁 2-12。

[3] 凌瑞賢，2009，運輸規劃原理與實務，二版，鼎漢國際工程顧問股份有限公司，台北。

[4] 陳惠國，2011，雲端基礎式之智慧型運輸系統，中華道路，第五十卷，第一期，頁 1-10。

[5] 陳惠國，邱裕鈞，朱致遠，2017，交通工程，五南圖書出版股份有限公司，台北。

## 二、英文文獻

[1] Ahlborn, G., and Moyer, R. A., 1956, New developments in BPR roughness indicator and tests on California pavements, Highway Research Board Bulletin, No. 139, pp. 1-28.

[2] Brodkin, J., 2008/9/29, Cloud Computing Hype Spurs Confusion-- Is Cloud Computing a Service or a Technology? Networkworld.

[3] Bruton, M.J., 1993, Introduction to Transportation Planning, UCL Press, London.

[4] Ortúzar, J.D. and Willumsen, L.G., 2001, Modelling Transport, John Wiley and Sons, England.

# 第 4 章

# 信令資料的蒐集與
# 智慧判讀

　　傳統運輸規劃資料的內容包括：旅次目的、活動型態、起迄需求矩陣、運具選擇以及路徑選擇等在內，這些資料可以透過傳統問卷調查或訪談等方式取得，但這些傳統方法不但所費不貲而且耗時冗長。近年來，新的位置感知偵測技術（location-aware tech-nologies）例如穿戴式偵測器（body-worm sensors）、藍牙發收器（Bluetooth transceiv-ers）、衛星定位系統（satellite positioning systems），以及手機（mobile phones）的問世，引進了新的方法收集使用者的資料以及萃取調查的參數，使得調查成本大幅降低同時也增加資料的調查頻率。

　　由於位置感知偵測技術調查之數據為第一手資料，反應受調查者當時真正的旅運行為，而非如傳統調查方法係調查受調查者的回憶資料，因此正確性較高，再加上無需太多的額外成本就可以連續收集受調查者長期動態旅運資料之大數據，有利於事前與事後（before and after study）比較分析，近年來已受到運輸學界與實務界極大的關注。

　　但由於位置感知技術仍有許多技術上的困難尚待克服，例如行動資料定位的時空不確定性（uncertainty）與定位點飄移（oscillation）的處理等，因此所收集而來的初步資料仍需經過前處理才可以進行分類的訓練與學習，最後才能成為運輸規劃作業中所需之各項資料，例如活動區位、活動性質種類、旅次起迄矩陣、運具選擇、路徑選擇等。

　　本章內容之順序安排如下，第一節介紹位置感知偵測技術與手機信令資料（mobile phone data）；第二節說明手機資料前處理的內容與架構；第三節綜整運輸規劃資料之智慧判讀；第四節介紹適合手機資料轉換之分類方法；第五節說明運具種類之判讀分類流程；第六節說明利用手機資料判讀轉換為運輸規劃資料之基本課題；第七節討論手機信令資料之未來發展方向；第八節則提出結論與建議。

# 4.1 位置感知的偵測技術與手機信令資料

　　位置感知的偵測技術（location-aware technologies）包括：(1) 穿戴式偵測器（body-worm sensors）、(2) 藍牙發收器（Bluetooth transceivers）、(3) 全球定位系統（global positioning system, GPS），以及 (4) 手機（mobile phones）在內。其中穿戴式偵測器、藍牙發收器需要額外的設備，因此使用穿透率較低。茲將較為常用之衛星定位系統以及手機之位置感知偵測技術原理說明如下。

## 4.1.1　全球定位系統偵測原理

　　全球定位系統為衛星導航定位系統（global navigation satellite system, GNSS）的一種，由美國國防部於 1970 年代開始進行研製，至 1993 年底已經建成 GPS 所需的 24

顆衛星（參見圖 4-1），其中 21 顆為工作衛星，3 顆為備用衛星。24 顆衛星均勻分布在 6 個軌域平面上（相隔 60°），每個軌域面上有 4 顆衛星，確保任一地點能同時收到 4 顆以上衛星訊號，在世界任何地點、時間、人、氣候，皆可定位，精度 1cm～10m。

圖 4-1　全球定位系統衛星配置圖（http://gis.geo.ncu.edu.tw/sg/gps/gps.htm）

全球定位系統包括三個基本單元：

1. 地面控制：全球共 16 座，其功能為監控衛星運作狀態及精確位置。
2. 太空衛星：搭載原子鐘與訊號發射器。
3. 使用者單元：泛指各式各樣的接收器。

GPS 的 C/A 碼（coarse acquisition code）是由原子鐘產生「虛擬隨機噪聲碼」，又名「粗碼」，為無線電波（≈光速），全球定位系統的定位架構如圖 4-2 所示。

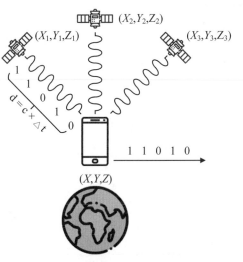

圖 4-2　全球定位系統的定位方式

GPS 定位原理則係已知 3 個衛星的位置 $(X_1, Y_1, Z_1)$、$(X_2, Y_2, Z_2)$、$(X_3, Y_3, Z_3)$，然後定義 3 個方程式求解手機位置的 3 個未知數 $(X, Y, Z)$，其公式如下

$$\sqrt{\left(X\text{-}X_1\right)^2+\left(Y\text{-}Y_1\right)^2+\left(Z\text{-}Z_1\right)^2}=d_1 \qquad (4\text{-}1a)$$

$$\sqrt{\left(X\text{-}X_2\right)^2+\left(Y\text{-}Y_2\right)^2+\left(Z\text{-}Z_2\right)^2}=d_2 \qquad (4\text{-}1b)$$

$$\sqrt{\left(X\text{-}X_3\right)^2+\left(Y\text{-}Y_3\right)^2+\left(Z\text{-}Z_3\right)^2}=d_3 \qquad (4\text{-}1c)$$

GPS C/A 電碼之虛擬距離 $\rho = d + \varepsilon$，其誤差來源 $\varepsilon$ 需要由第四顆衛星做校正，茲將每種誤差來源、誤差範圍以及平差方法整理於表 4-1。

表 4-1　GPS 定位之誤差來源、誤差範圍以及平差方法

| 誤差來源 | 誤差範圍 | 平差方式 |
|---|---|---|
| 衛星時鐘 | $\approx 2m$ | 濾定（差分定位） |
| 接收器時鐘 | 依設備等級而異 | 多次觀測 |
| 電離層 | $\approx 2m \sim 10m$ | 雙頻率觀測 |
| 對流層 | $\approx 2.3m \sim 2.8m$ | 建立對流層模型，對觀測量進行差分 |
| 觀測量偶然誤差 | $\approx 30cm$ | 必然存在 |

以衛星定位系統為基礎的方法其衛星定位系統必須保持隨時開啓的狀態，但這會使得儀器電池的壽命耗損過快，因此也不適用於收集大規模運輸規劃的資料，職是之故，手機信令資料自然成為收集運輸規劃資料的最佳選擇。

## 4.1.2　手機定位偵測原理

手機常見的定位方法有四種：

1. 時間抵達法（time of arrival, TOA）（參見圖 4-3a）：以訊號到達時間推算距離。

三座基地台 $s_1$、$s_2$、$s_3$ 與手機的距離分別為 $d_1$、$d_2$、$d_3$，可用以下公式計算。

$$d_1 = (T_1 - T_0) \times C \qquad (4\text{-}2a)$$

$$d_2 = (T_2 - T_0) \times C \qquad (4\text{-}2b)$$

$$d_3 = (T_3 - T_0) \times C \qquad (4\text{-}2c)$$

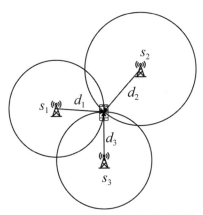

圖 4-3a　手機 TOA 定位方法

其中：

　　$C$：光速

　　$T_0$：手機發射訊號時間

　　$T_i$：基地台接收訊號時間

2. 時間差抵達法（time difference of arrival, TDOA）（參見圖 4-3b）：以訊號到達時間差推算距離，相較 TOA 無須時間戳。

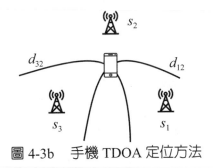

圖 4-3b　手機 TDOA 定位方法

　　三座基地台 $s_1$、$s_2$、$s_3$ 的位置分別爲 $(X_1,Y_1)$、$(X_2,Y_2)$、$(X_3,Y_3)$、與手機位置 $(X_0,Y_0)$ 的距離，可用以下時間差推估距離 $d_{ij}$ 的公式計算。

$$d_{ij} = \left(T_i - T_j\right) \times C = \sqrt{\left(X_i - X_0\right)^2 + \left(Y_i - Y_0\right)^2} - \sqrt{\left(X_j - X_0\right)^2 + \left(Y_j - Y_0\right)^2} \qquad （4\text{-}3）$$

　　雙曲線 $d_{12}$ 與雙曲線 $d_{32}$ 的交點就是手機的位置 $(X_0,Y_0)$。

3. 訊號強度基礎法（received signal strength based）：以訊號到達時間差推算距離 $d$。

　　「訊號強度法」又稱「三邊定位法」或「三角定位技術」，係指各基地台（access point, AP）的座標已知，並且已建立其訊號衰退模型，例如：對數距離路徑衰

退模型（log-distance path loss model）、自由空間傳播模型（free space propagation model）、哈他模型（Hata model）。然後藉由接收到的訊號強度，可以推算手機與各基地台之距離。當同時接收 3 個以上基地台的訊號，即可得 3 段以上的距離，就得以利用 TOA 之三角定位方式計算出手機位置。

此方法最大優點為易於實現，當手機無論於通話或閒置狀態時，會自動偵測附近較強訊號之基地台座連接，那麼便可進行定位；但缺點在於需事先收集資料並建立衰退模型，才可進行定位，且此方法會因為「多路徑問題」與「非視線傳播」造成較大誤差，使得定位結果不為一點，而是某一區間範圍。

對數距離路徑衰退模型（Zvanovec et al., 2003）如下所示：

$$\overline{PL}(d) = PL(d_0) + 10n\log_{10}d \qquad （4\text{-}4a）$$

經數學轉換，可得手機至基地台距離 $d$ 的計算公式

$$d = 10^{\left[\overline{PL}(d) - PL(d_0)\right]/10n} \qquad （4\text{-}4b）$$

其中：

$PL(d_0)$：1 公尺傳播損失

$\overline{PL}(d)$：平均傳播損失

$n$：衰減係數

4. 入射角度到達法（angle of arrival, AOA）（參見圖 4-3c）：利用訊號的入射角度資訊定位。

AOA 其特色只需要兩個讀取便可進行定位，令手機所發射訊號到兩個無線基地台的入射角分別為 $\theta_1$ 與 $\theta_2$，手機會位於 $\theta_1$ 與 $\theta_2$ 射線的交點上。由於讀取器需要特殊的硬體設備，如方向性的天線（directional antenna）或者陣列天線（antenna array），因此設備的成本較高，且訊號會受到多路徑影響，造成角度的誤差，影響定位準確度。

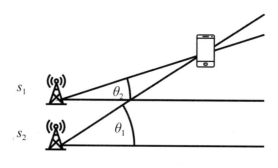

圖 4-3c　手機 AOA 定位方法

　　手機定位誤差的來源可分成四種：

1. 基地台密度（參見圖 4-4a）：都市或山區之基地台密度不同。

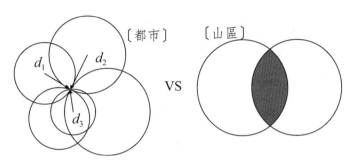

**圖 4-4a　基地台密度**

2. 非視線傳播（參見圖 4-4b）：受到障礙物後，訊號產生散射（scattering）、折射（refraction），造成時間延滯。

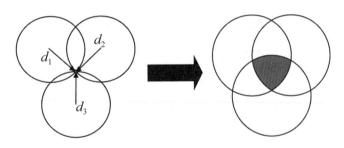

**圖 4-4b　非視線傳播**

　　以 TOA 為例，圖 4-4b 的左圖之手機至三各基地台的距離分別為 $d_1$、$d_2$、$d_3$，可由式（4-1a）〜（4-1c）計算而得，右圖之手機至三各基地台的距離分別為 $d'_1$、$d'_2$、$d'_3$，則可由式（4-5a）〜（4-5c）計算而得。

$$d'_1 = d_1 + \alpha_1 C \qquad\qquad\qquad (4\text{-}5a)$$

$$d'_2 = d_2 + \alpha_2 C \qquad\qquad\qquad (4\text{-}5b)$$

$$d'_3 = d_3 + \alpha_3 C \qquad\qquad\qquad (4\text{-}5c)$$

其中，
　　$\alpha_1$、$\alpha_2$、$\alpha_3$：手機到各基地台的延遲時間
　　$C$：光速

3. 多路徑問題（參見圖4-4c）：多路徑效應（multipath effect）是指基地台除直接收到手機發射的信號外，還同時收到經基地台天線周圍地物一次或多次反射的手機信號。這些信號與直接信號疊加，從而使觀測量產生誤差。而且這種誤差隨天線周圍反射面的性質而異，所以很難建立描述它的數學模型。訊號波受阻或彈射、造成解算距離與實際距離不同。

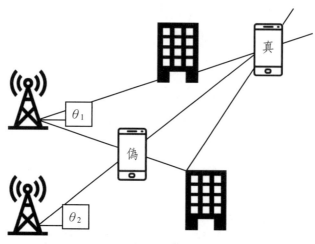

圖 4-4c　　多路徑問題

4. 訊號衰弱（參見圖4-4d）：Goldsmith（2005）提到無線訊號的衰減不僅會隨著無線傳輸距離而增加，無線訊號傳輸強度與其所處的環境有關，例如，無線電磁波會因爲傳遞於不同介質亦或障礙物而造成訊號反射（reflection）、折射、繞射（diffraction）、散射、多路徑效應、遮蔽效應（shadowing effect）的現象。所以要使用一個數學模型來精準的形容無線訊號接收強度是不容易的。Zvanovec et al.（2003）曾提出一個簡化之無線訊號接收強度模型，如式（4-4）所示。

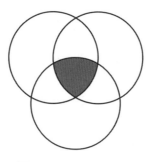

圖 4-4d　　訊號衰弱

GPS 定位與行動定位服務[1]（location-based service, LBS）定位技術可以比較如下表 4-2：

表 4-2 GPS 定位與 LBS 定位技術比較

| 定位技術 | GPS 定位 | LBS 定位 |
|---|---|---|
| 原理 | 衛星 | 基地台 |
| 精度 | 高（5～10m） | 低（市區 20～200m） |
| 手機功耗 | 大（需提供 GPS 模組高壓供電） | 低（採集數據即可） |
| 定位速度 | 慢（需與衛星通話） | 快 |
| 優點 | 精度高、覆蓋廣 | 定位快、功耗低 |
| 缺點 | • 定位慢<br>• 耗電<br>• 須位在空曠室外 | • 需有電信訊號<br>• 精度低 |

手機利用全球行動通訊系統[2]（global system for mobile communications, GSM）的信令強度、波動或連結去萃取使用者的位置與移動。這個方法不需要額外的基礎設施就可以獲得紀錄（record），因為這些紀錄是電信商或手機營運者基於收費或管理之需要本來就要收集的資訊，由於這個方法的使用相對便宜又具有高穿透率，極具實用的價值。

## 4.1.3 手機定位的資料種類

手機資料可分成兩種：通聯記錄資料（call detail record, CDR）與現地資料[3]（sighting data）。通聯記錄資料係指當手機在進行通話、簡訊收發或使用網際網路服務活動時所記錄下來之資料，為一組電話撥接紀錄，包含了行動通信基地台（cell tower）的時間資訊與區位資訊，CDR 所估計的精度，在都市地區約為幾百公尺至幾公里，其所包含的資料有基地台位置座標（經度、緯度）、手機代號（ID）、通話開始時間、通話時間（參見表 4-3）。

---

[1] 亦稱之為適地性服務、移動定位服務、行動定位服務、空間定位信息服務，或位置服務。

[2] 又稱泛歐數位式手機系統，是目前應用最為廣泛的手機標準。

[3] 在台灣亦有使用「信令資料」（signaling data）或「手機基地台為基礎之探偵車」（cellular-based vehicle probe，CVP）者。

表 4-3　手機通聯記錄資料

| 使用者代號（ID） | 通話開始時間 | 基地台經度 | 基地台緯度 | 通話時間（秒） |
|---|---|---|---|---|
| A10000011 | 1080618094950 | 121.562827 | 25.056674 | 66 |
| A10000011 | 1080618124534 | 121.549121 | 25.052758 | 123 |
| A10000011 | 1080618135512 | 121.549044 | 25.058607 | 345 |
| ⋮ | ⋮ | ⋮ | ⋮ | ⋮ |
| A10000011 | 1080618173433 | 121.564267 | 25.036045 | 128 |

　　而現地資料（參見表 4-4）則是經由基地台三角測量（triangulation）或側化（lateralization）運算後所推估手機的位置資料，其內容包括：手機的使用者代號（ID）、紀錄時間，以及手機經三角測量後的座標位置。現地資料的精度依基地台的密度而定，在都市地區約為 300 公尺。現地資料與通聯記錄相比有兩個方面較具優勢：(1) 紀錄筆數較多：除了儀器驅動（device-driven）的活動之外，也會產生網路驅動（network-driven）的資料，例如傳接（handovers），即當儀器從一個基地台服務範圍（cell）轉換至鄰近的服務範圍。(2) 較高的空間精度：儀器的位置是經由多個基地台（cell tower）進行三角運算所得。

表 4-4　手機現地資料

| 使用者代號（ID） | 紀錄時間 | 經度 | 緯度 |
|---|---|---|---|
| A10000011 | 1080618094950 | 121.562827 | 25.056674 |
| A10000011 | 1080618094955 | 121.562835 | 25.056688 |
| A10000011 | 1080618095000 | 121.562830 | 25.056680 |
| ⋮ | ⋮ | ⋮ | ⋮ |
| A10000011 | 1080618173056 | 121.564267 | 25.036045 |

## 4.2 手機資料的前處理

　　手機資料具有時空（spatio-temporal）特性，在正式運用前必須針對兩個重要的限制進行事先處理。第一個課題為資料點產生之不確定性（uncertainty），第二個課題為資料點之飄移（oscillation）現象（Wang and Chen, 2018）。

　　Wang et al.（2018）提出現地資料前處理的架構如圖 4-5 所示，並進行深入的實驗與比較後獲得良好的結果。

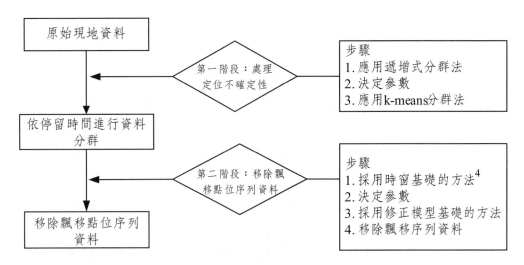

圖 4-5　現地資料處理的架構（Wang and Chen, 2018）

## 4.2.1　資料點產生之不確定性

資料點產生不確定性的來源包括時間與空間兩個向度。時間的不確定性（uncertainty）主要來自於紀錄的不規則（irregular）與異質性（heterogeneous[5]）的時間分配，這個問題可以使用資料篩濾過程（data-filtering process）處理，例如僅選擇高使用率的儀器，但這方法會造成偏向較高通訊頻率的誤差。至於空間的不確定性其主要來源為空間精度低：都市地區之現地定位精度約在 300～500 公尺之間，而 CDR 精度則約為幾百公尺至幾公里之間，這個問題可嘗試內插法（interpolation）改善。

## 4.2.2 移除飄移現象

飄移（oscillation）現象係指即便使用者停留在某一地點打電話，其原先轉接信令的基地台也可能會基於裝載平衡或其他操作性的原因，在中途交給另一個基地台的情形發生。這會造成使用者通話的軌跡在多個基地台之間跳動，這些跳動紀錄與移動無關。由於逗留在原地的現地資料位置估計可能會隨時間改變。這些區位估計結果須予以整合才能辨識活動區位與計算活動在該區位所停留的時間。

移除飄移現象的方法可以分成四類：(1) 將飄移資料點分群，選取真實資料點代表。(2) 應用「速度基礎法」，設定轉移速度（switching speed）門檻，逐一刪除飄移

---

[4]　時窗基礎法係定義一個時間區間，在該時區內不太可能發生一個旅行（tour），藉此時窗定義可以移除飄移點。可以配合速度基礎法使用。

[5]　異質性（heterogeneity）係指母體或樣本之間的變異數並不相同，為異方差（heteroscedasticity）的特例。

資料點。(3) 應用「型態基礎法」（pattern-based method），即依照連續三個資料點的角度判斷並逐一刪除飄移資料點。(4) 綜合法，係指結合以上三種方法。

### 4.2.2.1 資料點代表選取法

如果 CDR 資料的區位資訊屬於細胞層級，則個體經常訪問的區位如住家、工作地點通常就是經常訪問的網路細胞區位。將鄰近的基地台組群，這些區位也可以由經常傳遞通話活動的基地台群組表示。利用 CDR 來確認活動區位的方法，只侷限於基地台接通的通聯活動頻率，但許多交通領域之應用需要使用較為精細的手機信令現地資料。

就現地資料而言，區位估計是由多個基地台透過三角測量（triangulation）所產生的，每一個區位估計都是唯一的。換句話說，即使使用者停留在相同地點，資料所記錄的區位也會隨時間之不同而不同（即便它們都相鄰甚近），一般用於解決區位不確定性並顯示現地資料活動區位的方法為應用分群演算法（clustering algorithm）整合這些歧異的區位推估，相關組群的重心（centroid）即代表活動的區位。

一旦飄移點位序列偵測出來，下一步就要將有意義的區位辨識出來以代表儀器的區位。這個有意義的區位可能是所有相關區位中被拜訪次數最多的一個。Wu et al.（2014）將飄移序列的每一個區位都指派一個分數，其考量訪問頻率以及距離其他區位的平均距離兩個因素在內，分數最高的區位就視為有意義的區位，參見圖 4-6。

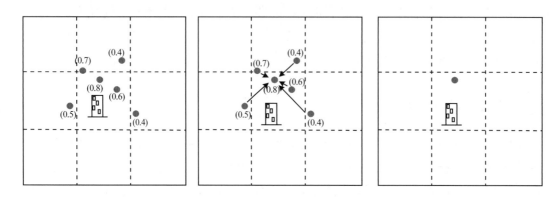

圖 4-6　有意義的區位辨識方式

目前探討現地資料飄移現象的文獻相當有限。Calabrese et al.（2011）與 Widhalm et al.（2015）利用分群法同時探討區位不確定與飄移現象（locational uncertainty and oscillation），當飄移的點位（traces）指派至同一個群組時，就會以群組的中心（centroid）取代。

傳統的分群方法包括 $k$- 平均數（$k$-means）法以及密度基礎空間分群法（density-based spatial clustering of applications with noise, DBSCAN）[6] 法，而新的分群方法（Wang and Chen, 2018）則包括軌跡分隔法（trajectory-segmentation method）、模型基礎分群法（model-based clustering method）（Chen et al., 2014）、遞增分群法（incremental clustering method）（Alexander et al., 2015; Wang et al., 2015; Widhalm et al., 2015），以及聚合式分群演算法（agglomerative clustering algorithm）（Jiang et al., 2013）。

### 4.2.2.2 轉移速度門檻刪除法

手機點位資料中的時間訊息（temporal information）以及移動速度可用以改善偵測精度。當飄移現象發生時，某些儀器可能被觀察到頻繁的在兩個或多個距離甚遠的區位轉移（switching），如表 4-5 所示。由表可知，當飄移現象發生時，其轉移速度（switching speed）均異常的高。

表 4-5　手機定位之飄移現象

| 點位編號 | 位置 | 紀錄時間 | 相差距離（km） | 移動速率（km/h） |
|---|---|---|---|---|
| $D_1$ | $L_0$ | 1080618140502 | - | - |
| $D_2$ | $L_1$ | 1080618140520 | 5.0 | 1000 |
| $D_3$ | $L_0$ | 1080618143044 | 5.0 | 11.83 |
| $D_4$ | $L_1$ | 1080618143100 | 5.0 | 1125 |

「速度基礎法」（speed-based methods）事先設定一個速度門檻 $V_c$，例如 200 公里每小時，當轉移速度超過速度門檻 $V_c$ 時，就辨識出飄移現象。由於區位估計的精度相當的低，特別是當轉移的時間區間相當小的時候，這個方法所得的速度測量結果就會相當不可靠。以下舉例說明轉移速度門檻刪除法可能發生不當刪除真正資料點的情況，並提出相對應的改善方法。

圖 4-7a 左邊顯示手機信令資料點 $P_1$～$P_9$ 形成一到前進軌跡，其中資料點 $P_4$～$P_6$ 位置異常，被認定發生飄移現象，並假設 $P_3$ 與 $P_4$ 之間以及 $P_6$ 與 $P_7$ 之間的移動速度均超過事先設定的門檻。若按照傳統轉移速度門檻刪除法處理，則資料點 $P_4$ 與 $P_7$ 會被刪除，如圖 4-7a 右邊所示。但是兩個異常的資料點 $P_5$ 與 $P_6$ 依舊存在無法進一步刪除，因為資料點 $P_4$ 與 $P_5$ 之間以及資料點 $P_5$ 與 $P_6$ 之間的移動速度並未超過事先設定的門檻。

---

[6] 密度基礎空間分群法（DBSCAN)(Ester, Kriegel, Sander and Xu, 1996）將分群定義為密度相連的點的最大集合，把具有足夠高密度的區域劃分為群，並可在噪音的空間數據庫中發現任意形狀的分群。

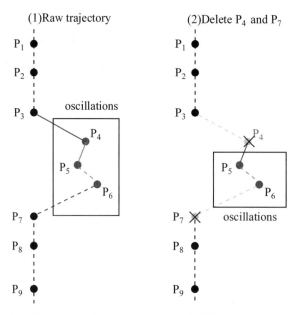

圖 4-7a　消除飄移現象（傳統過程）

　　這個案例顯示，傳統轉移速度門檻刪除法並不完全可靠，甚至錯誤刪除了正確的資料點 $P_7$。為了改正這項錯誤，我們在刪除資料點 $P_4$ 之後（圖 4-7b 左邊第二張圖），可以重覆應用以上程序，即計算資料點 $P_3$ 與 $P_5$ 之間的速度，即可以進一步刪除資料點 $P_5$（圖 4-7b 左邊第三張圖），再計算資料點 $P_3$ 與 $P_6$ 之間的速度，還可以進一步刪除資料點 $P_6$（圖 4-7b 左邊第三張圖）。經由這可新發展的重覆刪除法，最後可得到正確的結果，請參見圖 4-7b 左邊第四張圖）。

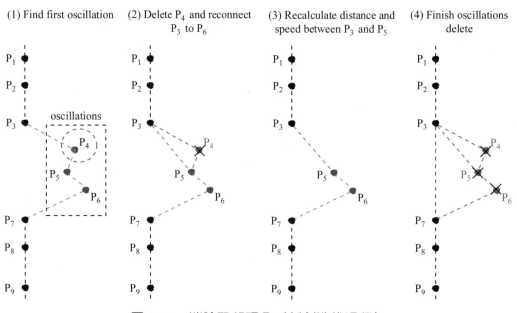

圖 4-7b　消除飄移現象（新創迭代過程）

　　將以上研提的修正方法實際應用中央大學至中壢火車站的路線上，可以發現在應用本修正方法之前之手機信令軌跡圖（圖4-8a）與之後之手機信令軌跡圖（圖4-8b）有很大的不同，很顯然的應用修正方法所得到的手機信令軌跡圖與實際得車輛路線軌跡更爲契合，成效不錯。

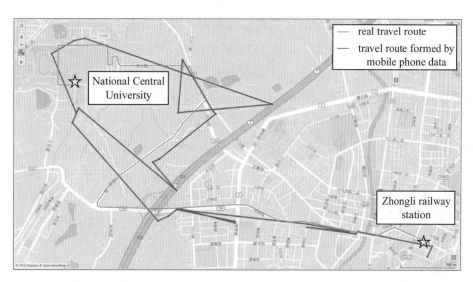

圖4-8a　手機信令軌跡與公車路線的比較（未應用新創迭代方法處理飄移現象前）

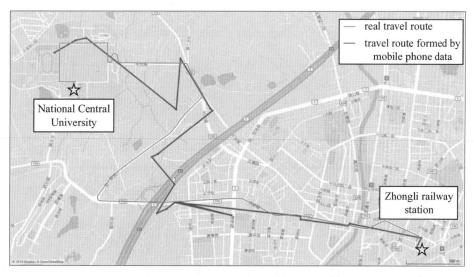

圖4-8b　手機信令軌跡與公車路線的比較（應用新創迭代方法處理飄移現象後）

### 4.2.2.3 型態基礎刪除法

　　「型態基礎法」（pattern-based method）認定飄移現象發生於兩個連續位移（displacement）的前進方向（heading direction）差值為 180°，例如 $L_0 - L_1 - L_0$ 型態。飄移現象也會產生一種特殊型態稱之為回跳資料點（jump-back），係指手機資料點產生的方向與手機實際移動方向有重大差異（不一致）的現象，這種問題多半是由於手機載具移動過於緩慢（例如旅程中的起點、迄點或中途塞車）所造成，當手機載具移動緩慢時，基於平衡負荷量之需要，手機的訊號可能由鄰近的兩個或兩個以上之基地台接收，造成飄移現象，或者回跳資料點（可視為型態基礎之飄移現象）的問題。當手機載具在彎曲道路上移動時也會產生類似回跳資料點的現象，但這種回跳資料點與道路設計有關（例如單行道設計或公路幾何設計）且與手機實際移動方向是一致的，因此無需處理。若欲區別回跳資料點是由速度緩慢的塞車所造成，還是由於彎曲道路所造成，在實務上有其困難。

如同圖 4-9 所示，[$P_3$、$P_4$、$P_5$] 三個點中，資料點 $P_3$ 至資料點 $P_4$ 的方向與實際旅行方向差異極大，$P_4$ 形成回跳點。類似的情況 [$P_6$、$P_8$、$P_9$] 三個點中，亦可觀測到資料點 $P_8$ 至資料點 $P_9$（與資料點的區位相同但產生的時間不同）的方向與實際旅行方向並不一致，$P_9$ 形成回跳資料點。回跳資料點會影響後續分析的正確性，因此需要予以處理。

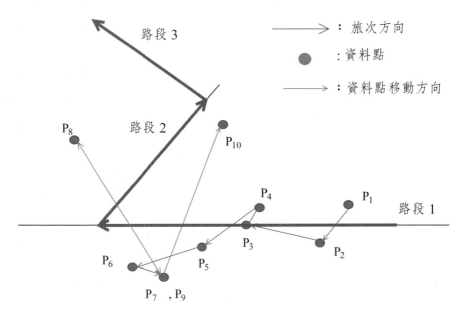

圖 4-9　回跳資料點（Wu, 2020）

Wu（2020）依據三個連續資料點所形成的角度提出一個消除回跳資料點的方法，其程序說明如下：

**步驟 1**：計算三個連續手機資料點所形成的角度是否大於預設門檻值（例如 45° 角）？

若是，繼續；若否，停止。

**步驟 2**：計算這三個連續手機資料點所形成的兩個節線的長度。

(1) 將第 1 個資料點與第 2 個資料點所形成節線的長度稱之為 $d_1$。

(2) 將第 2 個資料點與第 3 個資料點所形成節線的長度稱之為 $d_2$。

(3) 經由比較 $\min\{d_1, d_2\}$，選擇較短的節線，並刪除其後置點（successor）

**步驟 3**：如果已達起迄對（O-D pair）的迄點，停止；否則，回到步驟 1。

以上方法業已實際應用到中壢火車站前往中央大學所收集的手機資料點集合。圖 4-10a 為消除回跳資料點之前所形成之行駛路線，圖 4-10b 則為消除回跳資料點之後所形成之行駛路線。經由比較可知，消除回跳資料點之後所形成之行駛路線較為接近實際的行駛路線。

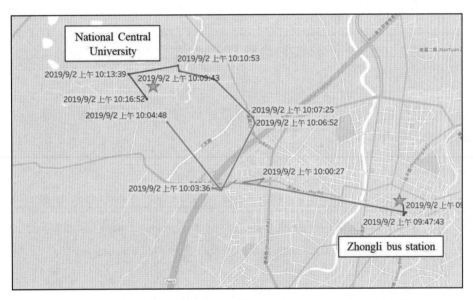

**圖 4-10a　信令資料之軌跡圖（回跳點處理前）（Wu, 2020）**

回跳資料點刪除之後，所需行駛的距離變短了，但行駛時間不變，因此運具的速度就會隨之變慢，反而拉大與實際旅運行為的差距，根據 Wu（2020）的研究顯示，資料點刪除所能改進的幅度相當有限。

CDR 資料在基地台之間的飄移現象可以使用數種近似法則予以偵測。這些近似法則的基本概念為飄移現象會產生點位序列（trace sequence）出現獨特的型態，例如 $L_0 - L_1 - L_0 - L_1$，而且以超高的速度旅行。類似的概念可參見 Lee and Hou（2006）、Bayir et al.（2010）以及 Shad et al.（2012）。但當語意標籤（semantic tag）與半徑資

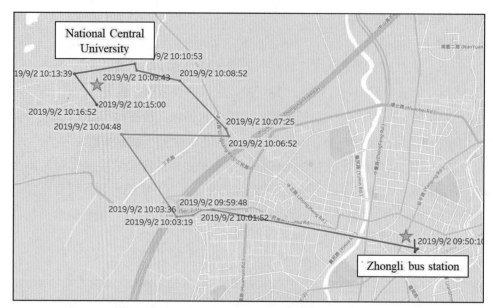

圖 4-10b　信令資料之軌跡圖（回跳點處理後）（Wu, 2020）

訊遺失時[7]，這些方法就不適用了。此外，僅依賴點位序列偵測到的獨特型態具有將實際旅行誤認為飄移現象的風險。

### 4.2.2.4 綜合法

「綜合法」（hybrid method）則是同時使用速度基礎法與型態基礎法的基準來判定飄移現象。Wu et al.（2014）發展的數個近似法則偵測 CDR 資料的飄移點位，其準則包括有短期的時窗（short time window）以及迴圈事件（circular event），例如 $L_0 - L_1 - \cdots - L_0$。

# 4.3 運輸規劃資料之智慧判讀

## 4.3.1　旅次目的之活動區位

信令資料面臨的問題是：軌跡資料豐富但活動資料貧乏（Gong et al., 2015）。分群可以獲得判讀到的活動區位，但仍無法判讀活動種類（types）。頻率基礎法

---

[7] 語意標籤遺失指的是現在這個資料點位和前後資料點位所標記的行為不盡合乎邏輯或存在衝突之處，因此這個點位與前後點位找不到關聯，無法給予這個點位的存在有合理的解釋；至於半徑資訊遺失，則會造成無法在預設範圍內搜尋信號資料點。

（frequency-based approach）（Phithakkitnukoon et al., 2010; Alexander et al., 2015）將日常最頻繁訪問的區位指派為家或工作地點；模型基礎法（model-based approach）（Chen et al., 2014）利用統計模型預測區位活動形式。活動區位所包圍的土地使用資訊也可以用來推斷活動形式的可能性，例如可將區位與鄰近的地標、景點（point of interests）予以連結。

手機大數據資料在完成區位（location）與類型（type）的推估之後，可將之應用於起迄資料、運具選擇與路徑選擇之判讀。

## 4.3.2 旅次起迄矩陣資料

利用硬體應用程式直接觀察旅運行為只能對於進出周界線（cordon line）部分或全部的用路人進行抽樣，屬於主動式調查法（active probing）。若欲調查大規模的旅運型態，只有被動收集的大數據，例如智慧手機或智慧卡（包括電子票證與收費標籤在內），才有可能。

在獲得活動區位之後，起迄推估需要計算所有起迄對（O-D pair）的旅行時間，並將手機資料判讀出來的 O-D 資料與運輸路網進行比對：

1. 假如手機區位資料是以細胞基地台的 Voronoi 多邊形（cell tower Voronoi polygons）也就是 CDR 資料來表示（Iqbal et al., 2014; Larijani et al., 2015），參見圖 4-11，則與 Voronoi 多邊形最接近的路網節點或捷運車站（metro station）就會被選作連結路網的區位。

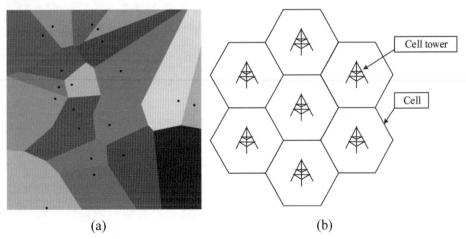

（a）　　　　　　　　　　　　　　（b）

圖 4-11　(a)Voronoi 多邊形；(b) 細胞式（蜂窩式）網路（Chen et al., 2016）

2. 假如區位資料屬於現地資料，則將其聚合（aggregate）至限定的分區結構（zone structure），例如網格（grid）、人口普查區（census tracts）或交通分區是有必要的。

OD 資料也會需要計算擴大因子（scale factor）以便將手機資料推導之 OD 旅次（仍屬於樣本基礎式的資料）轉換為母體層級（population-level）的旅次數量，包括普查基礎計數與觀察手機用戶的比例（ratio of census-based population counts and observed cell phone users）（Calabrese e al., 2011; Wang et al., 2012, 2014; Alexander et al., 2015）（類似擴充起點或迄點數量的單限法），以及結合交通量指派的擴充因子計算（Ma et al., 2012）。

### 4.3.3 運具選擇

判讀運具選擇的研究比起路徑選擇的研究少很多。在判讀運具選擇之前，會先將手機地點資料與道路路網或捷運路網資料比對。然後應用非監督式的「$k$- 平均數」分群演算法將手機資料記錄中相同的 OD 資料依照旅行速度劃分成汽車與捷運兩種類別（Wang et al., 2010）。另外有一種更直接的方法就是（以航空運具為例）利用地理參考旅次端點（geo-referencing trip end）在航空站一定距離內（range）以及旅次停留時間（duration）進行辨識航空運具（Ma et al., 2012）。

Danafar et al.（2017）利用重建軌跡並根據停靠站等資料找出各運具（例如公車、電車、火車）的路線，然後與實際路網比對，將相關度最高的運具列為第一順位，之後再計算行動網路事件基礎（Network Event, NE[8]）的平均速度 $\overline{V}_{NE}$ 如下：

$$\overline{V}_{NE} = \frac{H_{av}\left(NE_l - NE_f\right)}{T_e - T_s} \tag{4-6}$$

其中，$H_{av}$ 距離（Haversine distance）為地球球面距離公式，係指最後一個 NE 經緯度（$NE_l$）與第一個 NE 經緯度（$NE_f$）的地球球面距離。$T_e$ 與 $T_s$ 分別指結束與開始時間。根據這個計算結果，線性分類器（linear classifier）會將平均 NE 速度指派至正確的運具分類。

### 4.3.4 路徑選擇

路徑選擇判讀通常需要取得手機資料的兩種地點資料：(1) 活動區位點或起點與迄點；(2) 已辨識起點迄點的中間點。將這兩種地點資料與運輸路網資料比對可以決定最

---

[8] 網路事件（NE）係指行動儀器（mobile devices）使用行動場站（mobile terminals）所產生的監控信令事件（monitoring signaling events），所使用的網路可以是無線電接入網路（radio access network, RAN）或是核心網路（core network, CN）。

可能的路徑選擇。有些研究則利用中間點位資料判讀路徑選擇（Schlaich et al., 2010; Ma et al., 2012; Tettamanti et al., 2012）。這些研究會先產生起迄對間的多重路徑選擇之集合，至於起點與迄點的定義變異很大，例如人口普查區（census block groups）（Ma et al., 2012）、Voronoi 多邊形（Tettamanti et al., 2012）、或較大的區位面積（Schlaich et al., 2010）。有些研究則不使用中間點位的資料，而是使用遞增交通量指派（incremental traffic assignment technique）（Jiang et al., 2013）的方法推斷路徑選擇。Danafar et al.（2017）使用行動網路事件（mobile network events, NE）的觀念，利用後驗機率[9]（posterior probability）的貝氏方法（Bayesian methods）重建軌跡（trajectory reconstruction）如下：〔註：路線 $j$ 與網路事件 $s$ 兩者交集的機率可以表示爲兩個不同形式的條件機率，令兩者相等，即可得公式（4-7）的第一個等式。〕

$$P\left(R_j \mid NE_s\right) = \frac{P\left(NE_s \mid R_j\right) \times P\left(R_j\right)}{P\left(NE_s\right)} = \frac{\dfrac{1}{\left\| NE_s - RP_j \right\|_2} \times \dfrac{1}{N}}{\sum_{j=1}^{N} P\left(NE_s \mid R_j\right) \times P\left(R_j\right)} \qquad (4\text{-}7)$$

其中，

　　$N$：所有候選路線之數目（number of candidate routes）

　　$NE_s$：行動網路事件（Network Events, $NE_s$），基地台的區位（location of BTSs）

　　$R_j$：路線（route）$j$

　　$RP_j$：路線 $j$ 的記錄點（route point）

　　圖 4-12 說明軌跡重建的結果。左邊第一張圖顯示出 GPS 實際軌跡、四個網路事件點位，以及介於第一個與第四個網路事件中間的四條路線：分別爲最短／最快的機動車／汽車／公共運輸路線、最快的自行車路線，最短的步行路線，以及最快的步行路線。左邊第二張圖將公共運輸路線與 GPS 實際軌跡進行比較，並計算其事後機率 P = 0.23。

　　Danafar et al.（2017）利用貝氏方法（Bayesian methods）進一步根據重複經過的路徑建立 NE 點位（NE traces）的後驗機率（posterior probability of various NE traces）如下：

$$P\left(NE_{S_k} \mid R\right) = \frac{P\left(R \mid NE_{S_k}\right) \times P\left(NE_{S_k}\right)}{P(R)} = \frac{\dfrac{1}{\left\| RP - NE_{S_k} \right\|_2} + CA_k \cap RP}{\sum_{k=1} P\left(R \mid NE_{S_k}\right) \times P\left(NE_{S_k}\right)} \times \frac{f_k}{F} \qquad (4\text{-}8)$$

---

[9]　後驗機率（posterior probability）是指將先驗機率納入所得新事件的資訊予以更新，如此所得的更新機率就稱之爲後驗機率。

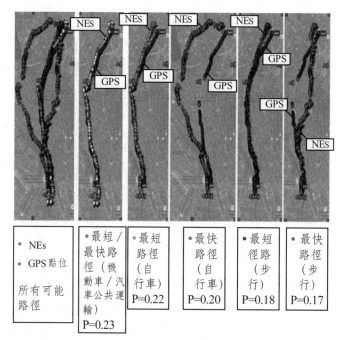

| ・ NEs<br>・ GPS 點位<br><br>所有可能<br>路徑 | ・最短／<br>最快路<br>徑（機<br>動車／汽<br>車公共運<br>輸）<br>P=0.23 | ・最短<br>路徑<br>（自<br>行車）<br>P=0.22 | ・最快<br>路徑<br>（自<br>行車）<br>P=0.20 | ・最短<br>徑路<br>（步<br>行）<br>P=0.18 | ・最快<br>路徑<br>（步<br>行）<br>P=0.17 |
|---|---|---|---|---|---|

圖 4-12　網路事件點位（NE trace）的軌跡重建演算法（trajectory reconstruction algorithm）（Danafar et al., 2017）

其中：

$CA_k$：基地台 $k$ 的涵蓋服務範圍（coverage area of a BTS）；服務範圍是由光束寬度角（beam width angle）以及信令傳播（signal propagation）的最小與最大半徑（minimum and maximum radius）所計算出來的。

$NE_{S_k}$：網路事件 $NE_S$ 的第 $k$ 個點位（NE traces）

$R$：路線（route）

$RP$：路線上的記錄點（route point）

$f_k$：網絡事件集 $NE_{S_k}$ 的出現次數（frequency）

$F$：被考量的網路事件點位集（considered set of NE traces）；總次數。所有 $NE_{S_k}$ 網路事件點位的集合（total frequencies）

$\dfrac{f_k}{F}$：先驗機率[10]（prior probability），係指網絡事件集 $NE_{S_k}$ 出現在被考量的網路事件點位集（considered set of NE traces）的次數（frequency）

　　圖 4-13 優化 11 個網路事件集合，其中最靠近地理路線且最常出現的網路事件集將會被選中，如方框所示。

---

[10] 先驗機率（Prior probability）是指在貝氏統計中，某一不確定量 $x$ 的分布是在考慮「觀測數據」前，其所能表達 $x$ 不確定性的概率分布。

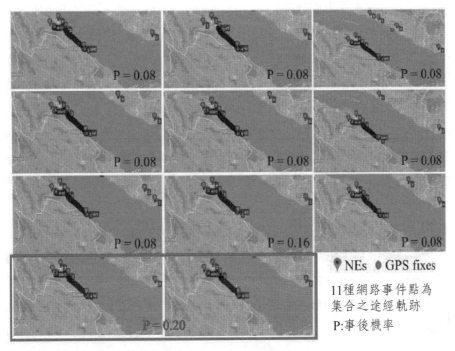

圖 4-13　利用途經軌跡模化演算法（traversed trajectory modeling algorithm）求算不同
　　　　網路事件點位集（sets of NE traces）的例題（Danafar et al., 2017）

## 4.3.5　處理路外資料點（off-road data points）

當手機運具在路面上移動時，理想上所產生之手機資料點之點位也應該位於路面範圍內，但由於受到基地台配置所造成的不確定以及手機訊號的強弱影響，所產生之手機資料點位也會發生誤差而偏移路外（off-road），這會影響後續計算運具行駛速度以及最短路徑選擇的正確性。因為路外手機資料點之間的距離只能以大圓距離（great-circle distance）（接近直線距離）近似，但這種估計與實際道路距離存在或多或少的誤差，這會影響後續計算運具行駛速度以及最短路徑長度的正確性，因此區位精度需要積極地予以改善。

克服手機信令資料偏移路外的情形，需要使用「圖形比對」（map matching）的技術才有辦法將路外資料點校正拉回路面範圍內或將之投射至最可能的鄰近道路。以下介紹圖形比對方法中的「隱馬可夫模型」（Hidden Markov Model, HMM）（Jagadeesh, 2017）。

### 4.3.5.1 隱馬可夫模型

令 $o_t$ 表手機用戶在時點 $t$ 的區位觀測值，並以經度（longitude）與緯度（latitude）

予以量測。$G = (V,E)$ 表示有向性（directed）路網，其中 $V$ 表路口集合、$E$ 表路段集合。起迄對（$u,v$）之間的路徑 $p$ 可以表示為一串連續的路段（$e_1, \cdots, e_n$），使得 $u$ 為路段 $e_1$ 的起始節點、$v$ 為路段 $e_n$ 的結束節點。對每一起迄對而言，任一條路徑都會從路網上收集 $N$ 個觀測值 $o_{1:N} = \{o_1, \cdots, o_n\}$，而圖形比對問題（map-matching problem）就是要搜尋一條對應於 $o_{1:N}$ 之路徑。

觀測資料存在量測誤差，而且實際區位事先並不知道，需要進行推估。量測誤差通常受到許多因素的影響，例如基地台的地理配置、手機訊號的強度，以及使用儀器的侷限等。當用路人沿著道路行進時，經常會發生手機觀測資料點偏移路外。為了提高手機區位資料的精度，以下將採用「隱馬可夫模型」（hidden Markov model, HMM）的圖形比對法進行改善。隱馬可夫模型主要是依據「隱馬可夫鏈」（hidden Markov chain）的觀念，其中每一個觀測值只受到前一個觀測值的影響（Qi et al., 2019），這個觀念表示於圖 4-14a，其中一個觀測值可能的實際區位可以該觀測值在某一距離範圍內的「狀態」（states）來加以表示。由圖 4-14a 同時可知，在時點 $t$ 之觀測值只受到時點 $t$-1 觀測值之影響。

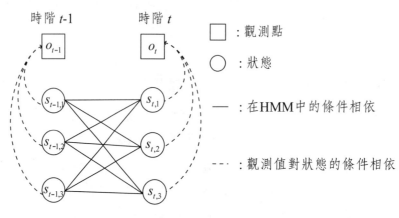

圖 4-14a　隱馬可夫模型（HMM）架構（Wu, 2020）

在 HMM 的演算程序中，有三個步驟必須重複地進行。第一個步驟為計算「排放機率」（emission probability），其概念為距離觀測資料點較近的狀態（state）成為實際觀察區位的機率較高。第二個步驟為計算「轉移機率」（transition probability），即其在連續的「狀態」（states）下計算最短路徑（shortest path）長度與大圓距離（great-circle distance）的長度差距。大圓距離的定義為球體表面兩點之間的最短距離。當長度差距愈小，則其成為實際區位的轉移機率（transition probability）就愈高。第三個步驟則是應用「維特比演算法」（Viterbi algorithm）決定每一個觀測資料點應歸屬於哪一條路段。

### 4.3.5.2 排放機率

對每一個觀測值而言，在一定距離的範圍內通常會存在幾個「狀態」（states），每一個狀態 $s_{t,k}$ 代表在路網 $G$ 的路段投影點，該投影點成為目標觀測 $o_t$ 的實際區位的「排放條件機率」（emission conditional probability）可表示為 $P(o_t|s_{t,k})$。一般來說，一個狀態距離觀測資料點的距離愈短，則其排放機率愈高。因此，排放機率的公式可以表示如下：

$$P(o_t|s_{t,k}) = \frac{1}{\sigma\sqrt{2\pi}} e^{-\frac{g(o_t, s_{t,k})^2}{2\sigma^2}} \qquad (4\text{-}9)$$

其中，

$s_{t,k}$：為時點 $t$ 之第 $k$ 狀態，係對應於時點 $t$ 的觀測值 $o_t$。這個狀態可能是投影於路段上的一個點位，當觀測點無法投影至任一路段的中間點時，也可能是位於某一個路口的起始點。

$\sigma$：由經驗估計所得的量測標準差。

$g(o_t, s_{t,k})$：介於觀測點 $o_t$ 與狀態點 $s_{t,k}$ 之間的大圓距離（great-circle distance）。在實際區位（true location）的情況下，具有量測誤差之距離通常假設服從平均數為零的高斯分配（Gaussian distribution）。

這裡假設距離觀測值愈遠的狀態愈不可能成為正確的狀態。圖 4-14b 顯示對應於時點 $t$ 的觀測資料點 $o_t$ 之三個狀態點位，分別為 $s_{t,1}$、$s_{t,2}$、$s_{t,3}$。在找尋觀測資料點 $o_t$ 的狀態時，$s_{t,1}$ 就成為路段 1 的起始點，因為觀測資料點無法投影至該路段。其他兩個狀態點位 $s_{t,2}$、$s_{t,3}$ 則分別表示觀測資料點投影至路段 2 與路段 3 的點位。

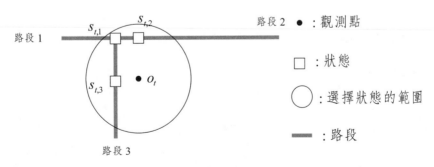

**圖 4-14b　區位量測 $o_t$ 與對應之狀態 $s_{t,1}$、$s_{t,2}$、$s_{t,3}$（Wu, 2020）**

任一觀測點-終點配對（observation-destination）的初始狀態機率（initial state probability）只能根據第一個觀測資料點 $o_1$ 予以估計，因為並無其他觀測資料點可供參

考。因此，「初始狀態機率」，$\pi_i$, $i = 1\cdots N$，可以表示如下（Newson, 2009）：

$$\pi_i = P(o_1|e_i) \qquad (4\text{-}10)$$

其中，

$e_i$：路段 $i$

$o_1$：觀測點 - 終點配對（observation-destination）的初始觀測資料點

### 4.3.5.3 轉移機率

從一個「狀態」轉移至另一個「狀態」係對應於運具沿著路段從一個「點位」為移動到另一個「點位」。從時點 $t$-1 狀態 $j$ 的點位 $s_{t-1,j}$ 轉移到時點 $t$ 狀態 $k$ 的點位 $s_{t,k}$ 的轉移機率是根據「所選擇路徑」與「最佳路徑」的離差（deviation）來決定。最佳路徑定義為最短自由流旅行時間（minimum free-flow travel time）的路徑，可以利用 Dijkstra 演算法求算。

轉移機率（transition probabilities）估算運具從某一時點的一條路段移動至另一時點的另一條連續路段的概率（likelihood）。行駛直捷路徑的轉移機率通常會比行駛彎繞路徑為高，路徑的「彎繞度」（degree of circuitousness of a path）係以目前與之前區位觀測點位之間的行駛距離（driving distance）與大圓距離（great-circle distance）之差距來加以表示。Jagadeesh et al.（2017）發現手機信令資料具有兩項缺點：

1. 首先，受到高度干擾的區位量測，其觀測區位之間的大圓距離在估算路徑的彎繞度時會產生嚴重的誤差。

2. 其次，對於近乎相等的轉移路徑（equally plausible transition paths）的彎繞度測量（measure of circuitousness）會受到資料取樣區間（sampling interval of data）的嚴重影響。

因此，若將以上兩項缺點納入考量，則轉移機率可以定義如下：

$$P(s_{t,k}|s_{t-1,j}) = \lambda_y e^{-\lambda_y y(s_{t-1,j}, s_{t,k})} \lambda_z e^{-\lambda_z z(s_{t-1,j}, s_{t,k})} \qquad (4\text{-}11a)$$

$$y(s_{t-1,j}, s_{t,k}) = \frac{d(s_{t-1,j}, s_{t,k}) - g(s_{t-1,j}, s_{t,k})}{\Delta T} \qquad (4\text{-}11b)$$

$$z(s_{t-1,j}, s_{t,k}) = \frac{\max\left(\left(f(s_{t-1,j}, s_{t,k}) - \Delta T\right), 0\right)}{\Delta T} \qquad (4\text{-}11c)$$

其中，

$d(s_{t-1,j},s_{t,k})$：行駛距離，以最短旅行時間（minimum travel time）行駛的狀態 $s_{t-1,j}$ 與狀態 $s_{t,k}$ 之間的最短路徑（shortest path）距離（以公尺為單位）

$y(s_{t-1,j},s_{t,k})$：狀態 $s_{t-1,j}$ 與狀態 $s_{t,k}$ 兩個連續狀態之間的彎繞度

$z(s_{t-1,j},s_{t,k})$：狀態 $s_{t-1,j}$ 與狀態 $s_{t,k}$ 的「時間不可信度」（temporal implausibility）之量測。狀態 $s_{t-1,j}$ 與狀態 $s_{t,k}$ 之自由流旅行時間與時間區間 $\Delta T$ 的差距

$f(s_{t-1,j},s_{t,k})$：在最短路徑上狀態 $s_{t-1,j}$ 與狀態 $s_{t,k}$ 之自由流旅行時間（以秒為單位）

$g(s_{t-1,j},s_{t,k})$：兩個狀態 $s_{t-1,j}$ 與 $s_{t,k}$ 之間的大圓距離（以公尺為單位）

$\Delta T$：時點 $t$ 與時點 $t$-1 之時間區間

$\lambda_y$：量測「路徑彎繞度」的指數分配（exponential distribution）參數

$\lambda_z$：量測「時間不可信度」（temporal implausibility）的指數分配（exponential distribution）參數

　　式（4-11b）計算狀態 $s_{t-1,j}$ 與狀態 $s_{t,k}$ 之間的彎繞度（以秒為單位）。式（4-11c）則經由計算時間差確保車輛在時間間距 $\Delta T$ 之內以合理的速度行駛。根據經驗，機率設定服從指數分配（exponential distributions）。轉移（transitions）時通常都偏好於行駛距離接近於大圓距離（great circle distance）的狀態（states）。

## 4.3.5.4 維特比演算法

　　維特比演算法（Viterbi algorithm）是一種動態規劃演算法。它用於尋找最有可能產生觀測事件序列的維特比路徑，即隱含狀態序列。在 HMM 中 Viterbi 演算法利用下列遞迴關係（recurrence relations）公式計算其最可能的狀態序列（most likely sequence）$s_{1,k}, \cdots, s_{t,k}$（Jagadeesh and Srikanthan, 2017, p.4）：

$$V_{1,k} = P(o_1|s_{1,k}) \tag{4-12a}$$

$$V_{t,k} = P(o_t|s_{t,k})\max_j (V_{t-1,j}P(s_{t,k}|s_{t-1,j})) \tag{4-12b}$$

其中：

$P(o_t|s_{t,k})$：對於觀測點 $o_t$，每一個狀態 $s_{t,k}$ 均會被指派一個排放機率。亦即假設當 $s_{t,k}$ 為真實狀態下觀測點 $o_t$ 發生的條件排放機率

$P(s_{t,k}|s_{t-1,j})$：由狀態 $s_{t-1,j}$ 到狀態 $s_{t,k}$ 的轉移機率

$V_{1,k}$：表示「最可能初始狀態」$s_{1,k}$ 的機率

$V_{t,k}$：是前 $t$ 個最終狀態為 $k$ 的觀測結果最有可能對應的狀態序列的機率。依據觀測值 $o_1, \cdots, o_t$，$V_{t,k}$ 表終止於狀態 $s_{t,k}$ 的最可能狀態序列（most probable state sequence）之聯合機率（joint probability）。通過儲存向後指標記住在第二個等式中用到的狀態 $j$ 可以獲得維特比路徑。

公式（4-12a）為應用於沿著行駛路徑的第一個觀測資料點產生時，意即只考慮目前狀態（current states）的排放機率（emission probability）。式（4-12b）$\max_j (V_{t-1,j} P(s_{t,k}|s_{t-1,j}))$ 的指標 $j$ 指向狀態 $s_{t-1,j}$ 並將之儲存為狀態 $s_{t,k}$ 之後指標（back pointer）。路徑可以經由指標回溯取得，即在最可能序列的終止狀態 $s_{t,k}$ 指向前置點狀態（predecessor state）$s_{t-1,j}$。遞迴的觀念說明於圖 4-14c。在時點 3 的陰影狀態 $s_{3,2}$ 可以從時點 5 的任一個狀態回溯獲得。在這種收斂情況下，$s_{3,2}$ 可稱之為收斂狀態（convergence state）（Jagadeesh et al., 2017, p.4）。

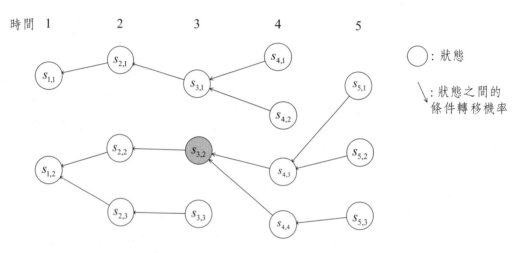

圖 4-14c　Viterbi 演算法之執行程序

當執行 HMM 演算法時，每一個觀測在一定距離範圍內都會對應數個狀態（依附於路段），設定的範圍距離愈長，對應的狀態數量就愈多，所需要的運算時間也就愈長。因為執行 HMM 演算法需要時間密集（intensive）的運算，因此需要將執行演算法的運算時間限定在一定的範圍之內。根據 Wu（2020）距離範圍的設定標準為：

1. 都市化地區的距離範圍為 150～200 公尺，而郊區的距離範圍為 600 公尺。

2. 在計算最短行駛路徑（shortest driving path）的轉移機率（transition probability）時，都市化地區的距離範圍為 300～1,000 公尺，而郊區的距離範圍為 800～1,000 公尺。

執行圖形比對的 HMM 演算法的另一項議題為模型參數之推估。第一個需要校估的模型參數為排放機率公式中的區位量測誤差（location measurement error）的標準差 $\sigma$，量測誤差定義為兩個狀態點位的大圓距離與地面真實區位（ground truth location）的差異。大圓距離為兩連續狀態點位的直捷距離，而地面真實區位則以 GPS 資料來表示。Jagadeesh（2017）指出「中位數絕對離差」（median absolute deviation, MAD）是一

個對極端值（outliers）具有恢復力（resilient）的強健估計量（robust estimator），其誤差項假設為平均值為零、標準差的高斯分配（Gaussian）。標準差的公式如下所示：

$$\sigma = 1.4826 \text{ median}_i (g_i) \qquad\qquad (4\text{-}13)$$

其中，$g_i$ 為大圓距離，median（‧）為取中位數。

　　模型的第二、三個參數分別為式（4-11a）中路徑彎繞度量測（measure of path circuitousness）$\lambda_y$ 以及時間不可信度量測（measure of temporal implausibility）$\lambda_z$。根據 Jagadeesh et al.（2017），Wu（2020）估計出三個參數的值分別為：$\sigma = 258.78$ 公尺、$\lambda_y = 1.2587$ 以及 $\lambda_z = 1.5768$。Wu（2020）的研究結果指出，圖形比對的 HMM 演算法在執行之前（參見圖 4-15a）與之後（參見圖 4-15b）的比較顯示，修正後之車輛已經行駛在路面上，形成有意義的旅行路線。

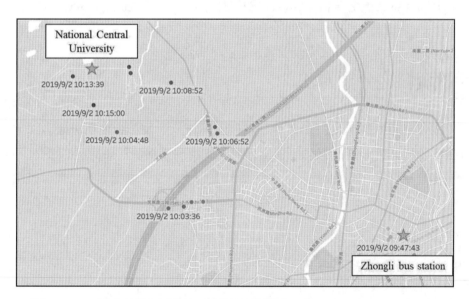

圖 4-15a　信令資料之區位（圖形比對前）（Wu, 2020, Figure 18）

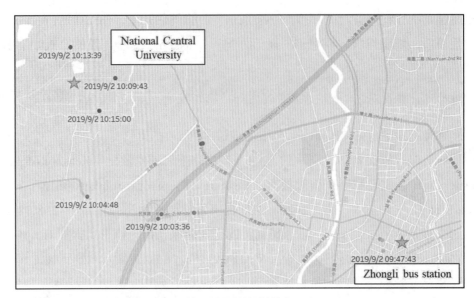

圖 4-15b　信令資料之區位（圖形比對後）（Wu, 2020, Figure 19）

# 4.4 手機資料之分類方法

　　將手機資料轉換為運輸規劃資料之過程中，許多階段都會使用分類方法。現有的分類方法很多，包括 $k$- 平均數法、機器學習的支持向量機法（support vector machine, SVM）、深度學習法（deep learning），請參見研究方法─基礎與進階（陳惠國，2023年）。

# 4.5 運具種類之判讀流程

　　交通的車種包括：私家車、行走、自行車、捷運、火車以及公車。茲以公車與私家車資料的判讀分類為例，建構手機信令資料分類並進行車種判讀之流程（圖 4-16）。

　　某專案以固定起迄對（中央大學至中壢火車站地面道路、新竹至中壢國道）為主要資料蒐集對象，選定良好天氣，分別蒐集平日尖離峰市區公車與優步（UBER）的手機與全球定位系統所產生之行經路線位置資料，初步結果如下：

1. GPS 資料可以完整呈現行經路徑定位，但在大型網路應用之限制較大。
2. 手機的定位效果在國道行駛時較佳、在一般道路乘坐公車的定位效果較差。
3. 手機活躍使用狀態（主動式）比閒置狀態（被動式）之定位效果為佳。

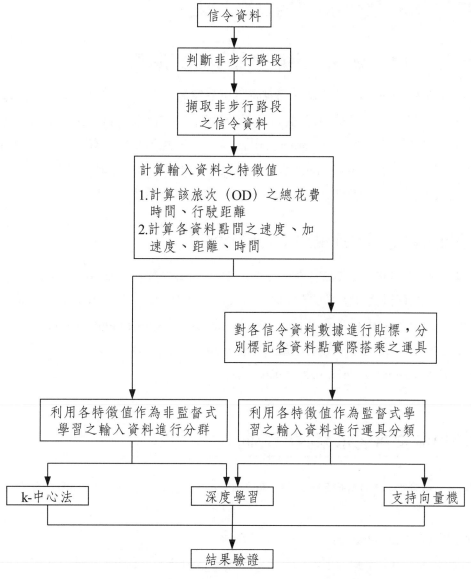

**圖 4-16　運具車種判讀分類流程圖**

4. 小米手機的定位資料較 iPhone 密集、惟差異不大,但其定位飄移現象較爲明顯。

5. 手機資料智慧判讀遭遇之困難:

　① 定位之邏輯由電信公司外在決定,協調溝通費時。

　② 大規模驗證相當不易,該研究僅專注於一條路線:中壢火車站至中央大學,即耗費近 900 人力小時。

6. 研究成果請參見何曉晴(2019),吳若瑜(2020),Chen, Ho, Wu, Lee, Chou(2022)。

## 4.6 手機信令資料應用於運輸規劃之課題

### 4.6.1 手機信令資料應用於運輸規劃之驗證與預測

被動式產生的資料集缺乏實際之真實資料可供驗證，在有限的研究中通常都是利用總體行為的資料歸結為個體的行為，例如以國民平均所得推估新住民的平均所得，這種推論可能犯了生態謬誤（ecological fallacy）。正確驗證的方向有下列幾種（Chen et al., 2016）：(1) 模擬（simulation）（Chen et al., 2014）；(2) 模型基礎的方法（Calabrese et al., 2013）；(3) 使用 GPS 點位（traces）與調查資料為正確資料。

### 4.6.2 手機資料應用於運輸規劃之代表性

大數據常被忽視的關鍵議題為資料的代表性（representativeness of data）（Liu et al., 2015）。手機資料代表性不足的原因有：(1) 手機的近似性（proximity）（Patel et al., 2006）；(2) 多門號用戶（multiple mobile phones）（Ahonen and Moore, 2006）；(3) 手機營運商（cell phone carriers）的市占率差異大（Experian Simmons, 2011）；以及 (4) 抽樣選擇（sample selection）（Wang, 2014）。

## 4.7 手機信令資料之未來發展方向

手機信令資料的推斷在運輸規劃是一個新興之研究領域，目前仍有許多課題有待深入探討：

1. 行為因素（factor behavior）：

了解與預測人們之機動型態（human mobility patterns）面臨最大的挑戰就是找出觀測行為型態（observed behavior pattern）的解釋因素。影響旅運行為的三類重要的因素為：(1) 社會人口特性（socio-demographics）、(2) 建築環境（build environment）（例如密度、多樣性、設計、與距離遞減效果）、(3) 旅次與方案相關因素（alternative related factors）（例如：旅次目的、旅行時間與成本、可信度）。人類移動（human movement）不只是簡單的機械過程結果，更是受到許多因時而變、因人而異之因素所影響。

這個領域值得令人興奮之處不僅僅是在於何種因素會影響旅行決策，更在於這些因素如何詮釋旅行決策深層的複雜度。就統計的術語而言，就是找出深層的因果機制。在運輸領域研究，從隨機效用最大化理論法（theory of random utility maximization）發

展出來的各種理論（alternative theory）包括：展望理論[11]（prospect theory）（Tversky and Kahneman, 1986）、有限理性（bounded rationality）為決策過程的一部分（Rasouli and Timmermans, 2015）、後悔理論（regret theory）（Chorus et al., 2008）都被檢驗過了（has been tested）。就更廣與更長遠的分析而言，旅運計畫行為理論（theory of travel planned behavior）、規範活化理論（norm-activation theory）（Schwartz, 1977; Stern, 2000）或兩者混合，也曾經被用來當作探討與解釋個體選擇模型的替選方式。在這同時，有越來越多的大數據研究開始探討造成觀測型態的深層機制（Jiang et al., 2009; Schneider et al., 2013）。

## 2. 模型發展（model development）：

離散選擇模型（discrete choice models）是運輸研究中非常重要的基礎模型，其可用於預測旅行行為，例如運具選擇、每天的時點（time of day）、迄點以及路徑。離散選擇模型的基礎為隨機效用最大化（random utility maximization, RUM）。標準離散選擇模型，例如多項羅吉特模型，通常具有三個假設：(1) 不同替選方案的效用隨機項均為獨立且同一分配（independent and identically distributed, iid），屬於型 I 極端值（或岡伯）分配（type I extreme-value（or Gumbel）distribution）。(2) 同質反應性（response homogeneity）的假設：個體之間對於方案屬性的反應性（responsiveness to the attribute of alternatives across individuals）維持同質性。(3) 誤差項變異－共變異的同質性（error variance-covariance homogeneity）的假設：在個體之間其方案的誤差項的變異－共變異結構是相同的。如果鬆弛第一個假設的同一假設但維持獨立的假設，或鬆弛第二個同質反應性的假設，那就會導出異方差性模型[12]（heteroscedastic model）亦稱不等變異性模型。鬆弛以上更多的假設條件將會產生混合多項羅吉特模型（mixed multinomial logit, MMNL）或混合一般化極值模型（mixed generalized extreme-value, MGEV）（Bhat, 2000）。

## 3. 人類機動型態（human mobility pattern）：

過去的研究因為缺乏縱向資料，因此都著重於橫斷面資料的旅行行為研究，僅有少數的研究收集跨日（約 3～4 天）的數據，例如，英國家戶訪查（Clark et al., 2014），以及其他特殊目的所收集的資料（Chatterjee and Ma, 2009; Yanez et al., 2010），例如日常旅次產生率、日常旅行時間、日常旅次距離、行動空間（action space）、活動時間（activity time use），以及獨特的旅次序列（unique trip sequence）。經由跨日比較

---

[11] 亦譯為前景理論
[12] 當每一個觀察變數（observation）的統計分配（distribution）均不相同時，其誤差項就稱之為具有異方差（heteroscedasticity）性質。

或屬性整合探討（例如開車購物）所獲得的結果中發現資料的重複性與變異性都很大。

另一方面，大數據資料的研究則著重在辨認機動型態（mobility pattern）以及後續的預測部分。這些研究並不著重使用旅次產生率（trip rate）、旅行距離或旅行時間，而是分析兩個參考站（inferred stops）間（例如兩個基地台之間）的位移（displacement），並將它們的時間與空間向度的分配視為具有某種統計正則性質（regularity）的隨機事件序列（series of random events）。這些研究的結果最大的問題是所使用的位移（displacement）測度（metrics），其意義並不清楚。在大部分與基地台有關的資料集裡，所謂位移是指兩個基地台之間的直線距離。由於人們與車輛都遵守地球上的道路，因此直線距離比網路距離更不具實質之意義。現地資料的直線距離（位移）稍微好一些，因為活動區位（或起點與迄點）必須先從資料中推斷出來。即便如此，區位之間的直線距離仍然並不等於機動軌跡（mobility trajectories），因此仍不具有意義無法直接將位移應用於運輸規劃。

大數據的學者須執行兩個重要步驟以釐清位移的意義：(1) 驗證從大數據中探勘活動區位與軌跡所使用的方法；(2) 使用有意義的術語，例如區段（segments）、旅次（trips）、旅程（tours）、型態（patterns）。如前所述，與驗證（validation）相關的有限研究多半屬於區域層級（area level），例如，將大數據資料推算之人口密度與普查資料比較（Calabrese et al., 2013），或將旅次目的的持分與旅行調查（travel survey）比較。但這個領域需要進行更進一步的個體層級（individual level）驗證研究，例如，在樣本中，有多少比例的個人可以推斷出正確的活動區位與軌跡？

運輸規劃中有意義的旅運 - 相關（travel-related）測量（metrics）請參見圖 4-17。

圖 4-17 說明從早上 7:00 出發的家基礎旅次包含兩個步行區段（7:00am-7:10am、7:55am-8:00am）以及一個搭車區段（7:10-7:55pm）；在上班時間（8:00am-4:00pm）包括了一個工作基礎的旅程（中午用餐）（12:00am-1:00pm）；下班後有一個購物旅次（4:00-4:20pm）；在購物活動（4:20-4:45pm）完畢後，緊接者有一個返家的旅次（4:45-5:50pm）包含兩個步行區段（4:45-5:00pm 以及 5:45-5:50pm）與一個搭車區段（5:00-5:45pm）。從一大早從家裡出發上班到晚上回到家所包含所有的旅次形成一個日常活動與旅行型態。

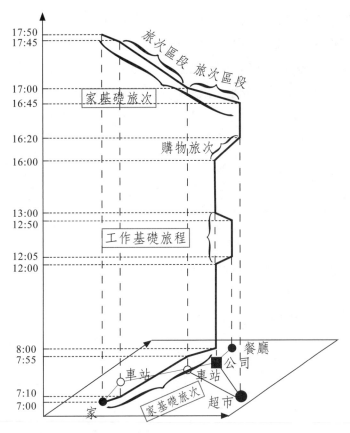

**圖 4-17　旅次、旅次區段、旅程、日常活動與旅行型態示意圖**（Chen et al., 2016）

# 4.8 結論與建議

　　小數據（small data）與大數據（big data）兩組研究人員的共同合作是相當有幫助的。可考慮下列幾個合作方向：

1. 由研究區域的分區大小決定：傳統運輸學者使用交通分區（traffic analysis zone, TAZ），而大數據研究人員則常用網格（uniform grids）或萬苣（lattice）形狀的分區。
2. 大數據研究可以大幅改善運輸之相關研究，但過去傳統之小數據研究方法也不可以摒棄仍須持續進行，以達相輔相成之效，也可避免大數據研究可能造成的謬誤（fallacy）。

　　在信令資料的分類法中深度學習為類神經網路的延伸，屬於一種演算法的集合，但都屬於多層神經網路的演算法。以卷積神經網絡（convolutional neural network, CNN）及遞迴神經網路（recurrent neural network, RNN）的長短期記憶（long short-term memory，LSTM）模型最為常見。

　　信令資料內部包含非常豐富的資訊，在大數據和高速運算能力的配合之下，深度學習（深度類神經網路）讓電腦可以自行分析資料找出「特徵值」，目前已在視覺辨識，圖像辨識，語音辨識等方面獲得驚人的進展，也因此成為 AI 的核心技術。將來若是能將交通大數據與深度學習結合並加以利用，對於運輸規劃或是交通政策等應用均會有重大的影響。

# 問題研討

1. 名詞解釋：
    (1) 基地台（base transceiver stations, BTS）
    (2) 通聯記錄（CDR）
    (3) 現地資料（sightings）
    (4) 飄移（oscillation）
    (5) 旅程（tour）
    (6) 活動區位（activity location）
    (7) 點位（trace）
    (8) 軌跡（trajectory）
    (9) 旅運型態（travel pattern）
    (10) 分群（clustering）
    (11) 旅運計畫行為理論（theory of travel planned behavior）
2. 傳統交通分區的劃分與大數據研究分區的差別為何？其優劣點各為何？該如何進行整合？
3. 行動定位方法的偵測原理有哪些？其優劣點各為何？
4. 現地資料的處理架構為何？請詳細描述之。
5. 信令資料有幾種？其優劣點各為何？需要進行何種前處理來移除飄移現象？
6. 以手機資料推估旅次起迄矩陣資料方法有哪些？
7. 請說明以手機資料推論路徑選擇的方法有哪些？
8. 請說明以手機資料判讀運具選擇的方法有哪些？
9. 運具種類分群的方法有哪些？試詳述其優缺點以及其應用於手機信令運輸規劃資料的適宜性。
10. 手機信令資料智慧判讀運輸規劃基本資料之課題有哪些？

11. 手機信令資料之未來發展方向有哪些？

# 相關考題

1. 請說明如何利用 GPS-Based Vehicle Probe（GVP）及 Cellular-Based Vehicle Probe（CVP），進行運輸規劃分析與應用。相對於傳統之運輸規劃模式，應用 GVP 及 CVP 其優勢及劣勢為何？（111 高三級）
2. 運輸規劃之基本交通資料有那些？請列出傳統上最常用來蒐集交通資料的三種調查方法及內容？近年已有實驗利用手機信令（mobile signal）以及全球定位系統（GPS）資料進行智慧判讀，從而轉化產生運輸規劃所需之交通資料。請比較傳統調查方法與新近利用手機信令以及 GPS 資料進行智慧判讀方法之優、缺點。（110 高三級）

# 參考文獻

[1] Alexander, L., Jiang, S., Murga, M., & González, M. C., 2015, Origin-destination trips by purpose and time of day inferred from mobile phone data. *Transportation research part c: emerging technologies*, *58*, 240-250.

[2] Ahonen, T., & Moore, A., 2006, A mobile phone for every living person in western Europe: penetration hits 100%. *Communication Dominate Brands: Business and Marketing Challanges for the 21st Century March*, *20*, 1-2.

[3] Bayir, M. A., Demirbas, M., & Eagle, N., 2010, Mobility profiler: A framework for discovering mobility profiles of cell phone users. *Pervasive and Mobile Computing*, *6*(4), 435-454.

[4] .Bhat, C., 2000. Flexible model structures for discrete choice analysis. In: Hensher, D., Button, K. (Eds.), Handbook of Transport Modeling. Pergamon, Amsterdam, pp. 71-89

[5] Calabrese, F., Diao, M., Lorenzo, G.D., Ferreira Jr., J., Ratti, C., 2013. Understanding individual mobility patterns from urban sensing data: a mobile phone trace example. Transp. Res. Part C 26, 301-313.

[6] Calabrese, F., Lorenzo, G. D., Liu, L., & Ratti, C., 2011, Estimating Origin-Destination Flows Using Mobile Phone Location Data. *IEEE Pervasive Computing, 10*(4), 36-44. doi:10.1109/MPRV.2011.41

[7]　Chatterjee, K., Ma, K., 2009. Time taken for residents to adopt a new public transport service: examining heterogeneity through duration modeling .Transportation 36, 1-25.

[8]　Chen, Huey-Kuo, Ho, Hsiao-Ching, Wu, Luo-Yu, Lee, Ian, Chou, H.W., 2022.0909, Two-stage procedure for transportation mode detection based on sighting data, Transportmetrica. DOI: 10.1080/23249935.2022.2118558.

[9]　Chen, C., Bian, L., & Ma, J., 2014, From traces to trajectories: How well can we guess activity locations from mobile phone traces?. *Transportation Research Part C: Emerging Technologies*, *46*, 326-337.

[10] Chen, C., Ma, J., Susilo, Y., Liu, Y., & Wang, M., 2016, The promises of big data and small data for travel behavior (aka human mobility) analysis. *Transportation research part C: emerging technologies*, *68*, 285-299.

[11] Chorus, C.G., Arentze, T., Timmermans, H., 2008. A random regret-minimization model of travel choice. Transp. Res. Part B 42 (1), 1-18.

[12] Clark, B., Chatterjee, K., Melia, S., Knies, G., Laurie, H., 2014. Life events and travel behaviour: exploring the interrelationship using UK household longitudinal study data. J. Transp. Res. Rec. 2413, 54-64.

[13] Danafar, S., Piorkowski, M., & Kryszczuk, K., 2017, August, Bayesian framework for mobility pattern discovery using mobile network events. In *2017 25th European Signal Processing Conference (EUSIPCO)* (pp. 1070-1074). IEEE.

[14] Ester, M., Kriegel, H.-P., Sander, J., and Xu, X. 1996. A density-based algorithm for discovering clusters in large spatial databases with noise, Proceedings of the Second International Conference on Knowledge Discovery and Data MiningAugust 1996Pages 226-231.

[15] Goldsmith, A, 2005, Wireless Communications, Cambridge University Press.

[16] Iqbal, M. S., Choudhury, C. F., Wang, P., & González, M. C., 2014, Development of origin-destination matrices using mobile phone call data. *Transportation Research Part C: Emerging Technologies*, *40*, 63-74.

[17] Jagadeesh, G. R., T. Srikanthan, 2017. Online map-matching of noisy and sparse location data with hidden Markov and route choice models. *IEEE Transactions on Intelligent Transportation Systems*, *18*(9), 2423-2434.

[18] Jiang, S., Fiore, G. A., Yang, Y., Ferreira Jr, J., Frazzoli, E., & González, M. C., 2013, August, A review of urban computing for mobile phone traces: current methods, challenges and opportunities. In *Proceedings of the 2nd ACM SIGKDD international workshop on Urban Computing* (p. 2). ACM.

[19]Larijani, A. N., Olteanu-Raimond, A. M., Perret, J., Brédif, M., & Ziemlicki, C., 2015, Investigating the mobile phone data to estimate the origin destination flow and analysis; case study: Paris region. *Transportation Research Procedia, 6*, 64-78.

[20]Lee, J. K., & Hou, J. C., 2006, May, Modeling steady-state and transient behaviors of user mobility: formulation, analysis, and application. In *Proceedings of the 7th ACM international symposium on Mobile ad hoc networking and computing* (pp. 85-96). ACM.

[21]Liu, Y., Liu, X., Gao, S., Gong, L., Kang, C., Zhi, Y., Chi, G., Shi, L., 2015. Social sensing: a new approach to understanding our socio-economic environments. Ann. Assoc. Am. Geogr. 105 (3), 512-530.

[22]Newson, Paul, and John Krumm. 2009. "Hidden Markov Map Matching Through Noise and Sparseness." Proceedings of the *17th ACM SIGSPATIAL International Conference on Advances in Geographic Information Systems,* Seattle, 4 - 6 November, pp 336-343. doi: https://doi.org/10.1145/1653771.1653818.

[23]Patel, S. N., Kientz, J. A., Hayes, G. R., Bhat, S., & Abowd, G. D., 2006, September, Farther than you may think: An empirical investigation of the proximity of users to their mobile phones. In *International Conference on Ubiquitous Computing* (pp. 123-140). Springer, Berlin, Heidelberg.

[24]Phithakkitnukoon, S., Horanont, T., Di Lorenzo, G., Shibasaki, R., & Ratti, C., 2010, August, Activity-aware map: Identifying human daily activity pattern using mobile phone data. In *International Workshop on Human Behavior Understanding* (pp. 14-25). Springer, Berlin, Heidelberg.

[25]Qi, Hui , Di, Xiaoqiang , Li, Jinqing , 2019, Map-matching algorithm based on the junction decision domain and the hidden Markov model, PLoS One, 14(5): e0216476.

[26]Qu, Y., Gong, H., & Wang, P., 2015, September, Transportation mode split with mobile phone data. In *2015 IEEE 18th International Conference on Intelligent Transportation Systems* (pp. 285-289). IEEE.

[27]Rasouli, S., Timmermans, H., 2015. Bounded Rational Choice Behavior: Applications in Transport. Emerald Group Publishing Limited, United Kingdom

[28]Schlaich, J., Otterstatter, T., Friedrich, M., 2010. Generating trajectories from traces. In: 89th Annual Meeting of the Transportation Research Board. Washington, D.C..

[29]Schneider, C.M., Belik, V., Couronne, T., Smoreda, Z., Gonzalez, M., 2013. Unraveling daily human mobility motifs. J. Roy. Soc. Interface 10 (84), 20130246.

[30]Schwartz, S.H., 1977. Normative influence on altruism. In: Berkowitz, L. (Ed.), Advances in

Experimental Social Psychology. Academic Press, New York, pp. 221-279.

[31] Shad, S. A., Chen, E., & Bao, T., 2012, Cell oscillation resolution in mobility profile building. *arXiv preprint arXiv:1206.5795*.

[32] Simmons, E., 2011, The 2011 discretionary spend report. *Experian Simmons, http://www. experian. com/assets/simmons-research/white-papers/2011-discretionary-spend-report. pdf, 3*.

[33] Stern, P.C., 2000. Toward a coherent theory of environmentally significant behavior. J. Soc. Issues 56, 407-424.

[34] Tettamanti, T., Demeter, H., & Varga, I., 2012, Route choice estimation based on cellular signaling data. *Acta Polytechnica Hungarica*, *9*(4), 207-220.

[35] Toole, J. L., Colak, S., Sturt, B., Alexander, L. P., Evsukoff, A., & González, M. C., 2015, The path most traveled: Travel demand estimation using big data resources. *Transportation Research Part C: Emerging Technologies*, *58*, 162-177.

[36] Tversky, A., Kahneman, D., 1986. Rational choice and the framing of decisions. J. Bus. 59 (S4), S251.

[37] Wang, F., & Chen, C., 2018, On data processing required to derive mobility patterns from passively-generated mobile phone data. *Transportation Research Part C: Emerging Technologies*, *87*, 58-74.

[38] Widhalm, P., Yang, Y., Ulm, M., Athavale, S., & González, M. C., 2015, Discovering urban activity patterns in cell phone data. *Transportation*, *42*(4), 597-623.

[39] Wu, Luo-Yu. 2020. "Preprocessing of Mobile Phone Signal Data for Vehicle Mode Identification Using Map-Matching Technique." Masters Thesis, Department of Civil Engineering, National Central University, Taoyuan City, Taiwan.

[40] Wu, W., Wang, Y., Gomes, J. B., Anh, D. T., Antonatos, S., Xue, M., ... & Decraene, J., 2014, July, Oscillation resolution for mobile phone cellular tower data to enable mobility modelling. In *2014 IEEE 15th International Conference on Mobile Data Management* (Vol. 1, pp. 321-328). IEEE.

[41] Yanez, M.F., Mansilla, P., Ortúzar, J.D., 2010. The Santiago panel: measuring the effects of implementing Transantiago. Transportation 37, 125-149.

[42] Zvanovec, S., Pechac, P., Klepalp, M., 2003, Wireless LAN Networks Design: Site Survey or Propagation Modeling," Radioengineering, Vol. 12, No.4, pp.42-49.

# 第 5 章

# 非線性規劃與
# 變分不等式問題

　　旅運需求預測問題為運輸規劃程序中最為重要之模組，依照所使用之路段成本函數其數學性質的不同，可以建構為不同之數學模型（mathematical models）進行求解。當所使用的路段成本函數其線積分（line integral）結果不會因積分路徑不同而受到影響（path independent），則該旅運需求預測問題就可以建構為較為特定的最佳化模型（optimization models），例如最常見的非線性規劃模型（nonlinear programming models）。但是當所使用的路段成本函數其線積分結果會受到積分路徑不同的影響，亦即路徑相關時（path dependent），則依據格林定理（Green Theorem），該旅運需求預測問題就變得更加複雜，並不存在相對應的非線性規劃模型，在這種情況下，就必須採用較為一般化的數學模型，例如，非線性變分不等式（nonlinear variational inequality）模型、不動點（fixed point）問題、或非線性互補鬆弛（nonlinear complementarity slackness）模型，來進行模型之建構以及後續之求解。

　　本章內容之順序安排如下：第一節介紹非線性規劃問題，包括二次規劃模型、Frank-Wolfe（FW）演算法以及數例說明；第二節探討非線性變分不等式問題，包括變分不等式模型、對角化演算法以及數例說明；第三節提出結論與建議。

# 5.1 非線性規劃問題

　　最佳化問題係由一個目標函數（objective function）與一組限制式（constraint set）所形成之可行解區域（feasible region）共同組合而成。而非線性規劃問題則是指目標函數或限制式其中之一或兩者均具有非線性函數的性質。

　　當可行解區域具有中凸（convex）性質時，即連接任意二個可行解的直線一定會位於可行解區域之內，如圖 5-1a、5-1b 所示，這類最佳化問題比較容易求解。但當可行解區域具有非中凸（nonconvex）性質時，即連接任意二個可行解的直線不一定會位於可行解區域之內，如圖 5-1c 所示，這類最佳化問題非常不易求解。

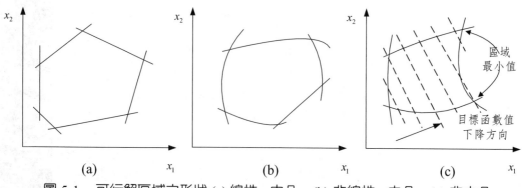

圖 5-1　可行解區域之形狀 (a) 線性 - 中凸、(b) 非線性 - 中凸、(c) 非中凸

　　本章所著重的是二次規劃問題（quadratic programming problem），係由一個非線性目標函數（nonlinear objective function）以及一組線性限制式（linear constraint set）形成之中凸可行解區域所共同組合而成。

## 5.1.1　二次規劃模型

　　二次規劃模型可以建構爲下列標準形式：

$$\min_{\mathbf{x}} \quad z(x_1,\cdots,x_I)$$

subject to

$$g_1(x_1,\cdots,x_I)\geq b_1 \qquad (5\text{-}1b)$$
$$g_2(x_1,\cdots,x_I)\geq b_2 \qquad (5\text{-}1c)$$
$$g_j(x_1,\cdots,x_I)\geq b_j \qquad (5\text{-}1j)$$
$$\vdots$$
$$g_J(x_1,\cdots,x_I)\geq b_J \qquad (5\text{-}1J)$$

其中：

$b_j$：第 $j$ 個線性限制式之常數，$j = 1, \cdots, J$

$g_j(x_1, \cdots, x_I) \geq b_j$：第 $j$ 個線性限制式，$j = 1, \cdots, J$

$(x_1, \cdots, x_I)$：決策變數 $x_i$, $i = 1, \cdots, I$ 所形成之向量

$z(x_1, \cdots, x_I)$：非線性目標函數

　　若將 $(x_1, \cdots, x_n)$ 以向量符號 $\mathbf{x}$ 表示，則二次規劃模型（5-1）可以簡化爲：

$$\min_{\mathbf{x}} \quad z(\mathbf{x}) \qquad (5\text{-}2a)$$

subject to

$$g_j(\mathbf{x})\geq b_j, j=1,\cdots,J \qquad (5\text{-}2b)$$

　　二次規劃模型（5-1）或（5-2）的求解方式，一般都採用迭代式的求解過程（iterative procedure），其主要求解內容包括：(1) 產生初始可行解（initial solution），(2) 搜尋坡降方向（descent direction），(3) 決定移動步幅（move size），(4) 更新可行解（solution update），以及 (5) 檢定收斂標準（convergence criterion）五個步驟，其詳細內容說明如下：

**步驟 1**：產生初始可行解：產生一個符合限制式條件之初始可行解。

**步驟 2**：搜尋坡降方向：坡降方向必須能夠降低目標函數值，參見圖 5-2，同時還要滿足所有的限制條件。一般說來，最陡坡降方向（steepest descent direction）所能降低的目標函數值最大但未必能滿足所有的限制條件。如果（給定移動步輻 α）想要找到一個坡降方向 **d** 最為靠近最陡坡降方向，同時又能滿足所有的限制條件，則必須經由求解下列模型獲得。

$$\min_{\mathbf{d}} \quad \nabla z\!\left(\mathbf{x}^n\right) \bullet \mathbf{d}^{\mathbf{T}} \tag{5-3a}$$

subject to

$$\sum_i h_{ij} d_i \ge 0 \quad \forall j \in J_{BD}^n \tag{5-3b}$$

$$\sum_i d_i^2 = 1 \tag{5-3c}$$

其中：

$\nabla z\!\left(\mathbf{x}^n\right)$：第 $n$ 回合的目標函數梯度

$\mathbf{d}^n$：第 $n$ 回合的搜尋方向

$h_{ij}$：第 $j$ 個限制式第 $i$ 個變數的係數

$d_i$：第 $i$ 個變數的搜尋方向

$J_{BD}^n$：第 $n$ 回合的「受約束限制式」（active constraint）集合

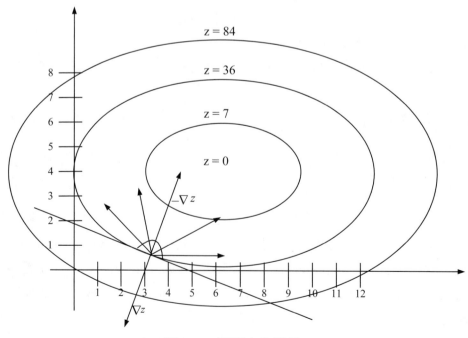

圖 5-2　坡降方向搜尋

**步驟 3**：決定移動步幅：沿著步驟 2 找到的坡降方向移動，可以降低目標函數值，提升解的品質，但如果移動步幅過大，則可能反而降低解的品質，甚至超出可行解的範圍。因此，為了避免移動步幅過大，必須限定第 $n$ 回合的最大移動步幅 $\alpha_n^{\max}$，最大移動步幅 $\alpha_n^{\max}$ 的計算公式如下所示 [1]：

$$\alpha_n^{\max} = \min_{\forall j \in J_{UBD}^n} \frac{b_j - \sum_i h_{ij} x_i^n}{\sum_i h_{ij} d_i^n} \tag{5-4a}$$

其中：

　　$J_{UBD}^n$：第 $n$ 回合「未受約束限制式」（inactive constraint）集合

　　一旦確定了第 $n$ 回合的步幅可以移動的範圍 $[0，\alpha_n^{\max}]$，就可以利用以下模型獲得對應於最佳目標值的最佳移動步幅，$\alpha_n^*$：

$$\min_{\alpha} \quad z\left(\mathbf{x}^n + \alpha_n \mathbf{d}^n\right) \tag{5-4b}$$

$$\text{subject to}$$

$$0 \le \alpha_n \le \alpha_n^{\max} \tag{5-4c}$$

其中：

　　$\alpha_n$：第 $n$ 回合的移動步幅

**步驟 4**：更新可行解：根據第 $n$ 回合之移動步幅 $\alpha_n$ 以及搜尋方向 $\mathbf{d}^n$，目前之暫存解 $\mathbf{x}^n$ 就可以更新為 $\mathbf{x}^{n+1}$：

$$\mathbf{x}^{n+1} = \mathbf{x}^n + \alpha_n^* \mathbf{d}^n \tag{5-5}$$

**步驟 5**：檢定收斂標準：當求解過程無法再有效改善目前暫存解的品質時，即已達到穩定的收斂條件。收斂標準的種類很多，可利用目標函數值、目標函數之斜率或決策變數之變化情形做為收斂與否之評估依據：

① 目標函數值之變化情形

　　當前後兩回合之目標函數值變化量小於可容忍之誤差值 $k$ 時，即可視為收斂：

$$[z(x^{n-1}) - z(x^n)] \le k \tag{5-6a}$$

---

[1]　公式推導請參見本章附錄。

②目標函數斜率值之變化情形

當第 $n$ 回合的梯度向量之每一個元素值均接近於零或其中最大之元素值小於可
容忍之誤差值 $k$ 時，即達收斂標準：

$$\max_{i}\left\{\left|\frac{\partial z(\mathbf{x}^{n})}{\partial x_{i}}\right|\right\} \leq k \qquad （5\text{-}6\text{b}）$$

③決策變數之變化量幅度

當前後兩回合的決策變數值 $x_{i}^{n}$ 與 $x_{i}^{n-1}$ 兩者之間的最大變化量比率絕對值小於可容
忍之誤差值 $k$ 時，或變數變化量之平方和小於可容忍之誤差值 $k$ 時，即可視爲收
斂，如下兩式所示：

$$\max_{i}\left\{\left|\frac{x_{i}^{n}-x_{i}^{n-1}}{x_{i}^{n-1}}\right|\right\} \leq k \qquad （5\text{-}6\text{c}）$$

$$\sum_{i}\left(x_{i}^{n}-x_{i}^{n-1}\right)^{2} \leq k \qquad （5\text{-}6\text{d}）$$

## 5.1.2　Frank-Wolfe 演算法

Frank-Wolfe（FW）演算法（Frank and Wolfe, 1956），屬於一種可行方向解法
（feasible direction method），特別適合處理二次規劃問題，因爲其求解過程運用凸
面組合（或加權平均）的觀念，因此也稱爲凸面組合法（convex combinations meth-
od）。FW 演算法的求解步驟如下：

**步驟 1**：初始化：找出初始可行解。

**步驟 2**：搜尋坡降方向：求解二次規劃問題之線性化子問題，將所獲得之輔助可行解
　　　　（auxiliary feasible solution）併同目前暫存解來搜尋目標函數的改進方向，亦稱
　　　　之爲坡降方向。

**步驟 3**：決定移動步幅：引用二分法來決定移動步幅。

**步驟 4**：更新可行解。

**步驟 5**：若符合收斂標準，停止；否則，到步驟 2。

FW 法求解過程的五個步驟中，特別需要說明的兩個步驟爲步驟 2 搜尋坡降方向
以及步驟 3 決定移動步幅。FW 演算法搜尋坡降方向時，會綜合考慮可行的最陡坡降
方向，以及在該選定坡降方向的可行最大距離。簡單的說，選定的坡降方向必須在該方向

之可行最大移動距離處形成最大之落差（maximum drop），如圖 5-3 所示。

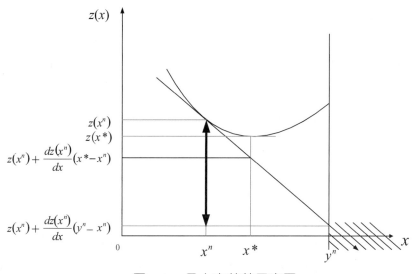

圖 5-3 最大之落差示意圖

假設第 $n$ 回合目前暫存解為 $\mathbf{x}^n$，選定一輔助可行解 $\mathbf{y}^n$ 之作法為求解二次規劃問題之線性化子問題，如下：

$$\max_{\mathbf{y}} \quad -\nabla z(\mathbf{x}^n) \cdot \frac{(\mathbf{y} - \mathbf{x}^n)^T}{\|\mathbf{y} - \mathbf{x}^n\|} \tag{5-7a}$$

或

$$\min_{\mathbf{y}} \quad \nabla z(\mathbf{x}^n) \cdot \frac{(\mathbf{y} - \mathbf{x}^n)^T}{\|\mathbf{y} - \mathbf{x}^n\|} \tag{5-7b}$$

求解以上線性規劃問題，基本上是採用全有或全無指派（all-or-nothing assignment）之觀念，亦即被選到之變數可以取得所有之資源，其他所有的替選變數則一無所得。若從運輸網路的觀點言之，這個線性規劃問題就是找出最短路徑，然後將所有的起迄需求量指派到該條最短路徑上。由目前暫存解指向輔助可行解（auxiliary feasible solution）的方向，即形成目標函數的坡降方向。梯度向量 $\nabla z(\mathbf{x}^n)$ 與搜尋方向向量 $(\mathbf{y} - \mathbf{x}^n)$ 之內積 $\nabla z(\mathbf{x}^n) \cdot (\mathbf{y} - \mathbf{x}^n)^T$ 代表兩向量之餘弦角（$\cos \theta$）。當此餘弦角值最小時（即接近 -1 時），即代表此兩向量角度接近 180 度，也就是搜尋方向愈接近陡降方向，目

標值改進效果愈佳。

在決定移動步幅時，FW 演算法與其他可行方向解法（feasible direction method）一樣，都是沿著選定坡降方向 $(\mathbf{y}^n - \mathbf{x}^n)$ 找出最佳之移動步幅 $\alpha_n^*$，但最大的差異在於其最大移動步幅在前面搜尋坡降方向時已經同時確定了，因此無須另行考慮計算，僅須設定其值介於 $0 \leq \alpha \leq 1$ 之區間即可。最佳移動步幅的線性搜尋（line search）問題可以表示如下最佳化模型：

$$\min_{\alpha} \quad z\left[\mathbf{x}^n + \alpha\left(\mathbf{y}^n - \mathbf{x}^n\right)\right] \tag{5-8a}$$

subject to

$$0 \leq \alpha \leq 1 \tag{5-8b}$$

求解上述移動步幅的最佳化模型的方法很多，主要分成區間縮減法（interval reduction methods）與曲線適配法（curve fitting methods）兩大類。前者包括二分法（bisection method），黃金分割法（golden section method），以及費氏法（Fibonacci method）；後者則包括牛頓法（Newton's method）與假位法（false position method）。以下僅針對二分法的求解步驟加以介紹（參見圖 5-4a）。

二分法亦稱為 Bolzano 搜尋法，其主要求解觀念係將最佳解座落的可行解範圍平均切割成兩個區間，然後依據二分點之斜率 $dz(\mathbf{x})/d\alpha$ 的正負值判斷最佳解會落在哪一區間。每一個求解回合均會剔除無用的區間，保留有用的區間（圖 5-4b），如此重覆進行，不斷縮減最佳解的搜尋區間，直到最佳解落在可允許的誤差範圍之內為止。詳言之，當目標函數在二分點 $x$ 之微分為負值時，則最佳解 $x*$ 的值必定大於二分點 $x$ 的值，即 $x < x*$；但當微分為正值時，則最佳解 $x*$ 的值必定小於二分點 $x$ 的值，即 $x > x*$。由於二分法的縮減比率 $r = 0.5$，因此很容易算出只要六個回合就可以達到 $\pm 1\%$ 的精度標準。值得一提的是，只有當斜率 $dz(\mathbf{x})/d\alpha$ 容易計算時，二分法才有應用的價值。

根據上述第 $n$ 回合之移動步幅 $\alpha_n$ 與搜尋方向 $\mathbf{d}^n$，目前之暫存解 $\mathbf{x}^n$ 就可以更新為 $\mathbf{x}^{n+1}$：

$$\mathbf{x}^{n+1} = \mathbf{x}^n + \alpha_n(\mathbf{y}^n - \mathbf{x}^n) \tag{5-9a}$$

或

$$\mathbf{x}^{n+1} = (1 - \alpha_n)\mathbf{x}^n + \alpha_n\mathbf{y}^n \tag{5-9b}$$

依據 FW 演算法五個求解步驟，可以建立彼此之間的關係如圖 5-5 所示：

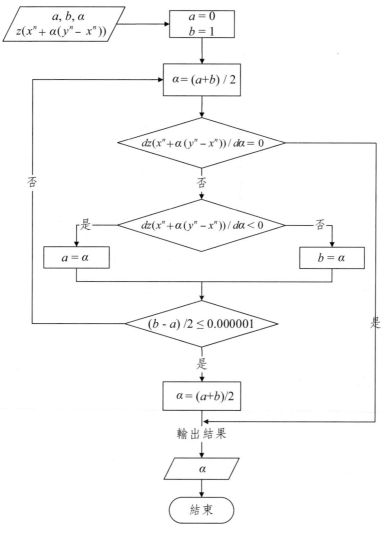

圖 5-4a　二分法流程圖

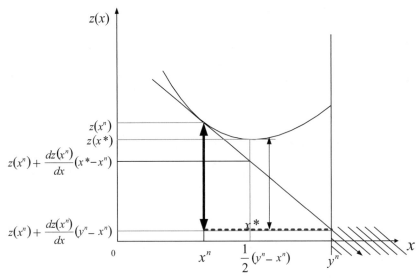

圖 5-4b　二分法概念圖（保留含最佳解 $x*$ 的區間）

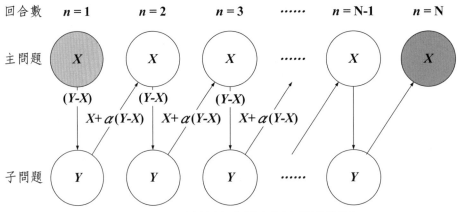

圖 5-5　FW 演算法求解步驟之間的關係

　　FW 演算法的最大優點爲簡單易懂，操作方便，但其最大缺點則爲收斂速度較慢，在目標函數之等值線（isopleth）呈現扁平狀時，會產生緩慢鋸齒狀（zigzagging）的收斂情形，如圖 5-6 所示。

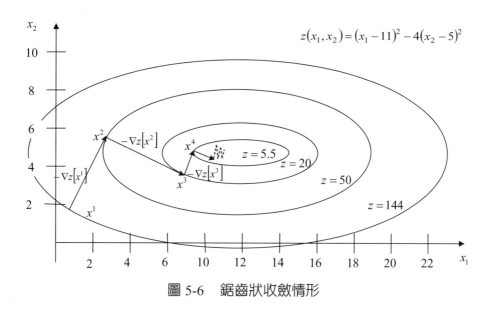

$$z(x_1, x_2) = (x_1 - 11)^2 - 4(x_2 - 5)^2$$

圖 5-6　鋸齒狀收斂情形

## 5.1.3　數例說明

【例題 5-1】：請以 FW 演算法求解非線性二次規劃問題如式（5-10）所示：

$$\min \quad z(x) = x_1^2 + 2x_2^2 - 2x_1 x_2 - 10x_2 \tag{5-10a}$$

subject to

$$0 \le x_1 \le 4 \tag{5-10b}$$
$$0 \le x_2 \le 6 \tag{5-10c}$$

【解答】：

　　若以 FW 演算法求解，則必須先求得目標函數的梯度，再據以建構線性子問題。假設第 $n$ 回合之可行解為 $\mathbf{x}^n$，則目標函數 $z(\mathbf{x})$ 的梯度可計算如下：

$$\nabla z(x_1, x_2) = \left[\left(2x_1^n - 2x_2^n\right), \left(4x_2^n - 2x_1^n - 10\right)\right] \tag{5-11}$$

　　第 $n$ 回合之線性子問題可因此建構如下：

$$\min_{\mathbf{y}} \quad z^n(\mathbf{y}) = \left(2x_1^n - 2x_2^n\right)y_1 + \left(4x_2^n - 2x_1^n - 10\right)y_2 \tag{5-12a}$$

subject to

$$0 \le y_1 \le 4 \tag{5-12b}$$
$$0 \le y_2 \le 6 \tag{5-12c}$$

　　根據主問題的可行解 $\mathbf{x}^n$ 與子問題的可行解 $\mathbf{y}^n$，搜尋方向就成為 $\mathbf{d}^n = \mathbf{y}^n - \mathbf{x}^n$，而最佳的移動步幅 $\alpha$ 則是由下式決定：

$$\frac{dz\left[\mathbf{x}^n + \alpha\left(\mathbf{y}^n - \mathbf{x}^n\right)\right]}{d\alpha} = 0 \tag{5-13}$$

因為是小例題，因此最佳之移動步幅 $\alpha_n$ 可以利用下式計算：

$$\alpha_n = \frac{\left(y_1^n - x_1^n\right)\left(x_1^n - x_2^n\right) + \left(y_2^n - x_2^n\right)\left(2x_2^n - x_1^n - 5\right)}{2\left(y_1^n - x_1^n\right)\left(y_2^n - x_2^n\right) - 2\left(y_2^n - x_2^n\right)^2 - \left(y_1^n - x_1^n\right)^2} \tag{5-14}$$

　　假若收斂標準為 0.1，也就是說當 $z(\mathbf{x}^n) - z(\mathbf{x}^{n+1}) \leq 0.1$ 的時候就已經達到收斂標準了，FW 演算法的收斂過程請參見圖 5-8。

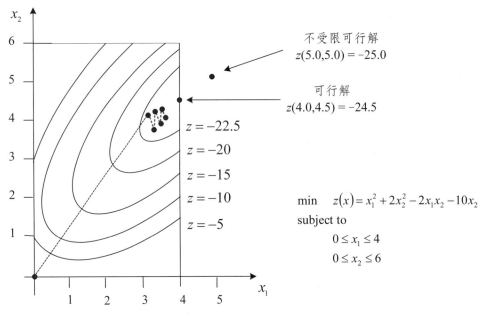

**圖 5-8　FW 演算法求解數例之收斂過程**

　　上述例題之求解步驟可詳細說明如下：

【第一回合】：

**步驟 1**：假設初始可行解為 $\mathbf{x}^1 = (0,0)$，相對應之目標函數值為 $z(0,0) = 0$。

**步驟 2**：梯度為 $\nabla z|_{x=(0,0)} = (0,-10)$，線性子問題可建構如下：

$$\min \quad \nabla z(\mathbf{x}^1) \cdot \mathbf{y} = -10y_2$$

subject to

$$0 \le y_1 \le 4$$

$$0 \le y_2 \le 6$$

解（參見圖 5-8）：$\mathbf{y}^1 = (0,6)$，……，或 $\mathbf{y}^1 = (4,6)$。選擇 $\mathbf{y}^1 = (4,6)$。

步驟 3：

$$\alpha_1 = \frac{(4-0)(0-0)+(6-0)(2\cdot 0-0-5)}{2(4-0)(6-0)-2(6-0)^2-(4-0)^2} = 0.750$$

步驟 4：

$$x_1^2 = 0 + 0.750(4-0) = 3$$

$$x_2^2 = 0 + 0.750(6-0) = 4.5$$

步驟 5：

$$z(3, 4.5) = -22.5$$

$$z(\mathbf{x}^1) - z(\mathbf{x}^2) = 0 - (-22.5) = 22.5$$

【第二回合】：

步驟 2：梯度為 $\nabla z|_{x=(3,4.5)} = (-3.0, 2.0)$，線性子問題可建構如下：

$$\min \quad \nabla z(\mathbf{x}^2) \cdot \mathbf{y} = -3y_1 + 2y_2$$

subject to

$$0 \le y_1 \le 4$$

$$0 \le y_2 \le 6$$

解：$\mathbf{y}^n = (4,0)$。

步驟 3：$\alpha_2 = 0.119$。

步驟 4：

$$x_1^3 = 3.0 + 0.119(4.0 - 3.0) = 3.119$$

$$x_2^3 = 4.5 + 0.119(0.0 - 4.5) = 3.966$$

步驟 5：

$$z(3.119, 3.966) = -23.213$$

$$z(\mathbf{x}^2) - z(\mathbf{x}^3) = (-22.5) - (-23.213) = 0.713$$

經過兩個回合之運算，仍然未達到收斂標準，因此以上求解過程仍然必須持續下去。茲將 FW 演算法各回合之中間結果整理如表 5-1，由表中很容易就看出，在第六回合的時候，FW 演算法就已經達到收斂標準了。值得一提的是，在每一回合所產生之下

限 $z_L^n(\mathbf{y}^n)$ 並不一定會單調增加（monotonically increasing）。

表 5-1　FW 演算法各回合之中間結果整理（參見例題 5-1）

| $n$ | $\nabla z(\mathbf{x}^n)$ | $\mathbf{y}^n$ | $z_L^n(\mathbf{y}^n)$ | $\alpha^n$ | $\mathbf{x}^{n+1}$ | $z(\mathbf{x}^{n+1})$ | $z(\mathbf{x}^n) - z(\mathbf{x}^{n+1})$ |
|---|---|---|---|---|---|---|---|
| 0 | | | | | (0.000, 0.000) | | |
| 1 | (0.000, -10.000) | (4,6) | -60.000 | 0.750 | (3.000, 4.500) | -22.500 | 22.500 |
| 2 | (-3.000, 2.000) | (4,0) | -35.213 | 0.119 | (3.119, 3.966) | -23.213 | 0.713 |
| 3 | (-1.693, -0.376) | (4,6) | -24.211 | 0.206 | (3.301, 4.385) | -23.446 | 0.233 |
| 4 | (-2.169, 0.939) | (4,0) | -29.257 | 0.063 | (3.344, 4.111) | -23.622 | 0.176 |
| 5 | (-1.833, -0.295) | (4,6) | -25.196 | 0.144 | (3.439, 4.383) | -23.728 | 0.106 |
| 6 | (-1.899, 0.656) | (4,0) | -27.752 | 0.045 | (3.464, 4.186) | -23.816 | 0.089 |

茲將目標函數值隨著回合數之增加而遞減之趨勢繪製於圖 5-9：

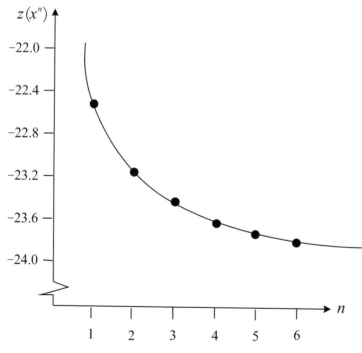

圖 5-9　目標函數值隨著回合數之增加而遞減之趨勢

由圖 5-9 可觀察到，隨著回合數之增加，每一回合能夠產生之邊際貢獻（marginal contribution）也會逐漸遞減。

### 5.1.4　FW 演算法的改良

　　為了改良 FW 演算法的演算效率，目前已有多種修正方法發表，其中平行切線（parallel tangents, PARTAN）演算法係取兩次搜尋方向之最終指向當作眞正執行的搜尋方向，可以有效地改善鋸齒的收斂情形。以圖 5-7 為例，其中 $x^1$ 為起始解，第一次最陡坡降方向搜尋 $-\nabla z[x^1]$ 找到 $x^2$，第二次最陡坡降方向 $-\nabla z[x^2]$ 搜尋找到 $x^3$，那麼就可以將 $x^1$ 指向 $x^3$ 的方向當作眞正執行的搜尋方向從而找到 $x^4$，接下來將 $x^2$ 指向 $x^4$ 的方向當作眞正執行的搜尋方向從而找到 $x^5$，繼續重複執行這種求解改善方式直到符合收斂標準為止。

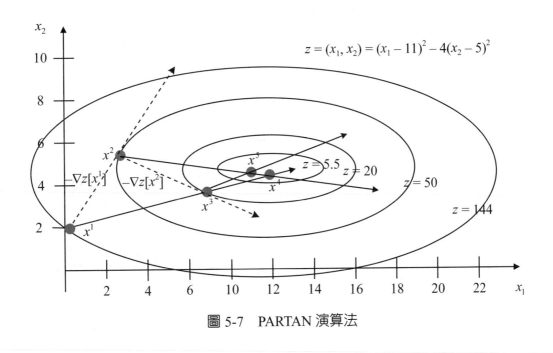

圖 5-7　PARTAN 演算法

## 5.2 非線性變分不等式問題

　　非線性變分不等式問題，係由一個非線性函數的不等式與一個可行解區域（feasible region）所共同組合而成。變分不等式屬於一般性的數學規劃模型，因此任何最佳化模型的 Karush-Kuhn-Tucker（KKT）條件，均可輕易的轉換為相對應的變分不等式模型，但變分不等式模型只有在滿足某些特定條件的情況下，才可能轉換為相對應的最佳化模型。變分不等式問題與最佳化模型在外觀上最大的差異在於其不具有明確的目標函數，其最終之均衡解必須滿足變分不等式的條件，即均衡解 $\mathbf{x}^*$ 與任何可行解 $\mathbf{x}$ 所形

成之搜尋方向向量 $(\mathbf{x} - \mathbf{x}^*)$ 與梯度向量 $\mathbf{c}(\mathbf{x}^*)$ 之間的夾角必須小於 $90°$，或兩向量的內積（inner product）或餘弦角必須為非負，如圖 5-10 所示。

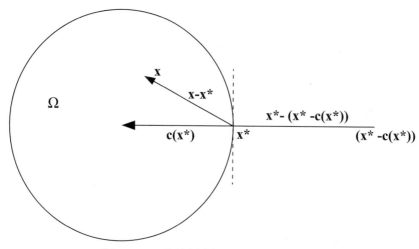

圖 5-10　非線性變分不等式之物理解釋

## 5.2.1 變分不等式與最佳化問題的對等性

有限維度的變分不等式模型，係指找尋一個決策變數向量$\mathbf{x}^* \in \Omega \subseteq R^n$使得下列不等式成立：

$$\mathbf{c}^{*T}(\mathbf{x} - \mathbf{x}^*) \geq 0 \quad \forall \mathbf{x} \in \Omega \qquad (5\text{-}15)$$

其中：

$\mathbf{c} = (c_1(\mathbf{x}), c_2(\mathbf{x}), \cdots, c_I(\mathbf{x}))$：一個從可行解區域 $\Omega$ 映至 $R^I$ 的連續函數向量

$\mathbf{x} = (x_1, x_2, \cdots, x_I)$：$I$ 個決策變數之向量

$\Omega$：一個非空（nonempty）且封閉（closed）的凸集合（convex set）

假設最佳化問題（包括二次非線性規化問題）的定式如下：

$$\min_{\mathbf{x} \in \Omega} z(\mathbf{x}) \qquad (5\text{-}16)$$

其中 $z(\mathbf{x})$ 表目標函數，其變數集合為 $\mathbf{x} = (x_1, x_2, \cdots, x_n)$，符號 $\Omega$ 定義可行解集合。

以下定理證明在特定條件下，最佳化模式（5-16）與變分不等式（5-15）式之對等性。

**定理 5.1**（最佳化條件）　　令 $z : \Omega \mapsto R^1$ 在非空（nonempty）封閉（closed）且中凸

（convex）集合上為連續可微（continuously differentiable），而且集合 $\Omega \subseteq R^n$。若 $\mathbf{x}^* \in \Omega$ 為最佳化問題（5-16）之最佳解，則 $\mathbf{x}^*$ 亦為 VIP（5-15）的一個解，且 $\mathbf{c}(\mathbf{x}) \equiv \nabla z(\mathbf{x})$。當 $z(\mathbf{x})$ 具偽凸性質（pseudoconvex）時，反之亦成立。

**必要性證明**（$NCP \Rightarrow VI$）：首先證明當 $\mathbf{x}^* \in \Omega$ 為最佳化問題（5-16）的最佳解，則 $\mathbf{x}^*$ 亦為變分不等式 VIP（5-15）的一個解，且 $\mathbf{c}(\mathbf{x}) \equiv \nabla z(\mathbf{x})$。

因為 $\mathbf{x}^*$ 為最佳化問題（5-16）的最佳解，則在最佳解鄰域 $\sigma$ 的目標值必須大於等於最佳解，如下所示：

$$\frac{z(\mathbf{x}^* + \sigma(\mathbf{x} - \mathbf{x}^*)) - z(\mathbf{x}^*)}{\sigma} \geq 0 \quad \forall \mathbf{x}, \mathbf{x}^* \in \Omega \tag{5-17a}$$

將分子與分母同乘 $(\mathbf{x} - \mathbf{x}^*)$ 可得

$$\frac{z(\mathbf{x}^* + \sigma(\mathbf{x} - \mathbf{x}^*)) - z(\mathbf{x}^*)}{\sigma(\mathbf{x} - \mathbf{x}^*)}(\mathbf{x} - \mathbf{x}^*) \geq 0 \quad \forall \mathbf{x}, \mathbf{x}^* \in \Omega \tag{5-17b}$$

令 $\Delta = \sigma(\mathbf{x} - \mathbf{x}^*)$，根據定義，當 $\Delta$ 趨近於 0，$\dfrac{z(\mathbf{x}^* + \sigma(\mathbf{x} - \mathbf{x}^*)) - z(\mathbf{x}^*)}{\sigma(\mathbf{x} - \mathbf{x}^*)} = \nabla z^T(\mathbf{x}^*)$，因此式（5-17b）可簡化為：

$$\nabla z^T(\mathbf{x}^*)(\mathbf{x} - \mathbf{x}^*) \geq 0 \tag{5-18}$$

**充分性證明**（$VI \Rightarrow NCP$）：其次為反向證明，即當 $z(\mathbf{x})$ 具偽凸性質（pseudoconvex）時，變分不等式 VIP（5-15）的一個解 $\mathbf{x}^*$ 亦為最佳化問題（5-16）的最佳解。

因為 $z(\mathbf{x})$ 具偽凸性質，根據定義：

$$\nabla z^T(\mathbf{x}^*)(\mathbf{x} - \mathbf{x}^*) \geq 0 \Rightarrow z(\mathbf{x}) \geq z(\mathbf{x}^*) \quad \forall \mathbf{x}, \mathbf{x}^* \in \Omega \tag{5-19}$$

換句話說，$\mathbf{x}^*$ 也是數學規劃問題（5-16）的最小解。定理得證 #[2]

當 $\nabla z^T(\mathbf{x}^*) = c(\mathbf{x}^*)$ 時，（5-19）的意涵可參見圖 5-10。

---

[2] 若採一階近似最佳化子模型的觀點，則
$$\min_{\mathbf{x}, \mathbf{x}^* \in \Omega} z(\mathbf{x}) \approx \min_{\mathbf{x}, \mathbf{x}^* \in \Omega} y(\mathbf{x}) = z(\mathbf{x}^*) + \nabla z^T(\mathbf{x}^*)(\mathbf{x} - \mathbf{x}^*)$$
當 $\nabla z^T(\mathbf{x}^*)(\mathbf{x} - \mathbf{x}^*) \geq 0$
$$\Rightarrow y(\mathbf{x}) \geq y(\mathbf{x}^*), \forall \mathbf{x}, \mathbf{x}^* \in \Omega$$

## 5.2.2 對角化演算法

對角化演算法亦稱之為賈可必法（Jacobi method），為求解變分不等式模型常用的演算法，其求解方式主要採行對角化的策略，先將函數 $c_i(\mathbf{x})$ 的 $I$ 個引數 $\mathbf{x} = (x_1, \cdots, x_i, \cdots, x_I)$ 中 $I\text{-}1$ 個非對角線上的影響變數 $(x_1, \cdots, x_{i-1}, x_{i+1}, \cdots, x_I)$ 暫時固定為常數值，即 $\mathbf{x} = (\bar{x}_1, \cdots, \bar{x}_{i-1}, x_i, \bar{x}_{i+1}, \cdots, \bar{x}_I)$，或簡寫為 $\bar{\mathbf{x}} \backslash \bar{x}_i$，然後依據格林定理，將變分不等式（5-15）轉換為以下最佳化子模型求解：

$$\min_{\mathbf{x} \in \Omega} \quad z = \sum_{i=1}^{I} \int_0^{x_i} c_i\left(\bar{\mathbf{x}} \backslash \bar{x}_i\right) d\omega \qquad （5\text{-}20）$$

當對角化子模型都以適當的最佳化演算法（例如 FW 演算法）求解完畢後，即檢查是否達到收斂標準？若已達收斂標準，則停止；否則，重覆對角化演算過程，直到滿足收斂標準為止。根據上述說明，求解變分不等式模型的演算步驟可以描述如下：

**步驟 1**：初始化。

**步驟 2**：求解對角化子模型。

**步驟 3**：若符合收斂標準，停止；否則，到步驟 2。

## 5.2.3 數例說明

【**例題 5-2**】：假設測試路網包括一對 OD 與兩條節線，如圖 5-11。

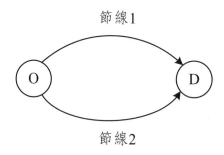

節線1

節線2

**圖 5-11 一對 OD 兩條節線之網路範例**

兩條節線之路段成本函數[3]如下：

$$t_1 = 2 + 4x_1 + x_2 \qquad （5\text{-}21a）$$
$$t_2 = 4 + 3x_2 + 2x_1 \qquad （5\text{-}21b）$$

---

[3] 亦稱旅行時間函數、或績效函數

固定起迄需求量為 5 個流量單位，分布於兩條節線上，即：

$$x_1 + x_2 = 5 \tag{5-21c}$$

請求算均衡解。

【解答】：

根據等式系統（5-21），我們可以求解出均衡解。換言之，當符合均衡條件時，兩條節線之路段成本必須相等，如下：

$$t_1(x_1, x_2) = t_2(x_1, x_2) \tag{5-22}$$

最後之均衡解為 $x_1^* = 3$、$x_2^* = 2$ 以及 $t_1^* = t_2^* = 16$。這個簡單之例題無法建構為最佳化模型，因為對稱條件並不滿足。換句話說，路段成本函數之 Jacobian 為非對稱矩陣（雖然具有正定性質）：

$$\begin{bmatrix} \dfrac{\partial t_1}{\partial x_1} & \dfrac{\partial t_2}{\partial x_1} \\ \dfrac{\partial t_1}{\partial x_2} & \dfrac{\partial t_2}{\partial x_2} \end{bmatrix} = \begin{bmatrix} 4 & 2 \\ 1 & 3 \end{bmatrix} \tag{5-23}$$

事實上，這種非對稱數學規劃問題仍然可以經由對角法（diagonalization algorithm）予以求解。假若收斂標準設定為流量之相對變化量必須為 0.01，也就是說當 $\max_a \left\{ \left| x_a^{n+1} - x_a^n \right| \Big/ x_a^n \right\} \leq 0.01$ 的時候就已經達到收斂標準了。

以上例題的對角法求解過程可以說明如下：

【第一回合】：

**步驟 1**：假設已知初始解為：$x_1^0 = 5, x_1^2 = 0$。

**步驟 2**：求解對角化子問題：

$$\min \quad z(x_1, x_2) = \int_0^{x_1} (2 + 4\omega)d\omega + \int_0^{x_2} (4 + 3\omega + 10)d\omega \tag{5-24a}$$

subject to

$$x_1 + x_2 = 5 \tag{5-24b}$$

$$x_1, x_2 \geq 0 \tag{5-24c}$$

經由運算，模型（5-24）的最佳解為：

$x_1^1 = 3.86$

$x_2^1 = 1.14$

**步驟 3**：收斂檢定

由於前後兩回合之可行解不相等

$$\begin{bmatrix} x_1^0 \\ x_2^0 \end{bmatrix} = \begin{bmatrix} 5 \\ 0 \end{bmatrix} \neq \begin{bmatrix} x_1^1 \\ x_2^1 \end{bmatrix} = \begin{bmatrix} 3.86 \\ 1.14 \end{bmatrix}$$

或收斂標準並不滿足

$$\max_a \left\{ \frac{x_a^1 - x_a^0}{x_a^0} \right\} = \frac{3.86 - 0}{0} = \infty$$

因此必須往下進行第二回合運算。

【第二回合】：

**步驟 2**：求解對角化子問題：

$$\min \quad z(x_1, x_2) = \int_0^{x_1} (2 + 4\omega + 1.14) d\omega + \int_0^{x_2} (4 + 3\omega + 7.72) d\omega \qquad （5\text{-}25a）$$

subject to

$$x_1 + x_2 = 5 \qquad （5\text{-}25b）$$

$$x_1, x_2 \geq 0 \qquad （5\text{-}25c）$$

經由運算，模型（5-25）的最佳解為：

$x_1^2 = 3.37$

$x_2^3 = 1.63$

**步驟 3**：收斂檢定

由於前後兩回合之可行解不相等

$$\begin{bmatrix} x_1^1 \\ x_2^1 \end{bmatrix} = \begin{bmatrix} 3.86 \\ 1.14 \end{bmatrix} \neq \begin{bmatrix} x_1^2 \\ x_2^2 \end{bmatrix} = \begin{bmatrix} 3.37 \\ 1.63 \end{bmatrix}$$

或收斂標準並不滿足

$$\max_a \left\{ \frac{x_a^2 - x_a^1}{x_a^1} \right\} = \frac{1.63 - 1.14}{1.14} = 0.43$$

因此必須繼續往下進行運算。

茲將 10 個回合之求解情形整理如表 5-2。

表 5-2　對角化法求解測試路網之 10 回合的中間結果（參閱例題 5-2）

| 回合 | $x_1^n$ | $x_2^n$ | $\max_a \left\{ \dfrac{x_a^n - x_a^{n-1}}{x_a^{n-1}} \right\} \times 100\%$ | $\max_a \left\{ \dfrac{x_a^n - x_a^*}{x_a^*} \right\} \times 100\%$ |
|---|---|---|---|---|
| 0 | 5 | 0 | - | 100.00 |
| 1 | 3.857 | 1.143 | $\infty$ | 42.85 |
| 2 | 3.367 | 1.633 | 42.87 | 18.35 |
| 3 | 3.157 | 1.843 | 12.86 | 7.85 |
| 4 | 3.067 | 1.933 | 4.88 | 3.35 |
| 5 | 3.029 | 1.971 | 1.97 | 1.45 |
| 6 | 3.012 | 1.988 | 0.86 | 0.60 |
| 7 | 3.005 | 1.995 | 0.35 | 0.25 |
| 8 | 3.002 | 1.998 | 0.15 | 0.10 |
| 9 | 3.001 | 1.999 | 0.05 | 0.05 |
| 10 | 3.000 | 2.000 | 0.03 | 0.00 |

　　由上表可知，演算法收斂速度很快，在第六回合的時候流量之相對變化量為 0.86%，已經符合收斂條件，即小於等於 0.01 了。

# 5.3 結論與建議

　　本章介紹兩種數學模型，即：(1) 非線性規劃模型與 FW 演算法；(2) 變分不等式模型與對角化演算法。過去旅運需求預測的相關專書多半只介紹較為簡單的最佳化模型，並使用 FW 演算法求解。但是最佳化模型的限制比較多，無法處理許多複雜之現實問題，例如非對稱路段之交互影響（asymmetric link interactions）或依時性（time-dependent）成本函數的問題，因此有必要引用更一般性之數學規劃的模型架構。職是之故，本章亦介紹變分不等式模型與對角化演算法作為後續章節繼續探討的基礎，有興趣深入了解的讀者，可以參考 Fiacco（1976）與 Chen（1999）所出版的專書做更進一步的研究。

# 附錄5A：最大移動步幅之推導過程

茲將推導最大移動步幅之過程敘述如下。首先，將 $\mathbf{x}^{n+1} = \mathbf{x}^n + \alpha_n \mathbf{d}^n$ 代入「未受約束限制式」（inactive constraint）之中

$$\sum_i h_{ij} x_i^n + \alpha_n \sum_i h_{ij} d_i^n \geq b_j \quad \forall j \in j \in J_{UBD}^n$$

$$\alpha_n \sum_i h_{ij} d_i^n \geq b_j - \sum_i h_{ij} x_i^n \tag{A5-1}$$

探討下列兩種可能的情況：

情況 I：假設 $\sum_i h_{ij} d_i^n \geq 0$

$$\alpha_n \sum_i h_{ij} d_i^n \geq b_j - \sum_i h_{ij} x_i^n \leq 0 \tag{A5-2}$$

在式（A5-2）中，任何 $\alpha_n$ 值均符合限制式條件式 $\sum_i h_{ij}(x_i^n + \alpha_n d_i^n) \geq b_j, \forall j \in j \in J_{UBD}^n$

情況 II：假設 $\sum_i h_{ij} d_i^n < 0$

$$\alpha_n \sum_i h_{ij} d_i^n \geq b_j - \sum_i h_{ij} x_i^n$$

$$\Rightarrow \alpha_n \leq \frac{b_j - \sum_i h_{ij} x_i^n}{\sum_i h_{ij} d_i^n}, \forall j \in j \in J_{UBD}^n \tag{A5-3}$$

若欲符合限制式 $\sum_i h_{ij}(x_i^n + \alpha_n d_i^n) \geq b_j, \forall j \in J_{UBD}^n$，則式（A5-3）最大 $\alpha_n$ 必須滿足下列條件：

$$\alpha_n^{\max} = \min_{j \in j \in J_{UBD}^n} \left\{ \frac{b_j - \sum_i h_{ij} x_i^n}{\sum_i h_{ij} d_i^n} \right\} \tag{A5-4}$$

# 問題研討

1. 名詞解釋：

   (1) 非中凸

(2) 最陡坡降方向

(3) 凸面組合法

(4) Bolzano 搜尋法

2. 請以圖形說明 FW 演算法求解步驟間的關係。

3. 請說明 PARTAN 演算法之求解觀念與步驟。

4. 請以圖形表示非線性變分不等式的實質意涵。

5. 請說明對角化演算法的求解觀念。

6. 請說明最佳化模型之最佳化條件可以建構為變分不等式模型。

# 參考文獻

## 一、中文文獻

[1] 陳惠國著，2009.09，運輸規劃與網路，滄海書局，ISBN-978-986-6507-55-7，臺中。（共 260 頁）

## 二、英文文獻

[1] Chen, H.K., 1999, *Dynamic Travel Choice Models: A Variational Inequality Approach*, Springer-Verlag, Berlin.

[2] Fiacco, A.V., 1976, Sensitivity Analysis for Nonlinear Programming Using Penalty Methods, *Mathematical Programming*, Vol. 10, No. 3, pp. 287-311.

[3] Fiacco, A.V. and Mccormick, G.P., 1968, *Nonlinear Programming: Sequential Unconstrained Minimization Techniques*, John Wiley & Sons, New York.

[4] Frank, M. and Wolfe, P. (*1956*) An Algorithm for Quadratic Programming. Naval Research Logistics Quarterly, 3, 95-110. http://dx.doi.org/10.1002/nav.

[5] Sheffi, Y., 1985, *Urban Transportation Networks: Equilibrium Analysis with Mathematical Programming Methods*, Prentice-Hall Inc., Englewood Cliffs, New Jersey.

# 第 6 章

# 都市旅運需求
# 預測概論

　　旅運需求預測是都市運輸規劃中最關鍵的模組，因此成為運輸規劃師必備之基本知識。旅運需求屬於經濟學上的間接需求（indirect demand）或衍生需求（derived demand），因為旅運本身並非目的，而是為了滿足進行就業、就學、社經，以及休閒文化等活動所進行的前置過程。一般說來，都市旅運需求主要來自於用路人進行四種旅運決策（travel decisions）所產生的結果：

1. 旅次發生（trip generation）：係指是否要離開起點的決策；
2. 旅次分布（trip distribution）：係指要前往哪一個目的地的決策；
3. 運具選擇（modal split）：係指要選擇哪一種運輸工具的決策；
4. 交通量指派（traffic assignment）：亦稱路線選擇（route choice）或路網指派（network assignment），係指要使用哪一條路線的決策。

　　預測都市旅運需求量的方法很多，但大致可歸納成三大類，即，總體需求預測模型（aggregate demand forecasting model）、個體需求預測模型（disaggregate demand forecasting model），以及模擬式指派模型（simulation-based assignment model）。本章內容之順序安排如下：第一節介紹總體需求模型；第二節說明個體需求模型的觀念；第三節簡述模擬式指派模型的內涵；第四節提出結論與建議。

# 6.1 總體需求模型簡介

　　總體需求模型係以用路人之平均特性或旅運行為作為基準，進行旅運需求預測，這種模型之起源甚早，目前在實務界之應用也最為普遍。若按照模型架構加以區別，總體需求模型可再細分成三種，即直接式需求預測模型（direct demand models）、循序性需求預測模型（sequential demand forecasting models）、與整合性需求預測模型（combined models）。

## 6.1.1 直接式需求預測模型

　　最常見之直接式需求預測模型係假設三種旅運行為決策（即，旅次起點、旅次迄點，以及運具選擇）同時發生，然後利用統計上的因果關係，建立迴歸函數來進行旅運需求之預測。最基本之旅運需求函數 $f(\cdot)$ 可以下式表示（施鴻志等人，p. 261；王慶瑞，p. 273）：

$$T_{ijk} = f(SE_i, SE_j, LS_{ijk}) \qquad (6\text{-}1)$$

其中：

　　$T_{ijk}$：起點 $i$ 至迄點 $j$ 第 $k$ 種運具的需求量

　　$SE_i$：起點 $i$ 的社經特性，亦可增加人口、土地使用特性

　　$SE_j$：迄點 $j$ 的社經特性，亦可增加人口、土地使用特性

　　$LS_{ijk}$：起點 $i$ 至迄點 $j$ 第 $k$ 種運具的服務水準

直接式需求預測模型的優點爲簡單易用，但缺點則爲未納入用路人（路徑選擇）行爲之考量，且參數校估工作較爲煩雜，因此適用於準確度要求稍低之城際旅運需求預測。常見之直接式旅運需求模型有兩種：(1) 植基於消費者行爲之效用理論的 Lancaster 模型（Lancaster, 1966），以及 (2) 根據相對績效水準的 Quandt and Baumol（1970）抽象需求模型（abstract demand model）。

**【例題 6-1】**：抽象需求模型（趙捷謙，1977，pp. 20-21）

假設行駛甲、乙兩地之三種運輸工具之旅行時間與旅行成本，如下表所示。

表 6-1　三種運輸工具之旅行時間與旅行成本

| 績效屬性 | 運具 1 | 運具 2 | 運具 3 |
|---|---|---|---|
| 旅行時間（小時） | 1* | 2 | 3 |
| 旅行成本（元） | 5 | 3 | 2* |

由表 6-1 可知，最佳之旅行時間（$H_b$）爲運具 1 之 1 小時，最佳之旅行成本（$C_b$）爲運具 3 之 2 元。根據上述最佳之績效水準，表 6-1 可改寫爲相對績效，如表 6-2 所示。

表 6-2　三種運輸工具之相對旅行時間與旅行成本

| 績效屬性 | 運具 1 | 運具 2 | 運具 3 |
|---|---|---|---|
| 相對旅行時間（比例） | 1 | 2 | 3 |
| 相對旅行成本（比例） | 2.5 | 1.5 | 1 |

茲假設利用甲、乙兩地之實際資料進行統計適配，得到運具 $k$ 行駛兩地間之旅次數 $T_k$ 如下迴歸函數所示：

$$T_k = 1000 - 100H_b - 60C_b - 60H_{rk} - 50C_{rk} - 50N \qquad (6\text{-}2)$$

其中，

　　$H_{rk}$：運具 $k$ 之相對旅行時間（與最佳值 $H_b$ 之比例）

　　$C_{rk}$：運具 $k$ 之相對成本（與最佳值 $C_b$ 之比例）

　　$N$：運具種類數

請問：

1. 各運具運量之預測值各爲何？

2. 假設引入一個新的運具（運具 4），其旅行時間爲 1.5 小時，旅行成本爲 1.0 元，如此將變更 $C_b$ 及 $C_{rk}$，但不改變 $H_b$ 及 $H_{rk}$。另假設上述運量公式（6-1）不變，請問各運具新的運量各爲何？

**【解答】**

1. $T_1 = 445$、$T_2 = 435$、$T_3 = 400$，總數爲 1280 旅次。

2. $T_1 = 330$、$T_2 = 370$、$T_3 = 360$、$T_4 = 500$，總數爲 1560 旅次。

## 6.1.2　循序性需求預測模型

　　循序性需求預測模型假設上述四種旅運行爲決策係依序逐步發生（參見圖 6-2），亦即上一個旅運決策步驟的輸出資料成爲下一個旅運決策步驟的輸入資料。

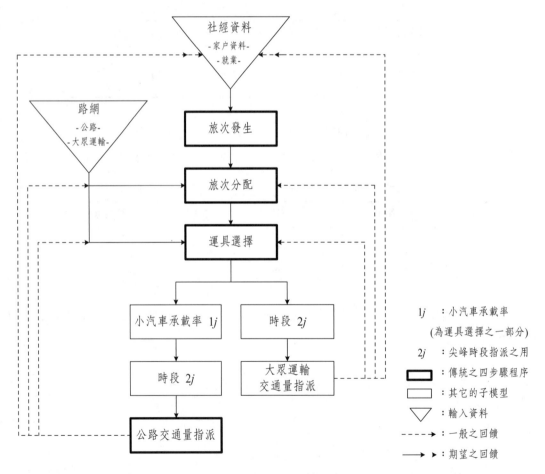

圖 6-2　旅運需求預測程序（Papacostas and Prevedouros, 2005, p. 349）

　　循序性旅運需求預測四個步驟常用之預測方法如下：

1. 旅次發生：迴歸模型（regression models）、成長率法（growth factor method）、旅次發生率法（trip rate method）、類目分析法（category analysis method）或交叉分類法（cross classification method）。

2. 旅次分布：重力模型（gravity model）、Fratar 法、Furness 法、介入機會模型（intervening opportunity model）或競爭機會模型（competing opportunity models）、Entropy 模型。

3. 運具選擇：羅吉特（Logit）模型、普羅比（Probit）模型、混合羅吉特（mixed logit）模型。

4. 交通量指派：全有或全無指派（all-or-nothing assignment）、多重路徑指派（multipath assignment）、增量指派（incremental assignment）、容量限制指派（capacity restrained assignment）、路網均衡指派（network equilibrium assignment）、轉換曲線指派法（diversion curve）。

　　循序性需求預測最簡單的做法只需將旅運需求預測四個步驟依序執行一次即可，所得到之旅次需求量資料，稱之為單輪式（one round）的循序性需求預測（參見圖 6-3a）；若將最終步驟得到旅次需求量的資料反饋至前期步驟，重覆進行循序性需求預測，則稱之為反饋式（feedback）的循序性需求預測（參見圖 6-3b）。一般說來，反饋式的循序性需求預測的優點是收斂解的品質較高，但缺點則是所需求解時間較長且過程較為繁瑣，而單輪式的循序性需求預測的優缺點則剛好相反。

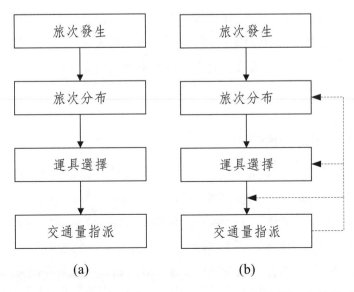

圖 6-3　(a) 單輪式的循序性需求預測模型；(b) 反饋式的循序性需求預測模型

　　循序性需求預測依照步驟執行順序的不同可分成兩種形式：當旅次分布預測在運具選擇預測之前執行時，稱之為旅次交替運具分配模型（trip-interchange models）（參見圖 6-4a），這種模型通常適用於運具選擇種類較多的大都會之運輸規劃；但若將第二、三步驟之旅次分布與運具選擇之順序對調，則稱之為旅次端點運具分配模型（trip-end models）（參見圖 6-4b），這種模型通常適用於運具選擇種類較少的中小型都市之運輸規劃。

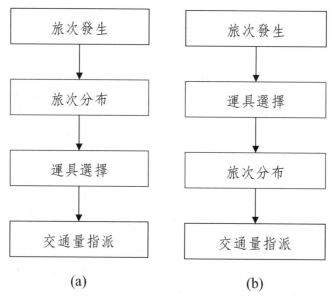

圖 6-4　(a) 旅次交替運具分配模型；(b) 旅次端點運具分配模型

　　循序性需求預測模型必須依序執行旅運需求預測四個子模型，但由於子模型之間存在界面，容易產生前面子模型輸出資料與後面子模型輸入資料不一致性的問題。如何才能降低內部不一致性，從而加速收斂速度、提高求解精確度，這是目前實務界必須面對之課題。

## 6.1.3　整合性需求預測模型

　　整合性需求預測模型（參見圖 6-5）係指將兩種或以上之旅運行為決策整合成為單一之模型，並服從 Wardrop 的均衡原則（Wardrop equilibrium principles），這種處理方式可以避免產生界面造成內部不一致性的問題。就理論上而言，當整合的旅運決策愈多，整個旅運需求預測的內部一致性就愈高，但模型架構將會變得更加複雜，不易求解，目前最常應用的為旅次分布與交通量指派（trip distribution and assignment）整合模型。

　　由於電腦軟、硬體科技以及求解演算法的不斷進步，整合性需求預測模型的效益更

加顯著，目前已經逐漸成爲運輸學界探討運輸規劃的重要方法。

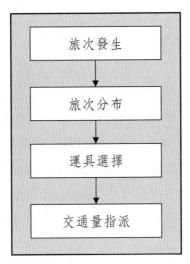

圖 6-5 含四階段之整合需求預測模型架構

## 6.2 個體需求模型簡介

個體需求模型認爲每位用路人特性（characteristics）不同，對於替選方案（alternative）所感受到的效用（utility）也會有差異，因此不能假設所有用路人都具有均質性（homogeneity）或直接採取用路人之平均特性或行爲作爲需求預測基準。必須以個體特性爲主，進行旅運需求之預測，再將個體預測結果轉換爲總體資料（aggregate data），最後進行後續之運輸規劃作業。

個體需求模型可以從經濟學的消費者理論（或心理學的選擇行爲角度）出發，納入決策個體與選擇方案差異性的考量。一般來說，個體需求效用函數可以細分爲三個部分，即：(1) 系統共同項、(2) 個體特定項、(3) 隨機誤差項。當隨機誤差假設呈現爲不同的統計分配時，就會產生不同的個體需求模型，例如，假設隨機誤差項呈現 Gumbel 分配時就會形成羅吉特模型（Logit model），而隨機誤差項呈現常態分配時就會形成普羅比模型（Probit model）。近年來，兼具羅吉特模型與普羅比模型特性的混合羅吉特模型（mixed logit model）已經獲得重大之進展，極具發展潛力。

由於個體需求模型所使用的資料更爲精細，因此個體樣本之需求預測結果會比總體需求預測結果的準確度更高，但由於個體需求預測作業必須先假設隨機誤差的統計分配，同時還必須將個體需求預測結果轉換爲總體資料供後續作業使用，而這些過程還會產生額外的誤差，因此個體需求模型的整體優勢並未如想像中那麼高，只有在特定之實

務應用上，例如單獨的運具指派上，其效益才比較顯著。

# 6.3 模擬式指派模型簡介

模擬式指派模型係結合模擬式模型（simulation models）與解析性模型（analytical models）所形成的一種混合式模型（hybrid model），其主要內容為：車輛之移動方向與路線選擇須交由交通量指派模型決定，但車輛在路網移動，則須依據當時之交通狀況進行查表，決定移動方式與距離。模擬式指派模型並非以 Wardrop 均衡原則做為收斂的標準，因此也可以稱之為非均衡模型（disequilibrium model），這類模型提供運輸規劃作業一種新的選擇，目前較為人所熟知之系統有 DynaSmart，DynaMIT，以及 DynaTaiwan。

模擬式指派模型為智慧型運輸系統（intelligent transportation systems）中重要之研究子題，其優點為考慮的交通因素較為詳細，例如交通號誌，車道幾何特性，甚至機車的啟動延滯與跟車特性等在內，但其缺點則為角色定位不明，其主要用途係屬於規劃性亦或操作性之工具，仍然未有一致的看法，因此也降低其在運輸規劃學界的應用性。

# 6.4 結論與建議

旅運需求預測為運輸規劃最為關鍵之模組，因此成為交通專業人員必須具備的基本知識。近年來，由於電腦科技、數學規劃演算法的大幅進步，防災意識以及環保意識之逐漸覺醒，再加上一般民眾對運輸設施服務水準的要求標準提高，都市旅運需求預測的內涵已經有了相當大的改變，並朝向下列七個趨勢發展：

1. 計量性取代敘述性：以質化為主的運輸規劃，沒有客觀的數據可供比較討論，已經逐漸被量化為主的運輸規劃模型所取代。

2. 系統性取代局部性：交通運輸課題之探討，除了處理局部區域之交通問題之外，必須考量可能發生之連漪效應（ripple effect），而系統性的運輸網路分析，為其中最具成效的研究方法之一。

3. 精確性取代粗略性：隨著電腦科技與演算法之快速發展，運輸需求預測模型的求解結果，其精確度（precision）要求也隨之不斷地提高。

4. 依時性取代時間獨立性：時間軸為現實世界的重要維度（dimension），只有將時間向度納入一併考量，才能更加完整的反映現實世界的運作狀況。依時性旅運選擇

模型（time-dependent travel choice models）或動態旅運選擇模型（dynamic travel choice models）的發展，就是基於這種要求而來的。

5. 永續性取代損耗性（不可回復）：永續發展主要包括三個面向：(1) 環境保護（自然資源與生態環境）的永續發展、(2) 經濟效率的永續發展，以及 (3) 社會公平的永續發展。為了達到永續的環境，必須對環境利用做合理妥善的規劃，並重視公害防治與自然資源的保育。

6. 綠色運輸取代非綠色運輸：因應京都議定書生效，運輸界對於節能減碳之六大努力方向包括：「運輸需求減量」、「運輸需求管理」、「提升運輸效率」、「提升能源使用效率」、「使用替代能源」與「推廣使用非機動運具」。

7. 強調無縫運輸：無縫運輸必須整合各種運輸方式與實體設施，提升大眾運輸系統使用效率，同時妥善規劃接駁運具，並輔以先進技術以及智慧化服務，以達到旅次起迄點間全程無隙縫之及戶運輸服務。完整之無縫運輸包括四個面向：「空間無縫」、「時間無縫」、「資訊無縫」，以及「服務無縫」。

# 問題研討

1. 名詞解釋：
   (1) 直接式預測模型；
   (2) 旅運需求函數
   (3) 抽象需求模型（abstract demand model）
   (4) 路網均衡指派（network equilibrium assignment）
   (5) 效用（utility）
   (6) 羅吉特模型（Logit model）
   (7) 普羅比模型（Probit model）
2. 循序性旅運需求預測的步驟為何？
3. 何謂旅次交替運具分配模式（trip-interchange models）以及旅次端點運具分配模式（trip-end models）？兩種分配模式的適用時機（或情境）分別為何？
4. 模擬式指派模型之主要內容為何？
5. 都市旅運需求預測的發展趨勢為何？

# 相關考題

1. 名詞解釋：

   (1) 抽象模式（Abstract Model）（95 專技高）

   (2) Trip Generation Rate（98 高三級）

2. 解釋名詞並說明各小題中兩者之差異：（94 高三級第二試）

   直接彈性（Direct Elasticities），間接彈性（Indirect Elasticities）

3. 由個人最佳化的觀點繪圖說明大眾運輸與小汽車服務水準改變的可能影響（假設改變前處於平衡狀態），並說明分析時之假設條件。（92 高三級第二試）

4. 某國道客運公司目前服務某路線之票價為 A，乘客數為 B。該公司欲了解將票價上漲為 C 時對乘客數之影響。此研究應如何進行？寫出需求函數、假設條件與計算過程。（93 高三級第二試）

5. 循序性運輸規劃程序中，對於運具選擇部分有置於旅次分布之前與之後的處理方式，其發生之原因以及在運輸規劃上之意義為何？（97 專技高）

6. 請說明公共自行車系統規劃與設計應該注意之事項。（25 分）（107 都計專技高 - 都市交通計畫）

7. 請說明綠運輸政策的政策目標，並就其中如何落實大眾運輸導向發展（TOD）之策略規劃進一步闡述。（25 分）（107 都計專技高 - 都市交通計畫）

8. 旅次發生（Trip Generation）分析建立下列迴歸模式：（108 特四等）

   P=0.82+1.3POP+2.1AUTO

   式中

   P= 每日每家戶產生旅次數，旅次／家戶／日

   POP= 平均家戶人數，人／家戶

   AUTO= 平均每家每戶車輛持有數，輛／家戶

   (1) 試說明迴歸式參數的意義。

   (2) 若某交通分區有 250 戶，平均每戶為 4 人，擁有 2 輛車，試計算該交通分區每日產生之交通旅次。

9. 請說明程序性旅運需求分析中旅次分布（Trip distribution）的目的為何，並請說明如何校估重力模式（Gravity Model）中的相關參數與校估中所需的資料。（108 高三級）

10. 請說明預測旅次分布常用的成長因素預測法，其基本假設為何？目前常用的方法為何？缺點為何？（109 普考）

11. 利用佛拉塔法（Fratar method）計算旅次分布需求量。今假設例題如下圖所示，其中交

通分區 $i$ 之旅次產生成長率 $F_i = 2$，交通分區 $j = 1, 2, 3$ 之旅次吸引成長率分別為 $F_{j=1} = 3$，$F_{j=2} = 4$，$F_{j=3} = 2$，又已知基年每日由交通分區 $i$ 產生而被交通分區 $j$ 吸引的旅次數分別為 $F_{i,j=1} = 200$，$F_{i,j=2} = 400$，$F_{i,j=3} = 600$，請問目標年由交通分區 $i$ 產生而被交通分區 $j = 1$、2、3 的吸引的旅次數分別為多少？（110 普考）

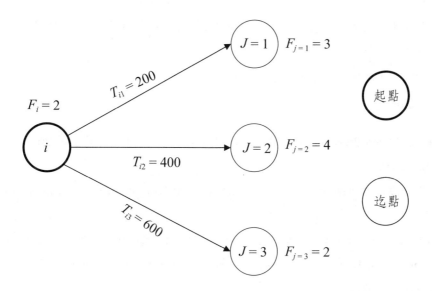

12. 重力模式（Gravity Model）被廣泛應用於旅次分布分析。有一重力模式其空間阻抗因素為 $\alpha$，試計算第 1 區至其他各區的旅次數。$t_{ij}$ 為 $i$ 區至 $j$ 區的旅行時間，令 $\alpha = 1.80$。（110 特三等）

| 交通分區 | 各區至第 1 區旅行時間（分） | 旅次產生（$P_i$） | 旅次吸引（$A_j$） |
|---|---|---|---|
| 1 | - | 5000 | 1000 |
| 2 | 10 | 2000 | 4000 |
| 3 | 20 | 4000 | 5000 |
| 4 | 15 | 3000 | 4000 |

13. 試說明旅次發生分析之「多元迴歸分析」與「類目分析法」之差異，何者較適合用於政策敏感度分析？原因為何？（111 特四等）

14. 請說明如何利用類目分析法（Category Analysis）來預測未來各交通分區之旅次發生數。（111 高三級）

15. 運輸需求推估，常使用趨勢分析、彈性度分析及四步驟循序性模式。分別闡述此三種方法之內容、優缺點、資料需用程度及適用情況。（111 特三等）

# 參考文獻

## 一、中文文獻

[1] 王慶瑞（2008），運輸系統規劃，訂正版，亞聯工程顧問公司。

[2] 施鴻志、段良雄、凌瑞賢（1988），都市交通計劃 - 理論、實務 - 國立編譯館主編，茂昌圖書有限公司發行，台北。

[3] 趙捷謙（1977），運輸經濟，正中書局，台北。

## 二、英文文獻

[1] Papacostas, C.S., and Prevedouros, P.D., 2005, Transportation Engineering & Practice, Prentice Hall, Singapore.

[2] Lancaster, K., 1966, A new approach to consumer theory, Journal of Political Economy, 174, pp. 132-157.

[3] Quandt, R.E., and Baumol, W.J., 1970, The demand for abstract transport modes: theory and measurement, In: The Demand for Travel: Theory and Measurement (Ed. Quandt, R.E.), Heath Lexington, pp. 83-102.

# 交通量指派問題

　　交通量指派問題為運輸需求預測程序中最為重要之模組，其主要之內容係探討如何依據合理的用路人行為，例如，選擇最短路徑，將運輸需求量裝載（load）至路網上，以作為運輸系統規劃、設計、營運與管理的重要依據。交通量指派主要為提供路段資訊，但新近的發展則更可提供路徑資訊。交通量指派近年來之重要研究成果包括熵最大化均衡模型（entropy maximization equilibrium model）之建構以及快速精確演算法（quick-precision algorithm）之發展。交通量指派問題也可以納入其他的旅運決策考量，探討更為進階的運輸需求整合模型，例如，旅次分配與交通量指派整合模型、網路設計模型、路口號誌最佳化模型及道路定價或收費模型。因此，無論是理論或實用觀點，交通量指派問題的重要性均不可輕忽，以下將從解析性模型之角度深入探討交通量指派問題。本章內容之順序安排如下：第一節說明路網與相關輸入資料；第二節介紹用路人均衡之數學模型與均衡條件；第三節探討系統最佳化之數學模型與最佳化條件；第四節分析用路人均衡與系統最佳化之間的關係；第五節則提出結論與建議。

# 7.1 路網與相關輸入資料

　　旅運行為都發生在街道路網上，為了方便交通需求預測之研究，確有必要將實體設施（physical facilities）與其配置（layout）表示成縮小比例尺寸之簡化交通路網。

## 7.1.1 交通路網的種類

　　交通路網種類的劃分標準有三種：

### 1. 依照準確程度

(1) 簡單路網（simple network）：僅包括主要道路之路網。

(2) 細緻路網（detailed network）：除了包括主、次要道路之外，也對路口之轉向移動（turning movement）加以描述之路網。

### 2. 依照運具種類

(1) 公路路網（highway network）：節點代表路口，節線代表路段。

(2) 捷運路網（transit network）：節點代表車站，節線代表軌道路段。

(3) 航空路網（air network）：節點代表機場，節線代表航段。

(4) 高速公路網（freeway network）：節點代表匝道，節線代表匝道之間的主線路段。

### 3. 混合路網

　　交通路網中，較為中心或重要之地區以細緻路網表示，其他地區則以簡單路網表

示。此外,除了公路路網,其他運具路網以及彼此之間的串接方式也一併納入研究路網之中考量。

## 7.1.2 交通路網的基本元素

交通路網的內涵包括下列基本元素:

1. 節點(node or vertex):係指兩條或多條節線之交會點。節點是路網系統中一個重要的結構元素,在運輸系統中,通常指一群人共同活動的都市、建築、地標或路口。

2. 節線(link or arc):係指兩節點之間的連線。節線可分為:第一類無向性(undirected)或雙向(bidirected)、第二類有向性(directed)。無向性路網,如圖 7-1a 所示,節線並無前端(head)與尾端(tail)之分別;而在有向路網中,以圖 7-1b 為例,則有節線前端與尾端的區分,節線尾端為節點 $i$,節線前端為 $j$(箭頭處)。

圖 7-1 (a) 無向(雙向)性節線、(b) 有向性節線

以圖 7-2 為例,指向節點 $k$ 的節點 $i$,稱為 $k$ 的前置點(predecessor);被節點 $k$ 指到的節點 $j$,稱為 $k$ 的後置點(successor)。

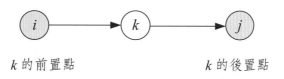

圖 7-2 前置點與後置點示意圖

3. 鄰接點(neighbor):凡是與節點 $k$ 有節線相連的其他節點,都稱做 $k$ 的鄰接點,或稱兩點相鄰(adjacent)。以圖 7-2 為例,節點 $i$ 與節點 $j$ 均稱為 $k$ 的鄰接點。

4. 路徑(path or route):路徑為表達路網中任一起迄對之相連關係,路徑由一連串頭尾相連的有向節線組合而成,將起點 $r$ 與迄點 $s$ 連接起來。換句話說,一條路徑可能由一條以上的節線組合而成。以圖 7-3 為例,{1 → 3 → 6 → 8} 為節點 1 到節點 8 的一條路徑。在均衡狀態下,起迄對(1,8)仍可以找到其他不同路徑,因此在任一組起迄對 $(r,s)$ 中,不一定具有唯一的均衡路徑解。

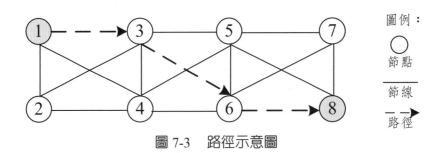

圖 7-3 路徑示意圖

5. 起點（origin or source node）：路網系統中，路徑的出發點為節點 1（參見圖 7-3）。

6. 迄點（destination or sink node）：路網系統中，路徑的終點或結束點為節點 8（參見圖 7-3）。

7. 中間節點（intermediate node）：路徑中除了起始點 1 或終點 8 之外的其他節點 3 與 6（參見圖 7-3）。

8. 交通分區（traffic zone）：為交通資料的統計單位，每一交通分區代表一個群體活動的單元（參見圖 7-4），可做為旅次起迄及相關社經資料的統計分析基礎。

9. 區心（centroid）：（參見圖 7-4）交通分區之代表位置，通常為地理中心，亦稱重心或中心節點，作為旅次產生之起點以及旅次吸引之迄點。

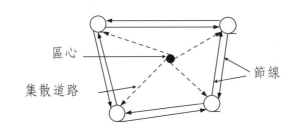

圖 7-4 交通分區內之區心與集散道路關係圖

10. 區心節線（collector）：為區心進出的集散道路或稱聯絡道路，即將旅次從起點（為區心）連接至鄰近幹道，或將旅次從鄰近幹道連接至迄點之地方性道路（local street）或虛擬節線（參見圖 7-4）。虛擬節線的旅行時間均設定為非負之常數，也不限制其節線容量，常設定為∞。

## 7.1.3 運輸路網的專有名詞

由上述基本元素衍生出來之專有名詞有下列幾項：

1. 路段流量（link flow）：路段每小時所通過的車輛數（veh/hr）。

2. 路段容量（link capacity）：路段每小時所能通過的最大車輛數（veh/hr），通常係由車道數（number of lanes）乘上車道容量而得。

3. 路段成本（link cost）：經過路段所需付出之旅行成本。

4. 路徑成本（path cost）：經過路徑上所有路段成本的線性加總。

5. 一般化路徑成本（generalized path cost）：經過路徑所需承受之負效用，其為行駛時間、等候時間、現金支付、與非現金損耗之函數。

6. 最短路徑（shortest path）：係指在一個路網中，從「起點」出發到達「迄點」所經過「節線權重」總和最小之一條路徑；而「最短路徑問題」則是指如何在起點到達迄點的所有可能路徑中，找出節線權重總和最小之一條路徑。這裡所指的權重，可以是距離、時間等實質度量單位，也可以是效用、服務水準等抽象觀念。

7. 起迄交通需求量（origin-destination traffic demand）：通常指起迄對之間所產生的衍生需求量。旅次 O-D 調查中得到的是各旅次實際之起迄點，是路網指派的基本資料，但因為與土地利用形態未發生連結，無法直接從土地使用型態預測產生之旅次。

8. 產生吸引矩陣（production and attraction matrix）：旅次產生吸引矩陣亦稱之為 PA 表，其計算方式係將與家有關之旅次（離家或返家）均設定以家為產生點，而以另一端為吸引點。這種計算方式之主要觀念是認為，旅次之發生與吸引量是由土地利用形態所決定的，以住宅用地為例，它既可以是旅次的起點（出門上班），也可以是旅次的迄點（下班回家）。換句話說，只要旅次之兩端只要有一端為家戶，那這個旅次就應該算是由家所發生之家旅次，而該旅次之另一端就應該是吸引端。在這個旅次產生吸引矩陣裡，列的數值代表交通分區之旅次產生數，其數值係由家旅次數量加上非家旅次之起點數量總和；而行的數值代表交通分區之旅次吸引數，其數值係由家旅次之非家端點數量加上非家旅次之迄點數量總和。

**【例題 7-1】**：

　　請說明如何將家庭訪問調查得到的 O-D 資料轉換成為 P-A 資料。若某地區分成四個交通分區，住甲、乙、丙、丁、戊五人，某天的活動如下：甲：從 1 區家中出發→3 區工作→2 區購物→回家；乙：從 1 區家中出發→3 區工作→回家；丙：從 1 區家中出發→2 區工作→4 區訪友→2 區購物→回家；丁：從 4 區家中出發→3 區工作→2 區購物→回家；戊：從 4 區家中出發→2 區工作→回家試求該研究地區的 O-D 表及 P-A 表。（25 分）（107 都計專技高 - 都市交通計畫）

**【解答】**：

　　根據題目給定的資料，可以獲得家庭訪問調查的家旅次與非家旅次的 OD 表。若將家有關的旅次均計入以家為起點、非家端為終點之旅次，經過總和運算之後可得 PA 表。若將 PA 表中的家旅次以對角線對稱平均分配，再進行總和運算，則可得實務上所需之 OD 表，在實際應用時這個所得之 OD 表可能還需要進行一些必要的調整。茲將所得之 PA 表與 OD 表分別表示如下。

| P-A | 1 | 2 | 3 | 4 | $\sum_j P_i A_j$ |
|:---:|:---:|:---:|:---:|:---:|:---:|
| 1 | - | 3 | 3 | - | 6 |
| 2 | - | - | - | 1 | 1 |
| 3 | - | 2 | - | - | 2 |
| 4 | - | 4 | 1 | - | 5 |
| $\sum_i P_i A_j$ | 0 | 9 | 4 | 1 | 14 |

| O-D | 1 | 2 | 3 | 4 | $\sum_j O_i D_j$ |
|:---:|:---:|:---:|:---:|:---:|:---:|
| 1 | - | 1.5 | 1.5 | - | 3 |
| 2 | 1.5 | - | 0 | 2.5 | 5 |
| 3 | 1.5 | $2^*$ | - | 0.5 | 3 |
| 4 | - | 2.5 | 0.5 | - | 3 |
| $\sum_i O_i D_j$ | 3 | 5 | 3 | 3 | 14 |

＊：非家旅次保留原旅次數，無需加總轉置矩陣的對應值，然後除以 2。

## 7.1.4 路段成本函數

　　路段成本函數（link cost function）（以符號 $c$ 表示）亦稱之為路段績效函數（link performance function）或路段旅行時間函數（link travel time function）（以符號 $t$ 表示）[1]，為用於定義路段成本與路段流量之間關係的函數，一般可分成對稱函數（symmetric function）與非對稱函數（asymmetric function）兩種（其適用情境參見圖 7-5a 與 7-5b）。前者係指路段 $a$ 的旅行成本函數 $c_a$ 受到路段 $b$ 的流量 $x_b$ 之影響程度，與該路段 $b$ 旅行成本函數 $c_b$ 受到路段 $a$ 流量 $x_a$ 的影響程度完全相同；而後者則係指兩路段之間的影響程度並不相同，或指在相同路段不同車種之間的影響程度並不相同。

　　當路段之間交互影響為「零」時，可以視為對稱性路段旅行成本函數中的一個特例，即假設所使用之路段旅行成本函數 $c_a$ 具有單調性質（monotone）且僅受到本身路段流量 $x_a$ 的影響，而不會受到其它路段流量 $x_b$ 的影響，則下列條件必然成立：

$$\partial c_a(\cdot)/\partial x_b \begin{cases} = 0 & \forall a \neq b \\ > 0 & \forall a = b \end{cases} \tag{7-1}$$

---

[1] 在本書中成本符號 $c$ 與旅行時間符號 $t$ 常交換使用，不做嚴格區分。

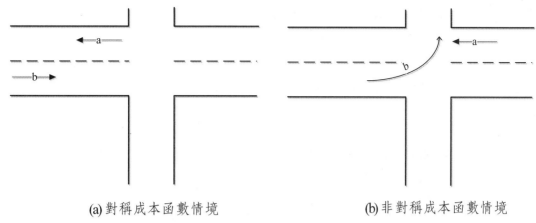

(a)對稱成本函數情境　　　　　　　　(b)非對稱成本函數情境

圖 7-5　路段績效函數示意圖

　　目前常用之聯邦公路總署（Federal Highway Administration, FHWA）路段成本函數，或稱之為公共道路總局（Bureau of Public Roads, BPR）路段成本函數，具有式（7-1）的數學性質。FHWA 路段成本函數可表示如式（7-2），其示意圖參見圖 7-6。

$$c_a(x_a) = c_{a_0}\left[1 + 0.15\left(\frac{x_a}{CAP_a}\right)^4\right] \qquad (7\text{-}2)$$

其中：

$c_{a_0}$：路段 $a$ 的自由流旅行成本

$CAP_a$：路段 $a$ 的容量

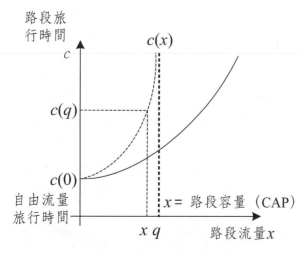

圖 7-6　路段成本函數示意圖

## 7.2 交通量指派問題

交通量指派問題依照旅運行為假設之不同,可以劃分為用路人均衡問題(user equilibrium)與系統最佳化(system optimization)問題兩大類型。

## 7.3 用路人均衡模型與最佳化條件

以下分別探討用路人均衡模型及其均衡條件。

### 7.3.1 用路人均衡模型

用路人均衡模型可以建構為一個非線性規劃模型如下(Beckmann, McGuire, and Winsten, 1956):

$$\min_{\mathbf{x}} \quad z(\mathbf{x}) = \sum_a \int_0^{x_a} c_a(\omega) d\omega \tag{7-3a}$$

subject to

$$\sum_k f_k^{rs} = \overline{q}^{rs} \quad \forall r, s \tag{7-3b}$$

$$f_k^{rs} \geq 0 \quad \forall k, r, s \tag{7-3c}$$

$$x_a = \sum_{rs} \sum_k f_k^{rs} \delta_{a,k}^{rs} \quad \forall a \tag{7-3d}$$

$$c_k^{rs} = \sum_a c_a \delta_{a,k}^{rs} \quad \forall r, s, k \tag{7-3e}$$

目標式(7-3a)為節線旅行成本的積分加總,限制式(7-3b)為流量守恆限制式,即起迄對 $rs$ 的需求量 $\overline{q}^{rs}$ 為起迄對中所有路徑流量 $f_k^{rs}$ 的總和。限制式(7-3c)為路徑流量非負限制式。限制式(7-3d)經由指標變數 $\delta_{a,k}^{rs}$ 定義路段流量 $x_a$ 與路徑流量 $f_k^{rs}$ 間之鄰接關係;當路段 $a$ 在路徑 $k$ 上時,$\delta_{a,k}^{rs} = 1$;否則,$\delta_{a,k}^{rs} = 0$。限制式(7-3e)則定義路段成本 $c_a$ 與路徑成本 $c_k^{rs}$ 間之關係。(參見圖 7-7)

要確保數學模型之路段最佳解存在(existence),則必須滿足兩個正則條件(regularity conditions):(1)目標函數為連續函數,(2)可行解區域具緊密性質(compact),即必須封閉(closed)而且有界(bounded)。

至於路段唯一解(uniqueness)的正則條件(regularity conditions)有兩個:(1)目標函數在最佳解鄰近區域具嚴格中凸性質(strictly convex),如圖 7-8a 所示,或黑

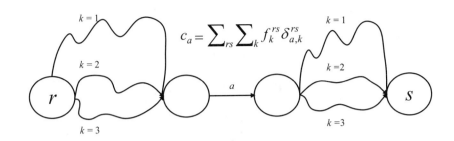

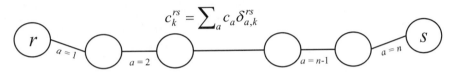

圖 7-7　上圖：流量定義限制式；下圖：成本定義限制式

森矩陣（Hessian matrix）為正定（positive definite），(2) 可行解區域為中凸，代表任兩點之連線，整條線都要在可行解區域之內，如圖 7-8b 所示。

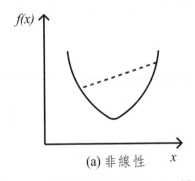

(a) 非線性

圖 7-8a　目標函數具嚴格中凸性質

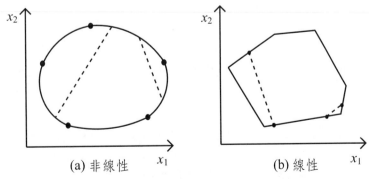

(a) 非線性　　　　　　　　(b) 線性

圖 7-8b　可行解區域為中凸性質

由於此模型目標函數之（7-3a）黑森矩陣 $\nabla^2 z(\mathbf{x})$ 具有正定之性質，因此可確保目標

函數具有嚴格中凸性質,故模型存在唯一路段流量最佳解。但路段流量的唯一解並不代表路徑流量亦存在唯一解。

$$\nabla^2 z(\mathbf{x}) = \begin{bmatrix} \dfrac{dc_1(x_1)}{dx_1} & 0 & 0 & \cdots \\ 0 & \dfrac{dc_2(x_2)}{dx_2} & 0 & \cdots \\ 0 & 0 & \ddots & \\ \vdots & \vdots & & \dfrac{dc_A(x_A)}{dx_A} \end{bmatrix} \qquad (7\text{-}4a)$$

其中:

$$\frac{dz(\mathbf{x})}{dx_a} = \frac{d}{dx_a} \sum_b \int_0^{x_b} c_b(\omega)\,d\omega = c_a(x_a) \qquad (7\text{-}4b)$$

## 7.3.2　用路人均衡條件或 Wardrop 第一原則

　　絕大多數的用路人為了減少旅行成本,均選擇最短路徑,但同一起迄對之間的最短路徑是會隨著交通流量的變化而改變的,因此,起迄對中用路人也將會隨時競逐調整使用更新資料後之最短路徑,這種理性的用路人行為,也就是經濟學中所提到的不合作納許賽局(Nash game)。當所有用路人長久不斷調整的結果,終將達到一種穩定不變的狀態,所有被使用到的路徑其旅行成本皆小於或等於未被使用的路徑,這種狀態稱之為用路人均衡(user equilibrium, UE),也就是大家所熟知的 Wardrop 第一原則(Wardrop's first principle)。換句話說,當運輸路網系統趨於穩定時並達到均衡狀態,沒有用路人可以藉由片面改變路徑而降低自身之旅行成本。

　　用路人均衡的觀念最早是由 Knight(1924)所提出,但卻是在 Wardrop(1952)論文發表後才發揚光大、廣為運輸界所引用。藉由推導用路人均衡模型(7-3)的一階條件(first-order conditions),可以得到模型的最佳化條件,即為均衡條件(equilibrium conditions),如下所示:

$$f_k^{rs}(c_k^{rs} - u^{rs}) = 0 \quad \forall k, r, s \qquad (7\text{-}5a)$$

$$c_k^{rs} - u^{rs} \geq 0 \quad \forall k, r, s \qquad (7\text{-}5b)$$

$$\sum_k f_k^{rs} = \overline{q}^{rs} \quad \forall r, s \qquad (7\text{-}5c)$$

$$f_k^{rs} \geq 0 \quad \forall k, r, s \qquad (7\text{-}5d)$$

等式（7-5a）與不等式（7-5b）代表若路徑流量$f_k^{rs} > 0$，則路徑 $k$ 之旅行成本等於起迄對 $(r,s)$ 間的最低旅行成本 $u^{rs}$；反之，若$f_k^{rs} = 0$，則路徑 $k$ 之旅行成本$c_k^{rs}$大於或等於起迄對 $(r,s)$ 間的最低旅行成本 $u^{rs}$。因此唯有旅行成本等於最短路徑之成本才會被用路人選擇使用。等式（7-5c）為流量守恆限制式，不等式（7-5d）為非負限制式。

茲以數例說明用路人均衡條件。

**【例題 7-2】**

圖 7-9a 為包含 1 個起迄對 2 條路段之測試路網，其相關之路段成本函數以及 O-D 起迄需求量均標註於圖上，請問在用路人均衡之狀態下兩條路段之旅行成本為若干？

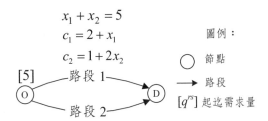

**圖 7-9a　1 起迄對 2 條路段之簡單路網**

**【解答】**

測試路網之均衡狀態參見圖 7-9b。在均衡狀態下兩條路徑之旅行成本 $c_1 = c_2 = 5$，$x_1 = 3$，$x_2 = 2$，而總路網旅行成本為 25 個單位（$= c_1x_1 + c_2x_2 = 5 \cdot 3 + 5 \cdot 2 = 25$）。

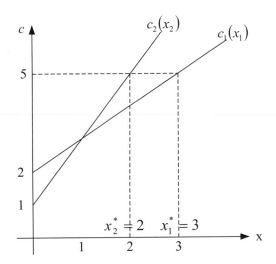

**圖 7-9b　簡單路網用路人均衡狀態**

當路網僅包含兩條路段時，除了可以簡單算式求解外，也可以利用圖解法求解。

## 【例題 7-3】

圖 7-10a 為包含 1 個起迄對 2 條節線之測試路網，在均衡之狀態下兩條路徑之旅行成本相等且滿足流量守恆條件，請以圖解法說明求解均衡解。

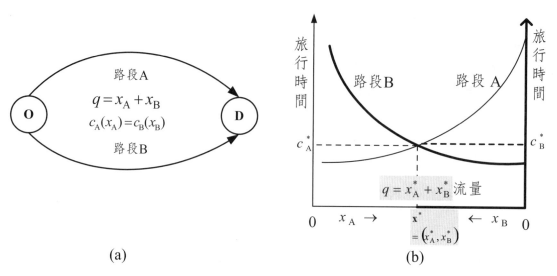

(a)                                        (b)

**圖 7-10　圖解法說明用路人均衡原則**

## 【解答】

參考圖 7-10b。將路段 A 的旅行成本（往右上方遞增）與流量（往右遞增）之關係繪製在左邊；將路段 B 的旅行成本（往左上方遞增）與流量（往左遞增）之關係繪製在右邊。然後設定路段 A、路段 B 兩條垂直旅行成本軸之間的距離等於 $q$ 單位，則兩條成本函數之交點就代表均衡解，其對應於 x 軸之流量解 $\mathbf{x}^* = (x_A^*, x_B^*)$，且 $q = x_A^* + x_B^*$，以及對應於 y 軸之等旅行成本 $c_A^* = c_B^*$。

# 7.4 系統最佳化模型

## 7.4.1 系統最佳化模型

系統最佳化問題可以建構為一個非線性規劃模型如下：

$$\min_{\mathbf{x}} \quad z(\mathbf{x}) = \sum_a x_a c_a(x_a) \tag{7-6a}$$

subject to

$$\sum_k f_k^{rs} = \overline{q}^{rs} \quad \forall r,s \tag{7-6b}$$

$$f_k^{rs} \geq 0 \quad \forall k,r,s \tag{7-6c}$$

$$x_a = \sum_{rs}\sum_k f_k^{rs}\delta_{a,k}^{rs} \quad \forall a \tag{7-6d}$$

$$c_k^{rs} = \sum_a c_a \delta_{a,k}^{rs} \quad \forall r,s,k \tag{7-6e}$$

在用路人均衡問題當中，目標式（7-6a）為節線流量乘上節線旅行成本的加總，限制式（7-6b）～（7-6e）與限制式（7-3b）～（7-3e）完全相同。

由於此模型目標函數之黑森矩陣$\nabla^2\tilde{z}(\mathbf{x})$〔參見公式（7-7a）〕，具有正定之性質，因此可確保目標函數具有嚴格中凸性質，故模型存在唯一最佳路段流量解。

$$\nabla^2\tilde{z}(\mathbf{x}) = \begin{bmatrix} \dfrac{d^2\tilde{z}(\mathbf{x})}{dx_1^2} & \cdots & \cdots & \cdots \\ \vdots & \dfrac{d^2\tilde{z}(\mathbf{x})}{dx_2^2} & \cdots & \cdots \\ \vdots & \vdots & \ddots & \cdots \\ \vdots & \vdots & \vdots & \dfrac{d^2\tilde{z}(\mathbf{x})}{dx_A^2} \end{bmatrix} \tag{7-7a}$$

其中，邊際旅行成本$\dfrac{d\tilde{z}(\mathbf{x})}{dx_a}$與其偏微之定義如下：

$$\frac{d\tilde{z}(\mathbf{x})}{dx_a} = \frac{d}{dx_a}\sum_b x_b c_b(x_b) = c_a(x_a) + x_a\frac{dc_a(x_a)}{dx_a} \tag{7-7b}$$

$$\frac{d^2\tilde{z}(\mathbf{x})}{dx_b dx_a} = \begin{cases} 2\dfrac{dc_a(x_a)}{dx_a} + x_a\dfrac{d^2c_a(x_a)}{dx_a^2} & \text{for} \quad b = a \\ 0 & \text{otherwise} \end{cases} \quad \forall a,b \tag{7-7c}$$

## 7.4.2 系統最佳化條件或 Wardrop 第二原則

前述用路人選擇最低路徑所產生之總路網旅行成本未必是最低的。就交通管理單位的立場而言，他們所在意的流量型態卻是最低的總路網旅行成本，這就是所謂的系統最佳化條件（system optimization condition, SO）或 Wardrop 第二原則（Wardrop's second principle）。

藉由推導系統最佳化模型（7-6）的一階條件（first-order conditions），可以得到模型的最佳化條件，如式（7-8）所示：

$$f_k^{rs}(\widetilde{c}_k^{rs} - \widetilde{u}^{rs}) = 0 \quad \forall k,r,s \tag{7-8a}$$

$$\widetilde{c}_k^{rs} - \widetilde{u}^{rs} \geq 0 \quad \forall k,r,s \tag{7-8b}$$

$$\sum_k f_k^{rs} = \overline{q}^{rs} \quad \forall r,s \tag{7-8c}$$

$$f_k^{rs} \geq 0 \quad \forall k,r,s \tag{7-8d}$$

式（7-8a）與式（7-8b）代表若路徑流量 $f_k^{rs} > 0$，則路徑 $k$ 之邊際旅行成本 $\widetilde{c}_k^{rs}$（marginal travel cost）等於起迄對 $(r,s)$ 間的最低邊際旅行成本 $\widetilde{u}^{rs}$（minimum marginal travel cost）；若 $f_k^{rs} = 0$，則路徑 $k$ 之邊際旅行成本 $\widetilde{c}_k^{rs}$ 大於或等於起迄對 $(r,s)$ 間的最低邊際旅行成本 $\widetilde{u}^{rs}$。換句話說，所有被使用到的路徑其邊際旅行成本皆小於或等於未被使用的路徑成本。限制式（7-8c）為流量守恆限制式；式（7-8d）為非負限制式。

系統最佳化條件只有在絕對路權的運輸系統中，例如軌道系統，才有可能存在，但在一般開放性之路網中這種狀況是不太可能被觀察到的。這主要的原因在於系統最佳化並非一種穩定狀態，用路人是可以藉由片面改變路徑而降低自身之旅行成本 $c_k^{rs}$。

茲以簡單數例說明系統最佳化條件。圖 7-11a 為包含 1 起迄對 2 節線之測試路網，其起迄需求量為 $q$。圖 7-11b 則用以解釋系統最佳化之觀念。

由圖 7-11b 很容易看出來，用路人均衡解為 $x_1 = 0$、$x_1 = q$，但這個流量解卻非系統最佳化的解。按照定義系統最佳化的條件如下：

$$c_1(x_1) + x_1 \frac{dc_1(x_1)}{dx_1} = c_2(x_2) + x_2 \frac{dc_2(x_2)}{dx_2} \tag{7-9}$$

在系統最佳化的條件下，即使高速公路上的旅行成本比城市道路為高，其流量仍有可能為正的。

【例題 7-4】

以圖 7-11a 為例，請問在系統最佳化之狀態下兩條路徑之旅行成本為若干？

【解答】

根據式 7-9 的最佳化條件下，兩條路徑之流量分別為 $x_1 = 19/6$ 與 $x_2 = 11/6$ 個單位，所對應之平均成本分別為 $c_1 = 5.166667$ 與 $c_2 = 4.666667$、邊際旅行成本分別為 $\hat{c}_1 = 5.166667 + \frac{19}{6} \times 1 = 8.3333$ 與 $\hat{c}_2 = 4.666667 + \frac{11}{6} \times 2 = 8.3333$，而總路網旅行成本為

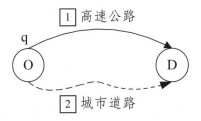

圖 7-11a　包含 1 起迄對 2 節線之簡單路網數例

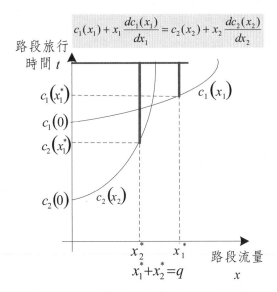

圖 7-11b　簡單路網系統最佳化狀態

24.917個單位（$= c_1x_1 + c_2x_2 = (31/6)(19/6) + (14/3)(11/6) = 16.361 + 8.556 = 24.917$）。

# 7.5 用路人均衡與系統最佳化的關係

## 7.5.1 Braess 悖論

　　用路人均衡之所以產生係由於每位用路人均依照個人之考量選擇最短路徑，但系統最佳化則是基於系統整體之考慮，指派用路人至邊際路徑旅行成本最低的路徑，但該路徑未必為平均路徑旅行成本最低的路徑。由於邊際路徑旅行成本最低（Wardrop 第二原則）與平均路徑旅行成本最低（Wardrop 第一原則）之用路人行為假設並不相同，因此會產生不同之預測結果，這種與原先預想結果迥異的現象也稱之為 Braess 悖論（Braess' paradox）。

　　一般說來，爲了改善交通擁擠問題，通常所採取的交通工程手段多半爲拓寬道路或新建道路之措施，但 Braess 悖論卻提醒我們任何交通工程改善措施均必須謹慎評估，以避免造成總路網旅行成本不減反增的現象，反而會造成投資浪費的結果。以下以一個數例說明 Braess 悖論的現象。

　　圖 7-12a 爲包含 4 個節點與 4 條節線之測試路網圖，其中節點 1 至節點 4 之起迄需求量爲 6 個單位；4 條節線之路段績效函數標示於路網圖之右側。圖 7-12b 表示用路人均衡之狀態，其中均衡路段流量與均衡路段旅行成本標示於路段旁邊，兩條路徑所經過之節點標示於圖形之右側圖例中。第一條與第二條路徑所需之旅行成本分別爲 $c_{k=1} = 83$ 單位、$c_{k=2} = 83$ 單位，總旅行成本 $TC = 498$ 單位。

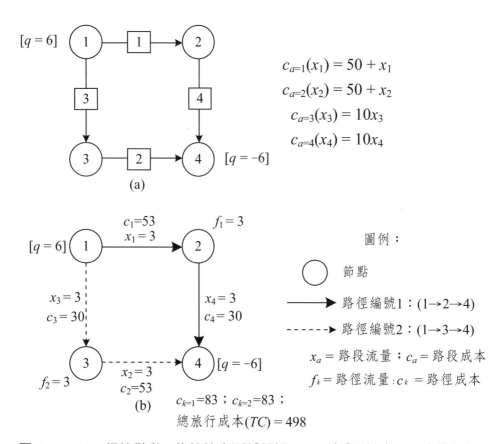

圖 7-12　(a) 4 個節點與 4 條節線之測試路網、(b) 測試路網之用路人均衡解

　　若在圖 7-12a 之測試路網上增加一條從節點 3 至節點 2 的新節線 3 → 2，如圖 7-13a 所示，這個新的路網包含 4 個節點與 5 條節線，以及 3 條路徑，這個更新路網可以用來說明 Braess 悖論現象。首先我們可以將圖 7-12b 之均衡流量標示於圖 7-13b 之上，其中 3 條路徑之旅行成本分別爲 $c_{k=1} = 83$ 單位，$c_{k=2} = 83$ 單位，$c_{k=3} = 70$ 單位，並未符合

均衡條件。然後將一個單位之流量從路徑 1 轉移至路徑 3，所產生之中間結果表示於圖 7-13c 之上，其中 3 條路徑之旅行成本分別為 $c_{k=1} = 82$，$c_{k=2} = 93$ 單位，$c_{k=3} = 81$ 單位，並未符合均衡條件。然後繼續將一個單位之流量從路徑 2 轉移至路徑 3，所產生之中間結果標示於圖 7-13d 之上，其中 3 條路徑之旅行成本分別為 $c_{k=1} = 92$ 單位，$c_{k=2} = 92$ 單位，$c_{k=3} = 92$ 單位，此時路段流量狀態已經符合用路人均衡條件，但這個時候之總旅行成本卻由原先之 498 單位增加為 552 單位。這種因為道路新闢或改善，反而造成總旅行成本增加的現象即稱之為 Braess 悖論現象。

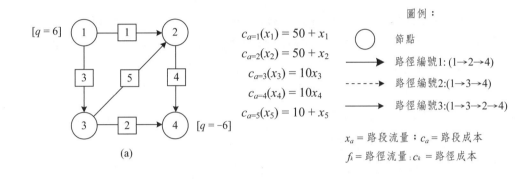

$c_{a=1}(x_1) = 50 + x_1$
$c_{a=2}(x_2) = 50 + x_2$
$c_{a=3}(x_3) = 10x_3$
$c_{a=4}(x_4) = 10x_4$
$c_{a=5}(x_5) = 10 + x_5$

圖例：

⬤ 節點

→ 路徑編號1: (1→2→4)

⇢ 路徑編號2: (1→3→4)

→ 路徑編號3: (1→3→2→4)

$x_a$ = 路段流量；$c_a$ = 路段成本
$f_k$ = 路徑流量；$c_k$ = 路徑成本

(a)

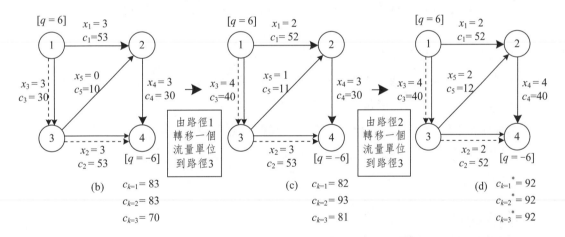

由路徑1轉移一個流量單位到路徑3

由路徑2轉移一個流量單位到路徑3

(b) $c_{k=1} = 83$
$c_{k=2} = 83$
$c_{k=3} = 70$

(c) $c_{k=1} = 82$
$c_{k=2} = 93$
$c_{k=3} = 81$

(d) $c_{k=1}^* = 92$
$c_{k=2}^* = 92$
$c_{k=3}^* = 92$

圖 7-13 Braess 悖論之數例：(a) 4 個節點與 5 條節線之測試路網、(b) 原 4 個節點與 4 條節線之均衡狀態、(c) 將一個單位之流量從路徑 1 轉移至路徑 3 所產生之中間結果、(d) 將一個單位之流量從路徑 2 轉移至路徑 3 所產生之用路人均衡結果

## 7.5.2 道路收費

如果不採取任何交通工程的手段，是否也可以達到改善交通擁擠現象或降低總路網旅行成本的目標呢？這個答案是肯定的，根據現有的文獻顯示，採取適當的：(1) 交通

號誌時制控制（traffic signal timing control）；或 (2) 道路定價（road pricing），均可提高交通路網之使用效率。

## 【例題 7-5】

以圖 7-9a 爲例，如何透過收費保持系統最佳化狀態但又維持用路人均衡？請分別以 (1) 路段收費與 (2) 路徑收費之觀點進行討論其優缺點。

## 【解答】

(1) 用路人均衡之結果爲：兩條路段流量爲 $x_1 = 3$、$x_2 = 2$，平均路段成本 $c_1 = c_2 = 5$，而總路網旅行成本爲 25 個單位（$= c_1x_1 + c_2x_2 = 5 \cdot 3 + 5 \cdot 2 = 25$）

(2) 系統最佳化條件之結果爲：兩條路段流量爲 $x_1 = 19/6$、$x_2 = 11/6$，平均路段成本爲 $c_1 = 31/6$、$c_2 = 14/3$，邊際路段成本爲 $\hat{c}_1 = 25/3$、$\hat{c}_2 = 25/3$，總路網旅行成本爲 24.917 個單位（$= c_1x_1 + c_2x_2 = (31/6)(19/6) + (14/3)(11/6) = 16.361 + 8.556 = 21.917$）。

(3) 路段成本收費：$\tau_1 = \hat{c}_1 - c_1 = (25/3) - (31/6) = 19/6$，$\tau_2 = \hat{c}_2 - c_2 = (25/3) - (14/3) = 11/3$。路網總收費 19/6*19/6 + 11/3*11/6 = 603/36。

(4) 路徑成本收費：$c_{max} = max(c_1, c_2) = (31/6, 14/3) = 31/6$，$\tau_1 = c_{max} - c_1 = (31/6) - (31/6) = 0$，$\tau_2 = c_{max} - c_2 = (31/6) - (14/3) = 1/2$，路網總收費 11/6*1/2 = 11/12。

(5) 討論：

　①財政面：路段收費 603/36 單位高於路徑收費 11/12 單位。

　②理論面：兩種收費皆可維持系統最佳化流量狀態，亦即根據路段成本與路徑成本收費結果，每一條使用路徑成本皆爲最短且相等。

　③執行面：皆須裝設定位系統等儀器追蹤車輛行經路段與路徑；路徑紀錄難度較高。

　④民意面或政治面：路段收費反對聲浪高，政治阻力大。

# 7.6 結論與建議

交通量指派問題爲運輸規劃中最爲核心之模組，本章分別探討兩種基本的交通量指派模型，即：(1) 用路人均衡模型與 (2) 系統最佳化模型，並探討兩種交通量指派模型之間的關係以及 Braess 悖論現象。

交通量指派問題的相關文獻與研究成果非常豐碩，其所以能夠吸引產官學研各界積極投入研究之最主要原因（或重要性）大致可歸納爲下列幾點：

1. 可以反應不同之交通均衡行爲：Wardrop 第一原則與第二原則可以清楚的反應出用路人之路線選擇行爲以及系統管理員之管理目標。

2. 與經濟學理論有強烈之關連性：交通量指派問題與經濟學之關連性高，特別是消費者選擇理論以及賽局理論，因此可以輕易的引用彼等已發展成熟之理論與相關之應用。

3. 已成為旅運需求預測最核心之模組與測試平台：旅運需求預測包括四種交通決策，即旅次發生、旅次分佈、運具選擇、與交通量指派。這四種決策中以交通量指派模組居於最核心之地位，因此如果想要探討其它三種交通決策所造成之影響，最終還是需要透過交通量指派之程序，才能觀察出交通路網問題之所在。目前上市之運輸規劃軟體都已納入交通量指派模型在內。

4. 所能引發之研究課題多、發展性高：能夠引發之研究課題包括：不對稱的路段交互影響、依時性之考量、演算法之求解效率等。

5. 相關之應用範疇寬廣，並不限於交通運輸領域：運輸規劃路網之數學性質與供應鏈網路問題極為近似，因此過去交通量指派問題所獲得之研究成果，只需小幅修正就可以應用於供應鏈網路均衡問題之上。

6. 可升級為政策評估之工具：政策評估需要同時考量適當之政策目標與用路人之行為，因此需要將交通量指派模型內含於系統均衡決策之內，這就形成特殊之網路設計模型，其特例為雙層規劃模型，這類模型應用極廣，在過去有極為快速之發展。

　　如果要深入了解交通量指派之內涵，除了廣泛閱讀最新文獻之外，以撰寫電腦程式之方式來進行自我訓練，也是一條具學習績效之「最短路徑」。

# 問題研討

1. 名詞解釋：
   (1) 細緻路網（detailed network）
   (2) 交通分區
   (3) 區心（或節點）
   (4) 區心節線（或集散道路）

2. 請舉數例說明如何區別與轉換產生吸引表（PA Table）以及旅次起迄表（OD Table）。

3. 路段旅行成本函數對交通量指派問題之模型架構與最佳解的唯一性的影響各為何？

4. 請建構用路人均衡模型並說明 Wardrop 第一原則。

5. 請說明 Braess 悖論現象產生的原因為何？這對交通工程師進行交通擁擠問題改善計畫時有何種啟示作用？

6. 交通量指派問題的重要性為何？

# 相關考題

1. 名詞解釋：

    (1) 產生吸引表（P-A Table）（91 高三級第二試）

    (2) Wardrop 第一原則（First Principle）（91 高三級第二試）

    (3) 規範式規劃（Normative Planning）（91 高三級第二試）

    (4) Generalized cost（97 高三級）

    (5) Traffic zone（97 高三級）

    (6) Traffic assignment（97 高三級）

2. 解釋名詞並說明各小題中兩者之差異：（94 高三級第二試）

    產生吸引表（PA Table），旅次起迄表（OD Table）

3. 道路定價為運輸管理之策略之一，目前採用之城市包括新加坡（市中心區）及英國之倫敦，且其對紓解市中心區之擁擠均有顯著之成效，另外，相關研究亦指出，若能有收費盈餘適當回饋的配套措施，將減少道路定價所產生額外加稅之心理感覺，增加其可行性，試以台北市之內湖科學園區及信義計畫區之通勤者為例，說明較可行之道路定價方式及收費盈餘的配套措施（各三種）。（94 高三級第二試）

4. 交通量指派模式之理論中，有使用者均衡（User equilibrium）及系統均衡（System equilibrium）兩大理論，請說明其理論假設各為何？兩種假設在何種情況下會得到相同之交通量指派結果？（95 高三級）

5. 交通分區（traffic zone）劃分大小之準則為何？又針對不同規模之都市，進行家戶旅運調查之抽樣比例各為何？（96 專技高）

6. 何謂柏拉斯悖論（Braess's Paradox, BP）現象？其發生之原因以及其在運輸規劃之意義為何？（96 專技高）

7. 假設一個交通路網如下：（97 高三級）

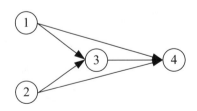

    其中，各路段之旅行時間 $t$、交通量 $x$ 與旅次需求量 $q$ 之關係如下：

    $q_{14} = 3000$，$q_{24} = 2000$

$t_{13} = 0.5 + 0.001 x_{13}$

$t_{23} = 0.5 + 0.001 x_{23}$

$t_{14} = 1.2 + 0.004 x_{14}$

$t_{24} = 2.1 + 0.003 x_{24}$

$t_{34} = 1 + 0.002 x_{34}$

請依使用者均衡（user equilibrium）理論，求得各路段之交通量 $x$ 及旅行時間 $t$。

8. Wardrop（1952）提出交通路網均衡兩大原則為何？又，Dail（1971）所提出的多重路徑指派方法，其基本假設又是如何？（25 分）（107 都計專技高 - 都市交通計畫）

9. 交通指派模式（Traffic Assignment Model）於運輸規劃中扮演的角色與目的為何？指派模型中使用者均衡指派（User Equilibrium）與系統最佳化指派（System Optimum Assignment）的定義為何？（106 普考）

10. 有一公路連結兩個城市，其旅行時間函數為：$t_1 = 12 + 0.01 q_1$ 上式中 $t_1$ 為旅行時間（分），$q_1$ 為流量（輛 / 小時）。需求函數為：$q = 4800 - 100t$（108 特三等）

    (1) 試估計均衡流量和旅行時間。（6 分）

    (2) 市政府交通局欲封閉此一公路，改以新建一條品質更佳的公路替代，其旅行時間函數變為 $t_2 = 12 + 0.006 q_2$。若需求函數不變，試計算新建公路的誘發需求（Induced Demand）。（6 分）

    (3) 市民希望新舊兩條公路並存提供服務，若旅運需求不變，試計算此一情境下的均衡流量與旅行時間。（應用 Wardrop's First Principle）（6 分）

    (4) 若新路之旅行時間函數為 $t_3 = 10 + 0.005 q_3$，舊路一併提供服務，試計算新的均衡流量與旅行時間。（應用 Wardrop's First Principle）（7 分）

11. 何謂旅行時間函數（Travel Time Function）曲線？試說明旅行時間函數在運輸規劃各個階段的應用。（108 特四等）

12. 程序性旅運需求分析中，交通量指派（Traffic assignment）之指派原則可分成系統最佳化與使用者均衡指派兩種，請說明使用者均衡指派（User equilibrium assignment）的定義與求解流程。（108 高三級）

13. 需求彈性分析是交通規劃的重要工具。試定義需求彈性（Demand Elasticity），說明其性質與模式使用之限制。研究顯示，某大眾運輸的需求價格彈性為 0.3，目前的票價水準為 25 元，每日載客 2,000,000 人次。若票價調漲為 30 元，載客量預期會是多少？（假設大眾運輸服務符合需求法則）（108 特三等）

    (1) 試估計均衡流量和旅行時間。

    (2) 市政府交通局欲封閉此一公路，改以新建一條品質更佳的公路替代，其旅行時間函數變為 $t_2 = 12 + 0.006 q_2$。若需求函數不變，試計算新建公路的誘發需求（Induced

Demand）。

(3) 市民希望新舊兩條公路並存提供服務，若旅運需求不變，試計算此一情境下的均衡流量與旅行時間。（應用 Wardrop's First Principle）

(4) 若新路之旅行時間函數為 $t_3 = 10 + 0.05q_3$，舊路一併提供服務，試計算新的均衡流量與旅行時間。（應用 Wardrop's First Principle）

14. 已知旅行時間與車流量關係式為 $t = t_f + \left[1 + \left(\dfrac{V}{C}\right)\right]$，A 至 B 的車流量為 500（$V$），各路段在自由車流下之旅行時間（$t_f$）如左下圖所示，各路段單向容量（$C$）如右下圖所示。若以逐次分派法分成兩次（60% 及 40%）指派，試計算分派後各路段流量與旅行時間（必須列出演算過程，其結果以圖形表示），並求出分派後 A 至 B 之最短旅行時間。（109 特三等）

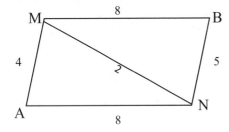
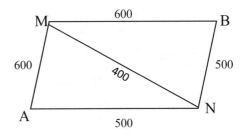

15. 何謂 Braess's paradox？試計算下列路網在開闢 5 號道路後，是否會發生 Braess's paradox 的現象？其中，起點 O 至迄點 D 之需求為 6，$X_1, X_2, X_3, X_4, X_5$ 分別為路段 1, 2, 3, 4, 5 的路段流量，各路段的路段成本函數分別為：$t_1(X_1) = 30 + 2X_1$；$t_2(X_2) = 30 + 2X_2$；$t_3(X_3) = 10$；$t_4(X_4) = 10$；$t_5(X_5) = 20 + 2X_2$（109 高三級）

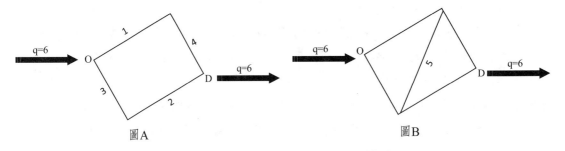

圖A　　　　　　圖B

16. 請說明 OD 表與 PA 表有何不同，其關係為何？（109 普考）

17. 試說明交通路網中的柏拉斯矛盾（Braess's paradox）現象，以及其在道路拓建、交通管理策略上之意涵。（111 特四等）

18. 請說明進行交通量指派（Traffic Assignment）需要考量的主要因素為何？（111 普考）

19. 試比較交通量指派之全數指派法（All-or-Nothing Assignment）與逐次分派法（Incremental Assignment）之差異，並說明其優缺點。（109 特四等）

20. 某都會兩區間有路徑 A 及路徑 B 聯結，藉由調查所得之路徑使用分流圖（diversion curve），見下圖，回答以下問題：（111 特三等）

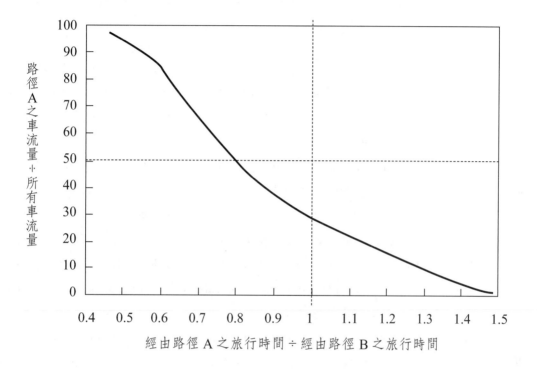

橫軸：經由路徑 A 之旅行時間 ÷ 經由路徑 B 之旅行時間

縱軸：路徑 A 之車流量 ÷ 所有車流量

(1) 說明分流圖之意義、用法及限制。

(2) 根據下圖，說明較多用路人選擇之路徑，及實務上如此選擇之可能理由。若二路徑之旅行時間 A 為 0.8 小時，B 為 1 小時，依據此圖，路徑 A 之車流占比若干？另以羅吉特模式計算路徑 A 之車流占比。

(3) 分流圖亦常用於運具選擇，例如捷運或公車；除旅行時間外，舉例 4 個特性因子用以建立運具之分層分流圖（stratified diversion curves），並分別說明該因子資料可如何取得。

# 參考文獻

## 一、中文文獻

[1] 陳惠國著，2009.09，運輸規劃與網路，滄海書局，ISBN-978-986-6507-55-7，臺中。（共 260 頁）

## 二、英文文獻

[1] Beckmann, M., McGuire, C.B., Winsten, C.B., 1956, Studies in the Economics of Ttransportation. Yale University Press, New Haven, Connecticut; also published as Rand-RM-1488-PR, Rand Corporation, Santa Monica, CA, May 12, 1955.

[2] Knight, F. H., 1924, Some Fallacies in the Interpretation of Social Cost, The Quarterly Journal of Economics, Vol. 38, No. 4, pp. 582-606, Published by: Oxford University Press.

[3] Sheffi, Y., 1985, *Urban Transportation Networks: Equilibrium Analysis with Mathematical Programming Methods*, Prentice-Hall Inc: New Jersey, USA.

[4] Siegel, J. D., De Cea, J., Fernández, J. E., Rodríquez, E. E., and Boyce, D. E., 2006, Comparisons of urban travel forecasts prepared with the sequential procedure and a combined model, *Networks and Spatial Economics*, vol. 6, pp. 135-148.

[5] Wardrop, J. G., 1952, Some theoretical aspects of road traffic research, In *Proceedings of Institution of Civil Engineers, Part II*, no. 1, pp. 325-378.

# 交通量指派演算法

　　交通量指派問題為二次數學規劃問題，過去曾經採用多種近似解法（heuristic methods），例如：全有或全無（all-or-nothing assignment）[1]、容量限制（capacity restraint）[2]、隨機多重路徑（stochastic multipath assignment）[3] 以及 Tree-by-Tree 指派等方法，但由於精度頗低，甚至無法收斂，因此已經很少使用，目前常被引用之求解演算法多半屬於均衡指派方法。本書按照演算法之特性將均衡指派演算法劃分為：(1) 傳統交通量指派演算法包括：路段基礎式的 Frank-Wolfe（FW）演算法以及路徑基礎式的梯度投影（gradient projection, GP）。除此之外，其他的傳統路徑基礎交通量指派演算法尚有總體單形分解法（aggregate simplicial decomposition, ASD）、個體單形分解法（disaggregate simplicial decomposition, DSD）、縮減梯度法（reduced gradient, RG）等數種方法。(2) 快速精確路網演算法包括：路徑基礎式的 B 演算法、投影梯度（projected gradient, PG）演算法；以及起點基礎演算法（origin-based assignment, OBA）（早期稱之為 The origin-based traffic assignment algorithm for infrastructure networks, OBTAIN）、迄點基礎之線性成本均衡（linear cost user equailibrum, LUCE）演算法，以及成對替選區段交通量指派（traffic assignment by paired alternative segments, TAPAS）演算法。

　　傳統交通量指派演算法可適用於用路人均衡模型以及系統最佳化問題，由於兩者之求解觀念相同、過程亦類似，因此，本章僅以用路人均衡模型為例進行說明，至於系統最佳化問題之求解程序，則請讀者自行練習。本章內容之順序安排如下：第一節說明交通量指派方法的分類；第二節介紹路段基礎式的 FW 演算法；第三節探討路徑基礎式的梯度投影演算法；第四節介紹路徑基礎式的投影梯度演算法；第五節強調電腦程式撰寫的重要性；第六節則提出結論與建議；本章附錄 A 介紹前星法之資料輸入格式以及標

---

[1] 同一起迄對所有可行路徑中，選擇距離最短、旅行時間最短、或負效用最低的路徑指派全部需求量，其餘非最短路則指派零需求量。若存在兩條最短路徑則選擇其中一條指派全部需求量。

[2] 容量限制指派係指利用前回合指派的結果計算路段流容比（V/C），並據以調整路段阻抗（impedance），如此之演算過程冀望藉由調整路段阻抗達到路段流量達到指派均衡的目的。容量限制指派包括迭代式容量限制指派（iterative）與增量容量限制指派（incremental assignment）在內。

TRANPLAN 迭代式容量限制指派所使用的旅行阻抗公式為 $c_a^n = c_a^{n-1} \times 1 + 0.15\left(v_a^{n-1} / Cap_a\right)^4 \times 0.87$，其中 $c_a^n$ 為第 n 回合路段 a 的旅行時間，$v_a^{n-1}$ 為第 n-1 回合路段 a 的流量。至於增量容量限制指派則是將起迄需求量先行分割為 m 等分，依序搜尋最短路徑然後進行 m 次全有全無指派，前一回合指派的結果成為後一回合最短路徑搜尋與指派的依據。相關內容請參見 https://static.tti.tamu.edu/tti.tamu.edu/documents/1153-3.pdf

[3] 隨機多重路徑演算法係先根據阻抗（即距離）以及機率函數的控制值計算每條「有效路徑」被使用的機率，然後依照該機率將起迄旅次需求量指派至所有「有效路徑」上。「有效路徑」$p$ 被使用的機率公式為：$\Pr(p) = \exp(-\theta \times \delta)$，其中 $\theta$ 為設定的轉換參數（diversion parmeter），$\delta$ 為該「有效路徑」與最短路徑的差距。

籤修正法求解最短路徑問題的演算步驟，並提供數值例題。

# 8.1 交通量指派方法的分類

傳統交通量指派演算法可劃分為路段基礎式與路徑基礎式兩大類。路段基礎式演算法並不記錄路徑資料，在求解過程中所產生之最短路徑資料均轉換成路段資料儲存下來，目前最常使用的為 FW 演算法。這類演算法的優點為簡單易懂、操作容易、電腦記憶體需求量低，但缺點則為無法提供路徑導引資訊、精確度不高且易發生鋸齒狀收斂現象。而路徑基礎式演算法會將求解過程中所產生之路徑資料均詳細記錄下來，例如梯度投影法（GP）。這類演算法的優點為能夠提供路徑導引資訊、精確度較高，但缺點則為大規模路網所產生的路徑資訊龐大，電腦記憶體需求相當可觀。這兩類傳統交通量演算法的優缺點相反，功能互補，對於使用路網的型態均未事先預設任何的限制，因此都可以適用於一般性的路網。

近年來，為了兼顧運算效率、求解精度、記憶體使用，以及路徑資料儲存等各方面的需求，「快速精確」（quick-precision）之交通量指派演算法也應運而生，這些新演算法的共同特徵就是對於使用路網的型態設定限制，因此多多少少均引用了一些與樹（tree）有關的資料結構概念，也確實能夠有效提高求解績效。快速精確路網演算法又可按照演算法之內容細分為路徑基礎式（例如 B 與 PG）、起點基礎式（例如 OBA）演算法、迄點基礎式（例如 LUCE）演算法與不允許迴圈產生之成對替選區段基礎式（例如 TAPAS）四大類。本章將著重傳統交通量指派演算法之介紹，至於（無迴圈路網之）TAPAS 交通量指派演算法則留待下章探討，以下將分別詳述傳統的路段基礎式與路徑基礎式兩大類型之交通量指派演算法。

# 8.2 路段基礎式：FW 演算法

Frank-Wolfe（FW）演算法廣為運輸界所熟知，屬於路段基礎式的演算法，當應用到求解交通量指派問題時，其流程如圖 8-1 所示（請參見第五章內容）：

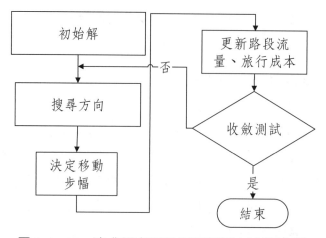

**圖 8-1　FW 法求解交通量指派模型之演算流程**

如 5.1.2 節所述，FW 法的坡降方向是藉由求解母問題之線性化子問題求得，茲假設母問題之目標函數 $z(\mathbf{x}) = \sum_a \int_0^{x_a} c_a(\omega)\, d\omega$ 為決策變數（路段流量）列向量 $\mathbf{x}$ 之函數，其泰勒級數（Tylor series）的一階近似展開式如下：

$$z(\mathbf{x}) \approx z(\mathbf{x}^n) + \nabla z(\mathbf{x}^n) \cdot (\mathbf{x} - \mathbf{x}^n)^T \qquad (8\text{-}1a)$$

為了表示子問題與母問題之區別，子問題之路段流量變數符號 $\mathbf{x}$ 改以 $\mathbf{y}$ 表示如下：

$$\hat{z}(\mathbf{y}) = z(\mathbf{x}^n) + \nabla z(\mathbf{x}^n) \cdot (\mathbf{y} - \mathbf{x}^n)^T \qquad (8\text{-}1b)$$

此時目標函數之線性近似式可以表示如下：

$$\min_{\mathbf{x} \in \Omega} z(\mathbf{x}) \approx \min_{\mathbf{y} \in \Omega} \hat{z}(\mathbf{y}) = z(\mathbf{x}^n) + \nabla z(\mathbf{x}^n) \cdot (\mathbf{y} - \mathbf{x}^n)^T = \min_{\mathbf{y} \in \Omega} \sum_a \frac{\partial z(\mathbf{x}^n)}{\partial x_a} y_a \qquad (8\text{-}2)$$

又知目標函數對路段流量變數之偏微等於路段旅行成本，如下：

$$\partial z(\mathbf{x}^n) / \partial x_a = c_a^n \qquad (8\text{-}3)$$

因此路段流量變數之線性化子問題可以建構如下：

$$\min \quad \hat{z}^n(\mathbf{y}) = \sum_a c_a^n y_a \qquad (8\text{-}4a)$$

subject to

$$\sum_k g_k^{rs} = \overline{q}_{rs} \quad \forall r, s \tag{8-4b}$$

$$g_k^{rs} \geq 0 \quad \forall r, s, k \tag{8-4c}$$

其中$g_k^{rs}$為子問題起迄對$rs$第$k$條路徑流量，對應於母問題的路徑流量$f_k^{rs}$。式（8-4b）、（8-4c）分別為流量守恆限制式與非負限制式。

若將式（8-4a）之路段流量變數透過路段與路徑鄰接變數之轉換〔即定義限制式（7-3d）、（7-3e）〕，則上述路段流量變數 y 之線性化子問題可以改寫成下列路徑流量變數 g 之線性化子問題：

$$\min_{\mathbf{g}} \quad \hat{z}^n(\mathbf{g}) = \nabla_f z\left[x\left(\mathbf{f}^n\right)\right] \cdot \mathbf{g}^T = \sum_{rs} \sum_k c_k^{rs^n} g_k^{rs} \tag{8-5a}$$

subject to

$$\sum_k g_k^{rs} = \overline{q}_{rs} \quad \forall r, s \tag{8-5b}$$

$$g_k^{rs} \geq 0 \quad \forall r, s, k \tag{8-5c}$$

線性化子問題（8-5）可以更進一步按照起迄對加以分解，成為單一起迄對 $rs$ 之路徑流量變數 $g^{rs}$ 之線性化子問題，如下：

$$\min_{\mathbf{g}^{rs}} \quad \hat{z}^n\left(g^{rs}\right) = \sum_k c_k^{rs^n} g_k^{rs} \tag{8-6a}$$

subject to

$$\sum_k g_k^{rs} = \overline{q}_{rs} \quad \forall r, s \tag{8-6b}$$

$$g_k^{rs} \geq 0 \quad \forall r, s, k \tag{8-6c}$$

線性化子問題（8-6）等同於一個全有或全無的交通量指派問題，亦即在起迄對 $rs$ 上找出路徑 $m$ 具有最短路徑成本 $c_m^{rs^n}$，然後將該起迄對需求量 $\overline{q}_{rs}$ 全部指派到該路徑上，如式（8-7a）所示，其餘非最短路徑上不指派任何流量，如式（8-7b）所示：

$$g_m^{rs} = \overline{q}_{rs} \quad if \ c_m^{rs} \leq c_k^{rs} \quad \forall k \tag{8-7a}$$

$$g_k^{rs} = 0 \quad \forall k \neq m \tag{8-7b}$$

有了路徑流量$\left\{g_k^{rs^n}\right\}$之後，又可以透過路段與路徑鄰接變數，即定義限制式（7-3d），將之轉換為路段流量如下：

$$y_a = \sum_{rs} \sum_k g_k^{rs} \delta_{a,k}^{rs} \quad \forall a \qquad (8\text{-}8)$$

從母問題的解 $\mathbf{x}^n$ 指向子問題的解 $\mathbf{y}^n$ 之方向形成一個坡降方向如下：

$$\mathbf{d}^n = \mathbf{y}^n - \mathbf{x}^n \qquad (8\text{-}9)$$

沿著坡降方向移動的最佳步幅 $\alpha$ 係由下式所決定：

$$\min_{\alpha} \quad z\left[\mathbf{x}^n + \alpha\left(\mathbf{y}^n - \mathbf{x}^n\right)\right] \qquad (8\text{-}10a)$$

以線性搜尋（line search）的方式求解式（8-10a）的方法很多，但二分法（bisection method）卻特別有效率，其主要原因爲二分法所需要的一階微分資訊，如式（8-10b）所示，非常容易計算出來：

$$\frac{d}{d\alpha} z\left[\mathbf{x}^n + \alpha\left(y^n - x^n\right)\right] = \sum_a c_a\left[x_a^n + \alpha\left(y_a^n - x_a^n\right)\right]\left(y_a^n - x_a^n\right) \qquad (8\text{-}10b)$$

至於 FW 演算法之停止標準，可以用前後兩回合之最短路徑旅行成本（或時間），即 $u_{rs}^{n-1}$ 以及 $u_{rs}^n$ 之變動比率小於等於預設門檻值 $\kappa$，如式（8-11a）所示，或路段流量，即 $x_a^{n-1}$ 以及 $x_a^n$ 之變動比率小於等於預設門檻值 $\kappa'$，如式（8-11b）所示：

$$\sum_{rs} \frac{\left|u_{rs}^n - u_{rs}^{n-1}\right|}{u_{rs}^n} \le \kappa \qquad (8\text{-}11a)$$

$$\frac{\sqrt{\sum_a \left(x_a^n - x_a^{n-1}\right)^2}}{\sum_a x_a^{n-1}} \le \kappa' \qquad (8\text{-}11b)$$

綜上所述，FW 演算法求解交通量指派模型之演算步驟可條列如下：

**步驟 1**：初始化。令 $c_a = c_a(0), \forall a$，以全有全無指派找出流量解 $\{x_a^n\}$，更新路段成本 $c_a^n = c_a\left(x_a^n\right), \forall a$，令回合數 $n = 1$。

**步驟 2**：搜尋坡降方向。根據 $\{c_a^n\}$ 來搜尋最短路徑並執行全有全無指派，可獲得流量解 $\{y_a^n\}$。坡降方向 $\mathbf{d}^n = \mathbf{y}^n - \mathbf{x}^n$。

**步驟 3**：決定移動步幅 $\alpha_n$。以二分法求解下列線性搜尋問題：

$$\min_{0 \le \alpha \le 1} \quad \sum_a \int_0^{x_a^n + \alpha\left(y_a^n - x_a^n\right)} c_a(\omega)d\omega \qquad (8\text{-}12a)$$

**步驟 4**：更新路段流量與旅行成本。

$$x_a^{n+1} = x_a^n + \alpha_n\left(y_a^n - x_a^n\right), \forall a \qquad (8\text{-}12b)$$

$$c_a^{n+1} = c_a\left(x_a^{n+1}\right), \forall a \qquad (8\text{-}12c)$$

**步驟 5**：收斂檢定。如果滿足收斂條件，停止，令最佳解爲$\{x_a^{n+1}\}$；否則，令 $n = n+1$，回到步驟 2。

　　FW 演算法因爲簡單易懂、操作容易、僅需儲存路段資料、電腦記憶體需求量低，因此過去被廣泛的應用到運輸規劃相關問題之中。但 FW 演算法的缺點則爲無法提供路徑導引資訊、精度不高，特別是以線性化子問題的可行解來搜尋移動方向時，受到可行解區域範圍之限制，導致殘餘流量（residual flow）無法清除乾淨，易發生鋸齒化的收斂現象（zigzagging phenomenon），因此演算績效不佳。爲了改善其求解績效，已有多種修正方法發表，例如平行切線（parallel tangents, PARTAN）法（Shah, Buehler, and Kempthorne, 1964），共軛方向（Congugate Direction）法（Mitradjieva, Lindberg, 2013），但其爲路段基礎演算法之本質與基本特性依舊存在。

# 8.3 路徑基礎式：梯度投影演算法

　　路徑基礎式演算法最大之優點爲保留路徑資訊，而且鋸齒化的收斂現象未若路段基礎式演算法那麼明顯，因此過去幾年也有相當大幅度的進展，甚至已經納入上市之運輸規劃套裝軟體的標準模組之中，但路徑基礎式演算法最大之缺點則在於儲存路徑資訊需要龐大之記憶體需求。一般說來，求解大規模網路問題所需產生之路徑數量是要遠高於路段數量，因此，在求解網路規模日益增大之今天，路徑基礎式演算法所受到的限制也越加明顯。

　　以路徑爲基礎的演算法之數量不少，但其中最爲人所熟知的就是梯度投影法（GP）（Jayakrishnan et al., 1994）[4]。梯度投影法之主要求解觀念爲在每一求解回合中，將每一起迄對利用變數產生法（column generation method）所搜尋到之「最短路徑」儲存

---

[4] http://onlinepubs.trb.org/Onlinepubs/trr/1994/1443/1443-009.pdf

在一個「使用路徑集合」之中，然後將「使用路徑集合」中過去曾經是最短路徑，但現在已經不再是最短路徑之「非最短路徑」逐一處理，在滿足路徑流量非負且能改善總目標值之前提下，計算每一條「非最短路徑」必須減少之路徑流量，最後引用起迄需求量（origin-destination demand）守恆限制式來計算當回合之最短路徑所必須增加之路徑流量。這種一方面更新「使用路徑集合」，同時也一方面調整使用路徑流量的求解過程必須重覆進行，直到滿足收斂條件為止。

　　至於如何才能計算出每一起迄對對每一條「非最短路徑」必須減少之路徑流量呢？這個部分可以分解為兩個動作加以說明：(1) 找尋坡降方向，與 (2) 決定移動步幅。一般來說，坡降方向與梯度之方向是相反的，假如目標函數為 $z(\mathbf{x})$，起迄對 $rs$ 第 $k$ 條「非最短路徑」的流量為 $f_k^{rs}$，「非最短路徑」$k$ 與「最短路徑」$\hat{k}$ 的路徑成本分別為為 $c_k^{rs}$ 與 $c_{\hat{k}}^{rs}$，則取一階偏微之公式可推導「梯度方向」如下：

$$\begin{aligned}
\frac{\partial z(\mathbf{x})}{\partial f_k^{rs}} &= \frac{\partial \sum_a \int_0^{x_a} c_a(\omega)d\omega}{\partial f_k^{rs}} = \sum_a c_a \frac{\partial \sum_{r,s} \sum_k f_k^{rs} \delta_{a,k}^{rs}}{\partial f_k^{rs}} \\
&= \sum_a c_a \frac{\partial \sum_{r,s} (f_{\hat{k}}^{rs} \delta_{a,k}^{rs} + \sum_{k \neq \hat{k}} f_k^{rs} \delta_{a,k}^{rs})}{\partial f_k^{rs}} \\
&= \sum_a c_a \frac{\partial \sum_{r,s} [(\overline{q}_{rs} - \sum_{k \neq \hat{k}} f_k^{rs}) \delta_{a,\hat{k}}^{rs} + \sum_{k \neq \hat{k}} f_k^{rs} \delta_{a,k}^{rs}]}{\partial f_k^{rs}} \\
&= \sum_a c_a (\delta_{a,k}^{rs} - \delta_{a,\hat{k}}^{rs}) = c_k^{rs} - c_{\hat{k}}^{rs}, \quad \forall k \neq \hat{k}
\end{aligned}$$

（8-13a）

由於尋優方向為負梯度方向，因此起迄對 $rs$ 第 $k$ 條「非最短路徑」的坡降方向 $d_k^{rs}$ 為：

$$d_k^{rs} = -\frac{\partial z(\mathbf{x})}{\partial f_k^{rs}} = c_{\hat{k}}^{rs} - c_k^{rs}, \forall k \neq \hat{k}$$

（8-13b）

　　至於移動步幅大小的決定，梯度投影法係採取對目標式二次偏微的倒數，假如目標函數為 $z(\mathbf{x})$，起迄對 $rs$ 第 $k$ 條「非最短路徑」的流量為 $f_k^{rs}$，「非最短路徑」$k$ 與「最短路徑」$\hat{k}$ 的路徑成本分別為 $c_k^{rs}$ 與 $c_k^{rs}$，則路徑流量變數 $f_k^{rs}$ 對目標函數取二階偏微之公式可推導「移動步幅」的倒數如下：

$$
\frac{\partial^2 z(\mathbf{x})}{\partial (f_k^{rs})^2} = \frac{\partial(c_k^{rs} - c_{\hat{k}}^{rs})}{\partial f_k^{rs}} = \frac{\partial(\sum_a c_a \delta_{a,k}^{rs} - \sum_a c_a \delta_{a,\hat{k}}^{rs})}{\partial f_k^{rs}}
$$

$$
= \sum_a \frac{\partial c_a \delta_{a,k}^{rs}}{\partial x_a} \frac{\partial x_a}{\partial f_k^{rs}} - \sum_a \frac{\partial c_a \delta_{a,\hat{k}}^{rs}}{\partial x_a} \frac{\partial x_a}{\partial f_k^{rs}}
$$

$$
= (\sum_a c_a' \delta_{a,k}^{rs} - \sum_a c_a' \delta_{a,\hat{k}}^{rs}) \frac{\partial \sum_{r,s} \sum_k f_k^{rs} \delta_{a,k}^{rs}}{\partial f_k^{rs}}
$$

$$
= (\sum_a c_a' \delta_{a,k}^{rs} - \sum_a c_a' \delta_{a,\hat{k}}^{rs}) \frac{\partial \sum_{r,s} \left[ f_{\hat{k}}^{rs} \delta_{a,k}^{rs} + \sum_{k \neq \hat{k}} f_k^{rs} \delta_{a,k}^{rs} \right]}{\partial f_k^{rs}}
$$

$$
= (\sum_a c_a' \delta_{a,k}^{rs} - \sum_a c_a' \delta_{a,\hat{k}}^{rs}) \frac{\partial \sum_{r,s} \left[ (\overline{q}_{rs} - \sum_{k \neq \hat{k}} f_k^{rs}) \delta_{a,\hat{k}}^{rs} + \sum_{k \neq \hat{k}} f_k^{rs} \delta_{a,k}^{rs} \right]}{\partial f_k^{rs}}
$$

$$
= (\sum_a c_a' \delta_{a,k}^{rs} - \sum_a c_a' \delta_{a,\hat{k}}^{rs})(\delta_{a,k}^{rs} - \delta_{a,\hat{k}}^{rs})
$$

$$
= \sum_a c_a' \delta_{a,k}^{rs} + \sum_a c_a' \delta_{a,\hat{k}}^{rs} - \sum_{a \in k \cap \hat{k}} 2c_a'
$$

$$(8\text{-}13c)$$

式（8-13c）指出二階偏微結果等於「非最短路徑」的路徑旅行成本導數加上「最短路徑」的路徑旅行成本導數減掉兩條路徑中間重複路段之旅行成本導數。尋優步幅 $\alpha''$ 的計算公式可以表示爲二階偏微結果的倒數如下：

$$
\alpha_k^{rs} = v\left( \frac{1}{\sum_a c_a' \delta_{a,k}^{rs} + \sum_a c_a' \delta_{a,\hat{k}}^{rs} - \sum_{a \in k \cap \hat{k}} 2c_a'} \right), \quad \forall r,s, k \neq \hat{k} \tag{8-13d}
$$

其中，$v$ 爲比例因子，爲簡化起見可設定 $v = 1$。根據以上之說明，梯度投影法的求解步驟可以條列如下：

**步驟 1**：初始化。對各起迄對 $(r,s)$ 以自由流旅行成本 $\{c_a(0)\}$ 搜尋最短路徑，並利用全有或無指派流量，產生一組可行路徑流量 $\{f_{k=1}^{rs^n}\}$ 與對應的路段流量 $\{x_a^n\}$，將起迄對 $(r,s)$ 最短路徑儲存於路徑集合 $K^{rs^n}$，計算 $\{c_a^n = c_a(x_a^n)\}$，更新路徑集合 $K^{rs^n}$ 中所有路徑 $k$ 的路徑旅行成本 $\{c_k^{rs^n}\}$，令 $n = 1$。

**步驟 2**：方向搜尋。找尋各起迄對 $(r,s)$ 間之最短路徑 $\hat{k}^{rs}$，若該路徑已存在於路徑集合 $K^{rs^n}$，標籤該條路徑爲 $K^{rs^n}$ 的最短路徑；否則，將路徑 $\hat{k}^{rs}$ 置入路徑集合 $K^{rs^n}$，並記

錄其路徑旅行成本為$c_{\hat{k}}^{rs^n}$。$d_k^{rs} = -\dfrac{\partial z(\mathbf{x})}{\partial f_k^{rs}} = c_{\hat{k}}^{rs} - c_k^{rs}, \forall k \neq \hat{k}$。

**步驟 3**：移動。更新路徑流量$f_k^{rs^{n+1}}$與路段流量$x_a^{n+1}$如下：

$$f_k^{rs^{n+1}} = \max\left\{ 0, \left( f_k^{rs^n} + \alpha_k^{rs^n} d_k^{rs^n} \right) \right\}, \quad \forall r,s,k \neq \hat{k} \tag{8-17a}$$

$$f_{\hat{k}}^{rs^{n+1}} = \overline{q}_{rs} - \sum\nolimits_{k \in K^{rs^n}, k \neq \hat{k}} f_k^{rs^{n+1}}, \quad \forall r,s \tag{8-17b}$$

**步驟 4**：更新。令$\left\{ c_a^{n+1} = c_a(x_a^{n+1}) \right\}$。

$$x_a^{n+1} = \sum\nolimits_{rs} \sum\nolimits_k f_k^{rs^{n+1}} \delta_{a,k}^{rs} \tag{8-17c}$$

$$c_a^{n+1} = c_a(x_a^{n+1}) \tag{8-17d}$$

將路徑集合$K^{rs^n}$中所有路徑$k$的路徑旅行成本更新為$\left\{ c_k^{rs^{n+1}} \right\}$。

**步驟 5**：收斂性檢定。若路段流量前後回合差之比率小於收斂標準$\varepsilon$，即

$\max\limits_a \left| \dfrac{x_a^{n+1} - x_a^n}{x_a^n} \right| \leq \varepsilon$，則停止；否則，令$n = n + 1$，回到步驟 2。

在步驟 2 中必須比對所找到之最短路徑是否已存在於路徑集合$K^{rs^n}$之中。嚴格來說，兩條路徑是否完全相同之比對方式，必須依照路段或節點順序依次檢查。雖然如此之比對方式會得到非常正確的結果，但也將會耗費大量之比對運算時間，效益不高。有一種較為粗略的近似方式，就是只比較最短路徑旅行成本。如果找到的路徑旅行成本比路徑集合其他所有路徑旅行成本都要低上一個預設值，則將該路徑加入路徑集合中，並標示其為最短路徑$\hat{k}^{rs}$；否則，標示在既有路徑集合中旅行成本（時間）最短的路徑為$\hat{k}^{rs}$。

另外，在式（8-17a）中，「非最短路徑」$k$的路徑流量之變動量計算方式為$\Delta f_k^{rs} = \min\left\{ f_k^{rs^n}, -\alpha_k^{rs} d_k^{rs} \right\}$，其中等式右邊第二項$\alpha d$等於目標式一次偏微除以目標式二次偏微（暫不考慮正負號），其更新迭代路徑流量之觀念與牛頓法完全相同。但由過去經驗得知，運用牛頓法求解，有可能因為路徑流量之變動過大而不易求得收斂結果；因此可視需要在式（8-17a）當中加入適當的比例因子或稱尺度因子（scalar factor）$v$（$0 \leq v \leq 1$），可有效改善不收斂的問題，稱之為修正牛頓法。

# 8.4 路徑基礎式：投影梯度演算法

投影梯度演算法（projected gradient algorithm[5]）基本求解觀念為在每一回合先將限制式劃分成「未約束」（inactive）與「有效約束」（active）兩類，然後往有效約束限制式（active constraints）梯度的相反方向投射。

$$\min_{\mathbf{x}} \quad z(\mathbf{x}) \tag{8-18a}$$

subject to

$$\mathbf{A}_j^T \mathbf{x} \le b_j, j \in J_{UBD} \tag{8-18b}$$
$$\mathbf{A}_j^T \mathbf{x} = b_j, j \in J_{BD} \tag{8-18c}$$

其中：

$z(\mathbf{x})$：目標函數，為變數向量 $\mathbf{x}$ 的函數

$\mathbf{A}_j$：第 $j$ 個限制式之係數向量

$b_j$：第 $j$ 個限制式之右邊常數值

$J_{UBD}$：不等式限制式集合

$J_{BD}$：等式限制式集合

假設 $J_{UBD}$ 有子集合 $J(\mathbf{x}) \subset J_{UBD}$ 為有效約束限制式，則定義本回合目前有效約束限制式集合 $J_q = J_{BD} \cup J(\mathbf{x})$。根據以上說明，投影方向須與梯度方向相反，而且必須滿足 $\mathbf{A}_q^T \mathbf{d} = 0$ 的條件以維持「有效約束」（active）的限制，其模型可建構如下：

$$\min_{\mathbf{d}} \quad \frac{1}{2}\left| -\nabla z - \mathbf{d} \right|^2 \tag{8-19a}$$

subject to

$$\mathbf{A}_q^T \mathbf{d} = 0 \quad (\lambda) \tag{8-19b}$$

其中：

$\nabla z$：目標函數之梯度

$\mathbf{d}$：梯度之反方向投影

$\lambda$：限制式（8-19b）之對偶變數

[5] https://www.researchgate.net/profile/Michael_Florian5/publication/245563516_A_New_Look_at_Projected_Gradient_Method_for_Equilibrium_Assignment/links/552588f80cf25d66dc945cda.pdf

$\mathbf{A}_q$：等式限制式之係數向量

最佳化模型（8-19a）～（8-19b）之 KKT 條件為：

$$\begin{cases} (\nabla z + \mathbf{d}) - \mathbf{A}_q^{\mathrm{T}}\lambda = 0 \\ \mathbf{A}_q^{\mathrm{T}}\mathbf{d} = 0 \end{cases} \qquad (8\text{-}20\text{a})$$

$$\because \mathbf{d} = -\nabla z + \mathbf{A}_q^{\mathrm{T}}\lambda \qquad (8\text{-}20\text{b})$$

$$\therefore \mathbf{A}_q\mathbf{d} = \mathbf{A}_q\left(-\nabla z + \mathbf{A}_q^{\mathrm{T}}\lambda\right) = 0 \qquad (8\text{-}20\text{c})$$

$$\mathbf{A}_q\mathbf{A}_q^{\mathrm{T}}\lambda = \mathbf{A}_q\nabla z \qquad (8\text{-}20\text{d})$$

$$\Rightarrow \lambda = \left(\mathbf{A}_q\mathbf{A}_q^{\mathrm{T}}\right)^{-1}\mathbf{A}_q\nabla z \qquad (8\text{-}20\text{e})$$

將 $\lambda$ 值代入式（8-20b）即可獲得投影梯度的方向 $\mathbf{d}$：

$$\mathbf{d} = -\nabla z + \mathbf{A}_q^{\mathrm{T}}\left[\left(\mathbf{A}_q\mathbf{A}_q^{\mathrm{T}}\right)^{-1}\mathbf{A}_q\nabla z\right] \qquad (8\text{-}21\text{a})$$

$$\mathbf{d} = -\left[\mathbf{I} - \mathbf{A}_q^{\mathrm{T}}\left(\mathbf{A}_q\mathbf{A}_q^{\mathrm{T}}\right)^{-1}\mathbf{A}_q\right]\nabla z \qquad (8\text{-}21\text{b})$$

$$\mathbf{d} = -\mathbf{P}\nabla z \qquad (8\text{-}21\text{c})$$

其中，

　　$\mathbf{P} = \mathbf{I} - \mathbf{A}_q^{\mathrm{T}}\left(\mathbf{A}_q\mathbf{A}_q^{\mathrm{T}}\right)^{-1}\mathbf{A}_q$ 稱之為投影矩陣（projection matrix）。投影矩陣 $\mathbf{P}$ 可以由 $\mathbf{A}_q$ 矩陣之設定而求得。茲定義 $\mathbf{A}_q$ 為起迄需求量守恆限制式之係數向量，流量守恆限制式可以從投影矩陣計算而得，即起迄對（$r,s$）交通需求量係由 $n$ 條路徑流量加總而成。在路徑流量空間，其起迄對（$r,s$）與 $n$ 條路徑之鄰接關係可表示如下：

$$\mathbf{A}_q = \left[\underbrace{1, 1, \cdots\cdots, 1}_{n}\right] \qquad (8\text{-}22\text{a})$$

因此

$$\mathbf{A}_q \mathbf{A}_q^{\mathrm{T}} = [1,1,\cdots\cdots,1] \begin{bmatrix} 1 \\ 1 \\ \vdots \\ 1 \end{bmatrix} = n \tag{8-22b}$$

$$\left(\mathbf{A}_q \mathbf{A}_q^{\mathrm{T}}\right)^{-1} = \frac{1}{n} \tag{8-22c}$$

$$\mathbf{A}_q^{\mathrm{T}} \left(\mathbf{A}_q \mathbf{A}_q^{\mathrm{T}}\right)^{-1} \mathbf{A}_q = \begin{bmatrix} 1 \\ 1 \\ \vdots \\ 1 \end{bmatrix} \frac{1}{n} [1,1\cdots\cdots,1]$$

$$= \begin{bmatrix} \dfrac{1}{n} & \cdots & \cdots & \dfrac{1}{n} \\ \dfrac{1}{n} & \cdots & \cdots & \dfrac{1}{n} \\ \vdots & \cdots & \cdots & \vdots \\ \dfrac{1}{n} & \cdots & \cdots & \dfrac{1}{n} \end{bmatrix} \tag{8-22d}$$

$$\mathbf{P} = \mathbf{I} - \mathbf{A}_q^{\mathrm{T}} \left(\mathbf{A}_q \mathbf{A}_q^{\mathrm{T}}\right)^{-1} \mathbf{A}_q$$

$$= \begin{bmatrix} \dfrac{n-1}{n} & -\dfrac{1}{n} & \cdots & -\dfrac{1}{n} \\ -\dfrac{1}{n} & \dfrac{n-1}{n} & \cdots & -\dfrac{1}{n} \\ \vdots & \cdots & \cdots & \vdots \\ -\dfrac{1}{n} & \cdots & \cdots & \dfrac{n-1}{n} \end{bmatrix} \tag{8-22e}$$

令起迄對 $(r,s) \in I$ 使用路徑 $k$ 的搜尋方向為 $\{d_k^{rs}\}$，則第一條路徑 $k=1$ 投影梯度方向為：

$$d_1^{rs} = -\left[\frac{n-1}{n} c_1^{rs} - \frac{1}{n}\left(c_2^{rs} + \cdots\cdots + c_n^{rs}\right)\right] = -\left[c_1^{rs} - \frac{1}{n}\left(\sum_{k=1}^n c_k^{rs}\right)\right] = \overline{c}^{rs} - c_1^{rs} \tag{8-23}$$

上式之一般式可寫成：

$$d_k^{rs} = \overline{c}^{rs} - c_k^{rs}, k \in K_+^{rs} \tag{8-24}$$

投影梯度法之演算流程如圖 8-2 所示，其演算步驟可說明如下：

**步驟 1**：針對每一對 OD 起迄對，求算所有使用路徑之平均成本。

**步驟 2**：減少大於平均路徑成本之路徑流量。

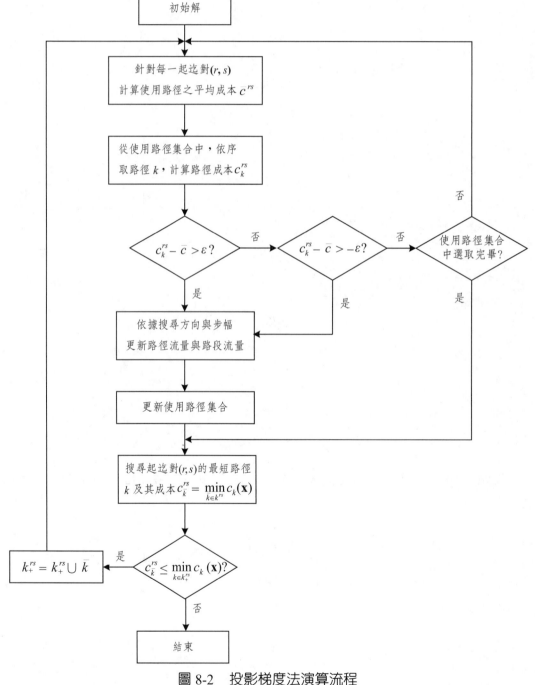

**圖 8-2　投影梯度法演算流程**

**步驟 3**：增加小於平均路徑成本之路徑流量。

**步驟 4**：保留正流量之路徑於使用路徑集合中。

**步驟 5**：將路徑成本低於目前均衡解之路徑加入使用路徑集合。

若將路徑流量增減之步幅大小納入運算，則針對任一起迄對 $(r_1, s_1)$ 更詳細之投影梯度法演算步驟可敘述於下：

**步驟 1**：求算初始解 $\left\{ x_a^{r_1 s_1} \right\}, \left\{ h_k^{r_1 s_1} \right\}$。令 $K_+^{r_1 s_1} = \left\{ k \,\middle|\, h_k^{r_1 s_1} > 0 \right\}$

**步驟 2**：計算坡降方向（負梯度方向）。

$$d_k^{r_1 s_1} = \overline{c}^{r_1 s_1} - c_k^{r_1 s_1}, k \in K_+^{r_1 s_1}$$

假若 $\max_{k \in K_+^{r_1 s_1}} \left| d_k^{r_1 s_1} \right| < \varepsilon$，到步驟 5；否則，繼續。

**步驟 3**：搜尋以下子問題之最佳步幅 $\alpha^*$。

$$\min_{\alpha} \sum_{a \in \mathbf{A}} \int_0^{x_a^{r_1 s_1} + \overline{x}_a^B + \alpha \, y_a^{r_1 s_1}} c_a(\omega) d\omega$$

其中：

$$y_a^{r_1 s_1} = \sum_{k \in K_+^{r_1 s_1}} h_k^{r_1 s_1} \delta_{ak}^{r_1 s_1}$$

$$\overline{x}_a^B = \sum_{(r', s') \in I \setminus (r_1, s_1)} \sum_{k \in K_+^{r' s'}} h_k^{r' s'} \delta_{ak}^{r' s'}$$

$$0 \leq \alpha \leq \min_k \left( \frac{h_k^{r_1 s_1}}{-d_k^{r_1 s_1}} \,\middle|\, d_k^{r_1 s_1} < 0 \right)$$

以上步幅 $\alpha$ 的決定必須滿足路徑流量的減量必須小於等於最小的路徑流量。

**步驟 4**：更新路徑與路段流量。

$$h_k^{r_1 s_1} = h_k^{r_1 s_1} + \alpha^* d_k^{r_1 s_1}, \quad \forall k \in K_+^{r_1 s_1}$$
$$x_a^{r_1 s_1} = x_a^{r_1 s_1} + \alpha^* y_a^{r_1 s_1}, \quad \forall a \in \mathbf{A}$$

假如路徑 $\hat{k}$ 之更新路徑流量 $h_k^{rs}$ 等於 0，則將該路徑從使用路徑集合中移除，即 $K_+^{r_1 s_1} = K_+^{r_1 s_1} \setminus \hat{k}$。

**步驟 5**：令路徑 $\overline{k}$ 對應於 $c_{\overline{k}}^{r_1 s_1} = \min_{k \in K^{r_1 s_1}} c_k^{r_1 s_1}(\mathbf{x})$。

假如 $c_{\overline{k}}^{r_1 s_1} \leq \min_{k \in K^{r_1 s_1}} c_k^{r_1 s_1}(\mathbf{x})$，則令 $h_{\overline{k}}^{r_1 s_1} = \overline{q}^{r_1 s_1} - \sum_{k \in K_+^{r_1 s_1}} h_k^{r_1 s_1}$，將路徑 $\overline{k}$ 加入受限路徑集合中，即，$K_+^{r_1 s_1} = K_+^{r_1 s_1} \cup \overline{k}$，回到步驟 2；否則，停止。

在步驟 3 中，當最佳步幅 $\alpha^* = \min \left\{ \frac{h_k^{r_1 s_1}}{-d_k^{r_1 s_1}} \,\middle|\, d_k^{r_1 s_1} < 0 \right\}$ 受到約束時，則相對應之路徑流量會等於零，因此該路徑將會從使用路徑集合中移除。

# 8.5 電腦程式撰寫的重要性

交通量指派問題為運輸規劃之核心，也是許多更為先進的運輸規劃與網路問題之基本模組，職是之故，有許多大專院校的授課教師為加深同學印象、提高教學效果，會要求學生撰寫 FW 演算法之電腦程式，做為學習內容的一部分。當同學能夠撰寫出正確之電腦程式時，代表其對 FW 演算法已經有了全盤且透徹之了解。

## 8.5.1 電腦程式撰寫的應注意事項

軟體開發必須注意之事項：
1. 選用效率高且使用普遍之電腦語言，例如 C++ 或 Python。
2. 將 FW 法模組化，儘量少用使用全域變數傳值。
3. 慎選電腦語言工具書，隨時查閱。
4. 多跟高手請益，並提早進行電腦程式撰寫。

## 8.5.2 輸出結果正確性分析

程式輸出結果之正確性可以經由下列兩種方式加以檢核：
1. 不同之收斂標準之滿足程度，例如：前後回合目標值之差距、目標值之上限與下限之差距（gap）。
2. 找出少數幾條被使用到的路徑，比較其路徑旅行成本之差異程度。
3. 移動步幅之變化趨勢，以及接近均衡解時之上下幅度。

# 8.6 結論與建議

本章介紹傳統交通量指派演算法，包括路段基礎式的 FW 演算法，以及路徑基礎式之 GP 與 PG 法。FW 演算法由於簡單易用，又不會耗用太多的電腦記憶體容量，因此是最被廣泛應用之演算法；然而隨著整合 GPS 與 5G 技術之行車導引系統（vehicle guidance system）以及停車導引系統（parking guidance system）需求之不斷提高，以路徑為基礎之演算法由於能夠提供路徑資訊，同時求解效率亦較佳，因此亦逐漸被運輸界所接受引用。這兩種類型之傳統交通量指派演算法，可以應用於傳統之靜態交通模型，亦可應用到依時性之旅運選擇模型，近年因為研究生程式撰寫訓練不足，唯有研究所開始正視電腦程式語言訓練之重要性，才能跟得上運輸規劃之世界潮流。

# 問題研討

1. 名詞解釋：
   (1) 路段基礎式演算法
   (2) 路徑基礎式演算法
   (3) 二分法（bisection method）
   (4) 比例因子（scalar factor）
   (5)「未約束」（inactive）限制式

2. Frank-Wolfe 演算法的方向搜尋必須先求解原模型之之線性化子問題，其等同於一個全有或全無的交通量指派問題，請推導由原模型至線性化子問題之過程。又該線性化子問題可以依照起迄對加以分解之原因為何？

3. 如何決定 Frank-Wolfe 演算法的步幅？

4. 梯度投影演算法與投影梯度演算法之差別為何？

5. 請探討投影梯度演算法的坡降方向與移動步幅之可能改進方向？

6. 交通量指派問題由程式輸出結果之後，如何判斷所撰寫程式之正確性？

7. 請說明在搜尋最短路徑時，雙尾等候陣列（double ended queue）是如何將節點儲存到候選名單（sequence list）之中。

# 參考文獻

## 一、中文文獻

[1] 陳惠國著，2009.09，運輸規劃與網路，滄海書局，ISBN-978-986-6507-55-7，臺中。（共 260 頁）

## 二、英文文獻

[1] Jayakrishnan, R. Tsai, Wei T., Prashker, Joseph N, Rajadhyaksha, Subodh, 1994, A Faster Path-Based Algorithm for Traffic Assignment, Working paper UCTC No. 191, University of California Transportatoin Center.

[2] Mitradjieva, M, Lindberg P.O., 2013, The Stiff Is Moving—Conjugate Direction Frank-Wolfe Methods with Applications to Traffic Assignment, Transportation Science, Vol 47, Issune 2, pp. 131-294.

[3]  Shah, B.V., buehler, R.J., and Kempthorne, O., 1964, Some algorithms for minimizing a function of several variables', J. SIAM12, 74–91.

[4]  Sheffi, Y., *Urban Transportation Networks: Equilibrium Analysis with Mathematical Programming Methods*, Prentice-Hall Inc: New Jersey, USA, 1985.

[5]  Siegel, J. D., De Cea, J., Fernández, J. E., Rodríquez, E. E., and Boyce, D. E., "Comparisons of urban travel forecasts prepared with the sequential procedure and a combined model," *Networks and Spatial Economics*, vol. 6, pp. 135–148, 2006.

[6]  Wardrop, J. G., "Some theoretical aspects of road traffic research," In *Proceedings of Institution of Civil Engineers, Part II*, no. 1, pp. 325–378, 1952.

# 附錄8A：最短路徑問題之前星法資料結構與標籤修正求解演算法

## A.1 輸入資料結構：前星法

【例題 A-1】請以「前星法」建立圖 A-1a 單一起迄對 (1,6) 網路的輸入格式。

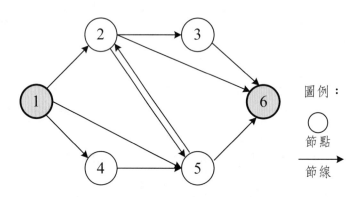

圖 A-1a　單一起迄對 (1,6) 網路圖

【解答】

　　「前星法」之輸入格式如表 A-1 所示，係為了在計算機語言中提高資料存取之效率，並節省記憶體空間，所發展出來以指標（pointer）方式表達網路結構的資料輸入格式，目前已經廣為運輸界所採用。前星法以兩條陣列來表示網路結構資料，第一條陣列包含 N 個節點位址長度，依節點編號順序排列，每一個節點位址儲存其「指出節線」之數目，第二條陣列對應第一條陣列節點編號順序，依序儲存每一個節點其「指出節線」之前端節點編號。

表 A-1　前星網路結構資料表示法

| 節線尾端 | 指標 | 節線前端 |
|---|---|---|
| 1 | 1 | 5 |
| | | 4 |
| | | 2 |
| 2 | 4 | 6 |
| | | 3 |
| | | 5 |
| 3 | 7 | 6 |
| 4 | 8 | 5 |
| 5 | 9 | 2 |
| | | 6 |

## A.2　標籤修正式：雙尾佇列演算法

一對一最短路徑問題，如圖 A-1b 所示，在於找尋單一起迄對（$r,s$）間的最短路徑，為最短路徑問題中最基本的類型。

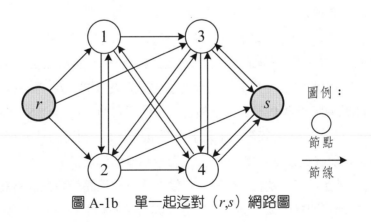

圖 A-1b　單一起迄對（$r,s$）網路圖

### A.2.1　模型架構

一對一最短路徑問題可建構為如下之數學規劃模型：

$$\min_{\mathbf{x}} \quad z = \sum_{i,j \in N} c_{ij} x_{ij} \qquad \text{（A-1a）}$$

subject to

$$\sum_{j=1}^{N} x_{ij} - \sum_{j=1}^{N} x_{ji} = \begin{cases} 1, & i = r \\ 0, & i \in 中間節點 \\ -1, & i = s \end{cases} \quad （A\text{-}1b）$$

$$x_{ij} = \begin{cases} 1：路段上有流量 \\ 0：路段上無流量 \end{cases} \quad \forall i, j \quad （A\text{-}1c）$$

其中：

$c_{ij}$、$d_{ij}$：節點 $i$ 至節點 $j$ 之節線成本（權重）

（除非另有說明，一般均假設節線成本爲非負）

$x_{ij}$：爲 {0,1} 整數變數，節點 $i$ 至節點 $j$ 之流量

$r$：起點

$s$：迄點

目標式（A-1a）爲最小化路網總成本。式（A-1b）爲節點流量守恆，起點的供給量爲 1；中間節點之淨流量爲 0；迄點的供給量爲 -1。式（A-1c）界定流量變數 $x_{ij}$ 爲 {0,1} 整數。

## A.2.2　一對一最短路徑演算法

　　一對一最短路徑演算法可以按照網路節點可否重覆訪問之性質而劃分成標籤設定法（label setting）與標籤修正法（label correcting）兩大類，分別敘述如下。

### （一）標籤設定演算法

　　標籤設定法以 Dijkstra 演算法（1959）爲代表。其求算過程係先將所有節點標籤（label）設定爲一極大值，節點標籤在此定義爲從起點至該節點之暫時最短成本。然後將所有節點分爲兩個集合，其中一集合爲永久標籤集合 P，另一集合爲暫時標籤集合 N。演算法一開始便將集合 P 設定爲空集合，其他所有節點爲集合 N。接下來選擇集合 N 中標籤值最小的節點 $i$，將節點 $i$ 加入永久標籤集合 P。利用節點 $i$ 來更新後置點 $j$ 之標籤值，節點 $j$ 之前置點亦更新爲 $i$，如此反覆求解直到迄點被放入永久標籤集合爲止。此演算法有簡單易懂且容易執行之優點，但缺點爲每一節點最多只能被訪問一次，因此無法處理負成本節線問題，換句話說，所處理網路中所有節線 $(i, j)$ 成本 $d_{ij}$ 必須大於等於 0。

　　令起點爲 $r$，節點 $i$ 之標籤爲 $d_i$，前置點記作 $p_i$，N 爲所有節點集合，P 爲永久標籤（permanent label）集合，Dijkstra 演算法的求解步驟可描述如下：

**步驟 0**：設定 P = $\{r\}$，$d_r = 0$，$p_i = $ -- 、令 $y = r$、$c_i = $ M、$p_i = $ --, $\forall i \neq 1$。其中 M 爲一極大值。

**步驟 1**：更新標籤與距離：

對所有節點，更新 $d_i = \min[d_i, d_y + d_{y,i}]$，若 $y$ 與 $i$ 間無節線相連，則 $d_{y,i} = M$。

若節點 $i$ 之 $d_i$ 有進行更新，則亦須更新其前置點為 $p_i = y$，在暫時標籤集合中選擇 $d_i, i \notin P$ 最小之 $\bar{i}$，令 $y = \bar{i}$，並將 $\bar{i}$ 加入永久標籤集合 **P**。

**步驟 2**：若 $y = s$（迄點），演算法結束（一對一）。

若 **P** 為空集合，演算法結束（一對多）。

反之回到步驟 1。

一對多及多對多最短路徑之最佳解，均可重覆利用 Dijkstra 演算法求算而得。

### （二）標籤修正演算法

標籤修正法可求解單起點至其他所有點的最短路徑，其和標籤設定法最大之不同為可以重覆訪問已被訪問過的節點，亦可處理負成本節線問題（Moore, 1959；Bellman, 1958）。

標籤修正法在每一回合中均是從當時之「起點」出發，計算其到達所有鄰近節點（adjacent node）之最短路徑，並更新、儲存該鄰近節點的：(1) 標籤，以及 (2) 前置點這兩種節點資訊。再將所有鄰近節點按照雙尾等候陣列的概念排序置入等待處理的節點集合之中或稱之為候選排序名單（sequence list, SL），並刪除其出發節點。然後從候選名單中選取第一順位節點作為新的出發節點，利用三角演算法計算到達其所有鄰近節點之最短路徑，並更新、儲存兩種節點資訊，將所有鄰近節點按照雙尾等候陣列的概念排序置入候選排序名單中，並刪除其出發節點。重覆上述演算過程，直到排序名單內沒有任何節點存在且迄點之標籤與前置點資訊確定為止，即得到起點至路網中所有節點之最短旅行成本。藉由前置點紀錄，便可反向追溯最短路徑所經過的所有節點與節線。

雙尾等候陣列為標籤修正法中非常重要的模組，一般說來，過去常用來建立陣列的方式有兩種：(1) 先進先出（first-in-first-out, FIFO）及 (2) 先進後出（first-in-last-out, FILO）。這兩種陣列都有其應用之對象，但均有其限制，在交通量指派之應用上不是很有效率，因此，結合兩者優點之雙尾等候陣列（double-ended queue）就成為交通量指派可行的資料儲存方式。

以公車上下旅客為例，「先進先出」類似嚴格規定旅客從後門上車前門下車（或相反順序）雙門之公車，而「先進後出」則類似單門之公車，先上車之旅客必須等到後上車之所有旅客都下車後才得以下車。雙尾等候陣列也可以雙門之公車上下旅客為例加以說明，但規定「正常之旅客」必須從後門上車前門下車，而「短程或緊急之旅客」也允許從前門上車前門下車，以提高公車之營運效率與服務水準。

當雙尾等候陣列的概念應用到前述之等候排序名單時，就變成將一個未曾進入過名單的新節點依序置於等候排序名單的最尾端，但若該節點過去曾經進入等候排序名單，

則將其置於名單之最前端。在利用雙尾等候陣列之觀念建立等候排序名單時，排序名單 **SL** 為儲存節點陣列，陣列長度為路網中節點數量，排序名單中每一個節點 $i$ 都必須包含以下四種資訊之一：

$$\mathbf{SL}(i)=\begin{cases} -1 & 若節點\ i\ 曾進入名單但已不在名單內 \\ 0 & 若節點\ i\ 不曾進入過名單 \\ +j & 若節點\ i\ 在名單中且\ j\ 為名單中下一點 \\ +\infty & 若節點\ i\ 為名單中最後一點 \end{cases} \qquad （A-2）$$

依據上述資訊 $\mathbf{SL}(i)$，等候排序名單可建立雙尾等候陣列如圖 A-2 所示。

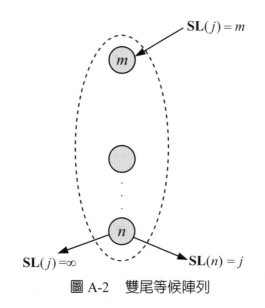

圖 A-2　雙尾等候陣列

　　節點 $j$ 插入雙尾等候陣列之位置順序為：

(1) 若將節點 $j$ 置於名單最前端，即設定 $\mathbf{S}(j)=m$（若 $m$ 為前一個置於名單最前端的節點），且將指標指向 $j$。

(2) 若將節點 $j$ 置於名單最後端，即設定 $\mathbf{S}(j)=\infty, \mathbf{S}(n)=j$（若 $n$ 為前一個置於名單最後端的節點）。

　　根據上述說明，並令 $d_i$ 表當前起點 $r$ 至節點 $i$ 的最短距離，$p_i$ 表在當前最短路徑中，節點 $i$ 的前置點，**SL** 表排序名單，M 表一極大值，則標籤修正法之演算步驟可以描述如下：

**步驟 0**：初始化。

　　設定起點標籤 $d_r=0$，前置點 $p_i=\text{--}$；對其他所有節點令 $d_i=M$，$p_i=\text{--}$。

　　將起點加入排序名單，$\mathbf{SL}=\{r\}$。

**步驟 1**：處理排序名單。

取排序名單中第一個節點 $i$ 自排序名單移除，並測試節點 $i$ 的後置點：

若 $d_i + d_{ij} < d_j$，則更新節點標籤 $d_j = d_i + d_{ij}$，更新前置點 $p_j = i$，並將節點 $j$ 加入排序名單。

若節點 $j$ 爲第一次進入排序名單，置於排序名單最後方。

若節點 $j$ 非第一次進入排序名單，置於排序名單最前方。

反覆執行直至排序名單爲空集合。

**步驟 2**：從迄點開始，根據前置點資訊回溯達起點即獲得完整之最短路徑資料。

一般說來，尋找最短路徑其運算成本大致可概估爲：

$$（運算成本）= K \times（起點數量）\times（節點數量） \qquad （A\text{-}3）$$

### （三）標籤修正法數例演算

**【例題 A-2】**

圖 A-3 爲一個包括 6 個節點、9 條節線之測試網路圖。請以標籤修正法求解節點 1 至節點 4 之最短路徑。

**【解答】**

標籤修正法的求解過程如下：

第一回合：初始化，將起點標籤 $d_1$ 設爲 0，其餘節點標籤皆爲一極大值 M。設定所有節點之前置點爲無（--），並將起點 1 置入排序名單 **SL**，參見圖 A-3a 與表 A-3a。

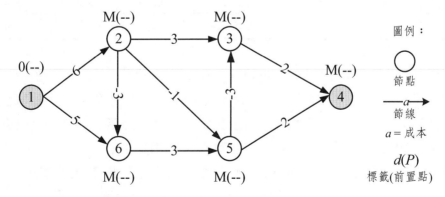

圖 A-3a　標籤修正法 6 個節點網路圖之中間結果（第一回合）

表 A-3a  6 個節點排序名單（第一回合）

| SL | 節點 1 | 節點 2 | 節點 3 | 節點 4 | 節點 5 | 節點 6 |
|---|---|---|---|---|---|---|
| {1} | 0 (--) | M (--) | M (--) | M (--) | M (--) | M (--) |

　　第二回合：處理排序名單中第一位元素（節點 1），並將其自排序名單中刪除，搜尋其後置點（節點 2 與節點 6）。對節點 2 與節點 6 進行三角運算，將節點 2 之標籤 $d_2$ 更新為 6，前置點更新為節點 1；節點 6 之標籤 $d_6$ 更新為 5，前置點更新為節點 1。將節點 2 與節點 6 加入排序名單後端，此時排序名單 **SL** 更新為 {2,6}，參見圖 A-3b 與表 A-3b。

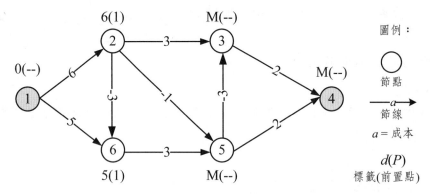

圖 A-3b  標籤修正法 6 個節點網路圖之中間結果（第二回合）

表 A-3b  6 個節點排序名單（第二回合）

| SL | 節點 1 | 節點 2 | 節點 3 | 節點 4 | 節點 5 | 節點 6 |
|---|---|---|---|---|---|---|
| {2,6} | 0 (--) | 6(1) | M (--) | M (--) | M (--) | 5(1) |

　　第三回合：處理排序名單中第一位元素（節點 2），將其自排序名單中刪除，搜尋其後置點（節點 3、節點 5 與節點 6）。對節點 3、節點 5 與節點 6 進行三角運算，將節點 3 之標籤 $d_3$ 更新為 9，前置點更新為節點 2；節點 5 之標籤 $d_5$ 更新為 5，前置點更新為節點 2；節點 6 之標籤 $d_6$ 更新為 3，前置點更新為節點 2。

　　節點 6 已在排序名單，將節點 3 與 5 加入排序名單後端，此時 **SL** 更新為 {6,3,5}。

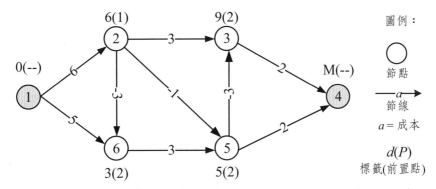

圖 A-3c 標籤修正法 6 個節點網路圖之中間結果（第三回合）

表 A-3c 6 個節點排序名單（第三回合）

| SL | 節點 1 | 節點 2 | 節點 3 | 節點 4 | 節點 5 | 節點 6 |
|---|---|---|---|---|---|---|
| {6,3,5} | 0 (--) | 6(1) | 9(2) | M (--) | 5(2) | 3(2) |

第四回合：處理排序名單中第一位元素（節點 6），將其自排序名單中刪除，搜尋其後置點（節點 5）。對節點 5 進行三角運算，無法更新成本。此回合成本皆無更新，因此不需加入節點至排序名單 SL，參見圖 A-3d 與表 A-3d。

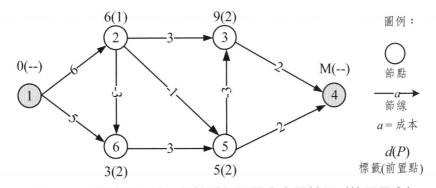

圖 A-3d 標籤修正法 6 個節點網路圖之中間結果（第四回合）

表 A-3d 6 個節點排序名單（第四回合）

| SL | 節點 1 | 節點 2 | 節點 3 | 節點 4 | 節點 5 | 節點 6 |
|---|---|---|---|---|---|---|
| {3,5} | 0 (--) | 6(1) | 9(2) | M (--) | 5(2) | 3(2) |

第五回合：處理排序名單中第一位元素（節點 3），並將其自排序名單中刪除，搜尋其後置點（節點 4）。對節點 4 進行三角運算，將節點 4 之標籤 $d_4$ 更新為 11，前置點更新為節點 3。將節點 4 加入排序名單後端，此時排序名單 SL 更新為 {5,4}，參見圖 A-3e 與表 A-3e。

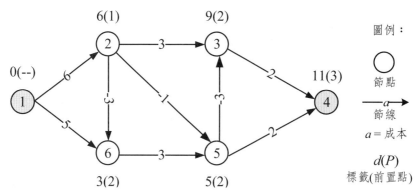

圖 A-3e　標籤修正法 6 個節點網路圖之中間結果（第五回合）

表 A-3e　6 個節點排序名單（第五回合）

| SL | 節點 1 | 節點 2 | 節點 3 | 節點 4 | 節點 5 | 節點 6 |
|---|---|---|---|---|---|---|
| {5,4} | 0（--） | 6(1) | 9(2) | 11(3) | 5(2) | 3(2) |

　　第六回合：處理排序名單中第一位元素（節點 5），並將其自排序名單中刪除，搜尋其後置點（節點 3 與節點 4）。對節點 3 與節點 4 進行三角運算，將節點 3 之標籤 $d_3$ 更新為 2，前置點更新為節點 5；節點 4 之標籤 $d_4$ 更新為 7，前置點更新為節點 5。

　　節點 3 曾進入過排序名單，插入排序名單前端，節點 4 已在排序名單中，此時排序名單 SL 更新為 {3,4}，參見圖 A-3f 與表 A-3f。

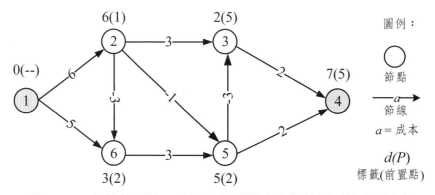

圖 A-3f　標籤修正法 6 個節點網路圖之中間結果（第六回合）

表 A-3f　6 個節點排序名單（第六回合）

| SL | 節點 1 | 節點 2 | 節點 3 | 節點 4 | 節點 5 | 節點 6 |
|---|---|---|---|---|---|---|
| {3,4} | 0（--） | 6(1) | 2(5) | 7(5) | 5(2) | 3(2) |

　　第七回合：處理排序名單中第一位元素（節點 3），並將其自排序名單中刪除，搜

尋其後置點（節點 4）。對節點 4 進行三角運算，將節點 4 之標籤 $d_4$ 更新為 4，前置點更新為節點 3。節點 4 已在排序名單中，此時排序名單 **SL** 更新為 {4}，參見圖 A-3g 與表 A-3g。

表 A-3g　6 個節點排序名單（第七回合）

| SL | 節點 1 | 節點 2 | 節點 3 | 節點 4 | 節點 5 | 節點 6 |
|---|---|---|---|---|---|---|
| {4} | 0（--） | 6(1) | 2(5) | 4(3) | 5(2) | 3(2) |

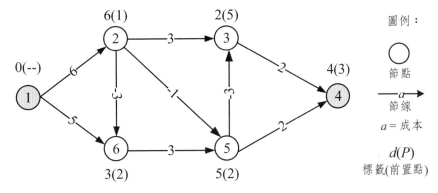

圖 A-3g　標籤修正法 6 個節點、9 條節線網路圖之中間結果（第七回合）

　　第八回合：處理排序名單中第一位元素（節點 4），並將其自排序名單中刪除，節點 4 後無後置點，因此排序名單更新為空集合，演算法結束，參見圖 A-3h。

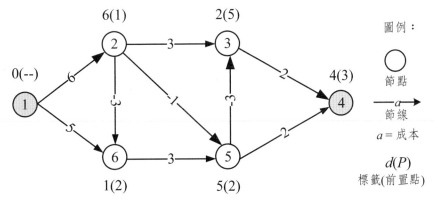

圖 A-3h　標籤修正法 6 個節點網路圖之最終結果（第八回合）

　　以上數例應用標籤修正法之演算結果為：起迄對 (1, 4) 最短路徑：1 → 2 → 5 → 3 → 4，總成本 4。

# 第 9 章

# 成對替選區段交通量指派演算法（TAPAS）

　　交通量指派（traffic assignment, TA）係指依據合理之用路人路徑選擇行為假設，將已知起迄需求量裝載（load）到路網上的過程；當所有用路人經過長期不斷的調整，其最終路網流量將達到用路人均衡（user-equilibrium, UE）之穩定狀態。在此狀態下所有被使用到的路徑旅行成本皆小於或等於未被使用的路徑旅行成本。傳統上用來求解交通量指派問題的演算法包括路段基礎式的 Frank-Wolfe（FW）演算法、路徑基礎式的梯度投影演算法（gradient projection, GP）等。這些演算法屬於可行搜尋方向法（feasible direction method），在求解小型路網問題且求解精度要求較低以及求解速度要求不高的條件下，尚足以滿足運輸規劃作業之需求。但現今處理的運輸路網之規模日益龐大，且精度要求日趨嚴格，傳統演算法以及其改善方法已經無法滿足運輸規劃作業之需求，確有必要發展創新的演算法，因此應運而生的新的演算法稱之為快速精確（quick-precision）交通量指派演算法。

　　快速精確交通量指派演算法包括路徑基礎式之 B 演算法（Dial, 2006）與投影梯度演算法（projected gradient, PG）（Florian et al., 2009）、起點基礎式之 OBA（origin-based algorithm）演算法或稱之為 OBTAIN（The origin-based traffic assignment algorithm for infrastructure networks）演算法（Bar-Gera, 1999）、迄點基礎式（destination-based）之 LUCE（linear user cost equilibrium）演算法（Gentile, 2009），以及成對替選區段基礎式（pair of alternative segments–based, PAS-based）之成對替選區段交通量指派演算法（traffic assignment by pairs of alternative segments, TAPAS）（Bar-Gera, 2010）等，這些類型的交通量指派演算法兼顧運算效率、求解精度、記憶體使用，以及路徑資料儲存等各方面的需求。這些新演算法的共同特徵就是對於使用路網的型態設定限制，或多或少均引用了一些拓樸學的簡單路徑（simple path[1]）與網路分析範疇的樹（tree）有關的資料結構概念，以有效提高求解績效。

　　除了演算速度與求解品質之要求之外，合理的路徑解也是一個值得討論的課題，因為路徑流量唯一解關係到智慧型運輸系統的應用以及網路設計模型之求解效率。雖然，在交通量指派模型之正則條件（regularity conditions）下，即目標函數滿足嚴格中凸條件以及可行解區域滿足中凸的條件下，可獲得路段流量唯一解（或某一路徑解），並據以最佳化號誌時制與改善道路硬體設施，但路段流量唯一解卻可能對應路徑流量多重解，在這些多重解當中，到底哪一個才是合理的路徑流量解，截至目前為止，運輸界仍缺乏一致的看法。

　　快速精確交通量指派演算法可以求得路徑流量解，但除了 TAPAS 演算法之外，均未深入探討所獲得路徑流量解之合理性，因此可信度如何仍未有定論。TAPAS 演算法

---

[1]　A simple path is a path in which all vertices, except possibly the first and the last, are distinct.

最大之優點在於發展出路徑集合的「比例原則」及「一致性」[2]，這些條件幾乎等於「極大熵」的條件（Rossi et al., 1989），也可適切的反應用路人之行為準則，目前已經成為 Wardrop 均衡條件之外的重要附加條件。有鑑於 TAPAS 演算法的獨特性與優越性，本章將進行詳細之介紹，至於其他快速精確演算法的內容，有興趣之讀者可參考相關的參考文獻。

　　本章內容之順序安排如下：第一節闡述 TAPAS 基本概念；第二節介紹數學模型與績效衡量；第三節探討 TAPAS 演算步驟；第四節分析 TAPAS 求解測試路網之結果；第五節比較 TAPAS 與 FW 以及 Lingo 軟體在小路網之求解效率；第六節說明 TAPAS 在大路網之求解效率；第七節比較各種快速精確與傳統交通量指派演算法之求解效率；第八節則提出結論與建議。

# 9.1 TAPAS 的基本概念

　　TAPAS 演算法最重要之專有名詞為區段（segment）以及成對替選區段（pairs of alternative segments, PAS）分別定義如下：

1. 區段：數個連續路段（sequences of links）所組成之子路徑。
2. 成對替選區段（PAS）：係指在路網中，對應於同一個 OD 對首尾相連接的兩個區段。PAS 的相關資訊如下：
   (1) PAS 中的路段數；
   (2) PAS 的旅行時間或成本；
   (3) 使用 PAS 的 OD 對數量，或使用 PAS 的起點數量；
   (4) 在 PAS 的第 1 條區段與第 2 條區段上的 OD 流量比例，其範圍介於 0.0～1.0 之間；
   (5) PAS 在一個路網上的空間組構；
   (6) PAS 的區位可反應其組成路段的擁擠水準（擁擠程度高表示該區位流量愈大）。

　　TAPAS 演算法之概念最早見於 STOCH 演算法（Dial, 1971, TR-25B, pp. 405-412），其與起點為基礎（origin based）有關之觀念包括：

1. 探討根植於起點之無迴圈路網的性質；
2. 以節點潛勢（node potential）（註：本書亦稱之為標籤值）定義合理的灌木叢（bush）；
3. 研提一個在灌木叢較高順序（top order）上來回漫步（walk up and down）的演算法

---

[2] 比例原則係指流量，而一致性則是指成本而言。

以簡化複雜之運算，從而提出一個求解大規模網路問題的新觀念與新程序。

TAPAS 演算法在求解交通量指派問題時，與其他演算法最大的區別在於隱含一個額外的行為假設，即比例原則（proportionality）以符合一致性，從而產生合理之路徑流量唯一解。其要旨為不同 OD 分配到同一對 PAS 兩個區段上之用路人流量比例應該要相同，這種比例性原則可應用在單車種以及多車種的交通量指派問題。

在一般性路網上，可能有許多 PAS 有相同的成本，如圖 9-1 路網中有 3 個 PAS 因此有 $2^3$ = 8 條不同路徑。每條路徑的流量比例為所經過區段之流量比例共同組合的結果，例如在圖 9-1 之路網中使用上方區段的路徑 [1,2,3,5,6,7,9,10,11,13,14]，其路徑流量比例為所經過區段流量比例之積：(150/200) · (40/200) · (80/200) = 0.75 · 0.2 · 0.4 = 0.06。

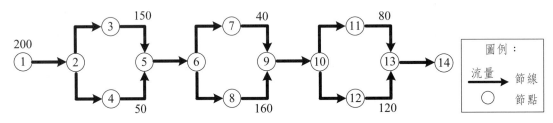

圖 9-1　比例原則及一致性之簡例（Bar-Gera, 2010）

上述數例清楚的顯示在比例原則的假設下，所有 8 條路徑都會被使用到，沒有任何一條路徑會被忽略掉（no route will be left behind）。這種會使用到所有合理路徑的特性被稱為一致性（consistency），但具有一致性並不意味著所有可能路徑都應該被使用到，這是因為在 UE 狀態下，只有最小成本路徑才可能被使用，因此一致性的要點為「沒有任何路徑應該保持非使用狀態，除非有好的理由必須如此」。

Bar-Gera and Boyce（1999）首先指出比例原則可用來闡釋路徑流量達極大熵時的最佳化條件，而 Rossi et al.（1989）則指出當路徑流量的熵值達到最大化時，則對應於路徑流量唯一解。這種演算法的特性，即極大熵的路徑流量解即意味著比例原則，而且存在路徑流量唯一解的特性是其他演算法所沒有的。

TAPAS 演算法之求解效率源自兩個重要之機制，即：(1) 搜尋負成本迴圈並消除其殘餘流量（residual flow）；(2) 找出最有效之成對區段（PAS），並進行流量再分配（flow redistribution），分別介紹如下：

## 9.1.1 負成本迴圈

過去有關網路流量模型的文獻，多半考慮單一商品且路段成本固定（即爲線性目標函數）的情境，在這種限制條件下，辨識「負成本迴圈」（negative cycle）並進行流量移轉可以改善中間可行解之品質，也就自然成爲許多網路流量演算法的基本步驟（Busaker and Gowen, 1961; Dantzig, 1963; Busaker and Saaty, 1965; Rockafellar, 1984）。

以上所說的迴圈（cycle）是由一連串的節點及路段（節線）所組成，例如圖 9-2 之 [5,9,13,14,10,11,7,8,4,3,2,6,5] 即形成一個迴圈。今假設路段流量與路段成本分別以符號 $f$、$t$ 表示，則在這個迴圈順時針方向傳遞 1 單位的流量，亦即須將 1 單位的流量加到每個正向路段，同時從反向路段移除 1 單位的流量。如此，在整個迴圈所產生之淨成本爲 -2（=5+7+3-4+1-1+2-9-3-5+8-6），由於淨成本爲負值，表示此迴圈順時針傳遞 1 單位的流量就可以減少 2 單位總成本。由於降低路段流量受到非負的限制，因此所能傳送的最大流量 $x$ 不可以大於任何反向路段 $a$ 的流量 $f_a$，亦即 $\min_a\{f_a\} \geq x$。

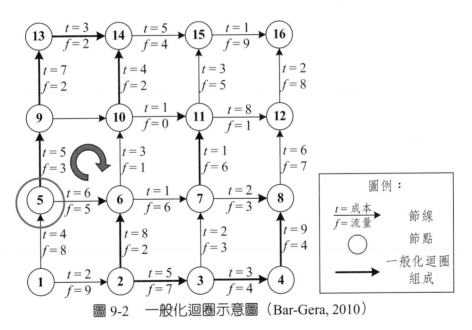

圖 9-2　一般化迴圈示意圖（Bar-Gera, 2010）

「多階段的負成本迴圈演算法」（Schneur and Orlin, 1998），可以用於求解路段成本固定之多商品網路流量問題。其中容量限制條件通常會以非線性懲罰函數的形式加入原目標函數中（懲罰權重值需隨階段數而增加）；而在每個階段亦會決定一個固定流量移轉值（移轉值的大小會隨階段數而遞減）。在辨識出負成本迴圈時，固定的流量移轉值可以透過簡化方式予以計算，因此可提高運算的效率。

TAPAS 演算法通常只考量消除兩種型態的負成本迴圈：

1. 完全的反向迴圈（completely backward cycle）：縮減所有反向迴圈路段上的流量，直到其中一個路段上的流量為 0 為止。

【例題 9-1】請以堆疊（stack）之深度搜尋優先（depth-first search）的概念，說明辨認圖 9-3 完全反向迴圈之步驟。

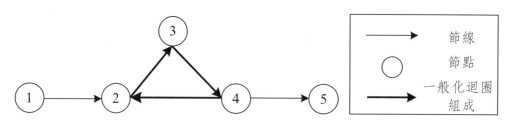

圖 9-3　辨識完全反向迴圈之測試路網

【解答】

　　茲以圖示法（參見圖 9-4）說明堆疊（stack）之深度搜尋優先的概念以如下：

**步驟 0**：堆疊為空的。

**步驟 1**：堆疊放入節點 1。

**步驟 2**：堆疊繼續放入節點 2，記錄前置點 1。

**步驟 3**：堆疊繼續放入節點 3，記錄前置點 2。

**步驟 4**：堆疊繼續放入節點 4，記錄前置點 3。

**步驟 5**：堆疊繼續放入節點 5，記錄前置點 4。

**步驟 6**：節點 5 無法繼續深度搜尋，堆疊移除節點 5。

**步驟 7**：節點 4 可回頭往節點 2 的方向繼續深度搜尋，但因節點 2 已經存在於堆疊之中，因此確定迴圈存在。

**步驟 8**：從節點 2 開始，依據前置點資訊，回溯找到迴圈：2-3-4-2。然後移除迴圈剩餘流量。

2. 成對替選區段（pair of alternative segments, PAS）：選擇一般化迴圈的方向要與較低成本區段的方向一致。然後從 PAS 較高成本的區段移轉流量到較低成本的區段，這和 Dafermos and Sparrow（1969）所提出之流量移轉要從高成本路徑至低成本路徑概念相似。由於每一個區段可能會由許多路徑經過，因此任何一個成對替選區段流量移轉可能考慮到在所有路徑（包含較高成本區段）的總移轉流量。

　　一般而言，TAPAS 演算法所欲消除的負成本迴圈主要屬於第 2 種型態。

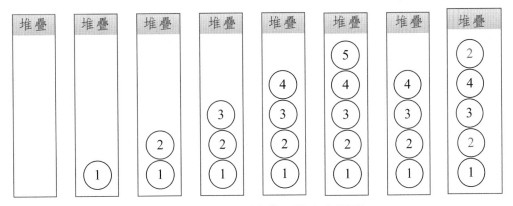

圖 9-4　以堆疊辨識迴圈之步驟圖

## 9.1.2　成對區段（PAS）的基本概念

TAPAS 演算法可以分解為針對每個起點予以執行，即每個起點都必須建立一個對應之無迴圈的路段組合，視為一個灌木叢（bush）（Dial, 2006）。而在對應於個別起點的灌木叢之中，找出任一成本不同之 PAS，其搜尋成對區段的過程為：從兩區段的交會點沿著相反的方向分枝搜尋，一個沿著最小成本樹，另一個沿著（有流量之）最大成本樹，直到他們再度交會為止。在這些成對區段間不斷的進行流量移轉，直到在路網中 PAS 兩區段間之旅行時間或一般化成本相等，滿足均衡條件為止。

乍看之下，TAPAS 演算法在不同的成對區段之間移轉流量的過程，有點類似於 Dial（2006）的方法，但兩者主要不同之處在於 TAPAS 演算法為：(1) 辨識 PASs 的程序是根據 Bar-Gera（2006）的觀念；(2) 沒有限制為特定灌木叢；(3) 在每個回合中 PAS 不斷的被儲存；(4)PAS 中所有相關的起點都被考慮進去。

TAPAS 求解關鍵概念為依照比例原則，將起迄（origin-destination, OD）流量分配至每個 OD 對的區段（segment）上。茲將 TAPAS 演算法的流量移轉過程的初步概念說明如下。圖 9-5 之方格路網中，可用直接觀察的方式獲得可能的 PAS。起點 A 至迄點 F 共有 252（=10!/5!5!）條路徑，其中兩條路徑（$r$ 及 $r'$）在節點 8 分枝，在節點 29 交會。因此可看出兩條不同子路徑組成一個 PAS{[8,14,20,21,22,28,29], [8,9,10,16,17,23,29]}。圖 9-5 路網總共有 $C_2^{252}$ = 31626（= 252*251/2）對路徑，每對路徑中有不同的 PAS 組合，且絕大多數的 PAS 是不同的。

在路網中不需要去考慮所有的 PAS，因此只要選擇基本的 PAS 子集合就已經足夠。以圖 9-5 之方格路網為例，每一個小網格，例如：{[5,6,12], [5,11,12]}，就形成一個 PAS，因此可以選出 25 個 PAS 成為一個基本的 PAS 組合。選擇這 25 個 PAS 已足敷使用，因為在任何一對路徑之間的流量移轉，均可視為在路徑對中一連串的路徑流量移轉

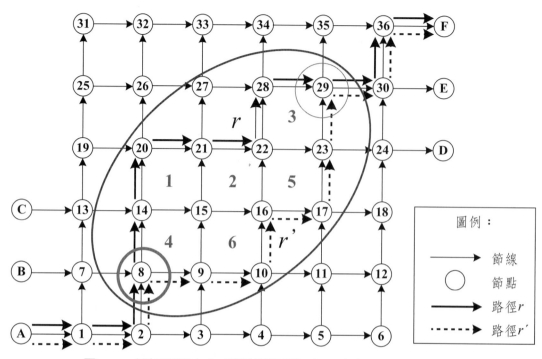

圖 9-5　網格路網中之成對替選區段（PAS）（Bar-Gera, 2010）

的結果。例如在圖 9-5 中從路徑 $r \to r'$ 的流量移轉結果，係經由一連串路徑流量移轉過程而產生的，即 $r = r_0 \to r_1$、$r_1 \to r_2$、$r_2 \to r_3$、$\cdots$、$r_5 \to r_6 = r'$，詳細之移轉順序請參見表 9-1。

表 9-1　路徑使用基本 PAS 之移轉順序（Bar-Gera, 2010）

| 路徑編號 | 描述 | （對下條路徑）PAS 的區分 |
|---|---|---|
| $r = r_0$ | A, 1, 2, 8, 14, 20, 21, 22, 28, 29, 30, 36, F | {[14,20,21], [14,15,21]} |
| $r_1$ | A, 1, 2, 8, 14, 15, 21, 22, 28, 29, 30, 36, F | {[15,21,22], [15,16,22]} |
| $r_2$ | A, 1, 2, 8, 14, 15, 16, 22, 28, 29, 30, 36, F | {[22,28,29], [22,23,29]} |
| $r_3$ | A, 1, 2, 8, 14, 15, 16, 22, 23, 29, 30, 36, F | {[8,14,15], [8,9,15]} |
| $r_4$ | A, 1, 2, 8, 9, 15, 16, 22, 23, 29, 30, 36, F | {[16,22,23], [16,17,23]} |
| $r_5$ | A, 1, 2, 8, 9, 15, 16, 17, 23, 29, 30, 36, F | {[9,15,16], [9,10,16]} |
| $r' = r_6$ | A, 1, 2, 8, 9, 10, 16, 17, 23, 29, 30, 36, F | - |

　　當圖 9-5 路網的 25 個 PAS 之旅行時間都相等時，則所有的路徑的旅行時間就會相等，此時就會達到 UE 的狀態。因此，相較於考量所有 252 個路徑變數，這 25 個區段變數更容易檢視 UE 問題。

若基本的 25 個 PAS 滿足了均衡的條件，所有其他的 PAS 都會滿足均衡的條件。因此若有三個起點 A, B, C 以及三個迄點 D, E, F，就會有 720 條路徑[3]，仍僅需 25 個 PAS 便足夠。例如：{[15,21,22]} 這個 PAS 和 (A,D)、(A,E)、(A,F)、(B,D)、(B,E)、(B,F)、(C,D)、(C,E)、(C,F) 共 9 組 OD 對都有相關。

　　TAPAS 演算法的求解方式是以起點為基礎，也就是說當儲存一個流量的陣列時，必須從每個起點開始，經過所有中間路段，最後才會到達所有的迄點，這種「起點基礎式」的表述方法，可用路徑流量來表示〔參見第二節之式（9-7b）〕，此方程式可以確保在同一個起點 $p$ 的比例原則及一致性。除了上述以起點為基礎的路段流量之外，TAPAS 演算法還紀錄了一組有效的 PAS，以及和每個 PAS 相關起點的名單。

【例題 9-2】請說明辨認圖 9-6 之成對替選區段（PAS）之步驟。

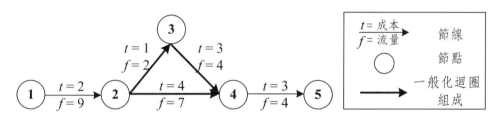

圖 9-6　辨識成對替選區段之測試路網

【解答】

a. 首先，搜尋從節點 1 到節點 5 的最短路徑：1-2-3-4-5。

b. 然後，以廣度優先搜尋法（breadth-first search）從匯入節點 4 開始回溯，回溯到節點 2 時，該點剛好也在最短路徑上，表示找到成對替選區段的分岔點（diverge node）。

c. 根據前置點資訊，辨識出區段 1 為：2-4；區段 2 為：2-3-4。

## 9.2 數學模型與績效衡量

　　交通量指派問題（traffic assignment problem, TAP）可以建構為以下數學規劃模型：

$$\min_{\mathbf{h} \in \Omega} \quad T(\mathbf{f}_{\bullet}(\mathbf{h})) = \sum_{a \in A} \int_0^{f_{\bullet a}(\mathbf{h})} c_a(x)\, dx \qquad (9\text{-}1a)$$

---

[3] 720 = 252(A,F) + 126(A,E) + 56(A,D) + 126(B,F) + 56(B,E) + 21(B,D) + 56(C,F) + 21(C,E) + 6(C,D)

路徑可行解區域 $\Omega$ 是下列限制式組成：

$$\sum_{r \in R_{pq}} h_r = d_{pq} \quad \forall p \in N_0 ; \forall q \in N_d(p) \tag{9-1b}$$

$$\mathbf{h} \geq 0 \tag{9-1c}$$

其中，

$c_a$：路段 $a$ 成本

$d_{pq}$：用路人起迄需求量

$f_{\bullet a}(\mathbf{h})$：路段 $a$ 之總流量（$f_{\bullet a}(\mathbf{h}) = \sum_{p \in N_o} f_{pa}(\mathbf{h})$）

$h_r$：路徑 $r$ 之流量

$R_{pq}$：起點 $p$ 到迄點 $q$ 之所有路徑區段集合

$N_0$：可能的起點集合

$N_d(p)$：對於每個起點 $p \in N_0$ 可能的迄點集合

當達 UE 時總路段流量解 $\mathbf{f}_{\bullet}^*$ 唯一，而最小成本流量問題可以轉化爲最大流量問題（maximal flow problem），因此式（9-1）可以轉化爲極大熵用路人均衡（maximum entropy user equilibrium, MEUE）之流量問題：

$$\max_{\mathbf{h} \in \Omega_{\text{MEUE}}} \mathcal{E}(\mathbf{h}) = -\sum_{p \in N_0} \sum_{q \in N_d(p)} \sum_{r \in R_{pq}} h_r \cdot \log(h_r / d_{pq}) \tag{9-2a}$$

可行解區域 $\Omega_{\text{MEUE}}$ 是下列限制式組成：

$$\sum_{r \in R_{pq}} h_r = d_{pq} \quad \forall p \in N_0 ; \forall q \in N_d(p) \qquad (\gamma_{pq}) \tag{9-2b}$$

$$\sum_{r \in \mathbf{R}: r \supseteq a} h_r = f_{\bullet a}^* \quad \forall a \in A \qquad (\beta_a) \tag{9-2c}$$

$$\mathbf{h} \geq 0 \tag{9-2d}$$

其中，

$f_{\bullet a}^*$：路段 $a$ 的均衡路段流量

$h_r$：路徑 $r$ 之流量

$N_0$：可能的起點集合

$N_d(p)$：對於每個起點 $p \in N_0$ 所有迄點的集合

$R_{pq}$：起點 $p$ 到迄點 $q$ 之所有路徑集合

$\gamma_{pq}$：式（9-2b）之對偶變數

$\beta_a$：式（9-2c）之對偶變數

MEUE 流量問題可透過對偶理論轉化為拉氏函數之模型：

$$
\min_{\beta,\gamma} \max_{\mathbf{h}} \ \mathcal{L}(\mathbf{h},\beta,\gamma) = -\sum_{p\in N_0}\sum_{q\in N_d(p)}\sum_{r\in R_{pq}} h_r \cdot \log(h_r/d_{pq})
$$

$$
+ \sum_{p\in N_0}\sum_{q\in N_d(p)} \gamma_{pq} \cdot \left[\sum_{r\in R_{pq}} h_r - d_{pq}\right] \qquad (9\text{-}3a)
$$

$$
+ \sum_{a\in A} \beta_a \cdot \left[\sum_{r\in \mathbf{R}:r\supseteq a} h_r - f^*_{\bullet a}\right]
$$

$$
\text{s.t.} \qquad \mathbf{h} \geq \mathbf{0} \qquad\qquad\qquad\qquad\qquad\qquad (9\text{-}3b)
$$

$$
\beta_a\text{不受限} \quad \forall a \qquad\qquad\qquad\qquad (9\text{-}3c)
$$

$$
\gamma_{pq}\text{不受限} \quad \forall p,q \qquad\qquad\qquad (9\text{-}3d)
$$

可針對模型（9-3）的主變數 $\mathbf{h}$ 推導主問題之最佳化條件[4]，如下：

$$
h_r = d_{pq}\cdot\exp\!\left(-1+\gamma_{pq}+\sum_{a\subseteq r}\beta_a\right) \quad \forall r\in R^0_{pq}; p\in N_0; q\in N_d(p) \qquad (9\text{-}4a)
$$

最佳化條件（9-4a）之等號兩邊對所有 $r\in R^0_{pq}$ [5] 加總可得：

$$
d_{pq} = \sum_{r\in R^0_{pq}} h_r = d_{pq}\cdot\exp\!\left(-1+\gamma_{pq}\right)\cdot\sum_{r\in R^0_{pq}}\exp\!\left(\sum_{a\subseteq r}\beta_a\right) \quad \forall p\in N_0; q\in N_d(p) \qquad (9\text{-}4c)
$$

上式（9-4c）之等號兩邊取對數，經整理後可得：

$$
\gamma_{pq} = 1 - \ln\!\left(\sum_{r\in R^0_{pq}}\exp\!\left(\sum_{a\subseteq r}\beta_a\right)\right) \quad \forall p\in N_0; q\in N_d(p) \qquad (9\text{-}4d)
$$

將（9-4a）除以（9-4c）可得

---

[4]　這裡所指之最佳化條件也必須同時滿足 Wardrop 用路人均衡原則，亦即路段 $a$ 的均衡路段流量必須為 $f^*_{\bullet a}$。

[5]　The set of routes considered as UE routes in a particular solution is denoted by $R^0$.

$$h_r(\boldsymbol{\beta}) = d_{pq} \cdot \frac{\exp\left(\sum_{a \subseteq r} \beta_a\right)}{\sum_{r' \in R_{pq}^0} \exp\left(\sum_{a \subseteq r'} \beta_a\right)} \qquad \forall r \in R_{pq}^0; p \in N_0; q \in N_d(p) \qquad (9\text{-}4\text{e})$$

在 UE 的狀態下，假設對於每個路徑對（$r_1, r_2 \in R_{pq}^0$）而言，其包括一個可區別的 PAS（$s_1, s_2 \in R_{ij}$），即 $r_{1,2} = r + s_{1,2} + r'$，其中 $r \in R_{pi}$ 且 $r' \in R_{jq}$。當 MEUE 解的比例條件成立時，表示 $r_1$ 上流量的比例為：（註：此比例僅在 PAS 上，而非在路徑上）

$$h_{r_1} / \left(h_{r_1} + h_{r_2}\right) = \left[1 + h_{r_2} / h_{r_1}\right]^{-1} = \left[1 + \exp\left(\sum_{a \subseteq s_2} \beta_a - \sum_{a \subseteq s_1} \beta_a\right)\right]^{-1} = \rho(s_1, s_2) \quad (9\text{-}5)$$

其中，$\rho(s_1, s_2)$ 表示區段 $s_1$ 上的流量佔 PAS 流量的比例。

若一組路徑具有一致性的條件（即沒有任何一條路徑會被忽略），則對特定起點 $p$ 及起點基礎式路段流量向量 $f_p$，所有路徑（只包含有使用到的路段，該路段流量 $f_{pa} > 0$）集合有完全的一致性。假設極大熵流量解為 $h$、對應之對偶變數解為 $\beta$〔參見式（9-4b），其中 $\beta$ 具有類似收益或報酬的概念〕，我們可以定義節點對節點的因子（node-to-node factor）為 $y_{ij} = \sum_{s \in S_{ij}^0} \exp\left(\sum_{a \in s} \beta_a\right)$，$y_{ij}$ 在此或許可以詮釋為節點 $i$ 至節點 $j$ 所獲得的報酬，然後利用這個因子可以計算以下三個重要公式：

(1) 計算起點基礎之節點流量[6]（origin-based node flow）（參見圖 9-7）

$$g_{p[v]}(\mathbf{h}) = y_{pv} \cdot \sum_{q \in N_d(p)} y_{vq} \cdot d_{pq} \cdot \exp\left(-1 + \gamma_{pq}\right) \qquad (9\text{-}6\text{a})$$

---

[6] From Eq. (9-4a), we have $h_r = d_{pq} \cdot \exp\left(-1 + \gamma_{pq} + \sum_{a \subseteq r} \beta_a\right)$. Likewise, for a path $\hat{r}$ between O-D pair $(p,q)$ *via* node $v$, the corresponding path flow can be expressed as:

$h_{\hat{r}} = d_{pq} \cdot \exp\left(-1 + \gamma_{pq}\right) \cdot \exp\left(\sum_{a \subseteq s_{pv} \subseteq \hat{r}} \beta_a\right) \cdot \exp\left(\sum_{a' \subseteq s_{vq} \subseteq \hat{r}} \beta_{a'}\right)$. Then For all paths $\hat{r}$ between O-D pair $(p,q)$ *via* node $v$, we can compute the total path flow as follows:

$$\sum_{\hat{r}} h_{\hat{r}} = \sum_{\hat{r}} d_{pq} \cdot \exp\left(-1 + \gamma_{pq}\right) \cdot \exp\left(\sum_{a \subseteq s_{pv} \subseteq \hat{r}} \beta_a\right) \cdot \exp\left(\sum_{a' \subseteq s_{vq} \subseteq \hat{r}} \beta_{a'}\right)$$

$$= d_{pq} \cdot \exp\left(-1 + \gamma_{pq}\right) \cdot \sum_{s_{pv}} \exp\left(\sum_{a \subseteq s_{pv}} \beta_a\right) \cdot \sum_{s_{vq}} \exp\left(\sum_{a' \subseteq s_{vq}} \beta_{a'}\right)$$

$$= d_{pq} \cdot \exp\left(-1 + \gamma_{pq}\right) \cdot y_{pv} \cdot y_{vq}$$

Take summation over $q$ on both sides, we can obtain the following result, *i.e.*, Eqn (9-6a).

$$\sum_{q \in N_d(p)} \sum_{\hat{r}} h_{\hat{r}} = \sum_{q \in N_d(p)} d_{pq} \cdot \exp\left(-1 + \gamma_{pq}\right) \cdot y_{pv} \cdot y_{vq}$$

$$\Rightarrow g_{p[v]} = y_{pv} \cdot \sum_{q \in N_d(p)} y_{vq} \cdot d_{pq} \cdot \exp\left(-1 + \gamma_{pq}\right)$$

其中，

$g_{p[v]}$：對應於起點 $p$ 的無迴圈路網中，任何節點 $v$ 之節點流量

（註：[7]$y_{pp} = 1$；對每個迄點 $q$ 而言，[8] $y_{pq} = \exp(1 - \gamma_{pq})$）

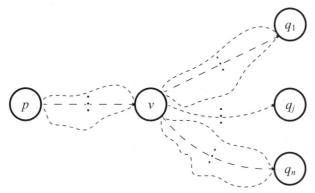

圖 9-7　起點至中間節點之流量示意圖

(2) 起點基礎之路段流量[9]（origin-based link flow）（參見圖 9-8）

$$f_{pa}(\mathbf{h}) = y_{pa_t} \cdot \exp(\beta_a) \cdot \sum\nolimits_{q \in N_d(p)} y_{a_h q} \cdot d_{pq} \cdot \exp(-1 + \gamma_{pq}) \tag{9-6b}$$

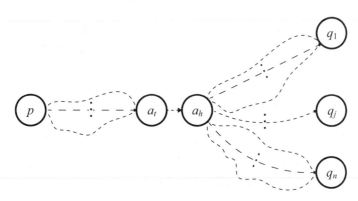

圖 9-8　起點至中間路段之流量示意圖

---

[7] 根據定義 $y_{ij} = \sum\nolimits_{s \in S_{ij}^0} \exp\left(\sum\nolimits_{a \in s} \beta_a\right)$，故 $y_{pp} = \exp(0) = 1$。

[8] 將公式（9-4d）移項可得 $1 - \gamma_{pq} = \ln\left(\sum\nolimits_{r \in R_{pq}^0} \exp\left(\sum\nolimits_{a \subseteq r} \beta_a\right)\right)$，兩邊取指數可得 $\exp\left(1 - \gamma_{pq}\right) = \sum\nolimits_{r \in R_{pq}^0} \exp\left(\sum\nolimits_{a \subseteq r} \beta_a\right)$，因為等式右邊為 $y_{pq}$，故可得 $y_{pq} = \exp(1 - \gamma_{pq})$。

[9] 可以將 $f_{pa}(\mathbf{h})$ 分成三個部分來考量，即起點 $p$ 至節點 $a_t$ 的流量、路段 $a$（節點 $a_t$ 至節點 $a_h$）的流量，以及節點 $a_h$ 至所有迄點 $q$ 的流量。將 (9-6a) 的 $y_{pv} \cdot y_{vq}$ 改成 $y_{pa_t} \cdot \exp\left(\beta_a\right) \cdot y_{a_h q}$，則可得 $f_{pa} = \sum\nolimits_{q \in N_d(p)} d_{pq} \cdot \exp\left(-1 + \gamma_{pq}\right) \cdot y_{pa_t} \cdot \exp\left(\beta_a\right) \cdot y_{a_h q} = y_{pa_t} \cdot \exp\left(\beta_a\right) \cdot \sum\nolimits_{q \in N_d(p)} y_{a_h q} \cdot d_{pq} \cdot \exp\left(-1 + \gamma_{pq}\right)$。

(3) 起點基礎之來向路段流量比例（origin-based approach proportion）$\alpha_{pa}$（以下簡稱流量比例）

$$\alpha_{pa}(\mathbf{h}) = f_{pa}(\mathbf{h})/g_{p[v]}(\mathbf{h}) = f_{pa}(\mathbf{h})/g_{p[a_h]}(\mathbf{h}) = \exp(\beta_a) \cdot y_{pa_t}/y_{pa_h} \qquad (9\text{-}6c)$$

對任一路徑 $r \in R_{pq}^0$ 而言，其所包含路段 $a \subseteq r$ 之流量比例 $\alpha_{pa}$ 的連乘積可計算如下：

$$\prod_{a \subseteq r} \alpha_{pa} = \prod_{a \subseteq r} \left[ \exp(\beta_a) \cdot y_{pa_t}/y_{pa_h} \right] = \left[ y_{pp}/y_{pq} \right] \cdot \prod_{a \subseteq r} \exp(\beta_a)$$

$$= \exp\left( -1 + \gamma_{pq} + \sum_{a \subseteq r} \beta_a \right) \qquad (9\text{-}7a)$$

式（9-7a）結合式（9-4a），即 $h_r = d_{pq} \cdot \exp\left( -1 + \gamma_{pq} + \sum_{a \subseteq r} \beta_a \right)$，可得（參見圖 9-9）：

$$h_r = d_{pq} \cdot \exp\left( -1 + \gamma_{pq} + \sum_{a \subseteq r} \beta_a \right) = d_{pq} \cdot \prod_{a \subseteq r} \alpha_{pa} \qquad (9\text{-}7b)$$

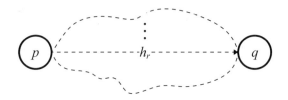

圖 9-9　起點至迄點之路徑流量示意圖

由於起點基礎之流量比例 $\alpha_{pa}$ 可以由起點礎之路段流量 $f_{\bullet a}^*$ 計算而得，因此藉由上式（9-7b），路徑流量解 $h_r$ 就可以直接且立即經由對應的起點基礎式路段流量解推算出來。Bar-Gera and Boyce（1999）說明了此路徑流量解不僅僅是保持了比例性原則，實際上亦為起點基礎之路段流量極大熵的解。

而起點基礎之區段流量（origin-based segment flows）亦可表示為（參見圖 9-10）：

$$g_{ps}(\mathbf{f}) = \sum_{q \in N_d(p)} \sum_{r \in R_{pq}:r \supseteq s} h_r(\mathbf{f}) = g_{ps_h}(\mathbf{f}) \cdot \prod_{a \subseteq s} \alpha_{pa} \qquad (9\text{-}7c)$$

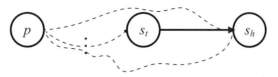

圖 9-10　起點至中間區段之流量示意圖

式（9-7c）可解釋為先算出從起點 $p$ 至區段 $s$ 的前端點（即節點 $s_h$）的流量 $g_{ps_h}(\mathbf{f})$，再按照路段流量比例倒推至區段 $s$ 的後端點（即節點 $s_t$），即可算出從起點 $p$ 至 $s$ 的區段流量 $g_{ps}(\mathbf{f})$。

根據式（9-7c），任何特定起點 $p$ 的 PAS$\{s_1, s_2\}$ 上的第一條區段 $s_1$ 流量所占之比例，可以下式求解：

$$g_{ps_1}/\left(g_{ps_1} + g_{ps_2}\right) = \left[1 + g_{ps_2}/g_{ps_1}\right]^{-1} = \left[1 + \frac{\prod_{a \in s_2} \alpha_{pa}}{\prod_{a \in s_1} \alpha_{pa}}\right]^{-1} = \rho_p(s_1, s_2) \qquad (9\text{-}7\text{d})$$

由於任何 UE 路徑對（$r_1, r_2 \in R_{pq}^0$）有不同的 PAS（$s_1, s_2 \in R_{ij}$），因此根據式（9-7b）可得知在 $r_1$ 上的流量比例為：

$$h_{r_1}/\left(h_{r_1} + h_{r_2}\right) = \left[1 + h_{r_2}/h_{r_1}\right]^{-1} = \left[1 + \frac{\prod_{a \in s_2} \alpha_{pa}}{\prod_{a \in s_1} \alpha_{pa}}\right]^{-1} = \rho_p(s_1, s_2) \qquad (9\text{-}7\text{e})$$

根據式（9-7b）路徑流量解不僅維持了比例原則，極大熵用路人均衡模型（9-2）的解亦可以顯示出以起點為基礎之路段流量（Bar-Gera and Boyce, 1990）。此外 Aka-matsu（1997）也表示路徑流量熵可由起點基礎之路段流量來直接計算，如式（9-8）：

$$
\begin{aligned}
\mathcal{E}(\mathbf{f}) = \mathcal{E}\big(\mathbf{h}(\mathbf{f})\big) &= -\sum_{p \in N_0} \sum_{q \in N_d(p)} \sum_{r \in R_{pq}^0} h_r \cdot \log\left(\frac{h_r}{d_{pq}}\right) \\
&= -\sum_{p \in N_0} \sum_{q \in N_d(p)} \sum_{r \in R_{pq}^0} h_r \cdot \log\left(\prod_{a \subseteq r} \alpha_{pa}\right) \\
&= -\sum_{p \in N_0} \sum_{q \in N_d(p)} \sum_{r \in R_{pq}^0} h_r \sum_{a \subseteq r} \log\left(\alpha_{pa}\right) \\
&= -\sum_{p \in N_0} \sum_{a \in A} \log\left(\alpha_{pa}\right) \cdot \left[\sum_{q \in N_d(p)} \sum_{r \in R_{pq}^0; r \supseteq a} h_r\right] \\
&= -\sum_{p \in N_0} \sum_{a \in A} f_{pa} \cdot \log\left(\alpha_{pa}\right) \\
&= -\sum_{p \in N_0} \sum_{a \in A} f_{pa} \cdot \log\left(\frac{f_{pa}}{g_{pa_h}}\right)
\end{aligned}
\qquad (9\text{-}8)
$$

公式（9-8）倒數第三行之$\left[\sum_{q \in N_d(p)} \sum_{r \in R_{pq}^0; r \supseteq a} h_r\right]$所以轉換成倒數第二行的$f_{pa}$，是因為從起點$p$出發前往所有迄點$q$的所有可能路徑$r$經過路段$a$的流量加總，會等於路段$a$來自於起點$p$的流量$f_{pa}$，即$\sum_{q \in N_d(p)} \sum_{r \in R_{pq}^0; r \supseteq a} h_r = f_{pa}$。

起點間的比例原則及一致性可經由離差（deviation）的大小予以衡量。對於和 PAS$\{s_1, s_2\}$ 相關的所有起點而言，比例原則的符合程度，比較容易藉由檢測流量比例 $\rho_p\{s_1, s_2\}$ 離差而獲得，即對於每個起點利用比例原則計算絕對的流量離差，如 $\zeta_{s_1 s_2 p} = \left|g_{ps_1} - \rho(s_1, s_2) \cdot (g_{ps_1} + g_{ps_2})\right|$。而對於一致性的衡量而言，由於某些路徑有可能會被錯誤的納入或排除，為了滿足一致性就需要省略目前存在的路徑且同時加入其他的路徑，但這不是有效的衡量方式，因此目前以縮減成本〔參見式（9-10）〕的分配的方式來替代一致性的檢測。

交通量指派問題（TAP）可以採用路徑超額成本（route excess cost）$ec_r$ 做為收斂標準：

$$ec_r = c_r - C_{pq}^* \quad \forall r \in R_{pq} \tag{9-9a}$$

其中，

$r$：路徑標號

$R_{pq}$：起點 $p$ 到迄點 $q$ 之所有路徑集合

$c_r$：路徑 $r$ 之路徑成本

$C_{pq}^*$：起迄對 $(p, q)$ 之最小路徑成本（$C_{pq}^* = \min\{c_r : r \in R_{pq}\}$）

將路徑超額成本乘上對應路徑流量進行加總就成為總超額成本（total excess cost, TEC），亦可稱為間隙（gap）或絕對間隙（absolute gap），如式（9-9b）所示：

$$TEC = \sum_{p \in N_0} \sum_{q \in N_d(p)} \sum_{r \in R_{pq}} h_r \cdot ec_r \tag{9-9b}$$

將總超額成本（TEC）除以總起迄需求量（TOD）就變成平均超額成本（average excess cost, AEC）如下：

$$AEC = TEC/TOD \tag{9-9c}$$

其中，總起迄需求量（TOD）的計算公式如下：

$$TOD = \sum_{p \in N_0} \sum_{q \in N_d(p)} d_{pq} \qquad (9\text{-}9d)$$

在 TAPAS 演算法中，主要以平均超額成本 AEC 作為收斂標準，其在五個路網之測試情形請參見第 9.6.1 節。

## 9.3 TAPAS 演算步驟及說明

TAPAS 演算法的三大主要之步驟為：對每個起點找尋新的 PAS、對每個有效 PAS 進行流量移轉（flow shift），以及對每個有效 PAS 執行流量再分配（flow redistribution），其求解演算流程及詳細步驟，如圖 9-11 所示。

以下將分別說明 TAPAS 主要步驟：找尋新的 PAS、流量移轉，以及流量再分配：

### 9.3.1　找尋新的 PAS

分別對每個起點 $p$，不斷的執行以下過程。

1. 檢查起點有使用路段的子路網是否存在有流量之迴圈？若找到，就必須立即移除循環流量。
2. 建立最小成本路徑樹。
3. 若起點 $p$ 使用到路段 $a$，表示該路段流量大於零，即 $f_{pa} > 0$，但若路段 $a$ 不是構成最小成本路徑樹的一部份，此時需要搜尋一個 PAS。

上述三個過程中，前兩個相對容易，因此討論重點放在第三個。令路段 $a$ 的尾端（tail）表示為 $a_t$，前端（head）表示為 $a_h$，而在路網的最小成本樹中，路段 $a$ 的替選路段為 $a'$，其尾端可表示為 $a'_t$，前端可表示為 $a'_h$。假若兩個替選路段交會在前端，即 $a'_h = a_h$，即替選之路段 $a$ 及 $a'$ 交會在共同前端點，在這種情況下，如果可以找出包括兩者在內之 PAS，則可確保在兩替選路段以及兩成對區段之間流量移轉的可能性。

在 TAPAS 演算法中進行的第一個檢測為是否存在一個（可收斂）之成本有效或流量的有效 PAS（Bar-gera, 2010, pp. 1036-1037）：(1) 若是，對於此 PAS 而言，可確信目前的起點 $p$ 包含在相關的起點名單中；(2) 若沒有存在 PAS，就要建立一個新的 PAS。

建立一個 PAS 需要使用到縮減成本的觀念，對於起點 $p$ 之路段 $a$ 的非負縮減成本 $rc_{pa}$ 定義為：

$$rc_{pa} = c^*_{pa_t} + c_a - c^*_{pa_h} \qquad (9\text{-}10)$$

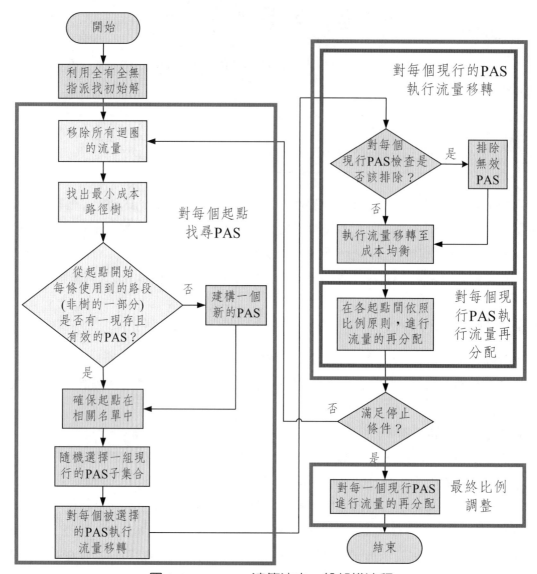

**圖 9-11　TAPAS 演算法之一般架構流程**

其中，

$c_{pn}^*$：從起點 $p$ 到節點 $n$ 之最小成本

$c_a$：從 $a_t$ 到 $a_h$ 之路段成本

　　當我們對每個起點搜尋一條最短路徑時，須同時辨識出「縮減成本」較高的路段，然後對每個縮減成本較高之路段檢查其對應之 PAS。假設其中新的區段 1 係由起點為基礎且流量為正之路段所構成，而區段 2 則為最小成本樹的一部分。

　　一般來說，我們較偏好長度較短的 PAS，因為他們較可能有更多相關的起點，可用較快的速度計算流量移轉。當使用「廣度搜尋優先」（breadth first search）的策略搜尋 PAS[10]，係由選定縮減成本較高路段之尾端 $a_t$ 開始反向沿著被使用到的路段往起點回溯搜尋，直到與最小成本路徑上相遇的第一個節點為止（如圖 9-12 之節點 5），這個節點被用來當作 PAS 的一個分枝點，而最小成本路徑會與使用到的路徑在 $a'_h = a_h$ 交會（如節點 3），此時這個 PAS 的兩個區段分別被記錄，如圖 9-12 之 PAS{(5,6,7,3),(5,1,2,3)} 所示。

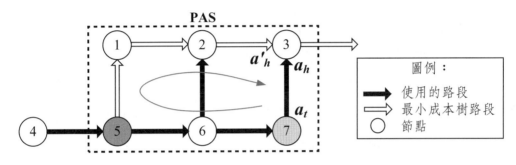

**圖 9-12　找尋 PAS 示意圖**

　　「廣度搜尋優先」為使用伸展樹的一種搜尋方法，是以某一節點為出發點，先拜訪所有相鄰的節點（同一層）。再依序拜訪與剛才被拜訪過的節點相鄰（下一層）但未曾被拜訪過的節點，直到所有相鄰的節點都已被拜訪過。因此，進行廣度優先搜尋時，需要使用等候名單來記錄拜訪的順序。

　　以圖 9-13 來說明這個過程。用路人從起點 $A$ 使用到的路段，以實線來標記，此時其他未使用路段為虛線；最小成本樹是以中空的路段來標記（實線或虛線）。一般而言，當選擇一個 PAS 時，成本區段較高將會包含流量大於 0 的（使用）路段，且結束在路段 $a$；而配對的另一個區段將會是最小成本樹的一部分，且結束在路段 $a'$；對於兩個區段而言，相同的節點只有第一個節點（分枝點）及最後一個節點（交會點）。

　　以下以三個簡單數例說明找尋 PAS 的過程。

【**例題 9-3**】簡單的 PAS 數例：在圖 9-13 中，請搜尋交會節點 12 的 PAS。

【**解答**】選出不是最小成本路徑的一部分的使用路段 $a = [6,12]$ 來檢查。最小成本樹中，節點 12 的前面為 $a' = [11,12]$。選擇一個 PAS 對於路段 $a = [6,12]$ 和 $a' = [11,12]$ 而言，只有一個可能，即為使用到的區段 $s_1 = [4,5,6,12]$ 和最小成本區段 $s_2 = [4,10,11,12]$。因此利用「廣度搜尋優先」過程可辨識出這個 PAS，從

---

[10] PAS 也可採用深度優先（depth first search）之方式搜尋流量最大之區段 $s_1$（Xie and Xie, 2014）。

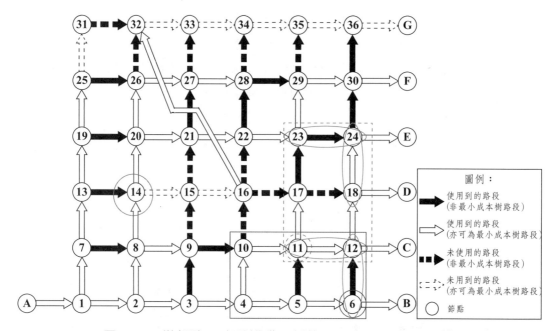

圖 9-13　從起點 A 出發辨識一新的 PAS（Bar-Gera, 2010）

節點 6 開始再依序掃描節點 5 和 4。

【例題 9-4】稍微複雜的 PAS 數例：在圖 9-13 中，請搜尋交會節點 24 的 PAS。

【解答】選出路段 $a$ = [23,24] 來檢查。從節點 23 開始廣度優先搜尋，掃瞄節點的順序
為：22, 17, 21, 11。這個搜尋停在節點 11，PAS 的結果包含使用到的區段 $s_1$ =
[11,17,23,24] 和最小成本區段 $s_2$ = [11,12,18,24]。對於合理的 PAS 來說，可能
分枝的節點為 1, 2, 11。例題 9-4 顯示出廣度優先搜尋過程的關鍵優勢，通常
會導致較短（short）或區域（local）的 PAS。

【例題 9-5】更複雜的 PAS 數例：在圖 9-13 中，請搜尋交會節點 36 的 PAS。

【解答】若選出路段 $a$ = [30,36] 來檢查，PAS 的結構就很重要；替選的最小成本路段
為 $a'$ = [35,36]。最小成本路徑到達 $a_h$ = 36 為 [A,1,2,8,14,15,16,32,33,34,35,
36]。從 $a_t$ = 30 開始廣度優先搜尋，檢測節點的順序為：29, 24, 28, 23, 18, 27,
22, 17, 12, 26, 21, 11, 6, 25, 20, 10, 5, 19, 14。這個搜尋停在節點 14，由於節
點 14 到 $a_h$ = 36 是最小成本路徑的一部分，因此這個 PAS 分歧的節點為 14。
使用到的區段 $s_1$ = [14,20,26,27,28,29,30,36] 和最小成本區段 $s_2$ = [14,15,16,32,
33,34,35,36]。在例題 9-5 中，從分枝的節點 14 到交會點 36，對於使用到的區
段 $s_1$ 還有幾種其他可能的選擇。目前的演算法任意選擇區段，必須要從反向
來搜尋。像這種較複雜的情況，PAS 就可能會產生效率問題。

### 9.3.2　流量移轉

在 TAPAS 演算法中最簡單的部分即爲「流量移轉」。所謂流量移轉係指將成對區段中成本較高區段（$s_1$）之流量移轉部分至成本較低區段（$s_2$），使得經過線性搜尋（line search）的流量移轉結果，能夠將成對區段上之總旅行成本降至最低，其數學模型如下所示：

$$\min_{0 \leq \alpha \leq 1} z = \sum_{a \in s_1} \int_0^{f_a - \alpha \cdot g_{\bullet s_i}} c_a(w)\, dw + \sum_{a \in s_2} \int_0^{f_a + \alpha \cdot g_{\bullet s_i}} c_a(w)\, dw \qquad （9\text{-}11）$$

其中，

　$c_a$：路段 $a$ 之成本

　$f_a$：路段 $a$ 之流量

　$g_{\bullet s_1}$：區段 $s_1$ 之流量，其爲各相關起點出發行經區段 $s_1$ 之流量總和，即
　　　$g_{\bullet s_1} = \sum_{p \in P} g_{ps_1}$。

　$g_{ps_1}$：起點 $p$ 出發行經區段 $s_1$ 之流量，即 $g_{ps_1} = \min_{a \in s_1}\{f_{pa}\}$。

　$\alpha$：移動步輻

「流量移轉」可採用二分法（bisection method）求取最佳步輻 $\alpha^*$，也可另行採用線性搜尋（line search）[11] 方法求算（Xie and Xie, 2014）。至於兩條區段之流量移轉之執行步驟，說明如下例題所示。

【例題 9-6】：請參見表 9-2，執行兩條區段之流量移轉。

【解答】：

a. 首先，決定哪一個區段有較高的成本。例如在表 9-2 給定的路段成本中，區段 1 的成本較高爲 20 單位。

b. 其次，考慮相關的起點名單。例如在表 9-2 中，有 4 個相關起點在名單中：11、73、102、137。在這些起點名單中的每一個起點，從高成本區段來決定最大可移轉流量，作爲所有以起點爲基礎路段流量之最小值。例如起點 73，從區段 1 移轉流量至區段 2 之最大值爲 $g_{73,s_1} = 4$ 單位（對應於具有最小流量之路段 45）。

---

[11] 由區段 $s_1$ 移轉至 $s_2$ 之流量的線性搜尋公式計算爲 $\delta_{s_1 \to s_2} = \min\left\{\left(\dfrac{c_{s_1} - c_{s_2}}{c_{s_1} + c_{s_2}}\right), f_{s_1}\right\}$，其中 $c_{s_1}$、$c_{s_2}$、$f_{s_1}$ 分別代表區段 $s_1$ 之成本、區段 $s_2$ 之成本，以及區段 $s_1$ 之流量。

c. 區段 1 到區段 2 所有相關起點的可行移轉流量加總，可決定總移轉流量為 $g_{\bullet s_1} = 16$ 單位；而從區段 2 到區段 1 最大可能的總移轉流量為 $g_{\bullet s_2} = 11$ 單位（註：由於無須從較低成本的區段移轉流量至較高成本的區段，這個資訊對於之後的演算過程沒有實質幫助）。

　　若執行可行最大流量移轉後，低成本與高成本區段的關係維持不變，那麼就執行那個流量移轉。除此之外，我們使用線性搜尋來決定多少的流量移轉會導致相等的區段成本。（註：線性搜尋僅處理總路段流量的改變，以及僅就在 PAS 中相對關連牽涉較小的路段數來搜尋，因此可以進行相當快速的計算。）

表 9-2　執行流量移轉例題（Bar-Gera, 2010）

| 路段 | 成本 | 起點 11 | 起點 73 | 起點 102 | 起點 137 | 總流量 |
|---|---|---|---|---|---|---|
| 區段 1 | 20 | | | | | |
| 路段 23 | 5 | 4 | 9 | 4 | 15 | 32 |
| 路段 45 | 3 | 2 | 4 | 7 | 32 | 45 |
| 路段 53 | 12 | 7 | 6 | 2 | 8 | 23 |
| 最小值 | | 2（0.5） | 4(1) | 2（0.5） | 8(2) | 16(4) |
| 區段 2 | 16 | | | | | |
| 路段 11 | 5 | 7 | 3 | 7 | 8 | 25 |
| 路段 103 | 2 | 5 | 2 | 13 | 6 | 26 |
| 路段 57 | 3 | 5 | 4 | 0 | 9 | 18 |
| 路段 88 | 6 | 12 | 1 | 23 | 5 | 41 |
| 最小值 | | 5 | 1 | 0 | 5 | 11 |

## 9.3.3　流量再分配

　　在起點間的流量再分配為演算法中相對較複雜的部分，是依照比例的原則來進行的，即對每一個 PAS（如 $\{s_1, s_2\}$）的所有相關起點 $P \subseteq N_0$ 進行流量再分配，以達到所有起點之間流量比例均相等。因此，一旦藉由線性搜尋決定了總移轉流量，就可以在起點間按照比例劃分為每個起點的可行移轉流量，例如：假設經由式（9-11）所計算出來之移動步輻 $\alpha = 0.25$，即表 9-2 總移轉流量為 4 單位，則四個起點 11、73、102、137 之移轉量分別為 0.5、1、0.5、2。

【例題 9-7】請以簡易（naive）法調整流量的比例：在表 9-3a 中，三個起點 {3,25,43} 之區段流量之比例 {0.6,1,5/6} 不相等，請藉由簡易法調整達到相同的比例

0.8。

表 9-3a　　獨立 PAS 上之三個起點之流量比例不相等

| 起點 $p$ | 區段 1 流量（$g_{ps_1}$） | 區段 2 流量（$g_{ps_2}$） | 比例（$\rho_p(s_1, s_2)$） | 離差／調整量（$\delta_p$） |
|---|---|---|---|---|
| 3 | 15 | 10 | 0.6 | +5 |
| 25 | 15 | 0 | 1 | -3 |
| 43 | 50 | 10 | 5/6 | -2 |
| 加總 | 80 | 20 | 0.8 | |

【解答】

簡易法針對區段 1 流量離差公式：

$$\delta_p = \rho(s_1, s_2) \cdot \left( g_{ps_1} + g_{ps_2} \right) - g_{ps_1} \tag{9-12a}$$

$[\delta_3 = (0.8*25) - 15 = 5]$

$[\delta_{25} = (0.8*15) - 15 = -3]$

$[\delta_{43} = (0.8*60) - 50 = -2]$

其中，總流量比例為：

$$\rho(s_1, s_2) = \sum_{p \in N_0} g_{ps_1} \Big/ \sum_{p \in N_0} \left( g_{ps_1} + g_{ps_2} \right) \tag{9-12b}$$

$[80/(80 + 20) = 0.8]$

將此離差 $\delta_p$ 作為調整起點基礎之區段流量：

$$g_{ps_1} = g_{ps_1} + \delta_p \tag{9-12c}$$

$$g_{ps_2} = g_{ps_2} - \delta_p \tag{9-12d}$$

$[ g_{3s_1} = 15 + 5 = 20 ； g_{3s_2} = 10 - 5 = 5 ]$

$[ g_{25s_1} = 15 + (-3) = 12 ； g_{25s_2} = 0 - (-3) = 3 ]$

$[ g_{43s_1} = 50 + (-2) = 48 ； g_{43s_2} = 10 - (-2) = 12 ]$

表 9-3b　獨立 PAS 上之流量比例相等（藉由簡易法調整）

| 起點 $p$ | 區段 1 流量（$g_{ps_1}$） | 區段 2 流量（$g_{ps_2}$） | 比例（$\rho_p(s_1, s_2)$） | 離差／調整量（$\delta_p$） |
|---|---|---|---|---|
| 3 | 20 | 5 | 0.8 | 0 |
| 25 | 12 | 3 | 0.8 | 0 |
| 43 | 48 | 12 | 0.8 | 0 |
| 加總 | 80 | 20 | 0.8 | |

　　但簡易法只能針對獨立（isolated）的 PAS 做流量比例調整，卻不能處理 PAS 的中間節點存在匯入流量的流量比例。利用這個簡易法調整起點基礎之路段流量，會忽略起點基礎區段流量的非線性影響，因此即使是非常簡單的數例，也必須重複多次才可能達到所需之流量比例精度，而且也不保證能調整達到收斂條件，因此需要發展一個更正規（formal）的方法。

　　正規法是考量一個以起點為基礎之調整向量 $\boldsymbol{\delta}$，應用來推導出調整的比例 $\rho$，若該 PAS 與起點 $p$ 無關，則 $\delta_p = 0, \forall p \notin P$。以起點為基礎之路段流量的調整陣列 $\Delta\mathbf{f}(\boldsymbol{\delta})$ 為：

$$\Delta f_{pa} = \begin{cases} \delta_p & a \in s_1 \\ -\delta_p & a \in s_2 \\ 0 & \text{其他} \end{cases} \tag{9-13}$$

　　對於一個特定 PAS 而言，可將式（9-8）的路段流量極大熵問題納入流量調整考量，建構為以下最佳化問題：

$$\max_{\Delta\mathbf{f}(\boldsymbol{\delta})\in\Omega_{\text{MEUE\_A}}} E\big(\mathbf{f} + \Delta\mathbf{f}(\boldsymbol{\delta})\big) = -\sum_{p\in N_0}\sum_{a\in A}\big(f_{pa} + \Delta f_{pa}(\boldsymbol{\delta})\big)\cdot\log\left(\frac{f_{pa} + \Delta f_{pa}(\boldsymbol{\delta})}{g_{pa_h}\big(\mathbf{f} + \Delta\mathbf{f}(\boldsymbol{\delta})\big)}\right) \tag{9-14a}$$

可行解區域 $\Omega_{\text{MEUE\_A}}$ 由下列路段調整量之限制式所組成：

$$\sum_p \delta_p = 0 \tag{9-14b}$$

$$\mathbf{f} + \Delta\mathbf{f}(\boldsymbol{\delta}) \geq \mathbf{0} \tag{9-14c}$$

　　式（9-14b）表示調整量之總和為零，總路段流量將保持不變。將式（9-14b）對偶化，以上問題就轉換為拉氏函數模型：

$$\min_{\lambda} \max_{\Delta\mathbf{f}(\boldsymbol{\delta})} \quad \mathcal{L} = E\big(\mathbf{f} + \Delta\mathbf{f}(\boldsymbol{\delta})\big) + \lambda \cdot \left(\sum_p \delta_p\right) \tag{9-15a}$$

$$\text{st.} \quad \mathbf{f} + \Delta\mathbf{f}(\boldsymbol{\delta}) \geq \mathbf{0} \tag{9-15b}$$

$$\lambda\text{不受限} \tag{9-15c}$$

針對拉氏函數模型（9-15）的主變數調整流量 $\delta_p$ 推導其最佳化條件如下：

$$\frac{\partial\mathcal{L}}{\partial\delta_p} = -\log\left(\frac{g_{ps_1}(\delta_p)}{g_{ps_2}(\delta_p)}\right) + \lambda = 0 \tag{9-16a}$$

$$\frac{g_{ps_1}(\delta_p)}{g_{ps_2}(\delta_p)} = \exp(\lambda) \tag{9-16b}$$

$$\rho_p(\delta_p) = \frac{g_{ps_1}(\delta_p)}{g_{ps_1}(\delta_p) + g_{ps_2}(\delta_p)} = \big(1 + \exp(-\lambda)\big)^{-1} = \rho \quad \forall p \in P \tag{9-16c}$$

式（9-16a）之推導過程請參見 Bar-Gera（2010, pp. 1040-1041）。式（9-16b）係由式（9-16a）轉換得來。式（9-16c）係由式（9-16b）轉換得來，表示經過流量調整之後，所有起點的 PAS 流量比例必須相同，即流量比例 $\rho_p(\delta_p) = \rho$。對於一個獨立的 PAS 而言，流量調整是相當簡單的過程，只要利用簡易法即可調整流量比例；但對於非獨立 PAS（即指 PAS 的中間節點存在匯入流量的情況）而言，流量調整的理論依據就沒有那麼容易了，必須使用正規法來調整流量。然而正規法相對於簡易法複雜許多，以下僅說明其求解觀念，至於實際應用之方式則有待未來進一步探討。

求解最佳化條件（9-16c），必須以「總流量比例」$\rho$ 或同等的「對偶變數」$\lambda$ 為關鍵之決策變數。這種做法之前提為我們必須考慮以下之反函數[12]（inverse functions）：

$$u_p = \rho_p^{-1} \tag{9-17}$$

即針對起點 $p$，令 $u_p(\rho)$（為 $\rho_p$ 的反函數）提供必要之流量調整，使得 PAS 流量比例能夠調整至 $\rho$。每個起點 $p$ 的調整流量 $\delta_p$ 是有上下界限的，其範圍介於 $[\delta_p^{\min}, \delta_p^{\max}]$

---

[12] 假設 $y$ 為 $x$ 的函數，即 $y(x)$，則 $x$ 成為 $y$ 的反函數，即 $x = y^{-1}$。同理，若 $\rho_p$ 為 $\delta_p$ 的函數，即 $\rho_p(\delta_p)$，則 $\delta_p$ 成為 $\rho_p$ 的反函數，即 $\delta_p = \rho_p^{-1}$。

之間，其中$\delta_p^{\min} = -\min_{a \subseteq s_1} f_{pa}$，$\delta_p^{\max} = \min_{a \subseteq s_2} f_{pa}$。當流量調整量爲$\delta_p^{\min}$時，其對應之流量調整比例$\rho_p\left(\delta_p^{\min}\right) = 0$，但當流量調整量爲$\delta_p^{\max}$時，$\rho_p\left(\delta_p^{\max}\right) = 1$，至於當流量調整量爲落於上下界限之間的數值時，則流量比例$\rho_p$的調整範圍會侷限在 $[0,1]$ 之間。

對於任一 PAS 而言，其流量總調整量可表示爲所有起點之流量調整量的總和：

$$U(p) = \sum_{p \in P} u_p(\rho) \qquad （9\text{-}18）$$

由於每一個 PAS 在經過流量調整後，其所包含之路段流量依然不變，因此求解式（9-18）的問題就可以轉換爲求解 $U(\rho) = 0$ 的問題（表示對一個 PAS 而言，流量總調整量須爲 0）。但由於反函數 $u_p$ 很難以明確方程式表達，因此借用 $u_p$ 的「二次近似」（quadratic approximations）方式，從而求解一個二次近似型態的 $U(\rho)$，$u_p(\rho)$ 之二次近似型態可經由泰勒展開式（Taylor series）導出如下：

$$u_p(\rho) \approx u_p(\overline{\rho}) + \frac{u_p'(\overline{\rho})(\rho - \overline{\rho})}{1!} + \frac{u_p''(\overline{\rho})(\rho - \overline{\rho})^2}{2!} \qquad （9\text{-}19a）$$

其中：

$u_p'(\overline{\rho})$：反函數$u_p(\overline{\rho})$對$\overline{\rho}$的一階微分

$u_p''(\overline{\rho})$：反函數$u_p(\overline{\rho})$對$\overline{\rho}$的二階微分

將式（9-19a）代入 $U(\rho) = 0$ 可得：

$$U(p) = 0 = \sum_{p \in P} u_p(\rho) \approx \sum_{p \in P} \left( u_p(\overline{\rho}) + u_p'(\overline{\rho})(\rho - \overline{\rho}) + \frac{u_p''(\overline{\rho})(\rho - \overline{\rho})^2}{2} \right) \qquad （9\text{-}19b）$$

此二次近似方法的優點爲：若該 PAS 是獨立的（如：PAS 上之中間節點沒有其他流量匯入的狀態下），$\rho_p(\delta_p)$ 爲一線性函數且其反函數 $u_p$ 亦爲線性。在這樣的特例下，對所有相關的起點而言，二次近似的正規法等同於簡易法，且能以一次流量調整達到完全一樣的流量比例；而在其他案例的情況下，二次近似的正規法，必須不斷重複多次流量移轉，但實際上在許多案例中只需非常少的次數即可達到預設精度的要求。但由於找尋 $u_p(\rho)$ 有一定的困難度，$u_p(\rho)$ 二次近似的流量法在求解上亦非常複雜，因此在實際上主要仍以簡易法作爲流量調整的操作方式。

### 9.3.4 路徑流量與區段流量之計算

　　由於在每回合中必須考量所有的 PAS 並調整流量比例，俟所有 PAS 流量比例調整完成，再依此流量比例來進行流量再分配的運算。目前採行方式係針對每個 PAS 進行獨立的近似調整。一般的作法為在每回合針對每個 PAS 調整一次流量，藉由重覆這一程序可辨識所有 PAS，因此在進行流量再分配之前須先行找出以起點為基礎的流量比例（Bar-Gera, 2010）。

　　對於特定起點流量，可先根據 9.2 節式（9-6a）求得起點基礎之節點流量、式（9-6b）求得起點基礎之路段流量、式（9-6c）求得起點基礎之路段流量比例，然後再根據式（9-7b）與式（9-7c）來求解合理的路徑流量及區段流量，以下利用特定起點數例予以說明。

【例題 9-8】

　　特定起點路徑流量的運算：在圖 9-14a 中，請計算起點 A 經由中間節點 1、3、4、6 至迄點 D 之路徑流量。

【解答】

　　以起點為基礎之路徑流量＝（路徑上所有路段之流量比例連乘）×（OD 流量）。假設起點 A 至迄點 D 之 OD 流量為 19：

$$h_{[A,1,3,4,6,D]} = 19/19 \times 10/19 \times 100/100 \times 109/109 \times 19 = 10$$

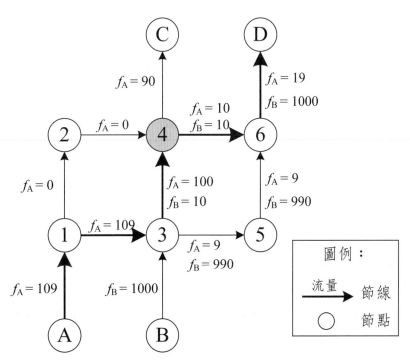

圖 9-14a　特定起點路徑流量運算（Bar-Gera, 2010, p. 1039）

**【例題 9-9】**

　　特定起點區段流量的運算：在圖 9-14b 中，請計算兩條區段 [3-4-6] 與 [3-5-6] 分別來自於起點 A 與 B 之區段流量。

**【解答】**

　　以起點爲基礎之區段流量＝（區段上所有路段之流量比例連乘）×（區段最後一個節點流量）。例如：

$g_{A[3,4,6]} = 10/19 \times 100/100 \times 19 = 10$

$g_{A[3,5,6]} = 9/19 \times 9/9 \times 19 = 9$

$g_{B[3,4,6]} = 10/1000 \times 10/10 \times 1000 = 10$

$g_{B[3,5,6]} = 990/1000 \times 990/990 \times 1000 = 990$

源自於起點 A 與 B 之兩條路徑 $s_1 = [3,4,6]$ 與 $s_2 = [3,5,6]$ 的流量比例分別爲：

$\rho_A(s_1, s_2) = 10/19$

$\rho_B(s_1, s_2) = 10/1000$

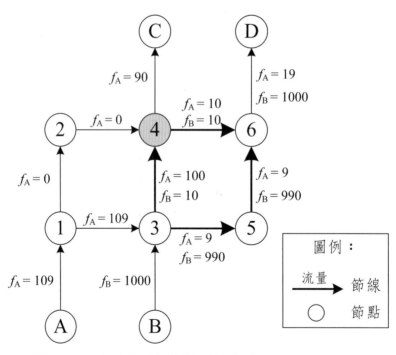

**圖 9-14b　特定起點區段流量運算**（Bar-Gera, 2010）

　　以上之特定起點求算方式亦可應用於多個起點，當區段流量及路徑流量皆求出之後，即可知在任何 PAS 上特定起點的流量比例，接著可依照比例的原則，針對每個 PAS 調整一次，使這些起點對應的 PAS 流量比例達均等。

### 9.3.5 小結

TAPAS 演算法的三個主要步驟之間的權衡，即找尋新的 PAS、流量移轉，以及流量再分配，需要非常小心處理，特別需要依賴經驗。根據目前有限的經驗顯示：與其多花時間去搜尋新的 PAS，倒不如去執行更多次有效的 PAS 流量移轉。因此，在現階段執行上，建議每回合對於每個起點分別搜尋一次，找尋新的 PAS，以及在每個有效 PAS 上部分流量的移轉，一般大約每回合會有 20 次的移轉（Bar-Gera, 2010）。

經由以上 TAPAS 演算法的步驟說明，可將 PAS 集合的管理方式整理如下：

1. 產生新的 PAS：即主要步驟 1 之找尋新的 PAS 過程。

2. 排除失效的 PAS：在每回合最後，須檢測所有的有效 PAS 是否該被排除。若所有流量從其中一區段移至另一區段，以及連續兩個回合沒有流量移轉，此時該 PAS 必須被排除。

3. 更新和起點相關的 PAS 名單：由於在找尋新的 PAS 的過程中，會檢測是否存在一個有效的 PAS，若沒有就必須建立一新的 PAS，此時 PAS 名單就會增加；而在每回合最後，須檢測所有的有效 PAS 是否該被排除，此時 PAS 名單就會減少。因此名單的管理必須在此兩個地方做檢查。

# 9.4 交通量指派範例求解

## 9.4.1 交通量指派範例輸入資料

茲舉交通量指派測試路網為例：包含 6 個節點與 18 條節線，其中節點 1、2 為起點，節點 4、5 為迄點，如圖 9-15 所示。旅次起迄需求則如表 9-4 所示

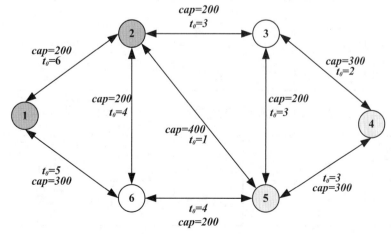

圖 9-15　交通量指派範例路網

表 9-4　交通量指派範例起迄需求表

| 起點 | 迄點 | 旅次量 |
|---|---|---|
| 1 | 4 | 430 |
| 1 | 5 | 470 |
| 2 | 4 | 420 |
| 2 | 5 | 30 |

　　各實際路段的成本函數則採用聯邦公路總署（Federal Highway Administration, FHWA）所定義的路段成本函數，亦稱之為（Bureau of Public Roads, BPR）路段旅行時間函數。

## 9.4.2　交通量指派範例求解

　　範例求解所得之路段資訊整理如表 9-5 以及圖 9-16 所示。

表 9-5　交通量指派求解路段資訊結果 - 路段流量、成本

| 路段編號 | 節線 | 自由流旅行成本 | 路段容量 | 路段流量 | 路段成本 |
|---|---|---|---|---|---|
| $a_1$ | $1 \rightarrow 2$ | 6 | 200 | 373.445 | $6*(1+0.15*\left[\dfrac{373.445}{200}\right]^4) = 16.9403$ |
| $a_2$ | $1 \rightarrow 6$ | 5 | 300 | 526.555 | $5*(1+0.15*\left[\dfrac{526.555}{300}\right]^4) = 12.1179$ |
| $a_3$ | $6 \rightarrow 2$ | 4 | 200 | 216.403 | $4*(1+0.15*\left[\dfrac{216.403}{200}\right]^4) = 4.8224$ |
| $a_4$ | $2 \rightarrow 5$ | 1 | 400 | 728.201 | $1*(1+0.15*\left[\dfrac{728.201}{400}\right]^4) = 2.6476$ |
| $a_5$ | $6 \rightarrow 5$ | 4 | 200 | 310.152 | $4*(1+0.15*\left[\dfrac{310.152}{200}\right]^4) = 7.4700$ |
| $a_6$ | $5 \rightarrow 3$ | 3 | 200 | 66.220 | $3*(1+0.15*\left[\dfrac{66.220}{200}\right]^4) = 3.0054$ |
| $a_7$ | $5 \rightarrow 4$ | 3 | 300 | 472.133 | $3*(1+0.15*\left[\dfrac{472.133}{300}\right]^4) = 5.7605$ |
| $a_8$ | $3 \rightarrow 4$ | 2 | 300 | 377.867 | $2*(1+0.15*\left[\dfrac{377.867}{300}\right]^4) = 2.7551$ |
| $a_9$ | $2 \rightarrow 3$ | 3 | 200 | 311.647 | $3*(1+0.15*\left[\dfrac{311.647}{200}\right]^4) = 5.6530$ |

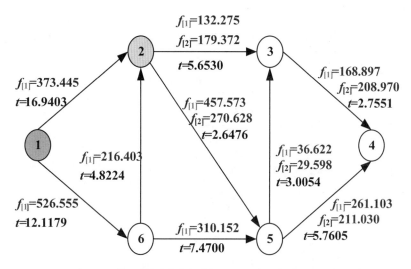

圖 9-16　交通量指派範例求解結果 - 各起點之路段流量與成本

　　詳細之路徑流量資訊可根據表 9-5 所獲得各路段成本、流量資訊，加以推算，整理如表 9-6 所示。根據表 9-6 可知：(1) 第 3 欄之起點為基礎之區段流量滿足式（9-7b）之最佳化條件，即以起點為基礎之區段流量可將起迄需求量乘以起點基礎之路段流量（參見圖 9-16）比例連乘積。(2) 第 3 欄每對 O-D 之所有路徑流量總和滿足式（9-1b）之起迄需求量守恆條件。(3) 第 4 欄每對 O-D 之所有使用路徑成本皆相等且最小，符合 Wardrop 第一原則之路網均衡條件。

表 9-6　交通量指派範例路徑資訊求解結果 - 路徑流量、成本

| 起迄對 | 路徑編號：路徑 | 式（9-7b）：路徑流量 = 起迄總需求量 * 路段流量比例連乘積 | 路徑成本 |
|---|---|---|---|
| 1-4 | $r_1$: $1 \to 2 \to 5 \to 4$ | $430 * \dfrac{373.445}{589.848} * \dfrac{457.573}{767.725} * \dfrac{261.103}{430} = 98.526$ | 25.3484 |
| | $r_2$: $1 \to 2 \to 5 \to 3 \to 4$ | $430 * \dfrac{373.445}{589.848} * \dfrac{457.573}{767.725} * \dfrac{36.622}{168.897} * \dfrac{168.897}{430}$ $= 13.819$ | 25.3484 |
| | $r_3$: $1 \to 6 \to 2 \to 5 \to 4$ | $430 * \dfrac{526.555}{526.555} * \dfrac{216.403}{589.848} * \dfrac{457.573}{767.725} * \dfrac{261.103}{430}$ $= 57.094$ | 25.3484 |
| | $1 \to 6 \to 2 \to 5 \to 3 \to 4$ | $430 * \dfrac{526.555}{526.555} * \dfrac{216.403}{589.848} * \dfrac{457.573}{767.725} * \dfrac{36.622}{168.897}$ $* \dfrac{168.897}{430} = 8.008$ | 25.3484 |

| 起迄對 | 路徑編號：路徑 | 式（9-7b）：路徑流量 = 起迄總需求量 * 路段流量比例連乘積 | 路徑成本 |
|---|---|---|---|
| | $r_5$: $1 \rightarrow 6 \rightarrow 5 \rightarrow 4$ | $430 * \dfrac{526.555}{526.555} * \dfrac{310.152}{767.725} * \dfrac{261.103}{430} = 105.483$ | 25.3484 |
| | $r_6$: $1 \rightarrow 6 \rightarrow 5 \rightarrow 3 \rightarrow 4$ | $430 * \dfrac{526.555}{526.555} * \dfrac{310.152}{767.725} * \dfrac{36.622}{168.897} * \dfrac{168.897}{430}$ $= 14.795$ | 25.3484 |
| | $r_7$: $1 \rightarrow 2 \rightarrow 3 \rightarrow 4$ | $430 * \dfrac{373.445}{589.848} * \dfrac{132.275}{168.897} * \dfrac{168.897}{430} = 83.746$ | 25.3484 |
| | $r_8$: $1 \rightarrow 6 \rightarrow 2 \rightarrow 3 \rightarrow 4$ | $430 * \dfrac{526.555}{526.555} * \dfrac{216.403}{589.848} * \dfrac{132.275}{168.897} * \dfrac{168.897}{430}$ $= 48.529$ | 25.3484 |
| | 式（9-1b）：總和 | 430 | -- |
| 1-5 | $r_9$: $1 \rightarrow 2 \rightarrow 5$ | $470 * \dfrac{373.445}{589.848} * \dfrac{457.573}{767.725} = 177.353$ | 19.5879 |
| | $r_{10}$: $1 \rightarrow 6 \rightarrow 5$ | $470 * \dfrac{526.555}{526.555} * \dfrac{310.152}{767.725} = 189.875$ | 19.5879 |
| | $r_{11}$: $1 \rightarrow 6 \rightarrow 2 \rightarrow 5$ | $470 * \dfrac{526.555}{526.555} * \dfrac{216.403}{589.848} * \dfrac{457.573}{767.725} = 102.772$ | 19.5879 |
| | 式（9-1b）：總和 | 470 | -- |
| 2-4 | $r_{12}$: $2 \rightarrow 3 \rightarrow 4$ | $420 * \dfrac{179.372}{208.97} * \dfrac{208.970}{420} = 179.372$ | 8.4081 |
| | $r_{13}$: $2 \rightarrow 5 \rightarrow 4$ | $420 * \dfrac{270.628}{270.628} * \dfrac{211.030}{420} = 211.030$ | 8.4081 |
| | $r_{14}$: $2 \rightarrow 5 \rightarrow 3 \rightarrow 4$ | $420 * \dfrac{270.628}{270.628} * \dfrac{29.598}{208.97} * \dfrac{208.970}{420} = 29.598$ | 8.4081 |
| | 式（9-1b）：總和 | 420 | -- |
| 2-5 | $r_{15}$: $2 \rightarrow 5$ | $30 * \dfrac{270.628}{270.628} = 30$ | 2.6476 |
| | 式（9-1b）：總和 | 30 | -- |

　　Bar-Gera（2010）極大熵用路人均衡模型之最佳化條件亦可加以驗證如下表 9-7 所示。若將第 3 欄加上第 4 欄之數值和等於第 5 欄之數值，表示最佳化條件如式（9-4b）獲得滿足；而第 7 欄之羅吉特模型數值則表示式（9-4e）之最佳化條件得到驗證。

　　本研究範例測試之路徑流量解果與其最佳化條件完全符合，意味著 Bar-Gera（2010）極大熵用路人均衡模型之最佳化條件可用來闡釋比例原則。

表 9-7　交通量指派範例最佳化條件驗證

| 起迄對 | 路徑編號 | $\ln h_r$ | $(1-\ln d_{pq})$ $-\sum_{r \supseteq a} \beta_a$ | $\gamma_{pq}$ | $(1-\ln d_{pq})$ ; $\sum_{r \supseteq a} \beta_a$ | $h_r = d_{pq} \cdot$ $\dfrac{\exp(\sum_{a \subseteq r} \beta_a)}{\sum_{r' \in R_{pq}} \exp(\sum_{a \subseteq r'} \beta_a)}$ |
|---|---|---|---|---|---|---|
| 1-4 $(d_{14}=430)$ | $r_1$ | 4.59 | 20.758 | 25.3484 | -5.064; -25.822 | 98.526 |
| | $r_2$ | 2.626 | 22.722 | 25.3484 | -5.064; -27.786 | 13.819 |
| | $r_3$ | 4.045 | 21.303 | 25.3484 | -5.064; -26.367 | 57.094 |
| | $r_4$ | 2.08 | 23.268 | 25.3484 | -5.064; -28.332 | 8.008 |
| | $r_5$ | 4.659 | 20.694 | 25.3484 | -5.064; -25.758 | 105.483 |
| | $r_6$ | 2.694 | 22.654 | 25.3484 | -5.064; -27.718 | 14.795 |
| | $r_7$ | 4.428 | 20.92 | 25.3484 | -5.064; -25.984 | 83.746 |
| | $r_8$ | 3.882 | 21.466 | 25.3484 | -5.064; -26.53 | 48.529 |
| 1-5 $(d_{15}=470)$ | $r_9$ | 5.178 | 14.410 | 19.5879 | -5.153; -19.563 | 177.353 |
| | $r_{10}$ | 5.246 | 14.341 | 19.5879 | -5.153; -19.494 | 189.875 |
| | $r_{11}$ | 4.633 | 14.955 | 19.5879 | -5.153; -20.108 | 102.772 |
| 2-4 $(d_{24}=420)$ | $r_{12}$ | 5.189 | 3.219 | 8.4081 | -5.04; -8.259 | 179.372 |
| | $r_{13}$ | 5.352 | 3.055 | 8.4081 | -5.04; -8.095 | 211.03 |
| | $r_{14}$ | 3.388 | 5.02 | 8.4081 | -5.04; -10.06 | 29.598 |
| 2-5 $(d_{25}=0)$ | $r_{15}$ | 3.401 | -0.751 | 2.6476 | -2.401; -1.65 | 30 |

　　由表 9-8 交通量指派範例路段資訊求解結果比較，可發現 TAPAS 演算法求得之路段流量與路段成本結果與 Lingo 最佳化軟體之求解結果完全相同；但 FW 演算法之求解結果與 Lingo 結果仍存在些許之差異，進一步驗證 TAPAS 為快速精確演算法（quick-precision algorithm）。

表 9-8　交通量指派範例求解路段資訊結果比較 - 路段流量（路段成本）

| 路段 | | 求解法 | | |
|---|---|---|---|---|
| | | Lingo | TAPAS | FW |
| $a_1$ | 1 → 2 | 373.445 (16.9403) | 373.445 (16.9403) | 373.501 (16.9469) |

| 路段 | | 求解法 | | |
|---|---|---|---|---|
| | | Lingo | TAPAS | FW |
| $a_2$ | $1 \rightarrow 6$ | 526.555 （12.1179） | 526.555 （12.1179） | 526.449 （12.1148） |
| $a_3$ | $6 \rightarrow 2$ | 216.403 （4.8224） | 216.403 （4.8224） | 216.145 （4.8225） |
| $a_4$ | $2 \rightarrow 5$ | 728.201 （2.6476） | 728.201 （2.6476） | 728.195 （2.6475） |
| $a_5$ | $6 \rightarrow 5$ | 310.152 （7.4700） | 310.152 （7.4700） | 310.09 （7.4673） |
| $a_6$ | $5 \rightarrow 3$ | 66.220 （3.0054） | 66.220 （3.0054） | 66.928 （3.0056） |
| $a_7$ | $5 \rightarrow 4$ | 472.133 （5.7605） | 472.133 （5.7605） | 472.078 （5.7592） |
| $a_8$ | $3 \rightarrow 4$ | 377.867 （2.7551） | 377.867 （2.7551） | 377.922 （2.7555） |
| $a_9$ | $2 \rightarrow 3$ | 311.647 （5.6530） | 311.647 （5.6530） | 311.714 （5.6553） |

　　由表 9-9 交通量指派求解結果路徑資訊比較可知，本範例中，可發現 TAPAS 演算法不論是路徑流量解或是路徑成本皆與 Lingo 最佳化軟體求解極大熵用路人均衡模型之結果完全相同，進一步驗證了 TAPAS 演算法求解之精確性。

表 9-9　交通量指派求解路徑資訊結果比較 - 路徑流量（路徑成本）

| 路徑 | 求解法 | | |
|---|---|---|---|
| | Lingo | TAPAS | FW |
| $r_1$ | 98.526 （25.3484） | 98.526 （25.3484） | -- （25.3536） |
| $r_2$ | 13.819 （25.3484） | 13.819 （25.3484） | -- （25.3555） |
| $r_3$ | 57.094 （25.3484） | 57.094 （25.3484） | -- （25.3440） |

| 路徑 | 求解法 | | |
|---|---|---|---|
| | Lingo | TAPAS | FW |
| $r_4$ | 8.008 (25.3484) | 8.008 (25.3484) | -- (25.3459) |
| $r_5$ | 105.483 (25.3484) | 105.483 (25.3484) | -- (25.3376) |
| $r_6$ | 14.795 (25.3484) | 14.795 (25.3484) | -- (25.3432) |
| $r_7$ | 83.746 (25.3484) | 83.746 (25.3484) | -- (25.3577) |
| $r_8$ | 48.529 (25.3484) | 48.529 (25.3484) | -- (25.3481) |
| $r_9$ | 177.353 (19.5879) | 177.353 (19.5879) | -- (19.5944) |
| $r_{10}$ | 189.875 (19.5879) | 189.875 (19.5879) | -- (19.5821) |
| $r_{11}$ | 102.772 (19.5879) | 102.772 (19.5879) | -- (19.5848) |
| $r_{12}$ | 179.372 (8.4081) | 179.372 (8.4081) | -- (8.4108) |
| $r_{13}$ | 211.030 (8.4081) | 211.030 (8.4081) | -- (8.4067) |
| $r_{14}$ | 29.598 (8.4081) | 29.598 (8.4081) | -- (8.4086) |
| $r_{15}$ | 30 (2.6476) | 30 (2.6476) | -- (2.6475) |

註：FW 演算法無法取得路徑流量資訊，故表示為 --

## 9.5 TAPAS 與 FW 演算法以及 Lingo 套裝軟體之比較

　　Lingo-11 最佳化套裝軟體、TAPAS 演算法與 FW 演算法之測試結果整理如表 9-10 所示。TAPAS 演算法達到均衡時，其目標值與 Lingo 軟體求解結果相同，但 FW 之均

衡目標解仍有些許差距。就回合數與運算時間而言，TAPAS 演算法皆優於 Lingo 以及 FW。

表 9-10　交通量指派範例求解結果比較 - 效率

| 項目 | 求解方法 | | |
|---|---|---|---|
| | Lingo-11 | TAPAS | FW |
| 目標值 | 13554.3 | 13554.3 | 13558.6 |
| 回合數 | 58 | 40 | 6487 |
| 運算時間（秒） | 1 | 0.109 | 0.804 |

註：本研究之測試環境為 Acer 筆記型電腦，型號 ASPIRE 5750G，CPU 為 Intel Core i5-2450M 2.5GHz，記憶體為 4.00GB。作業系統為 Windows 7 專業版 64 位元。TAPAS 演算法與 FW 演算法電腦程式係以 DEV-C++（4.9.9.2）撰寫。收斂標準設為前後回合目標值之差距 0.0001。

# 9.6 TAPAS 演算法在大型路網之求解效率

演算法之求解效率分為以下兩部分來介紹，一為收斂標準的測試，二為解的一致性測試。TAPAS 之求解效率可以根據這兩種測試獲得驗證。

## 9.6.1　收斂標準測試

近年來，許多數值測試皆使用相對間隙（relative gap, RG）作為收斂標準，$RG = \dfrac{\sum_{rs}\sum_k f_k^{rs} c_k^{rs} - \sum_{rs} \overline{q}^{rs} u^{rs}}{\sum_{rs} \overline{q}^{rs} u^{rs}}$，其中 $f_k^{rs}$ 為路徑流量，$c_k^{rs}$ 為路徑成本，$u^{rs}$ 為最短路徑成本，$\overline{q}^{rs}$ 為起迄需求量。Dial（2006）、Florian et al.（2009）、Gentile（2009）皆使用 RG 作為其發展出方法之收斂測試標準，但目前 RG 有很多其他不同的定義，因此 Bar-Gera（2010）發表之 TAPAS 演算法以平均超額成本（AEC）作為收斂標準。以芝加哥區域路網（Chicago regional network）為例，可找出一個關係 $RG \cong 0.05 AEC$。

Bar-Gera（2010）利用 AEC 之收斂方式來測試求解之績效，由表 9-11 可看出，在一個較為適度的收斂精度 AEC=1E-2 上，TAPAS 在五個不同路網上的運算時間都優於其他兩種演算法。

表 9-11　TAPAS 演算法不同收斂標準之求解時間

| 路網 | 演算法 | 平均超額成本（AEC） | | | | | | |
|---|---|---|---|---|---|---|---|---|
| | | $10^{-2}$ | $10^{-3}$ | $10^{-4}$ | $10^{-6}$ | $10^{-8}$ | $10^{-10}$ | $10^{-12}$ |
| Sioux Falls | FW | 0.1s | 0.7s | 8.3s | - | - | - | - |
| | OBA | 0.0s | 0.0s | 0.1s | 0.3s | 0.4s | 0.6s | 0.8s |
| | TAPAS | 0.0s | 0.0s | 0.1s | 0.1s | 0.1s | 0.2s | 0.2s |
| Chicago sketch | FW | 2.3s | 9.5s | 83.2s | - | - | - | - |
| | OBA | 8.1s | 10.6s | 16.8s | 28.6s | 48.1s | 69.3s | 91.7s |
| | TAPAS | 2.2s | 3.3s | 3.3s | 5.9s | 7.3s | 7.3s | 8.7s |
| Berlin canter | FW | 2.1m | 14.3m | 135.0m | - | - | - | - |
| | OBA | 7.1m | 7.9m | 9.3m | 12.1m | 23.2m | 25.5m | 27.3m |
| | TAPAS | 1.4m | 1.4m | 2.9m | 2.9m | 2.9m | 2.9m | 2.9m |
| Chicago regional | FW | 43.8m | 342.5m | - | - | - | - | - |
| | OBA | 50.7m | 130.7m | 208.7m | - | - | - | - |
| | TAPAS | 9.0m | 9.0m | 13.1m | 21.5m | 30.2m | 37.7m | 49.3m |
| Philadelphia | FW | 19.4m | 149.5m | - | - | - | - | - |
| | OBA | 36.1m | 48.2m | 65.5m | 179.9m | - | - | - |
| | TAPAS | 4.1m | 7.2m | 7.2m | 17.9m | 191.0m | 191.0m | 194.3m |

註：1. *s* 表示秒；*m* 表示分鐘；- 表示無法達收斂的部分；2. 每種路網每個演算法 CPU 時間皆為 10 次測試之平均值。

　　由圖 9-17 可知，TAPAS 求解芝加哥區域路網（Chicago regional network）及費城路網（Philadelphia network）的演算效率皆優於 FW 演算法及 OBA 演算法，即在相同的平均超額成本收斂標準之下，其所需 CPU 運算時間少了許多；反過來說，在固定的 CPU 運算時間之下，其運算所得收斂精度結果要高出許多。

## 9.6.2　演算法結果之一致性測試

　　本節以芝加哥區域路網為例，利用縮減成本的分配來判斷測試解之中使用的起點路段組合（origin-link combinations, OLCs）（參見表 9-12a）及未使用到的起點路段組合是否具一致性（參見表 9-12b）。最好的收斂解發生在 $AEC=1.3E-14$ 且回合數為 80 的時候，所有使用到的 OLCs 有非常低的縮減成本（不超過 $2^{-35}$）（參見表 9-12a），此時有非常大量的未使用 OLCs 之縮減成本超過 $2^{-25}$（參見表 9-12b）。這清楚的區分開

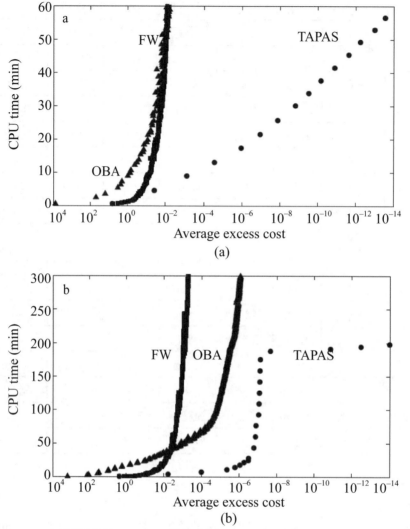

圖 9-17　CPU 運算時間 vs. AEC 收斂標準 (a) 芝加哥區域路網、(b) 費城路網

（Bar-Gera, 2010）

兩種不同群體，都有相當一致的解（但仍然有超過 1000 個未使用的 OLCs 有較低的縮減成本（參見表 9-12b），由此可以發現從 70 回合至 80 回合，這些 OLCs 的縮減成本遞減，這表示這些 OLCs 其實應該是被使用的）。

　　在運算 100 回合之後，芝加哥區域路網可能會發生解沒有進一步改善的收斂情況，這可能是由於雙倍精度（double precision）運算的限制，在這個階段流量比例最大離差為每小時 0.19 輛車（vph），對於 11 個回合的額外比例運算需花費約 2 分鐘（117 秒）CPU 時間，以及最大離差從 0.19 vph 縮減比例至 1.8E-10 vph（極限狀態）。

表 9-12a　使用的起點路段組合（芝加哥區域路網）

| 回合數 | 10 | 20 | 30 | 40 | 50 | 60 | 70 | 80 |
|---|---|---|---|---|---|---|---|---|
| AEC | 1.4e-004 | 2.8e-007 | 3.6e-009 | 6.9e-011 | 1.2e-012 | 2.9e-014 | 1.4e-014 | 1.3e-014 |
| 縮減成本 | | | | | | | | |
| $<2^{-60}$ | 165 | 2140 | 5896 | 6347 | 7504 | 37314 | 121917 | 142975 |
| $(2^{-60}, 2^{-55}]$ | 0 | 0 | 0 | 0 | 0 | 0 | 0 | 0 |
| $(2^{-55}, 2^{-50}]$ | 0 | 0 | 2 | 7 | 2 | 51 | 237 | 283 |
| $(2^{-50}, 2^{-45}]$ | 549 | 5239 | 13867 | 14422 | 19775 | 112102 | 304687 | 341428 |
| $(2^{-45}, 2^{-40}]$ | 159 | 2527 | 5779 | 11772 | 115984 | 417481 | 267677 | 211004 |
| $(2^{-40}, 2^{-35}]$ | 81 | 2400 | 4842 | 69194 | 369931 | 126155 | 1103 | 4 |
| $(2^{-35}, 2^{-30}]$ | 243 | 3539 | 40724 | 330415 | 176489 | 2396 | 2 | 0 |
| $(2^{-30}, 2^{-25}]$ | 365 | 5934 | 243132 | 249695 | 8447 | 4 | 0 | 0 |
| $(2^{-25}, 2^{-20}]$ | 736 | 38288 | 339703 | 12360 | 7 | 0 | 0 | 0 |
| $(2^{-20}, 2^{-15}]$ | 2950 | 250029 | 36395 | 13 | 0 | 0 | 0 | 0 |
| $(2^{-15}, 2^{-10}]$ | 14159 | 339865 | 34 | 0 | 0 | 0 | 0 | 0 |
| $(2^{-10}, 2^{-5}]$ | 111347 | 13566 | 0 | 0 | 0 | 0 | 0 | 0 |
| $(2^{-5}, 2^{0}]$ | 819966 | 238 | 0 | 0 | 0 | 0 | 0 | 0 |
| $(2^{0}, 2^{5}]$ | 352588 | 0 | 0 | 0 | 0 | 0 | 0 | 0 |
| $>2^{5}$ | 0 | 0 | 0 | 0 | 0 | 0 | 0 | 0 |

表 9-12b　未使用的起點路段組合（芝加哥區域路網）

| 回合數 | 10 | 20 | 30 | 40 | 50 | 60 | 70 | 80 |
|---|---|---|---|---|---|---|---|---|
| AEC | 1.4e-004 | 2.8e-007 | 3.6e-009 | 6.9e-011 | 1.2e-012 | 2.9e-014 | 1.4e-014 | 1.3e-014 |
| 縮減成本 | | | | | | | | |
| $<2^{-60}$ | 1258345 | 12371 | 863 | 151 | 40 | 17 | 2 | 1 |
| $(2^{-60}, 2^{-55}]$ | 0 | 0 | 0 | 0 | 0 | 0 | 0 | 0 |
| $(2^{-55}, 2^{-50}]$ | 1142 | 6 | 0 | 0 | 0 | 0 | 0 | 0 |
| $(2^{-50}, 2^{-45}]$ | 44244 | 405 | 22 | 6 | 3 | 3 | 1 | 129 |
| $(2^{-45}, 2^{-40}]$ | 209 | 173 | 24 | 4 | 8 | 7 | 2 | 1008 |
| $(2^{-40}, 2^{-35}]$ | 67 | 65 | 72 | 123 | 186 | 93 | 1206 | 0 |
| $(2^{-35}, 2^{-30}]$ | 100 | 70 | 246 | 520 | 249 | 1216 | 0 | 0 |
| $(2^{-30}, 2^{-25}]$ | 378 | 347 | 1274 | 748 | 864 | 135 | 135 | 135 |

| 回合數 | 10 | 20 | 30 | 40 | 50 | 60 | 70 | 80 |
|---|---|---|---|---|---|---|---|---|
| AEC | 1.4e-004 | 2.8e-007 | 3.6e-009 | 6.9e-011 | 1.2e-012 | 2.9e-014 | 1.4e-014 | 1.3e-014 |
| 縮減成本 | | | | | | | | |
| $(2^{-25}, 2^{-20}]$ | 698 | 1210 | 2809 | 650 | 515 | 15 | 15 | 15 |
| $(2^{-20}, 2^{-15}]$ | 2806 | 8884 | 967 | 879 | 198 | 198 | 198 | 198 |
| $(2^{-15}, 2^{-10}]$ | 16934 | 24438 | 7555 | 6451 | 6481 | 6481 | 6481 | 6481 |
| $(2^{-10}, 2^{-5}]$ | 163786 | 159651 | 158201 | 158337 | 158343 | 158345 | 158348 | 158348 |
| $(2^{-5}, 2^{0}]$ | 4684886 | 5821319 | 5869858 | 5875230 | 5876170 | 5876437 | 5876549 | 5876557 |
| $(2^{0}, 2^{5}]$ | 12233136 | 13929716 | 14015663 | 14024871 | 14026959 | 14027535 | 14027799 | 14027813 |
| $>2^{5}$ | 0 | 0 | 0 | 0 | 0 | 0 | 0 | 0 |

# 9.7 快速精確及傳統交通量指派演算法之效率比較

　　一般說來，演算法之比較必須限定在相同或可轉換比較的環境下，例如適用環境、程式語言、記憶體需求、收斂速度，以及求解精度等標準，才具有實質之意義。但這種比較結果不容易獲得，既有文獻或囿於人力、物力之限制或基於市場競爭之考量，所進行之比較多屬於局部性的。值此之故，本節只能收集現有文獻之測試結果，粗略的比較快速精確以及傳統演算法在求解交通量指派問題之效率高低，其中符號「～」代表績效差異不大，「>」代表優於，「>>」代表遠優於：

1. Bar-Gera（2006; 11/19/2008;4/24/2009）：如圖 9-18 所示，四種演算法之收斂效率比較如下：

　　TAPAS- 測試版 >OBA> 路徑基礎演算法 >FW

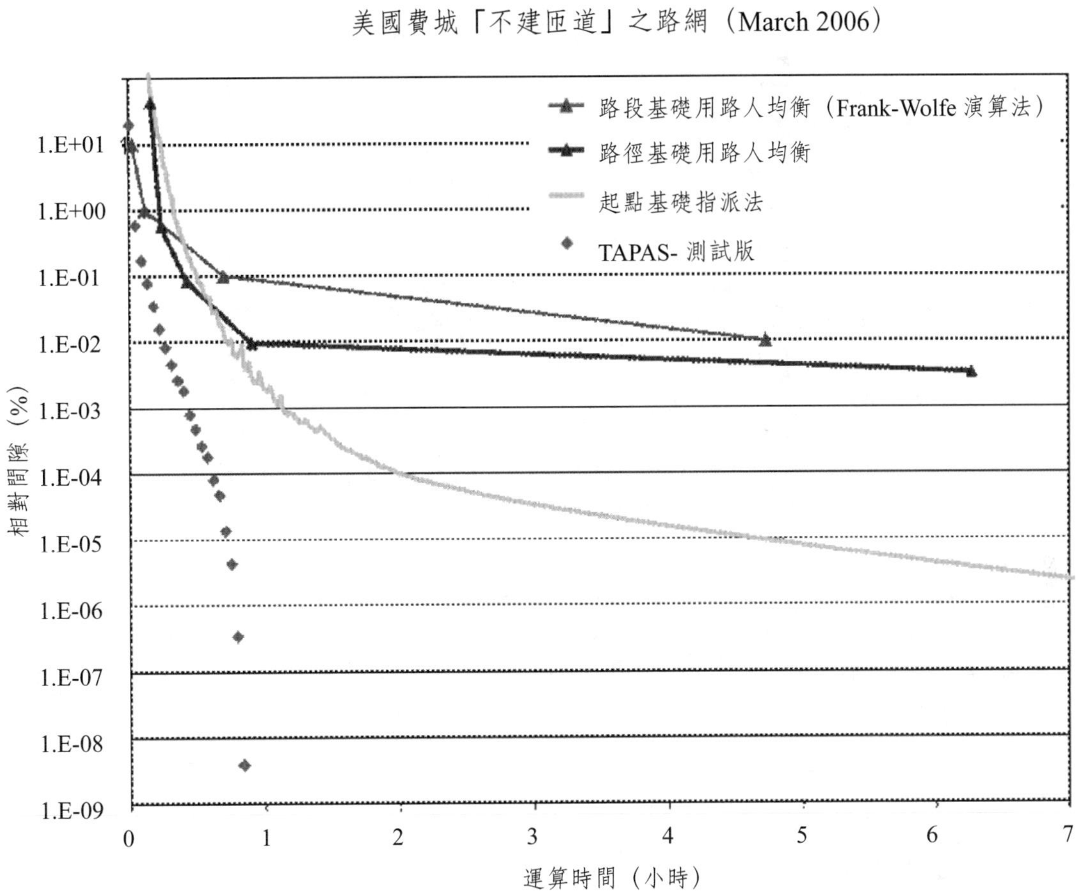

美國費城「不建匝道」之路網（March 2006）

圖 9-18　TAPAS- 測試版與其他三種演算法的運算收斂比較

2. Nie（2009）：圖 9-19 中，DOB 為 B 演算法，QOB 為無線性搜尋的改良 OBA 演算法，NOB 為 OBA 的改良演算法（Nie, 2007），BOB 則是 OBA 演算法。五種演算法之收斂效率比較如下：

DOB~QOB>NOB>BOB>>FW。

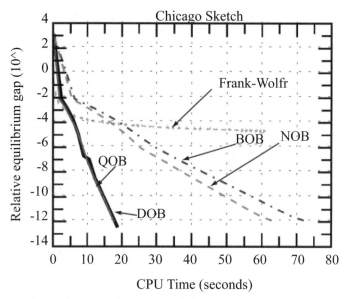

圖 9-19　「B」法、FW 法、OBA 法與改良 OBA 法的運算收斂比較

3. Dial（2006, TR-part B）：如圖 9-20 所示，兩種演算法之收斂效率比較如下（另內文中顯示 B>FW）：

　B>OBA

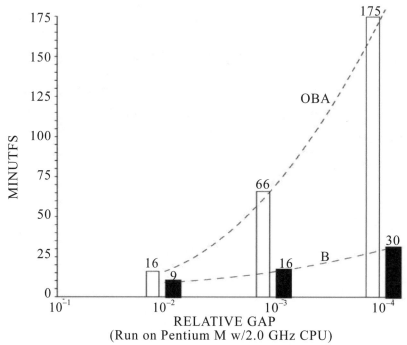

圖 9-20　B 演算法與 OBA 演算法的運算收斂比較

4. Bar-Gera（2006）：如圖 9-21 所示，三種演算法測試於美國費城「不建匝道」之路
網之收斂效率比較如下〔收斂精度以相對間隙（relative gap）百分比表示〕：
OBA> 路徑基礎演算法 >FW

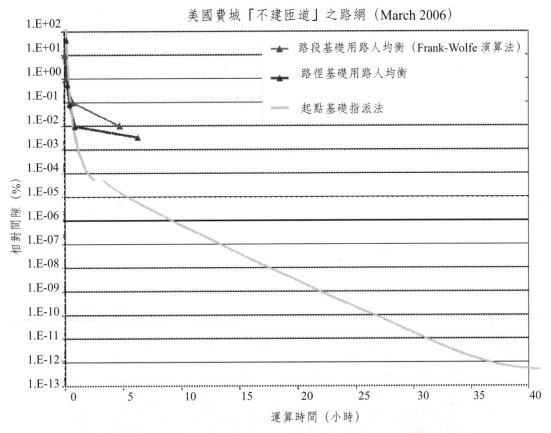

圖 9-21　OBA，路徑基礎演算法以及 FW 法的運算收斂比較

5. Gentile（2009）：如圖 9-22 所示，五種演算法測試芝加哥網路的績效比較如下：
LUCE>PG>B>OBA>FW

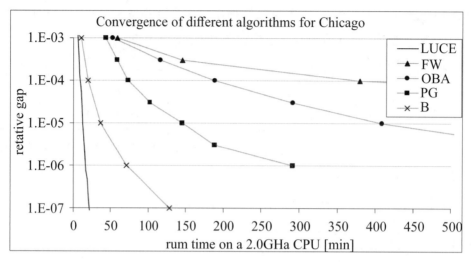

圖 9-22　LUCE、B、PG、OBA 以及 FW 法的運算收斂比較

6. Florian（2009 TRB）：如圖 9-23 所示，三種演算法測試芝加哥測試路網的績效比較如下：

PG >OBA >FW

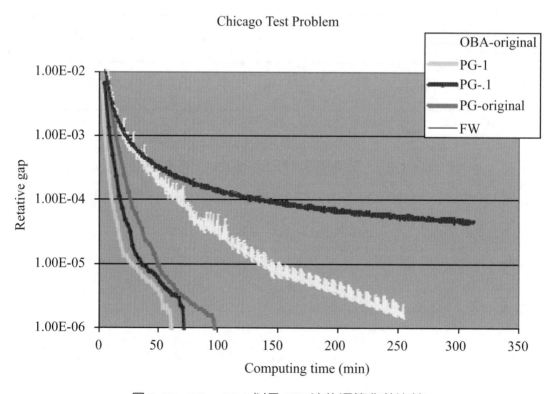

圖 9-23　PG、OBA 以及 FW 法的運算收斂比較

7. Chen et al.（1999, TRR）：兩種演算法的績效比較如下：

　GP> FW

　　由以上文獻回顧可知，現有交通量指派演算法之效率大小關係大致可歸納如下：

TAPAS ~ LUCE>PG ~ B >OBA>路徑基礎演算法（GP）>FW　　　　　（9-20）

　　茲將 FW 演算法（路段基礎式）、梯度投影法（路徑基礎式），以及 TAPAS 演算法（PAS 基礎式）之優缺點大致歸納如下：

表 9-13　路段、路徑與起點為基礎演算法比較

| 優缺點 | 演算法分類 | | |
|---|---|---|---|
| | FW 演算法<br>（路段基礎式） | 梯度投影法（GP）<br>（路徑基礎式） | TAPAS 演算法<br>（PAS 基礎式） |
| 優點 | ・記憶體使用量低<br>・演算法觀念簡單易懂 | ・任一路徑流量唯一解<br>・求解速度較快，鋸齒狀之收斂現象較不明顯 | ・記憶體使用量低<br>・求解速度最快<br>・求解精確度高<br>・路徑流量唯一解 |
| 缺點 | ・鋸齒狀之收斂現象比較明顯<br>・求解精確度較低<br>・不提供路徑資訊 | ・記憶體使用量將隨路網增大大幅增加 | ・演算法理論基礎較為深奧，觀念不易了解 |

# 9.8 結論與建議

　　Bar-Gera（2010）建構極大熵用路人均衡（MEUE）模型，並據以發展快速精確交通量指派演算法 TAPAS，當到達 UE 均衡條件時運輸網路系統會處於極大熵狀態，符合路段流量之比例性與一致性，可獲得合理的路徑流量唯一解。TAPAS 演算法過程中最具挑戰性之部分有兩個，即：(1) 搜尋負成本迴圈，並盡量消除殘餘流量；(2) 搜尋簡單合理之 PAS，並進行流量再分配，以產生一致性的路徑解，以及達成快速的收斂結果。TAPAS 演算法具有起點基礎式演算法之優點，收斂速度亦遠比其他演算法快，但觀念較為複雜。

　　由於 TAPAS 演算法可以產生路徑流量唯一解，因此具有兩種潛在效益：(1) 應用於智慧型運輸系統（ITS）之行車路線導引子系統（vehicle navigation and route guidance system）：由於 TAPAS 引用極大熵的概念並結合 Wardrop 的用路人均衡條件，在現實世界裡屬於可接受之用路人行為準則，因此更具有實務上之價值。(2) 簡化網路設計問題之求解：在運輸規劃與網路的領域，有許多網路設計模型之應用，例如，路口號誌最佳化雙層規劃模型、路段流量反推起迄（OD）旅次需求量雙層規劃模型等。在求解這些雙層模型時，會引用隱函數定理（implicit theorem），進行一般化反矩陣（generalized inverse matrix）之運算。當交通量指派問題可求得路徑流量唯一解時，一般化之反矩陣運算就變成普通之反矩陣運算，可大幅簡化運算之複雜度，未來可加速發展與敏感度分析有關之大規模運輸網路設計問題之上。

　　有鑑於 TAPAS 演算法以及其他快速精確演算法之未來發展性與市場應用性，許多運輸規劃軟體公司已經將最新發展之求解演算法納入其銷售軟體之中，例如 Caliper 公司之 TransCAD 加入 B 演算法，Citilabs 公司之 CUBE 加入路徑基礎之演算法，INRO 顧問公司的 EMME/2 加入 PG 演算法，啟動另一波的運輸規劃演算法之改革浪潮。

# 問題研討

1. 名詞解釋：

(1) 成對替選區段交通量指派演算法（traffic assignment by pairs of alternative segments, TAPAS）

(2) 快速精確（quick-precision）交通量指派演算法

(3) 節點潛勢（node potential）

(4) 成對替選區段（pairs of alternative segments, PAS）

(5) 負成本迴圈（negative cycle）

(6) 灌木叢（bush）

(7) 路段流量比例

(8) 一致性

(9) 縮減成本（reduced cost）

(10) 路徑超額成本（route excess cost）

(11) 絕對間隙（absolute gap）

(12) 相對間隙（relative gap, RG）

(13) 極大熵用路人均衡（maximum entropy user equilibrium, MEUE）

(14) 流量移轉（flow shift）

(15) 流量再分配（flow redistribution）

(16) 廣度搜尋優先（breadth first search）

(17) 起點路段組合（origin-link combinations, OLCs）

2. 請說明起點基礎演算法之起源與概念。

3. 請建構極大熵用路人均衡（maximum entropy user equilibrium, MEUE）的模型架構。又該模型之均衡條件為何？

4. 請說明辨認下圖完全的反向迴圈（completely backward cycle）之步驟。

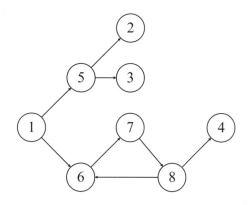

5. 請說明辨認下圖三組成對節點 (1,8)、(1,2)、(1,3) 各一個成對替選區段（PAS）之步驟。

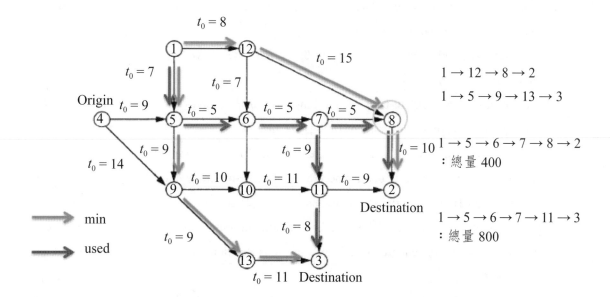

6. 請建構 TAPAS 數學模型與並說明其最佳化條件。

7. 請詳述 TAPAS 演算法的三個主要步驟：即找尋新的 PAS、流量移轉以及流量再分配。其

重要之演算議題有哪些？又流量再分配之正規方法為何？

8. 傳統與快速精確之交通量指派演算法各有哪些？兩者之間的差異為何？

# 參考文獻

## 一、中文文獻

[1] 陳惠國，吳宗昀（2010），「TAPAS 交通量指派演算法之發展」，中華民國運輸學會 99 年學術論文研討會，台中。

[2] 陳惠國，嚴國基（2010），「投影梯度法之改良研究 - 交通量指派之應用」，中華民國運輸學會 99 年學術論文研討會，台中。

[3] 張天然（2009），「改進的交通分配起點用戶均衡演算法」，上海市城市綜合交通規劃研究所，上海。

## 二、英文文獻

[1] Akamatsu, T., 1997, Decomposition of path choice entropy in general transport networks, Transportation Science, Vol. 31, No. 4, pp. 349-362.

[2] Bar-Gera, H., 2010, Traffic assignment by paired alternative segments, Transportation Research Part B, Vol. 44, No. 8-9, pp. 1022-1046.

[3] Bar-Gera, H., 2008, Traffic Assignment by Paired Alternative Segments: TAPAS, Lecture Note, Northwestern University.

[4] Bar-Gera, H., 1999, Origin-based Algorithms for Transportation Network Modeling, PhD thesis, Civil Engineering, University of Illinois at Chicago.

[5] Bar-Gera, H. and Boyce, D., 1999, Route flow entropy maximization in origin-based traffic assignment, In: Ceder, A.（Ed.）, Proceedings of the 14th International Symposium on Transportation and Traffic Theory, Jerusalem, Israel, Elsevier Science, Oxford, UK, pp. 397-415.

[6] Bar-Gera, H. and Luzon, A., 2007, Differences among route flow solutions for the user-equilibrium traffic assignment problem, Journal of Transportation Engineering, Vol. 133, No. 4, pp. 232-239.

[7] Bar-Gera, H., 2006, Primal method for determining the most likely route flows in large road networks, Transportation Science, Vol. 40, No. 3, pp. 269-286.

[8] Busaker, R.G. and Gowen, T.L., 1961, A Procedure for Determining a Family of Minimal Cost

Network Flow Patterns, O.R.O. Technical Report 15, Johns Hopkins University.

[9]  Busaker, R.G. and Saaty, T.L., 1965, Finite Graphs and Networks, New York: McGraw-Hill.

[10] Dantzig, G., 1963, Linear Programming and Extensions, Princeton, NJ: Princeton University Press.

[11] Dafermos, S.C. and Sparrow, F.T., 1969, The traffic assignment problem for a general network, Journal of Research of the National Bureau of Standards, 73B, pp. 91-118.

[12] Dial, R.B., 1971, A Probabilistic Multipath Traffic Assignment Algorithm Which Obviates Path Enumeration. Transportation Research, 5, pp. 83-111.

[13] Dial, R.B., 2006, A path-based user-equilibrium traffic assignment algorithm that obviates path storage and enumeration, Transportation Research Part B, Vol. 40, No. 10, pp. 917-936.

[14] Florian, M., Constantin, I. and Florian, D., 2009, A new look at the projected gradient method for equilibrium assignment, Transportation Research Record, No. 2090, pp. 10-16.

[15] Gentile, G., 2009, Linear user cost equilibrium: a new algorithm for traffic assignment, submitted to Transportation Research B（submitted）.

[16] Nie, Y., 2009, A class of bush-based algorithms for the traffic assignment problem, Transportation Research Part B, Vol. 44, No. 1, pp. 73-89.

[17] Rockafellar, R.T., 1984, Network Flows and Monotropic Optimization, New York: John Wiley and Sons.

[18] Rossi, T.F., McNeil, S. and Hendrickson, C., 1989, Entropy model for consistent impact fee assessment, Journal of Urban Planning and Development, ASCE, Vol. 115, No. 2, pp. 51-63.

[19] Schneur, R.R. and Orlin, J.B., 1998, A scaling algorithm for multicommodity flow problems, Operations Research, Vol. 46, No. 2, pp. 231-246.

[20] Xie, Jun and Xie, Chi, 2014, An Improved TAPAS Algorithm for the Traffic Assignment Problem, 2014 IEEE 17th International Conference on Intelligent Transportation Systems（ITSC）, October 8-11, 2014. Qingdao, China.

# 依時性與非對稱性用路人均衡問題

　　傳統的交通量指派，旅次在起點出發之後，忽略了流量在路途中的傳導過程，在瞬時間即已到達終點。這種過度簡化的假設，在處理分析時段較長（例如大於 1 個小時）的運輸規劃問題時，顯得格外不切實際。為了克服此項缺失，在空間向度之外亦需兼顧時間向度，這種延伸性的問題稱之為依時性交通量指派問題，但由於仍然不具有動態性（dynamism），因此本質上還是屬於靜態模型之一種。依時性交通量指派模型在「時間相依」的預測程序或「非長期」的規劃作業上，相對於傳統的交通量指派模型更為準確，因此更適於做為運輸規劃的分析工具，而且在智慧型運輸系統（intelligent transportation systems, ITS）的應用上（例如，旅次出發時間選擇）更有其不可或缺的重要性。

　　依時性交通量指派模型與第七章所介紹的傳統交通量指派模型類似，也可以細分為依時性用路人均衡模型（time-dependent user-equilibrium, TDUE）以及依時性系統最佳化模型（time-dependent system-optimal, TDSO）。本章僅以依時性用路人均衡模型為例詳加探討，至於依時性系統最佳化問題，由於求解觀念雷同，在此就不再贅述。本章內容之順序安排如下：第一節說明依時性交通量指派問題的發展沿革，包括依時性交通量指派與動態交通量指派之間的關係，以及依時性交通量指派模型發展的回顧；第二節介紹依時性用路人均衡問題的數學模型；第三節說明時空路網的概念；第四節敘述路段基礎與路徑基礎兩類求解演算法；第五節提供數值範例，亦間接證明依時性用路人均衡模型與依時性均衡條件的對等性；最後於第六節提出結論與建議。

# 10.1 依時性交通量指派問題的發展沿革

## 10.1.1 依時性交通量指派與動態交通量指派的關係

　　動態交通量指派（dynamic traffic assignment, DTA）是智慧型運輸系統（ITS）相關研究中最常看到的名詞，若依照研究方法之不同，主要可劃分為解析性與模擬式兩種類型。解析性指派模型強調「平均性」的用路人行為，因此以流量基礎（flow-based）的數學模型為架構；模擬式指派模型則強調「個體性」的用路人行為，因此以車輛基礎（vehicle-based）的模擬模型為主體。本章僅以解析性指派模型為探討對象，並刻意拿掉「解析性」三個字以節省篇幅。

　　到目前為止，動態交通量指派與依時性交通量指派經常被視為同一名詞，但嚴格說來，兩者是完全不同之概念。依照定義，動態交通量指派所強調的是一個沿著「時間軸」演化（evolution）的動態過程（dynamic process），外在的交通環境隨時會碰上

一些變動，例如交通需求量改變、車道封閉／開啓、交通管制等。在另一方面，依時性交通量指派則係指在「某一時點」上開始執行交通量指派的程序，雖然已經納入流量傳導（flow propagation）之時間向度考量，但由於假設外在交通環境固定不變，因此不具有動態性，本質上還是屬於靜態模型之一種。換句話說，動態交通量指派所構成之系統，在沿著時間軸的演化過程中，會因爲不斷的接收到（變化的）即時性資訊（real-time information）而據以重覆執行依時性交通量指派，一直到分析時間（analysis period）結束爲止。

　　以上的說明釐清了「依時性交通量指派」與「動態交通量指派」的差異，但運輸界仍習慣將「依時性交通量指派」逕稱爲「動態交通量指派」，職是之故，以下之文獻回顧仍然保留過去所使用之動態交通量指派的用語。

## 10.1.2 文獻回顧

　　一般而言，動態交通量指派模型的種類主要可分爲最佳化控制理論（optimal control theory）、數學規劃法與變分不等式（variational inequality）三大類。早期的文獻發表多半利用最佳化控制理論進行研究，如 Luque and Friesz（1980），Matsui（1987），Ran and Shimazaki（1989a），Friesz et al.（1989），Wie（1989），Wie et al.（1990）等學者採用路段流入率、路段車輛數與流出率三種決策變數建構動態模型。Ran and Shimazaki（1989b）將三種決策變數簡化爲單一決策變數，即路段流出率，並建立相對應的動態交通量指派模型，模型的運算複雜度因而大幅降低。Ran et al.（1993）則將流量傳導限制式加入最佳化控制動態模型架構之內。Ran and Boyce（1994）針對上述模型加以改善，進而提出多種瞬時性（instantaneous）及理想性（ideal）的動態旅運選擇模型。

　　利用最佳化控制理論建立的動態旅運選擇模型，具有三項缺點：

1. 最佳化模型建構不易：動態路段成本函數，具有非對稱的性質（Chen and Hsueh, 1999; Chen, 1999），例如前後兩時區的路段流入率相互影響的程度並不相同，因此其對應的 Jacobian 矩陣不具正定性質，造成最佳化模型構建不易。

2. 模型的變數定義不明確：以最佳化控制理論所構建的模型，其變數可歸納爲控制變數與狀態變數兩類，然在運輸規劃模型中刻意劃分這兩類變數並不具有實際的意義。相對而言，在數學規劃模型中所定義使用的流量決策變數反而比較清晰明確。

3. 模型的連續性演算法開發不易：利用最佳化理論所建構的動態旅運選擇模型多半屬時間連續性模型，在問題求解時須考量時間的連續性軌跡，所占用記憶體極大，因此所開發的演算法，在應用於實際動態路網的求解上受到極大的限制與困難。

　　為了克服最佳化控制理論構建最佳化模型不易的缺點，Friesz et al.（1993）、Ran et al.（1993）以變分不等式建構最佳化控制理論之動態旅運選擇模型，而求解模型過程中，仍需將連續性最佳化控制模型轉換成一般離散型的非線性數學規劃模型，方能順利求解。為了徹底解決最佳化控制理論衍生的缺點，Chen et al.（1996, 1998b）與 Chen（1999）直接利用數學規劃的變分不等式技巧，構建一系列的動態旅運選擇模型，並有系統的開發求解演算法並驗證其正確性。

　　Chen and Hsueh（1999）與 Chen（1999）所建立之系列動態旅運選擇模型與其他學派所構建的模型比較，具有以下特點：

1. 清楚界定流入率、路段車輛數與流出率為車輛在進入路段於不同時點所呈現的狀態，因此三者之間可透過流量傳導的關係相互轉換，故決策變數可簡化為路段流入率。

2. 指出動態成本函數具非對稱性，即前車對後車的影響與後車對前車的影響並不相等。根據 GREEN 定理，最佳化模型並不存在，且證明其利用變分不等式所建構的系列動態旅運選擇模型與均衡條件之間的對等性。

3. 時空路網簡單明瞭，可充分表達路段流入率決策變數在時空路網上的流量傳導過程。經建立完成時空路網後的依時性模型，在時空向度固定的情形下，即可變成靜態交通量指派問題。

4. 可行解區域具有非中凸性，因此可能存在多重解，即多個區域解（local solutions）。每一區域解均符合均衡條件，經特別設計的路網資料及數值範例可用以驗證模型架構及演算法的正確性。

　　根據以上說明可以瞭解，Chen and Hsueh（1999）以及 Chen（1999）所發展出來的一系列依時性旅運選擇模型具有相當多的優勢，後續章節將介紹其中最基本的依時性交通量指派中的用路人均衡問題。

# 10.2 依時性用路人均衡問題

## 10.2.1 依時性用路人均衡模型

　　依時性用路人均衡問題可以表示為變分不等式如下：

$$\sum_a \sum_t c_{at}^* \left[ u_{at} - u_{at}^* \right] \geq 0 \quad \forall \mathbf{u} \in \Omega^* \qquad （10\text{-}1a）$$

其中 $\Omega^*$ 為 $\Omega$ 的部份集合，即當鄰接矩陣 $\{\delta_{apkt}^{rs}\}$ 固定於均衡解 $\{\delta_{apkt}^{rs*}\}$ 的情況下，所形

成的中凸可行解區域，而原始的非中凸可行解區域 Ω 則分別由流量守恆、流量傳導、流量非負與定義限制式所組成。

流量守恆限制式

$$\sum_p h_{pk}^{rs} = \overline{q}_k^{rs} \quad \forall r,s,k \tag{10-1b}$$

流量傳導限制式

$$u_{apkt}^{rs} = h_{pk}^{rs} \delta_{apkt}^{rs} \quad \forall r,s,a,p,k,t \tag{10-1c}$$

$$\sum_t \delta_{apkt}^{rs} = 1 \quad \forall r,s,a \in p,p,k \tag{10-1d}$$

$$\delta_{apkt}^{rs} \in \{0,1\} \quad \forall r,s,a,p,k,t \tag{10-1e}$$

流量非負限制式

$$h_{pk}^{rs} \geq 0 \quad \forall r,s,p,k \tag{10-1f}$$

定義限制式

$$u_{at} = \sum_{rs} \sum_p \sum_k h_{pk}^{rs} \delta_{apkt}^{rs} \quad \forall a,t \tag{10-1g}$$

$$c_{pk}^{rs} = \sum_a \sum_t c_{at} \delta_{apkt}^{rs} \quad \forall r,s,p,k \tag{10-1h}$$

其中：

$c_{at}$　　路段 $a$ 在第 $t$ 時區的旅行時間。

$c_{pk}^{rs}$　　起迄對 $rs$ 間出發時間在時區 $k$ 路徑 $p$ 的旅行時間。

$h_{pk}^{rs}$　　起迄對 $rs$ 間在時區 $k$ 出發的路徑 $p$ 的路徑流量。

$\overline{q}_k^{rs}$　　起迄對 $rs$ 間在時區 $k$ 出發的旅次需求量（已知）。

**u**　　路段流入率所形成的向量。

$u_{at}$　　路段 $a$ 在時區 $t$ 之流入率。

$v_{at}$　　路段 $a$ 在時區 $t$ 之流出率。

$x_{at}$　　路段 $a$ 在時區 $t$ 之車輛數。

$\delta_{apkt}^{rs}$　　0-1 整數變數：當起迄對 $rs$ 在時區 $k$ 出發的路徑 $p$ 在時區 $t$ 於路段 $a$ 有流入量為 1；否則為 0。

*　　代表均衡狀態

　　式（10-1b）爲流量守恆限制式，即起迄對 $rs$ 於 $k$ 時區出發的需求量$\bar{q}_k^{rs}$爲起迄對中所有路徑流量$\{h_{pk}^{rs}\}$的總和。限制式（10-1c）透過路段路徑鄰接變數（或稱之爲指標變數）$\delta_{apkt}^{rs}$界定流量傳導的過程，限制式（10-1d）要求起迄對 $rs$ 在 $k$ 出發之路徑 $p$ 一定會在某個時點經過其上之路段 $a$。限制式（10-1e）規定鄰接變數爲 $\{0,1\}$ 整數。限制式（10-1f）爲路徑流量非負限制式。限制式（10-1g）使用鄰接變數$\delta_{apkt}^{rs}$定義路段流量 $u_{at}$ 與路徑流量$h_{pk}^{rs}$間之鄰接關係；當路段 $a$ 在時區 $t$ 有路徑 $p$ 在 $k$ 時區出發的流量經過時，$\delta_{apkt}^{rs}=1$；否則，$\delta_{apkt}^{rs}=0$。限制式（10-1h）定義路段成本 $c_{at}$ 與路徑成本$c_{pk}^{rs}$之間的線性關係。

## 10.2.2 依時性用路人均衡原則

　　依時性用路人均衡模型必須對應於依時性的 Wardrop 第一原則，即：同一起迄對 $(r,s)$ 在「同一時區」$k$ 出發被使用到的路徑 $p$，其路徑旅行時間$c_{pk}^{rs*}$等於最短路徑旅行時間$\pi_k^{rs}$；未被使用到的路徑之旅行時間則大於或等於最短路徑旅行時間。依時性的 Wardrop 第一原則，可用下列均衡條件表示之：

$$c_{pk}^{rs*}\begin{cases}=\pi_k^{rs} & \text{if } h_{pk}^{rs*}>0 \\ \geq \pi_k^{rs} & \text{if } h_{pk}^{rs*}=0\end{cases} \quad \forall r,s,p,k \qquad (10\text{-}2)$$

其中，$c_{pk}^{rs*}=\sum_a\sum_t c_{at}^*\delta_{apkt}^{rs*}$、$\pi_k^{rs}=\min_p\{c_{pk}^{rs*}\}$。在特定可行解區域，以上均衡條件可構建爲對等的變分不等式依時性用路人均衡模型，如式（10-1）。至於模型與均衡條件之間的對等性證明，可參考 Chen（1999）。

## 10.2.3 流量傳導與時空路網

　　時空路網可用於解釋模型的架構及求解的過程，在依時性旅運選擇模型的研究與應用上非常重要。一般說來，時空路網的型式與模型決策變數的個數有關，Ran et al.（1994）建立含流入率、路段車輛數與流出率三個決策變數在內的時空路網，每一決策變數均有一時空路段予以對應，而 Chen and Hsueh（1998）與 Chen（1999）則僅以流入率作爲決策變數，將流出率與路段車輛數視爲流入率的中間狀態（或產出），因此大爲簡化時空路網的結構。

　　茲以依時性用路人均衡模型所對應的時空路網爲例，說明流量傳導的過程。已知實體路網係由二條路段，三個路口所組成（如圖 10-1a 所示），當估計的實際路段旅行時間 $\{\tau_{at}\}$ 暫時固定，且分析時段有七個時區時，加入時間獨立的旅次迄點 $S$，並將所有

的時空迄點 $\{s_t\}$，以虛擬路段連結至此旅次迄點 $S$，則對應於此一實體路網的時空路網便可建構如圖 10-1b。當路段 $a$ 在 $t$ 時區通過時空路段所需的實際路段旅行時間為 $\tau_{at}$，假設 $t = 2$，則由圖 10-1a 可知其時空路段 $r_{t=2} \rightarrow n_{t=5}$ 旅行時間為 3 個單位，即 $\tau_{a2} = 3$。換句話說，其離開該時空路段的時間為第 5 個時區，即 $2 + \tau_{a2} = 5$，時空路段 $r_{t=2} \rightarrow n_{t=5}$ 的旅行成本，則由 $u_{a2}$、$v_{a2}$ 及 $x_{a2}$ 等路段流量變數代入路段成本函數 $c_{a2}$ 中獲得；又以 $r_{t=5} \rightarrow n_{t=7}$ 時空路段為例，其實際旅行時間 $\tau_{a5} = 2$，故對應於流入率 $u_{a5}$ 的流出時間為 $5 + \tau_{a5} = 5 + 2 = 7$，而此一時空路段上的旅行成本，則由 $u_{a5}$、$v_{a5}$ 及 $x_{a5}$ 等路段流量變數代入路段成本函數 $c_{a5}$ 中求得。至於路段上的車輛數 $x_{a5}$，則可由時間水平線與時空路段交會的流入率而得，例如路段 $a$ 在第 5 個時區的車輛數 $x_{a5} = \{u_{a2}, u_{a3}, u_{a4}\}$。至於流出率的計算方式為同時間到達時空路段前端的流入率，例如路段 $a$ 在第 5 時區上的流出率 $v_{a5} = \{u_{a2}, u_{a3}\}$。圖 10-1(b) 之時空路網表達方式，有助於說明第十二章之隱函數敏感度分析。

(a) 靜態路網

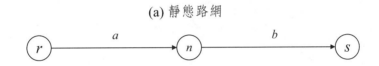

(b) 時空路網

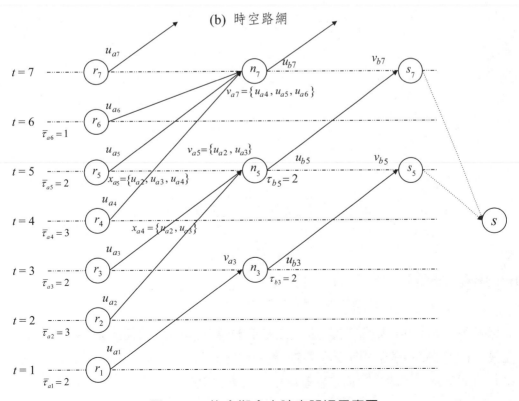

**圖 10-1 集合觀念之時空路網示意圖**

在此值得一提的為在 Chen and Hsueh（1998）以及 Chen（1999）所發展出來的依時性路網與係將車輛數與流出率採取流入率加總的觀念，即 $x_{a5} = u_{a2} + u_{a3} + u_{a4}$ 與 $v_{a5} = u_{a2} + u_{a3}$，與上述採用集合的觀念並不相同，請參見圖 10-2。

(a) 靜態路網

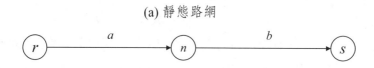

(b) 時空路網

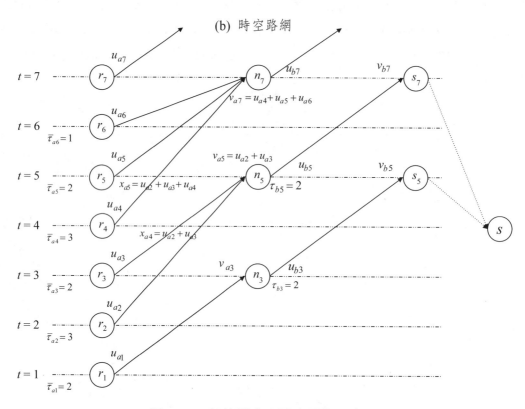

圖 10-2　加總觀念之時空路網示意圖

## 10.3 巢化對角法

依時性用路人均衡模型的求解法，主要可分為路段基礎與路徑基礎兩種，兩者最大的差異在於路徑庫的建立，路段基礎演算法以巢化對角法－FW（nested diagonalization method-FW）最具代表性，而路徑基礎演算法則以巢化對角法－梯度投影法（nested diagonalization method-GP）較為常見。

## 10.3.1 依時性路段基礎演算法

路段基礎演算法採用巢化對角法的架構，其求解過程主要可劃分為三個迴圈。第一層迴圈估算實際路段旅行時間 $\{\tau_{at}\}$。當其值固定，解集合也才能暫時固定為中凸集合，從而建立時間相依的時空路網，以利後續的運算過程。

第二層迴圈運算則是在暫時固定的實際路段旅行時間 $\{\tau_{at}\}$ 之下，將其他時空路段的流入率暫時固定在目前回合數 $n$ 之水準 $\overline{\mathbf{u}}^n \setminus \overline{u}_{at}^n$，則變分不等式模型式（10-1）可以轉換為下列非線性之最佳化子問題：

$$\min_{\mathbf{u} \in \Omega^*} \quad z(\mathbf{u}) = \sum_a \sum_t \int_0^{u_{at}} c_a\left(\overline{\mathbf{u}}^n \setminus \overline{u}_{at}^n, \omega\right) d\omega \qquad （10\text{-}3）$$

其中可行解區域 $\Omega^*$ 是由限制式（10-1b）～（10-1h）所構成。

第三層迴圈運算則應用 Frank-Wolfe（FW）演算法（Frank and Wolfe, 1956）求解上述非線性之最佳化子問題並求得一組路網流入率 $\{u_{at}\}$ 及相對應的路段旅行時間 $\{c_{at}\}$。FW 演算法主要包括五個步驟：產生初始解、搜尋坡降方向、決定步幅、更新暫存解以及收斂檢定。

根據以上三個迴圈之說明，巢化對角法—FW 的運算步驟可敘述如下：

**步驟 1**：第一層迴圈運算

令第一迴圈回合數之初始值 $m = 1$。根據自由流旅行時間設定初始實際旅行時間，即 $\{\tau_{at}^m\} = \{NINT[c_{a_0 t}]\}$，並根據 $\{\tau_{at}^m\}$ 建立時空路網。

**步驟 2**：第二層迴圈運算

**步驟 2.1**：令第二迴圈回合數之初始值 $n = 1$，利用全有全無指派求取初始解，即路段流入率 $\{u_{at}^n\}$，並更新依時性路段旅行時間 $\{c_{at}^n\}$。

**步驟 2.2**：固定其他時空路段的流入率 $\overline{\mathbf{u}}^n \setminus \overline{u}_{at}^n$，則可獲得非線性最佳化模型（10-3）。

**步驟 3**：第三層迴圈運算

以 FW 演算法求解非線性最佳化模型（10-3）。

**步驟 3.1**：令第三迴圈回合數之初始值 $l = 1$。設定初始解 $\{u_{at}^l\}$ 並更新依時性路段成本 $\{c_{at}^l\}$。

**步驟 3.2**：決定搜尋方向 $\mathbf{d}^l$，由原問題之解 $\mathbf{u}^l$ 與其線性化子問題（為依時性的最短路徑問題）之解 $\mathbf{p}^l$ 決定，即 $\mathbf{d}^l = \mathbf{p}^l - \mathbf{u}^l$。

**步驟 3.3**：決定移動步幅 $\lambda^l$，應用二分法（bisection method）計算之。

**步驟 3.4**：透過下列線性組合的方式更新流入率，並據以更新路段依時性旅行時間 $\{c_{at}^{l+1}\}$。

$$u_{at}^{l+1} = u_{at}^{l} + \lambda^{l}\left(p_{at}^{l} - u_{at}^{l}\right) \quad \forall a,t \tag{10-4}$$

**步驟 3.5**：第三層迴圈收斂性檢查

若 $\left|\dfrac{u_{at}^{l+1} - u_{at}^{l}}{u_{at}^{l+1}}\right| \leq \varepsilon, \forall a,t$，即求得新的路段流入率解，令 $\{u_{at}^{n+1}\} = \{u_{at}^{l+1}\}$，$\{c_{at}^{n+1}\} = \{c_{at}^{l+1}\}$，

進行步驟 4；否則，令 $l = l+1$，回到步驟 3.2。

**步驟 4**：第二層迴圈收斂性檢查

若 $\left|\dfrac{u_{at}^{n+1} - u_{at}^{n}}{u_{at}^{n+1}}\right| \leq \varepsilon = 0.0001, \forall a,t$，則進行步驟 5；否則，令 $n = n + 1$，回到步驟 2.2。

**步驟 5**：第一層迴圈收斂性檢查

若 $\{\tau_{at}^{m}\} = \{NINT[c_{at}^{n+1}]\}$，停止，可行解即為最佳解；否則，令 $m = m+1$，更新實際路段旅行時間估計值 $\{\tau_{at}^{m}\}$：

$$\tau_{at}^{m} = NINT\left[(1-\gamma)\tau_{at}^{m-1} + \gamma c_{at}^{n}\right] \quad \forall a,t \tag{10-5}$$

其中權重值，$0 < \gamma \leq 1$。

根據 $\{\tau_{at}^{m}\}$ 建立之修正時空路網，回到步驟 2。

## 10.3.2 依時性路徑基礎之求解演算法

路徑基礎演算法亦採用巢化對角法的架構，在求解過程中亦可劃分為三個迴圈。其與依時性路段基礎之求解演算法惟一的差異在於第三迴圈的運算作業。前者以梯度演算法中的梯度投影法或縮減梯度法求解式（10-6）之非線性之二次規劃問題，而後者則採用 FW 演算法。梯度演算法求解式（10-6）的過程可再細分為外內兩個迴圈分別處理。外迴圈主問題（master problem）以變數產生法（column generation method）搜尋起迄對間最短路徑解，經比對後存入該起迄對的路徑解集合中；內迴圈則以此路徑解集合中的路徑建立一個受限主問題（restricted master problem）。

$$\min_{\mathbf{u}\in\overline{\Omega}} \quad z(\mathbf{h}) = \sum_a \sum_t \int_0^{u_{at}} c_a\left(\overline{\mathbf{u}}^n \setminus \overline{u}_{at}^n, \omega\right) d\omega \tag{10-6a}$$

$\overline{\Omega}$是由下列限制式所構成：

流量守恆限制式

$$\sum_p h_{pk}^{rs} = \overline{q}_k^{rs} \quad \forall r,s,p \in P,k \tag{10-6b}$$

流量傳導限制式

$$u_{apkt}^{rs} = h_{pk}^{rs} \overline{\delta}_{apkt}^{rs} \quad \forall r,s,a,p \in P,k,t \tag{10-6c}$$

$$\sum_t \overline{\delta}_{apkt}^{rs} = 1 \quad \forall r,s,a \in p, p \in P,k \tag{10-6d}$$

$$\overline{\delta}_{apkt}^{rs} \in \{0,1\} \quad \forall r,s,a,p \in P,k,t \tag{10-6e}$$

流量非負限制式

$$h_{pk}^{rs} \geq 0 \quad \forall r,s,p \in P,k \tag{10-6f}$$

定義限制式

$$u_{at} = \sum_{rs} \sum_{p \in P} \sum_k h_{pk}^{rs} \overline{\delta}_{apkt}^{rs} \quad \forall a,t \tag{10-6g}$$

$$c_{pk}^{rs} = \sum_a \sum_t c_{at} \overline{\delta}_{apkt}^{rs} \quad \forall r,s,p \in P,k \tag{10-6h}$$

　　梯度投影法亦可視為求解路徑庫中的路網均衡問題，當新的路徑不再加入路徑庫之中時，即獲得路網的均衡解，由於此方法處理的決策變數較少，因此求解效率較巢化對角法—FW 為佳（Chen and Chang, 1999a）。茲將梯度投影法的求解步驟描述如下：

**步驟 1**：初始化。令 $n = 1$，利用自由流旅行成本$\{c_{a_0t}\}$搜尋起迄對 $(r,s)$ 於 $k$ 時區出發之最短路徑 $p$，並以全有全無指派產生一組依時性路徑流量$\{h_{pk}^{rs^n}\}$與對應的依時性路段流量$\{u_{at}^n\}$，並計算$\{c_{at}^n = c_{at}(\mathbf{u}^n)\}$，將起迄對 $(r,s)$ 於 $k$ 時區出發之最短路徑加入路徑集合$\{P_k^{rs^n}\}$並更新路徑集合$\{P_k^{rs^n}\}$的路徑旅行成本$\{c_{pk}^{rs^n}\}$。

**步驟 2**：坡降方向搜尋。找尋各起迄對 $(r,s)$ 間於 $k$ 時區出發之最短路徑 $\hat{p}_k^{rs}$，若該路徑已儲存於路徑集合$\{P_k^{rs^n}\}$，標籤該條時空路徑為最短路徑，並記錄其路徑旅行成本

為$c_{\hat{p}k}^{rs^n}$；否則，將最短路徑$\hat{p}_k^{rs}$加入路徑集合$\left\{P_k^{rs^n}\right\}$，並記錄其路徑旅行成本為$c_{pk}^{rs^n}$。搜尋方向$d_{pk}^{rs}$為目標函數$z(\mathbf{u})$對時空路徑流量$h_{pk}^{rs}$之偏微，如下所示：

$$d_{pk}^{rs^n} = -\frac{\partial z(\mathbf{u})}{\partial h_{pk}^{rs^n}} = c_{\hat{p}k}^{rs^n} - c_{pk}^{rs^n}, \forall r,s,p \neq \hat{p},k \qquad (10\text{-}7a)$$

**步驟 3**：移動步幅決定。更新時空路徑流量$\left\{h_{pk}^{rs^{n+1}}\right\}$與時空路段流量$\left\{u_{at}^{n+1}\right\}$如下：

$$h_{pk}^{rs^{n+1}} = \max\left\{0,\left(h_{pk}^{rs^n} + \alpha_{pk}^{rs^n} d_{pk}^{rs^n}\right)\right\}, \quad \forall r,s,p \neq \hat{p},k \qquad (10\text{-}7b)$$

$$h_{\hat{p}k}^{rs^{n+1}} = \overline{q}_k^{rs} - \sum_{p \in P^{rs^n}, p \neq \hat{p}} h_{pk}^{rs^{n+1}}, \quad \forall r,s,k \qquad (10\text{-}7c)$$

其中，尋優步幅$\alpha_{pk}^{rs^n}$的計算公式可以表示為二階偏微結果的倒數如下：

$$\alpha_{pk}^{rs} = v\left(\frac{1}{\sum_a \sum_t c_{at}' \delta_{apkt}^{rs} + \sum_a \sum_t c_{at}' \delta_{ap\hat{k}t}^{rs} - \sum_{a \in k \cap \hat{k}} \sum_t 2c_{at}'}\right), \quad \forall r,s,p,k \neq \hat{k} \quad (10\text{-}7d)$$

其中，$c_{at}'$代表$c_{at}$對流量之微分，$v$為比例參數（scalar parameter）。

**步驟 4**：更新。

$$u_{at}^{n+1} = \sum_{rs} \sum_k h_{pk}^{rs^{n+1}} \overline{\delta}_{apkt}^{rs}, \quad \forall a,t \qquad (10\text{-}7e)$$

計算$c_{at}^{n+1} = c_{at}(\mathbf{u}^{n+1})$並據以將路徑集合$\left\{P_k^{rs^n}\right\}$中所有路徑旅行成本更新為$\left\{c_{pk}^{rs^{n+1}}\right\}$。

**步 驟 5**：收斂性檢定。若路段流量前後回合差之比率小於收斂標準$\varepsilon$，即$\max\limits_{a,t}\left|\dfrac{u_{at}^{n+1} - u_{at}^n}{u_{at}^n}\right| \leq \varepsilon$，則停止搜尋；否則，令$n = n + 1$，回到步驟 2。

步驟2的尋優方向$\mathbf{d}^n$，係由式（10-6a）對路徑變數$h_{pk}^{rs}$取一階微分之反方向後獲得，而步驟 3 的尋優步幅$\alpha^n$，係由式（10-6a）對路徑變數$h_{pk}^{rs}$取二階微分的倒數後獲得，推導過程參見 Chen and Chang（1999a）。

依時性旅運選擇的系列模型，雖然個別模型的架構以及所對應的非線性最佳化子問題〔即式（10-6）〕雖略有不同，但求解觀念與上述演算法過程頗為接近一致。

## 10.4 數例說明

　　茲以數值範例說明依時性用路人均衡模型的路網均衡狀態。測試路網如圖 10-3 所示，其中節點 1、3 為起點，節點 5 為迄點。

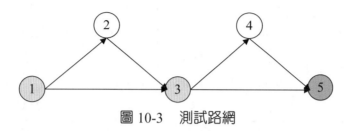

圖 10-3　測試路網

　　各路段成本函數如式（10-9），$\tau_{at}$ 的整數化過程中是採用四捨五入法來求得各路段的實際旅行時間。

$$c_{at} = 1 + 0.01(u_{at})^2 + 0.01(x_{at})^2 \quad \forall a, t \tag{10-8}$$

旅次起迄量如表 10-1 所示：

表 10-1　旅次起迄量

| 起迄對 | 出發時區 | | | |
|---|---|---|---|---|
| | $k = 1$ | $k = 2$ | $k = 3$ | $k = 4$ |
| 1-5 | 15 | 20 | - | - |
| 3-5 | - | - | 15 | 20 |

求解所得的路段與路徑流量解整理如表 10-2、表 10-3。

表 10-2　路段流量解

| 路段編號 | 進入時區 | 流入率 | 流出率 | 車輛數 | 路段旅行時間 | 流出時區 |
|---|---|---|---|---|---|---|
| $1 \to 2$ | 1 | 3.71 | 0.00 | 0.00 | 1.14 | 2 |
| | 2 | 8.52 | 3.71 | 3.71 | 1.86 | 4 |
| | 3 | 0.00 | 0.00 | 8.52 | 1.73 | - |
| | 4 | 0.00 | 8.52 | 8.52 | 1.73 | - |
| $1 \to 3$ | 1 | 11.29 | 0.00 | 0.00 | 2.28 | 3 |
| | 2 | 11.48 | 0.00 | 11.29 | 3.59 | 6 |

| 路段編號 | 進入時區 | 流入率 | 流出率 | 車輛數 | 路段旅行時間 | 流出時區 |
|---|---|---|---|---|---|---|
| | 3 | 0.00 | 11.29 | 22.76 | 6.18 | - |
| | 4～5 | 0.00 | 0.00 | 11.48 | 2.32 | - |
| | 6 | 0.00 | 11.48 | 11.48 | 2.32 | - |
| 2 → 3 | 2 | 3.71 | 0.00 | 0.00 | 1.14 | 3 |
| | 3 | 0.00 | 3.71 | 3.71 | 1.14 | - |
| | 4 | 8.52 | 0.00 | 0.00 | 1.73 | 6 |
| | 5 | 0.00 | 0.00 | 8.52 | 1.73 | - |
| | 6 | 0.00 | 8.52 | 8.52 | 1.73 | - |
| 3 → 4 | 3 | 11.23 | 0.00 | 0.00 | 2.26 | 5 |
| | 4 | 8.28 | 0.00 | 11.23 | 2.95 | 7 |
| | 5 | 0.00 | 11.23 | 19.51 | 4.81 | - |
| | 6 | 19.51 | 0.00 | 8.28 | 5.49 | 11 |
| | 7 | 0.00 | 8.28 | 27.79 | 8.72 | - |
| | 8～10 | 0.00 | 0.00 | 19.51 | 4.80 | - |
| | 11 | 0.00 | 19.51 | 19.51 | 4.80 | - |
| 3 → 5 | 3 | 18.77 | 0.00 | 0.00 | 4.52 | 8 |
| | 4 | 11.72 | 0.00 | 18.77 | 5.90 | 10 |
| | 5 | 0.00 | 0.00 | 30.49 | 10.29 | - |
| | 6 | 0.49 | 0.00 | 30.49 | 10.30 | 16 |
| | 7 | 0.00 | 0.00 | 30.98 | 10.60 | - |
| | 8 | 0.00 | 18.77 | 30.98 | 10.60 | - |
| | 9 | 0.00 | 0.00 | 12.22 | 2.49 | - |
| | 10 | 0.00 | 11.72 | 12.22 | 2.49 | - |
| | 11～15 | 0.00 | 0.00 | 0.49 | 1.00 | - |
| | 16 | 0.00 | 0.49 | 0.49 | 1.00 | - |
| 4 → 5 | 5 | 11.23 | 0.00 | 0.00 | 2.26 | 7 |
| | 6 | 0.00 | 0.00 | 11.23 | 2.26 | - |
| | 7 | 8.28 | 11.23 | 11.23 | 2.95 | 10 |
| | 8～9 | 0.00 | 0.00 | 8.28 | 1.69 | - |
| | 10 | 0.00 | 8.28 | 8.28 | 1.69 | - |

| 路段編號 | 進入時區 | 流入率 | 流出率 | 車輛數 | 路段旅行時間 | 流出時區 |
|---|---|---|---|---|---|---|
| | 11 | 19.51 | 0.00 | 0.00 | 4.80 | 16 |
| | 12～15 | 0.00 | 0.00 | 19.51 | 4.80 | - |
| | 16 | 0.00 | 19.51 | 19.51 | 4.80 | - |

表 10-3　路徑旅行時間與路徑流量

| 時區 | 路徑 | | | | | |
|---|---|---|---|---|---|---|
| | $3 \rightarrow 5$ | $3 \rightarrow 4 \rightarrow 5$ | $1 \rightarrow 3 \rightarrow 5$ | $1 \rightarrow 2 \rightarrow 3 \rightarrow 5$ | $1 \rightarrow 3 \rightarrow 4 \rightarrow 5$ | $1 \rightarrow 2 \rightarrow 3 \rightarrow 4 \rightarrow 5$ |
| $k = 1$ | - | - | 6.80 (5.18) | 6.80 (3.71) | 6.80 (6.11) | - |
| $k = 2$ | - | - | 13.89 (0.47) | 13.89 (0.02) | 13.89 (11.00) | 13.89 (8.50) |
| $k = 3$ | 4.52 (9.88) | 4.52 (5.12) | - | - | - | - |
| $k = 4$ | 5.90 (11.72) | 5.89 (8.28) | - | - | - | - |

* 括弧內為路徑流量

　　根據表 10-2 的資料，可以更進一步計算各路徑的旅行時間，以第一個時區出發之路徑 $1 \rightarrow 3 \rightarrow 5$ 為例，其路徑旅行時間 $c_{1 \rightarrow 3 \rightarrow 5, (1)}$ 之運算過程如下：

$$c_{1 \rightarrow 3 \rightarrow 5, (1)} = c_{1 \rightarrow 3, (1)} + c_{3 \rightarrow 5, (1 + c_{1 \rightarrow 3, (1)})} = 2.28 + c_{3 \rightarrow 5, (3.28)} \\ \approx 2.28 + c_{3 \rightarrow 5, (3)} = 2.28 + 4.52 = 6.80 \tag{10-9}$$

　　路徑流量與路徑旅行時間資料，在路徑基礎演算法所獲取的結果中均可直接獲得，無須進行手工運算。另根據表 10-3 內容，同一起迄對在相同時區出發的旅次所需的路徑旅行時間相同且最小，因此完全符合式（10-2）所定義的依時性用路人均衡條件。

# 10.5 依時性用路人均衡問題之延伸

　　以依時性用路人均衡模型爲基礎，可進一步發展系列旅運選擇模型，其延伸之向度有幾個：

1. 考慮依路網資訊的性質：交通資訊可區分爲明確型、機率型、與模糊型三種，依此建構之模型種類如表 10-4 所示。

表 10-4　依時性旅運選擇模型的種類

| 交通資訊種類 | | 預測型 | 反應型 |
|---|---|---|---|
| 明確型 | 依時性用路人最佳化 | 明確／預測型依時性 | 明確／反應型依時性 |
| | 依時性系統最佳化 | 旅運選擇問題 | 旅運選擇問題 |
| 機率型 | 依時性用路人最佳化 | 機率／預測型依時性 | 機率／反應型依時性 |
| | 依時性系統最佳化 | 旅運選擇問題 | 旅運選擇問題 |
| 模糊型 | 依時性用路人最佳化 | 模糊／預測型依時性 | 模糊／反應型依時性 |
| | 依時性系統最佳化 | 旅運選擇問題 | 旅運選擇問題 |

（資料來源：Chen, 1999）

2. 考量不同之交通決策階段：依時性旅運選擇模型又可按不同之交通決策階段而歸納爲四大類型：
   (1) 旅次發生型：旅次發生／路徑選擇問題、旅次發生／出發時間／路徑選擇問題；
   (2) 起迄點選擇型：起迄點／路徑選擇問題、起迄點／出發時間／路徑選擇問題；
   (3) 運具選擇型：運具／路徑選擇問題、運具／出發時間／路徑選擇問題；
   (4) 路徑選擇型：路徑選擇問題、出發時間／路徑選擇問題。
3. 考量額外限制式：依時性旅運選擇模型還可以按照：(1) 路段容量限制、(2) 路段流量先進先出限制，兩種額外限制條件再加以細分。

　　若綜合考量上述三個向度，即路網資訊的性質、決策階段，以及額外限制式，依時性旅運選擇模型的種類就非常多了，其模型系統架構可以圖 10-4 表示。

　　由圖 10-4 可知，依時性旅運選擇模型的種類極多，不但涵括了所有靜態運輸規劃模型的範疇，而且還開創了許多新的領域，如增加旅次出發時間的選擇等，因此，其實用價值更爲廣泛。

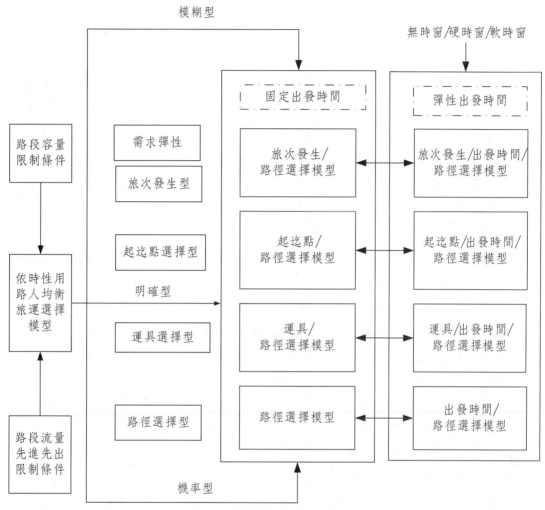

圖 10-4　依時性旅運選擇模型架構圖（Chen, 1999）

# 10.6 結論與建議

　　依時性交通量指派（或動態交通量指派）模型基本上可分成兩種：分析性（analytical）或模擬性（simulation）模型。本章主要探討分析性的均衡模型，並未探討不均衡（non-equilibrium）的模擬性模型。

　　模擬性模型主要依據微觀的駕駛行為，例如跟車以及轉換車道的規則，模化交通車流，或者依據中觀（mesoscopic）方法，即根據速度 - 密度之關係移動個別車輛。從交通量指派原則的基礎觀之，這個方法可以已經選用精細的規則來模化個別車輛的路徑選擇行為。由於模擬方法的重點不在於分析的易追蹤性（analytical tractability），因此

主要的重點就不在於嚴格遵守「均衡」路徑選擇行為的觀念。所獲得之系統結果也就未必呈現良好的特性（well-defined properties），例如 Wardrop 原則或依時性用路人均衡原則。

本章介紹一系列分析性的依時性旅運選擇模型，並以其中依時性用路人均衡模型為例，詳細說明路段基礎與路徑基礎的演算步驟，並以測試路網討論依時性均衡狀態。

事實上，依時性旅運選擇模型較傳統時間獨立之靜態模型更能反應真實之現況，因此其在智慧型運輸系統之應用上亦有其理論上的優越性，例如：

1. 先進的旅行者資訊系統（advanced traveler information systems, ATIS）：依時性旅運選擇模型可以提供用路人預測性的交通資訊，以選擇最佳行駛路線及出發時間，避免進入交通擁擠的區域或繞行遠路，以順利達成預定的旅運目的。

2. 先進的交通管理系統（advanced traffic management systems, ATMS）：依時性旅運選擇模型可結合路網號誌時制最佳化系統，進行必要的交通管理，以提昇整體路網的運輸績效，或進行防災、救援、疏散等緊急配合措施。

3. 商車營運系統（commercial vehicle operations, CVO）：依時性旅運選擇模型所提供預測性的路網交通資訊，可以有效提升車隊派遣、車輛巡迴及物流管理的效率。

4. 先進的公共運輸系統（advanced public transportation systems, APTS）：依時性旅運選擇模型可提供精確的路網交通資訊，若配合建置公車定位系統，可以顯示公車現在位置及預計到站時間，增加公共運輸系統的效能及用路人的信賴度。

整體而言，依時性旅運選擇模型的發展已經相當的成熟，許多困難的課題如路段容量限制、先進先出限制等課題均已相繼獲得圓滿的解決，相較於傳統之靜態運輸規劃模型，依時性旅運選擇模型的優越性已毋庸置疑，但下列幾項課題仍須詳加研究，以臻完善。

1. 依時性旅行時間函數的建立（Chen and Tu, 1996）。

2. 依時性起迄旅次量資料的蒐集。

3. 離散化與不收斂性的處理（陳惠國、張美香，1997）。

4. 先進先出限制式之考量。

5. 實際路網的測試（Chen, Chang and Lee, 1999）。

# 問題研討

1. 名詞解釋：
   (1) 動態交通量指派的兩種類型
   (2) 流量傳導（flow propagation）
   (3) 時空路網
   (4) 交通資訊的種類
   (5) 路段流量先進先出限制式
2. 請說明動態交通量指派與依時性交通量指派之區別。
3. Ran and Boyce（1994）提出瞬時性動態旅運選擇模型之架構，請評論其優缺點及其可能改良方式。
4. 最佳化控制理論建立的動態旅運選擇模型的缺點。
5. 請建構依時性交通量指派模型並說明其巢化對角求解演算法之三個主要迴圈內容。

# 相關考題

1. 靜態與動態交通量指派模式之優、缺點為何？其在智慧型運輸系統（ITS）之適用範疇又為何？（91 高三級第二試）
2. 動態交通指派模式（Dynamic Traffic Assignment Model）於運輸規劃中扮演的角色與目的為何？基本上模式可以分為哪幾大類？其各自之理論基礎為何？（96 高三級）
3. 路徑動態旅行時間係車輛導航之重要資訊，若路徑包含五個順序之路段，各路段各時階之旅行時間（秒）如下表之數字，假設每 30 秒為一時階以更新一次道路資訊，請問：（97 專技高）
   (1) 於第 1 時階出發的駕駛，進入路段 1 且繼續行駛並由路段 5 離開，請計算全程路徑所需之旅行時間？
   (2) 若時階改為 60 秒為一時階以更新一次道路資訊，同上問題，請計算全程路徑所需之旅行時間？
   (3) 若以 60 秒為一時階，當駕駛於第一時區開始進入路段 (1, 2)，則對此駕駛之路徑動態旅行時間而言，哪些路段之旅行時間必須事前預測？

| 時階 | 路段 | | | | |
|---|---|---|---|---|---|
| | (1, 2) | (2, 3) | (3, 4) | (4, 5) | (5, 6) |
| 1 | 32 | 14 | 17 | 15 | 11 |
| 2 | 34 | 17 | 13 | 14 | 12 |
| 3 | 29 | 12 | 19 | 16 | 14 |
| 4 | 33 | 15 | 16 | 12 | 13 |
| 5 | 30 | 11 | 13 | 13 | 12 |

4. 智慧型運輸系統（ITS）中的先進旅行者資訊子系統（ATIS）可提供路網資訊或進一步客製化做為路線導引之用。常見之靜態交通量指派因為忽略時間向度的考量，無法真實反應車輛在路網中流量傳導的過程，是項缺點誘導了動態交通量指派（DTA）的快速發展。請詳細說明納入時間向度考量之分析性（analytic approach）與模擬性（simulation-based）兩種動態交通量指派模型與求解觀念的不同與優劣點。（110 高三級）

# 參考文獻

## 一、中文文獻

[1] 陳惠國，李宗益，張家偉，2002.09，「路段流出率與路段流入率容量限制之比較 - 以動態用路人均衡模型為例」，運輸計劃季刊，第三十一卷，第三期，頁 475-494。

[2] 陳惠國，劉士豪，張佳偉，陳雍中，2002.06，「先進先出限制動態用路人均衡模型之研究」，運輸學刊，第十四卷，第二期，頁 1～16。

[3] 陳惠國，周鄭義，2001.12，「動態號誌時制控制之研究」，運輸計劃季刊，第三十卷，第四期，頁 823-848。

[4] 陳惠國等十一人，2001.02，「動態旅運選擇模型的回顧與前瞻」，運輸網路分析，林正章主編，頁 1-32，五南圖書出版有限公司，臺北。

[5] 陳惠國，張美香，1999.07，「模糊型動態用路人最佳化 - 單限旅次分布 / 出發時間 / 路徑選擇模型」，中國土木水利工程學刊，第十一卷，第二期，頁 377-385。

## 二、英文文獻

[1] Chang, Mei-Shiang and Chen, Huey-Kuo, 2000a, A fuzzy user-optimal route choice problem using a link-based fuzzy variational inequality formulation, Journal of Fuzzy Sets and Sys-

tems, Vol. 114, No. 2, pp. 339-345.

[2] Chen, Huey-Kuo and Chang, Mei-Shiang, 2000b, Dynamic user-optimal departure time/route choice problem with time-windows, Journal of the Chinese Institute of Engineers, Vol. 23, No. 1, pp. 71-81.

[3] Chen, Huey-Kuo and Chang, Mei-Shiang, 2000c, Dynamic user-optimal departure time/route choice problem with hard time-windows, Journal of Transportation Engineering, ASCE, Vol. 126/5, pp. 413-418.

[4] Chen, Huey-Kuo, 1999.12, Dynamic Travel Choice Models: A Variational Inequality Approach, Springer-Verlag, Berlin. (ISBN: 3-540-64953-0)

[5] Chen, Huey-Kuo, Chang, Chia-Wei, and Chang, Mei-Shiang, 1999.01, A comparison of link-based versus route-based algorithms in the dynamic user-optimal route choice problem, Transportation Research Record 1667, pp. 114-120.

[6] Chen, Huey-Kuo, Chang, Mei-Shiang and Lee, Chung-Yi, 1999.09, Experiences with the dynamic user-optimal route choice model for Chungli city, Journal of the Eastern Asia Society for Transportation Studies, Vol. 3, No. 1, pp. 223-232.

[7] Chen, Huey-Kuo, Chang, Mei-Shiang and Wang, Chung-Yung, 2001.08, Dynamic capacitated user-optimal departure time/route choice problem with time-Windows, European Journal of Operational Research, Vol. 132/3, pp. 603-618.

[8] Chen, Huey-Kuo and Chen, Ying-Chun, 1999.09, Comparisons of the Frank-Wolfe and Evans methods for the doubly constrained entropy distribution/assignment problem, Journal of the Eastern Asia Society for Transportation Studies, Vol. 3, No. 5, pp. 261-276.

[9] Chen, Huey-Kuo and Feng, Ginny, 2000.01, Heuristics for the stochastic/dynamic user-optimal route choice problem, European Journal of Operational Research Vol. 126/1, pp. 13-30.

[10] Chen, Huey-Kuo and Hsiao, Shu-Yurn, 1999.09, Hybrid method for dynamic user-optimal route choice, Journal of the Eastern Asia Society for Transportation Studies, Vol. 3, No. 1, pp. 295-310.

[11] Chen, Huey-Kuo, Hsiao, Su-Yurn, Liao, Min-Feng and Hsueh, Che-Fu, 2003.10, Sensitivity analysis for the dynamic capacitated origin-destination estimation problem, Journal of the Eastern Asia Society for Transportation Studies, Vol. 5, pp. 1278-1293. 8

[12] Chen, Huey-Kuo and Hsueh, Che-Fu, 1998.03, A Model and an Algorithm for the Dynamic User-Optimal Route Choice Problem, Journal of Transportation Research B, Vol. 32, No. 3, pp. 219-234.

[13] Chen, Huey-Kuo and Hsueh, Che-Fu, 1998.05, A discrete-time dynamic user-optimal depar-

ture time/route choice model, Journal of Transportation Engineering, ASCE, 124(3), pp.246-254.

[14]Chen, Huey-Kuo and Hsueh, Che-Fu, 1999, The dynamic system-optimal route choice problem and toll policies, Transportation Planning and Technology. Vol. 22, pp. 201-228.

[15]Chen, Huey-Kuo, Lui, Shin-Hao and Chang, Chia-Wei, 2003.12, A dynamic side-constrained user equilibrium problem, Online Journal of Cooper@Tive Tr@Nsport@Tion Dyn@Mics, Vol. 2, pp. 2.1-2.34.

[16]Chen, Huey-Kuo, Peng, Hsiao-Chi and Chou, Cheng-Yi, 2004.03, An efficient path-based algorithm for a dynamic user equilibrium problem, In: D.H. Lee (Ed), Urban and Regional Transportation Modeling, Boyce Festschrift, Edward Elgar, pp. 314-336.

[17]Chen, Huey-Kuo and Wang, Chung-Yung, 1999.01, Dynamic capacitated user-optimal route choice problem, Transportation Research Record 1667, pp. 16-24.

# 第 11 章

# 改良式需求預測
# 程序與整合模型

循序性旅運需求預測程序（sequential travel demand forecasting）起源於 1950 年代，為傳統都市運輸規劃的主流，其基本的觀念為依據旅次基礎（trip-based）的模型架構，將旅運需求預測劃分成循序性的四步驟之過程（sequential process of four modeling steps），包括：

1. 旅次發生（trip generation, TG），即活動的頻率；
2. 旅次分布（trip distribution, TD），即迄點（或起點）的選擇；
3. 運具選擇（mode choice, MC），即車種的選擇；
4. 交通量指派（traffic assignment, TA），即路徑選擇。

　　傳統之循序性旅運需求預測程序的精確度不高，過去嘗試進行改善的方式主要有兩種，即：反饋式的循序性程序（sequential forecasting procedure with feedback, SFPF）以及整合模型（combined model, CM）。前者已被實務界廣泛運用，而後者之研究仍然集中在學術領域、實務界應用之實例尚不多見，但兩者都是旅運需求預測的重要方法。

　　本章內容之順序安排如下：第一節說明反饋式的循序性預測程序，包括旅次分布矩陣的連續平均；第二節介紹整合性預測模型，包括單限旅次分佈與交通量指派、超級路網、全線性化的直接演算法（Frank-Wolfe 演算法）、部分線性化的雙階段演算法（Evans 演算法）以及小結；第三節介紹彈性需求之全旅運選擇整合模型（The combined model with the four travel choices and variable demand），包括其所對應之整合模型架構、超級路網、巢化演算法以及小結；第四節提出結論與建議。

# 11.1 反饋式的循序性預測程序

　　理想上，循序性旅運預測的四個步驟其每一步驟之輸入資料必須與其下游步驟所產生之輸出資料完全吻合，例如，旅次分布所使用的起迄對旅運成本輸入資料，必須與交通量指派步驟所輸出之用路人均衡旅運成本完全一致。但在循序性旅運預測的架構下，這種理想狀況很難達成，針對這種「不一致性」的問題，運輸界很早就認知若將「反饋」（feedback）的重覆性求解過程導入循序性旅運預測求解程序，將可改善循序性子問題之間的輸入與輸出數據的不一致性，這種觀念所發展出來的架構就稱之為「反饋式的循序性預測程序」（sequential forecasting procedure with feedback, SFPF），參見圖 11-1。

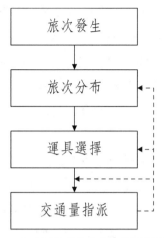

**圖 11-1　反饋式的循序性預測程序**

　　反饋式求解四個步驟來的需要性雖然十分明顯，但如何執行，仍存在有許多未有定論的課題。根據現有文獻之研究成果顯示（Boyce et al., 1994; Comsis, 1996; Bar-Gera and Boyce, 2006b; Boyce and Xiong, 2007），在循序性程序中最為關鍵的課題就是如何執行反饋運算（feedback calculations）。Boyce et al.（1994）與 Comsis（1996）的實驗結果指出，如果僅將前一回合的旅運成本直接反饋（naive feedback 或 direct feedback）是非常沒有效率的。因此，採取某種前後回合間的「平均化」（averaging）步驟是有其必要性的。但要如何進行平均化步驟？而平均化的對象又是什麼？是針對起迄流量、路段流量、路段成本還是路段速度呢？有關詳細的討論請參見（Bar-Gera and Boyce, 2006），以下僅將旅次需求矩陣的連續平均的概念加以介紹。

　　起迄需求量為交通量指派重要的輸入資料，在整個運輸需求預測程序中扮演著極為關鍵性的角色，因此，在這個議題裡，我們限定平均化的對象為旅次需求矩陣，即探討如何依據交通分區間一般化運具旅運成本（即旅行時間、操作成本、過路費與票價之線性加總）找到一個適合的多運具旅次需求矩陣。

　　在交通擁擠的路網上，運具的旅運成本可以代表「路段基礎」指派演算法之最短路徑成本或是「路徑基礎」指派演算法之被使用到路徑的平均成本。在反饋式的預測程序中，我們希望能依據運具的旅運成本找到一個多運具旅次需求矩陣，而如果這個矩陣重新指派到多運具路網也可以產生相同的成本。以上的說明指出，反饋式的預測程序應該聚焦於如何找到一個滿足這個準則的（多運具）旅次需求矩陣，也就是將重點放在如何平均化前後回合的旅次需求矩陣上面，而非將重點放在路段流量或路段成本上面。

　　以下提出三種平均化前後回合旅次需求矩陣的方法：

1. 常數權重平均法（constant weight, CW），也稱作固定權重法；

2. 連續平均法（method of successive averages, MSA）；

3. 簡單反饋法（naive feedback, NF）或直接反饋法（direct feedback, DF）。這個方法為常數權重平均法的特例，即設定新矩陣權重為 1。

　　反饋式的預測程序詳如圖 11-2 所示。為了簡化起見，流程圖中並不考慮小汽車以外的其他運具。

1. 方格 1 輸入交通分區的起點旅次量 $O^r$、迄點旅次量 $D^s$，以及起始旅運成本 $u^{rs^1}$。

2. 方格 2 產生初始解，即求解出旅次分布量 $q^{rs1}$，以及指派後之路段流量 $f_a^1$。

3. 方格 3 依據第 $n-1$ 回合之旅運成本矩陣 $u^{rs^{n-1}}$ 求算第 $n$ 回合旅次分布模型的解 $v^{rs^n}$。

4. 方格 4 將方格 3 求解之新旅次需求矩陣與前一回合 $(n-1)$ 所獲得的旅次需求矩陣加以平均化，得到第 $n$ 回合之平均旅次需求矩陣。平均化的方式可以常數權重 CW 的方式為之，即將權重 $w$ 指派給前一回合的平均旅次需求矩陣，權重 $(1-w)$ 指派給新的矩陣，其中權重 $w$ 的值介於 0 與 1 之間。而連續平均法（MSA）則是將權重 $w = (n-1)/n$ 設定給舊的平均矩陣，權重 $(1-w) = 1/n$ 設定給新的矩陣。簡單反饋法屬於常數平均法的特例，即設定 $w = 0$ 以及 $(1-w) = 1$。

5. 方格 5 將平均化需求矩陣重新指派到路網中。

6. 方格 6 則檢定在方格 5 前後回合的兩個矩陣是否相等或達到收斂標準。MSA 法的收斂性已經獲得數學上的証明，但收斂速度很慢。常數權重平均法的收斂性則尚未獲得證明。方格 6 定義了兩個收斂標準 [1]，即總錯置流量（total misplaced flow, TMF）以及平方根誤差（root squared error, RSE）。假如所求得解符合收斂標準則停止，否則，返回方格 3 重新開始。

---

[1] 當第 $n$ 回合起迄對 $rs$ 的子問題的需求量 $v^{rs^n}$ 接近於第 $n$-1 回合起迄對 $rs$ 的母問題的需求量 $q^{rs^{n-1}}$ 時，則依據平均化的定義 $q^{rs^n} = w \cdot q^{rs^{n-1}} + (1-w) \cdot v^{rs^n}$，第 $n$ 回合起迄對 $rs$ 的母問題的需求量 $q^{rs^n}$ 亦會接近於第 $n$-1 回合起迄對 $rs$ 的母問題的需求量 $q^{rs^{n-1}}$。

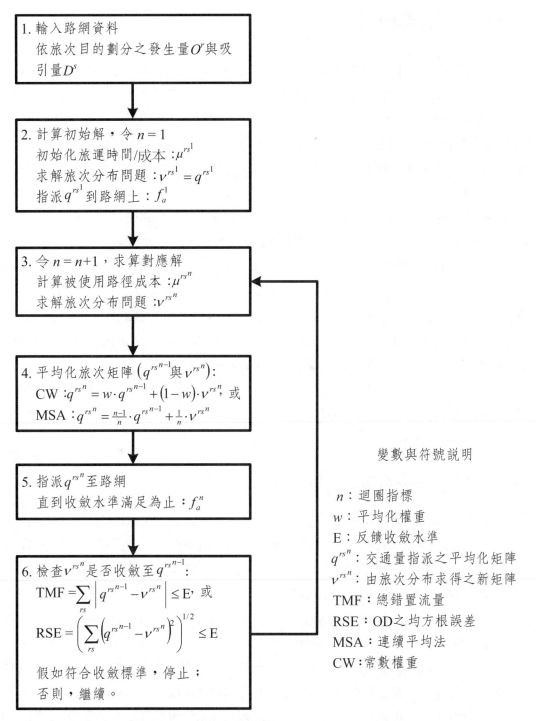

圖 11-2　平均化起迄矩陣之反饋程序（Bar-Gera and Boyce, 2006）

# 11.2 整合性預測模型

　　整合性預測模型係指將循序性運輸需求預測程序中的交通量指派與其他一個以上之預測步驟合併為一個整合的數學模型。整合性預測模型與反饋式的循序性預測程序均用於改善四步驟旅運預測的精確度，後者是利用反饋程序「儘量降低」子問題之間界面所產生之交通需求量、路網流量、或路網成本等不一致性的問題，但這個方法仍未改變循序性個別旅運決策之本質；而前者則是同時決定產生所有子模型之旅運決策，因此，整合模型可以「完全消除」所合併子模型之間的界面所產生不一致性之問題。就理論上而言，整合性預測模型所包含的預測步驟愈多，預測結果之精確度（或一致性）就會愈高，但伴隨而來的是模型架構複雜度與求解運算複雜度也會大幅增加。因此到目前為止，整合性預測模型仍以包含二個預測步驟為主流，例如：單限旅次分布與交通量指派（singly constrained trip distribution and traffic assignment problem），雙限旅次分布與交通量指派（doubly constrained trip distribution and traffic assignment problem），變動需求與交通量指派（traffic assignment problem with variable demand），運具分派與交通量指派等（modal split and traffic assignment problem）。

　　以下僅以單限旅次分布與交通量指派整合模型為例，詳細探討其數學模型架構、超級路網、全線性化之直接演算法（direct algorithm）、部分線性化之雙階段演算法（double-stage algorithm）等內容。

## 11.2.1 單限旅次分布與交通量指派

　　單限旅次分布與交通量指派問題（singly constrained distribution/assignment problem）包含單限旅次分布與交通量指派兩步驟之旅運決策在內。所謂單限旅次分布係指在旅次發生（或吸引）總量已知的情況下，找出起迄交通需求量（origin-destination traffic demand）之分布情形。一般說來，起迄交通需求量之多寡與起點的發生量、起迄點之距離以及迄點之吸引力（attractiveness or attractive measure）有關，其中迄點吸引力包括大家所熟知的就業機會或商辦樓地板面積等在內，這些統計資料屬於模型的外生資料，必須透過文獻收集或實地訪查才能取得。由於起迄需求量實際資料所耗費調查成本極高，而且容易產生調查誤差，影響資料的準確度，因此，利用起迄需求函數（或模型）進行推估的方式也非常普遍，在所有之起迄需求量推估模型中最為常見之就是羅吉特模型（Logit model）。以下將介紹引用羅吉特函數的單限旅次分布與交通量指派問題（trip distribution/traffic assignment with logit functions），簡稱為羅吉特分布與指派（logit distribution/assignment）問題。

　　假設起迄對 $rs$ 的吸引力為非負 $M^{rs} \geq 0$，羅吉特函數的散布參數為正值 $\gamma > 0$，則羅

吉特分布與指派模型可以表示如下：

$$\min \quad z(\mathbf{x}, \mathbf{q}) = \sum_a \int_0^{x_a} c_a(\omega) d\omega + \frac{1}{\gamma} \sum_r \sum_s \left( q^{rs} \ln q^{rs} - q^{rs} \right) - \sum_r \sum_s M^{rs} q^{rs} \tag{11-1a}$$

subject to

$$\sum_k f_k^{rs} = q^{rs} \quad \forall r, s \qquad \left( \mu^{rs} \right) \tag{11-1b}$$

$$\sum_s q^{rs} = \overline{q}^r \quad \forall r \qquad \left( \mu^r \right) \tag{11-1c}$$

$$f_k^{rs} \geq 0 \quad \forall r, s, k \tag{11-1d}$$

式（11-1a）為目標函數；式（11-1b）為起迄交通需求量守恆限制式；式（11-1c）為起點發生量守恆限制式，式（11-1d）為路徑流量非負限制式。

令限制式（11-1b）之對偶變數為 $\mu^{rs}$，限制式（11-1c）之對偶變數為 $\mu^r$，則模型（11-1）之拉氏函數可建構為式（11-2）：

$$\mathcal{L}(\mathbf{x}, \mathbf{q}, \boldsymbol{\mu}) = \sum_a \int_0^{x_a} c_a(\omega) d\omega + \frac{1}{\gamma} \sum_{rs} \left( q^{rs} \ln q^{rs} - q^{rs} \right) - \sum_{rs} M^{rs} q^{rs}$$
$$+ \sum_{rs} \mu^{rs} \left( q^{rs} - \sum_k f_k^{rs} \right) + \sum_r \mu^r \left( \overline{q}^r - \sum_s q^{rs} \right) \tag{11-2}$$

拉式函數（11-2）分別對主決策變數 $\{q^{rs}\}$、$\{f_k^{rs}\}$ 以及對偶決策變數 $\{\mu^{rs}\}$、$\{\mu^r\}$ 取一階偏微可推導最佳化條件如下：

$$q^{rs} \left( \frac{1}{\gamma} \ln q^{rs} + \mu^{rs} - M^{rs} - \mu^r \right) = 0 \quad \forall r, s \tag{11-3a}$$

$$\frac{1}{\gamma} \ln q^{rs} + \mu^{rs} - M^{rs} - \mu^r \geq 0 \quad \forall r, s \tag{11-3b}$$

$$\left( c_k^{rs} - \mu^{rs} \right) f_k^{rs} = 0 \quad \forall r, s, k \tag{11-3c}$$

$$c_k^{rs} - \mu^{rs} \geq 0 \quad \forall r, s, k \tag{11-3d}$$

$$\sum_k f_k^{rs} = q^{rs} \quad \forall r, s \tag{11-3e}$$

$$\sum_s q^{rs} = \overline{q}^r \quad \forall r \tag{11-3f}$$

$$f_k^{rs} \geq 0 \quad \forall r, s, k \tag{11-3g}$$

　　式（11-3a）～（11-3b）是經由決策變數 $\{q^{rs}\}$ 偏微推導而得，式（11-3c）～（11-3d）是經由決策變數 $\{f_k^{rs}\}$ 偏微推導而得，式（11-3e）～（11-3f）為經由對偶決策變數 $\{\mu^{rs}\}$、$\{\mu^r\}$ 偏微推導而得，且還原為模型（11-1）之限制式。

　　若考慮當 $q^{rs}=0$，$\ln q^{rs}$ 數學上沒有意義，因此 $q^{rs}$ 必須大於 0，所以式（11-3a）～（11-3b）就可以合併整理如下：

$$\frac{1}{\gamma}\ln q^{rs}+\mu^{rs}-M^{rs}-\mu^r=0 \quad \forall r,s \tag{11-3h}$$

再經移項整理可得下式：

$$q^{rs}=e^{-\gamma\left(\mu^{rs}-M^{rs}-\mu^r\right)} \quad \forall r,s \tag{11-4a}$$

將等式兩邊對迄點 $s'$ 做加總可得：

$$\overline{q}^r=\sum_{s'}e^{-\gamma\left(\mu^{rs'}-M^{rs'}-\mu^r\right)} \quad \forall r \tag{11-4b}$$

若將式（11-4a）除以（11-4b）可得：

$$\frac{q^{rs}}{\overline{q}^r}=\frac{e^{-\gamma\left(\mu^{rs}-M^{rs}-\mu^r\right)}}{\sum_{s'}e^{-\gamma\left(\mu^{rs'}-M^{rs'}-\mu^r\right)}}=\frac{e^{-\gamma\left(\mu^{rs}-M^{rs}\right)}}{\sum_{s'}e^{-\gamma\left(\mu^{rs'}-M^{rs'}\right)}} \tag{11-4c}$$

移項可得羅吉特函數（Logit formula），如下所示：

$$q^{rs}=\overline{q}^r\frac{e^{-\gamma\left(\mu^{rs}-M^{rs}\right)}}{\sum_{s'}e^{-\gamma\left(\mu^{rs'}-M^{rs'}\right)}} \tag{11-4d}$$

## 11.2.2 超級路網

　　利用超級路網的表達方式（supernetwork representation）羅吉特分布與指派問題可視為交通量指派問題之延伸。因此若能夠將羅吉特分布與指派模型之特性（或維度）反應到交通量指派所使用之基本路網上，則常用於求解交通量指派模型之 FW 法也就可以依樣畫葫蘆的應用於求解羅吉特分布與指派模型。這其中的關鍵就在於如何才能將羅

吉特分布與指派模型之旅運決策特性轉換成路網資料，然後將這些新增的路網資料適當的附加到原來的基本路網上，就可以建構出所謂的超級路網（supernetwork）。

　　假設已知一個包含兩個起點（編號 1、2）三個迄點（編號 3、4、5）的基本路網如圖 11-5a 所示。

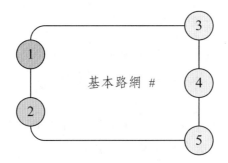

圖 11-5a　2 個起點、3 個迄點的基本路網圖

　　假如我們針對每一個起點 $r$ 均建立一個虛擬迄點$\tilde{r}$與之對應，然後將所有的迄點$s$與該虛擬迄點$\tilde{r}$以虛擬節線$s \to \tilde{r}$連接，令該虛擬節線成本如下所示：

$$c_{s \to \tilde{r}} = \frac{1}{\gamma} \ln q^{rs} - M^{rs} \qquad (11\text{-}5a)$$

　　則我們就可以據以建構出基本路網之延伸路網圖，稱之為超級路網如圖 11-5b 所示：

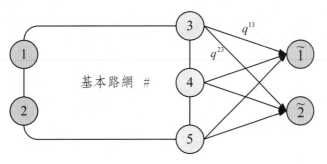

圖 11-5b　2 個起點、3 個迄點的超級路網圖

　　由於虛擬節線成本（11-5a）含有對數運算在內，當流量為 0 時，i.e., $q^{rs^n} = 0$，成本函數$\frac{1}{\gamma} \ln q^{rs} - M^{rs}$無法定義，為了避免產生數值運算上之困難，可以選用一個極小數 ε

取代 0，將式（11-5a）修正爲：

$$
c_{s \to \tilde{r}} = \begin{cases} \dfrac{1}{\gamma} \ln q^{rs} - M^{rs} & \text{for } q^{rs} > \varepsilon \\[2ex] \dfrac{1}{\gamma} \ln \varepsilon - M^{rs} & \text{for } 0 \le q^{rs} \le \varepsilon \end{cases} \tag{11-5b}
$$

　　經由超級路網所表示的羅吉特分佈與指派問題，可以視等同於一個「延伸性」的交通量指派問題，而利用求解交通量指派問題之演算法，例如 FW、GP、TAPAS，來進行求解。

　　有關對等性之分析，可以分成兩部分來加以說明。就限制式部分來說，因爲超級路網從起點 $r$ 到超級迄點 $\tilde{r}$ 的「固定需求量」爲 $\bar{q}^r$，再加上適用原先起點 $r$ 到迄點 $s$ 需求量以及路徑流量之非負條件，因此原模型之限制條件式（11-1b）～（11-1d）可以完全滿足。再就目標函數而言，超級路網之目標式可以表示爲超級路網之所有路段的成本函數之積分加總如下：

$$
\min \quad z(\mathbf{x}, \mathbf{q}) = \sum_a \int_0^{x_a} c_a(\omega) d\omega + \sum_{s\tilde{r}} \int_0^{q^{rs}} c_{s \to \tilde{r}}(w) dw \tag{11-6a}
$$

因爲：

$$
\begin{aligned}
\int_0^{q^{rs}} c_{s \to \tilde{r}}(w) dw &= \int_0^{q^{rs}} \left( \frac{1}{\gamma} \ln w - M^{rs} \right) dw \\[2ex]
&= \frac{1}{\gamma} \left( q^{rs} \ln q^{rs} - q^{rs} \right) - M^{rs} q^{rs}
\end{aligned} \tag{11-6b}
$$

　　所以目標式（11-6a）也與目標式（11-1a）完全相同。由於超級路網所定義之延伸性交通量指派問題（11-6a）、（11-1b）～（11-1d）和羅吉特分布與指派問題（11-1）完全相同，因此兩者之間的對等性成立。

## 11.2.3 求解演算法

　　求解羅吉特分布與指派問題的演算法很多，以下僅介紹其中兩種演算法：直接演算法（亦稱之爲全線性化演算法，full linearization method）與雙階段演算法（亦稱之爲部分線性化演算法，partial linearization method）。

### 11.2.3.1 全線性化之直接演算法

全線性化之直接演算法的求解觀念是針對超級路網所發展出來的（solution by network representation），也就是 FW 演算法。為了搜尋羅吉特分布與指派問題的坡降方向，FW 演算法必須以最短路徑演算法（shortest path algorithm）求解下列線性化子問題：

$$
\begin{aligned}
\min \quad z^n(\mathbf{g}) &= \sum_{rs} \sum_k \frac{\partial z\left[\mathbf{x}\left(\mathbf{f}^n\right), \mathbf{q}\left(\mathbf{f}^n\right)\right]}{\partial f_k^{rs}} g_k^{rs} \\
&= \sum_{rs} \sum_k \left[ c_k^{rs\,n} + \frac{1}{\gamma} \ln\left( q^{rs\,n} \right) - M^{rs} \right] g_k^{rs}
\end{aligned}
\tag{11-7a}
$$

subject to

$$
\sum_s \left( \sum_k g_k^{rs} \right) = \overline{q}^r \quad \forall r
\tag{11-7b}
$$

$$
g_k^{rs} \geq 0 \quad \forall k, r, s
\tag{11-7c}
$$

同時為了搜尋羅吉特分布與指派問題的移動步幅，FW 演算法必須以二分法（bisection method）執行下列線性搜尋（line search）問題：

$$
\begin{aligned}
\min_{0 \leq \alpha \leq 1} \quad z(\alpha) &= \sum_a \int_0^{x_a^n + \alpha\left(y_a^n - x_a^n\right)} t_a(\omega) \\
&+ \frac{1}{\gamma} \sum_{rs} \left[ q^{rs\,n} + \alpha\left( v^{rs\,n} - q^{rs\,n} \right) \right] \left\{ \ln\left[ q^{rs\,n} + \alpha\left( v^{rs\,n} - q^{rs\,n} \right) \right] - 1 - \gamma\, M^{rs} \right\}
\end{aligned}
\tag{11-7d}
$$

根據上述討論，直接演算法的求解步驟可以條列如下：

**步驟1**：初始化。找出一組可行流量解 $\left\{ q^{rs\,n} \right\}$、$\left\{ x_a^n \right\}$。更新旅行時間。計算 $c_a^n = c_a\left( x_a^n \right), \forall a$。令回合數 $n = 1$。

**步驟 2**：搜尋改善方向。找出線性化子問題（11-7a～11-7c）的流量解 $\left\{ g_k^{rs\,n} \right\}$。令

$$
y_a^n = \sum_{rs} \sum_k g_k^{rs\,n} \delta_{a,k}^{rs}
\tag{11-7e}
$$

$$
v^{rs\,n} = \sum_k g_k^{rs\,n}
\tag{11-7f}
$$

**步驟 3**：決定移動步幅。求解（11-7d）找出移動步幅 $\alpha_n$。

**步驟 4**：更新流量。

$$x_a^{n+1} = x_a^n + \alpha_n\left(y_a^n - x_a^n\right) \tag{11-7g}$$

$$q^{rs\,n+1} = q^{rs\,n} + \alpha_n\left(v^{rs\,n} - q^{rs\,n}\right) \tag{11-7h}$$

**步驟 5**：檢查收斂條件。假如收斂標準尚未滿足，令 $n = n + 1$，回到步驟 2；否則，停止，最佳解為 $\left\{x_a^{n+1}\right\}$，$\left\{q^{rs\,n+1}\right\}$。

### 11.2.3.2 部分線性化之雙階段演算法

部分線性化之雙階段演算法亦稱 Evans 演算法，其求解步驟與前述 FW 演算法幾乎完全相同，但方向搜尋（direction-finding）步驟略有不同，如下所示：

**步驟 2a**：以 $\left\{c_a^n\right\}$ 計算每一起迄對之最短路徑，得到最短路徑旅行時間 $\left\{\mu^{rs\,n}\right\}$。

**步驟 2b**：根據下列羅吉特分布模型，計算輔助 O-D 流量 $\left\{v^{rs\,n}\right\}$。

$$v^{rs\,n} = \overline{q}^r \cdot \frac{e^{-\gamma\left(\mu^{rs\,n} - M^{rs}\right)}}{\sum_{s'} e^{-\gamma\left(\mu^{rs\,n} - M^{rs'}\right)}} \tag{11-8}$$

**步驟 2c**：將 $\left\{v^{rs\,n}\right\}$ 指派到 $(r,s)$ 起迄對之最短路徑上。依據路徑與路段之定義限制式可以得到子問題之路段流量解 $\left\{y_a^n\right\}$。

式（11-8）是可以經由求解下列數學規劃模型而得：

$$\min \quad \hat{z}(\mathbf{y}, \mathbf{v}) = \sum_a c_a^n y_a + \frac{1}{\gamma}\sum_{rs} v^{rs}\left[\ln v^{rs} - 1\right] - \sum_{rs} v^{rs} M^{rs} \tag{11-9a}$$

subject to

$$\sum_k g_k^{rs} = v^{rs} \quad \forall r, s \tag{11-9b}$$

$$\sum_s v^{rs} = \overline{q}^r \quad \forall r \tag{11-9c}$$

$$g_k^{rs} \geq 0 \quad \forall k, r, s \tag{11-9d}$$

Sheffi（1985）指出以雙階段演算法求解羅吉特分布與指派模型的收斂速度要比直接演算法更快。但按照現今的電腦發展與演算法的進步速度，這種說法未必成立。

## 11.2.4 數例說明

**【例題 11-1】**羅吉特分布與指派模型

　　求解羅吉特分布與指派問題的步驟可以簡單之數例加以說明。圖 11-6 為包含 $(r,1)$ 與 $(r,2)$ 兩個 OD 起迄對，以及 $r \to 1$ 與 $r \to 2$ 共兩條節線之測試網路。

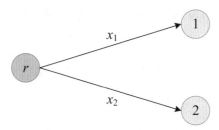

**圖 11-6　2 個 OD 起迄對、2 條節線之路網圖**

　　假設起點之發生量為 4 個流量單位，$\bar{q} = 4$ 單位，迄點 $s$ 的吸引力為零（$M^{rs} = 0$），羅吉特函數的散布參數為 1（$\gamma = 1.0$），兩條路段之績效函數分別為：

$$c_1 = 1 + 2x_1 \tag{11-10a}$$

$$c_2 = 2 + x_2 \tag{11-10b}$$

**【解答】**
**【解法 1】**

　　在超級路網中（見圖 11-7），從起點 $r$ 至迄點 $\tilde{r}$ 之兩條路徑之旅行時間相等：

$$c_1 + c_3 = c_2 + c_4 \tag{11-12a}$$

即

$$1 + 2x_1 + \ln x_1 = 2 + x_2 + \ln x_2 \tag{11-12b}$$

　　在超級路網中（見圖 11-7），從起點 $r$ 至迄點 $\tilde{r}$ 之需求量必須守恆：

$$x_1 + x_2 = 4 \tag{11-12c}$$

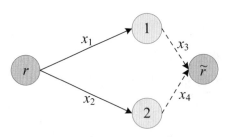

圖 11-7　2 個 OD 起迄對、2 條節線之超級路網圖

　　求解聯立方程式（11-12b）、（11-12c）可以得到路段 1 之流量為 $x_1 = 1.75$ 單位，將其代入其它公式則可分別獲得 $x_2 = 2.25$ 流量單位、$c_1 = 4.5$ 時間單位，以及 $c_2 = 4.25$ 時間單位。

**【解法 2】**

　　根據上述之網路資料，路網均衡之條件可以表示如下之羅吉特公式：

$$\frac{x_1}{\overline{q}} = \frac{e^{-c_1}}{e^{-c_1} + e^{-c_2}} \tag{11-10c}$$

$$\frac{x_2}{\overline{q}} = \frac{e^{-c_2}}{e^{-c_1} + e^{-c_2}} \tag{11-10d}$$

$$\overline{q} = x_1 + x_2 = 4 \tag{11-10e}$$

　　因為 $c_1$ 與 $c_2$ 可以 $x_1$ 與 $x_2$ 表示，因此可以聯立求解式（11-10c）～（11-10e）如下式：

$$\frac{x_1}{4} = \frac{1}{1 + e^{3x_1 - 5}} \tag{11-11a}$$

或

$$3x_1 - 5 - \ln\left(\frac{4}{x_1} - 1\right) = 0 \tag{11-11b}$$

　　求解式（11-11b）也可以得到路段 1 之流量為 $x_1 = 1.75$ 單位，將其代入其它公式可分別獲得 $x_2 = 2.25$ 流量單位、$c_1 = 4.5$ 時間單位，以及 $c_2 = 4.25$ 時間單位。

## 11.2.5 小結

　　本節僅以單限旅次分布與交通量指派整合模型為例，探討其數學模型、超級路

網、直接演算法、雙階段演算法等內容。事實上，包含二個旅運需求預測步驟之整合性預測模型尚有雙限旅次分布與交通量指派（Chen and Chen, 1999），運具分派與交通量指派（Sheffi, 1985），變動需求交通量指派（Gartner, 1980）等，這些整合性預測模型受惠於電腦科技之進步與求解演算法之發展，應用性也逐漸提高。此外，整合性模型之求解結果，也可做為反饋式的循序性預測程序所獲結果之比較基準，估計其所產生誤差的大小，以擬具因應之措施。

　　除了包含二個子模型之整合模型之外，也有包含三個子模型之整合模型，例如同時包含旅次分布、運具分配、交通量指派在內之整合模型（Boyce, 2003），甚至四個預測步驟之整合模型（Chen, 2011），以及彈性需求之全旅運選擇預測整合模型（Chen, 2013）。一般而言，整合模型內含之預測步驟愈多，所需滿足之「流量守恆」條件也隨之增加，因此，模型複雜度與求解難度也更高。以下針對最為複雜的彈性需求之全旅運選擇整合模型進行探討。

# 11.3 彈性需求之全旅運選擇整合模型

　　彈性需求之全旅運選擇整合模型（The four travel choices combined model with variable demand）係指兼顧旅次發生（trip generation, TG）、旅次分布（trip distribution, TD）、運具選擇（mode choice, MC）以及交通量指派（traffic assignment, TA）四個預測步驟，並同時納入彈性需求（variable demand, VD）之考量，所形成之整合模型 TG/TD/MC/TA/VD。以下分別討論整合模型架構，以及近似求解演算法。

## 11.3.1 TG/TD/MC/TA/VD 整合模型架構

　　TG/TD/MC/TA/VD 整合模型之數學模型如下（Chen, 2011）：

$$
\min_{\{x_{ml},q_m^{rs},q^{rs},q^r,q\}\in\Omega} z = \sum_m \sum_l \int_0^{x_{ml}} c_{ml}(\omega)d\omega + \sum_r \sum_s \sum_m \int_0^{q_m^{rs}} c_m^{rs}(\omega)d\omega
$$
$$
+ \sum_r \sum_s \int_0^{q^{rs}} c^{rs}(\omega)d\omega + \sum_r \int_0^{q^r} c^r(\omega)d\omega - \int_0^q D^{-1}(\omega)d\omega
$$

（11-13a）

其中，可行解區域 $\Omega$ 係由下列限制式所組成。

　　流量守恆限制式：

$$\sum_p f_{mp}^{rs} = q_m^{rs} \quad \forall r,s,m \qquad (\mu_m^{rs}) \qquad (11\text{-}13\text{b})$$

$$\sum_m q_m^{rs} = q^{rs} \quad \forall r,s \qquad (\mu^{rs}) \qquad (11\text{-}13\text{c})$$

$$\sum_s q^{rs} = q^r \quad \forall r \qquad (\mu^r) \qquad (11\text{-}13\text{d})$$

$$\sum_r q^r = q \qquad (\mu) \qquad (11\text{-}13\text{e})$$

$$q + e = \overline{q}_{\max} \qquad (11\text{-}13\text{f})$$

非負限制式：

$$f_{mp}^{rs} \geq 0 \quad \forall r,s,m,p \qquad (11\text{-}13\text{g})$$

定義限制式：

$$x_{ml} = \sum_r \sum_s \sum_p f_{mp}^{rs} \delta_{mlp}^{rs} \quad \forall m,l \qquad (11\text{-}13\text{h})$$

$$c_{mp}^{rs} = \sum_l c_{ml} \delta_{mlp}^{rs} \quad \forall r,s,m,p \qquad (11\text{-}13\text{i})$$

其中：

$c_{ml}$：運具 $m$ 在路段 $l$ 上之旅行成本函數

$c^r$：起點 $r$ 旅次發生量 $q^r$ 之「虛擬」旅行成本函數

$c^{rs}$：起迄對 $rs$ 之旅次需求量 $q^{rs}$ 的「虛擬」旅行成本函數

$c_m^{rs}$：起迄對 $rs$ 運具 $m$ 之旅次需求量 $q_m^{rs}$ 的「虛擬」旅行成本函數

$D^{-1}(q)$：旅次需求反函數，等於超額需求 $e$ 之函數 $E(e)$

$e$：整個研究區域範圍內之超額流量，即非旅行者總量 $e = \overline{q}_{\max} - q$

$f_{mp}^{rs}$：起迄對 $rs$ 運具 $m$ 之第 $p$ 條路徑流量

$q$：整個研究區域範圍內之旅次總量

$\overline{q}_{\max}$：整個研究區域範圍內之旅次需求量上限

$q^r$：起點 $r$ 之旅次發生量

$q^{rs}$：起迄對 $rs$ 之旅次需求量

$q_m^{rs}$：起迄對 $rs$ 運具 $m$ 之旅次需求量

$x_{lm}$：運具 $m$ 在路段 $l$ 上之流量

$\delta_{mlp}^{rs}$：1，假如起迄對 $rs$ 運具 $m$ 行駛在路徑 $p$ 之路段 $l$ 上；否則，0

$\mu$：全區域旅次總量守恆限制式（11-13e）的對偶變數

$\mu^r$：起點 $r$ 旅次發生量守恆限制式（11-13d）的對偶變數

$\mu^{rs}$：起迄對 $rs$ 需求量守恆限制式（11-13c）的對偶變數

$\mu_m^{rs}$：起迄對 $rs$ 運具 $m$ 需求量守恆限制式（11-13b）的對偶變數

　　式（11-13a）為最小化目標函數 $z$，該目標函數係由超級路網上各種類路網包括交通量指派之實質路段，以及運具選擇、旅次分布、旅次發生、旅次需求函數所構成的虛擬路段之成本函數的積分加總所構成。換句話說，從目標函數中可以清楚的區別對應於四種旅運決策（依序為路徑選擇、運具選擇、旅次分布，以及旅次發生）以及彈性需求之「相關決策成本」。式（11-13b）確保每一運具 $m$ 在起迄對 $rs$ 之間滿足流量守恆。式（11-13c）確保在每一起迄對 $rs$ 之間需求量滿足守恆。式（11-13d）確保在每一起點 $r$ 旅次發生量滿足守恆。式（11-13e）確保整個研究範圍內旅次總量滿足守恆。式（11-13f）設定整個研究範圍交通需求量之上限 $\overline{q}_{max}$，至於未通過運具路網之流量 $e$ 稱之為「非旅行者」（nontravelers）。式（11-13g）確保每一運具在每一條路徑上之流量 $f_{mp}^{rs}$ 為非負。式（11-13h）、（11-13i）透過鄰接變數 $\delta_{mlp}^{rs}$ 定義路段變數與路徑變數之間的關係。

　　令式（11-13b）～（11-13e）的對偶變數分別 $\mu_m^{rs}$，$\mu^{rs}$，$\mu^r$，以及 $\mu$，則對應於目標函數（11-13a）之拉氏函數可表示如下（Chen, 2011）：

$$
\begin{aligned}
\mathscr{L}&\left(x_{ml}, q_m^{rs}, q^{rs}, q^r, q, \mu_m^{rs}, \mu^{rs}, \mu^r, \mu\right) \\
&= \sum_m \sum_l \int_0^{x_{ml}} c_{ml}(\omega)\,d\omega + \sum_r \sum_s \sum_m \int_0^{q_m^{rs}} c_m^{rs}(\omega)\,d\omega \\
&\quad + \sum_r \sum_s \int_0^{q^{rs}} c^{rs}(\omega)\,d\omega + \sum_r \int_0^{q^r} c^r(\omega)\,d\omega - \int_0^q D^{-1}(\omega)\,d\omega \\
&\quad + \sum_r \sum_s \sum_m \mu_m^{rs}\left(q_m^{rs} - \sum_p f_{mp}^{rs}\right) + \sum_r \sum_s \mu^{rs}\left(q^{rs} - \sum_m q_m^{rs}\right) \\
&\quad + \sum_r \mu^r\left(q^r - \sum_s q^{rs}\right) + \mu\left(q - \sum_r q^r\right)
\end{aligned}
$$

（11-13j）

　　式（11-13j）分別對主決策變數 $q$、$q^r$、$q^{rs}$、$q_m^{rs}$，以及 $f_{mp}^{rs}$ 取一階偏微，可得最佳化條件如下：

$$
D^{-1}(q) \begin{cases} = \mu & if \quad q > 0 \\ \leq \mu & if \quad q = 0 \end{cases}
$$

（11-13k）

$$
c^r + \mu^r \begin{cases} = \mu & if \quad q^r > 0 \\ \geq \mu & if \quad q^r = 0 \end{cases}
$$

（11-13l）

$$c^{rs} + \mu^{rs} \begin{cases} = \mu^r & \text{if} \quad q^{rs} > 0 \\ \geq \mu^r & \text{if} \quad q^{rs} = 0 \end{cases} \qquad （11\text{-}13\text{m}）$$

$$c_m^{rs} + \mu_m^{rs} \begin{cases} = \mu^{rs} & \text{if} \quad q_m^{rs} > 0 \\ \geq \mu^{rs} & \text{if} \quad q_m^{rs} = 0 \end{cases} \qquad （11\text{-}13\text{n}）$$

$$c_{mp}^{rs} \begin{cases} = \mu_m^{rs} & \text{if} \quad f_{mp}^{rs} > 0 \\ \geq \mu_m^{rs} & \text{if} \quad f_{mp}^{rs} = 0 \end{cases} \qquad （11\text{-}13\text{o}）$$

　　式（11-13k）係指當全區域之「最短」旅行成本 $\mu$ 小於等於旅次發生門檻 $D^{-1}(0)$ 時，才可能有旅次發生；否則，全區域無旅次發生。式（11-13l）係指當起點 $r$ 發生量 $q^r > 0$ 時，則起點 $r$ 旅次發生之「虛擬」旅行成本 $c^r$ 加上起點 $r$ 旅次發生之最短旅行成本 $\mu^r$ 必然會等於全區域之「最短」旅行成本 $\mu$。式（11-13m）係指當起迄對 $rs$ 之旅次發生量 $q^{rs} > 0$ 時，則起迄對 $rs$ 旅次發生之「虛擬」旅行成本 $c^{rs}$ 加上起迄對 $rs$ 旅次發生之最短旅行成本 $\mu^{rs}$ 必然會等於起點 $r$ 旅次發生之最短旅行成本 $\mu^r$。式（11-13n）係指當起迄對 $rs$ 之運具 $m$ 的旅次發生量 $q_m^{rs} > 0$ 時，則起迄對 $rs$ 之運具 $m$ 的旅次發生之「虛擬」旅行成本 $c_m^{rs}$ 加上起迄對 $rs$ 之運具 $m$ 的旅次發生之最短旅行成本 $\mu_m^{rs}$ 必然會等於起迄對 $rs$ 旅次發生之最短旅行成本 $\mu^{rs}$。式（11-13o）係指當起迄對 $rs$ 之運具 $m$ 的路徑流量 $f_{mp}^{rs} > 0$ 時，則該路徑之旅行成本 $c_{mp}^{rs}$ 必然會等於起迄對 $rs$ 運具 $m$ 之最短旅行成本 $\mu_m^{rs}$。

　　一般說來，路徑選擇決策之確定性較高，因此採用「實際」旅行成本，至於其他旅次發生、旅次分布，以及運具選擇三種用路人決策，則具有較高之隨機性，因此常納入熵之觀念。茲假設旅次發生、旅次分布，以及運具選擇所對應之「虛擬」旅行成本函數如下：

$$c^r = \frac{1}{\eta} \ln q^r - M^r \qquad （11\text{-}14\text{a}）$$

$$c^{rs} = \frac{1}{\gamma} \ln q^{rs} - M^{rs} \qquad （11\text{-}14\text{b}）$$

$$c_m^{rs} = \frac{1}{\theta} \ln q_m^{rs} - M_m^{rs} \qquad （11\text{-}14\text{c}）$$

其中：

　　$M^r$：起點 $r$ 之旅次發生強度測度

　　$M^{rs}$：起迄對 $rs$ 之旅次吸引力測度

　　$M_m^{rs}$：起迄對 $rs$ 運具 $m$ 之旅次吸引力測度

$\theta$，$\gamma$，$\eta$：分別為羅吉特模型之運具選擇、旅次分布，以及旅次發生之分散係數

根據（11-14a～11-14c）所設定之虛擬旅行成本函數，數學模型（11-13a）可以改寫如下：

$$\min_{\{x_{ml},q_m^s,q^{rs},q^r,q\}\in\Omega} z = \sum_m \sum_l \int_0^{x_{ml}} c_{ml}(\omega)d\omega + \sum_r \sum_s \sum_m \int_0^{q_m^{rs}} \left(\frac{1}{\theta}\ln\omega - M_m^{rs}\right)d\omega$$

$$+ \sum_r \sum_s \int_0^{q^{rs}} \left(\frac{1}{\gamma}\ln\omega - M^{rs}\right)d\omega + \sum_r \int_0^{q^r} \left(\frac{1}{\eta}\ln\omega - M^r\right)d\omega - \int_0^q D^{-1}(\omega)d\omega$$

（11-14d）

根據（11-14a）～（11-14c）的虛擬旅行成本函數，最佳化條件（11-13k）～（11-13o）可改寫如下（Chen, 2011）：

$$D^{-1}(q)\begin{cases} =\mu & if \quad q>0 \\ \leq\mu & if \quad q=0 \end{cases}$$

（11-14e）

$$q^r = q \cdot \frac{e^{-\eta(\mu^r-M^r)}}{\sum_{r'} e^{-\eta(\mu^{r'}-M^{r'})}}$$

（11-14f）

$$q^{rs} = q^r \cdot \frac{e^{-\gamma(\mu^{rs}-M^{rs})}}{\sum_{s'} e^{-\gamma(\mu^{rs'}-M^{rs'})}}$$

（11-14g）

$$q_m^{rs} = q^{rs} \cdot \frac{e^{-\theta(\mu_m^{rs}-M_m^{rs})}}{\sum_{m'} e^{-\theta(\mu_{m'}^{rs}-M_{m'}^{rs})}}$$

（11-14h）

$$c_{mp}^{rs}\begin{cases} =\mu_m^{rs} & if \quad f_{mp}^{rs}>0 \\ \geq\mu_m^{rs} & if \quad f_{mp}^{rs}=0 \end{cases}$$

（11-14i）

由上可知，全區域之旅次需求量係由需求函數所決定，而旅次發生、旅次分布、運具選擇則由羅吉特模型所決定，至於路線選擇則由明確性的路線成本所決定。

## 11.3.2 TG/TD/MC/TA/VD 整合模型之求解演算法

TG/TD/MC/TA/VD 整合模型（11-14d）求解不易，因為旅次發生、旅次分布、運具選擇、路徑選擇四步驟之流量守恆限制式，以及彈性需求（11-13b）～（11-13f）必須同時滿足。為了處理這些要求，必須善用網路結構與網路分析之技巧。若將運具別之

起迄對流量守恆式（11-13b）視為基本限制式，則其他之流量守恆限制式（11-13c）～（11-13e）均可視之為額外限制式。處理這種含額外限制式之問題，求解的方法大概有兩種：

1. 第一種求解方法為在兼顧路徑成本均衡的考量下，建立一個巢式的求解架構，從上至下逐次處理（take-and-conquer）個別旅運決策問題，直到彈性需求以及四個決策問題都處理完畢為止。第一種求解方法與傳統之循序性運輸需求預測程序有點類似，但其最大的差別在於這個巢化之求解架構在進行每一個旅運決策時（即：旅次發生、旅次分布或運具選擇），也會同時考量所造成之交通擁擠程度（即：交通量指派），亦即納入路徑成本均衡之觀念。

2. 第二種求解方法為建構 TG/TD/MC/TA/VD 整合模型之超級路網並將之視等同於延伸性的交通量指派問題，然後以現有之交通量指派演算法求解。由於第二種方法之均衡路徑成本完全由內部產生，因此不致於造成每一個決策步驟界面之不一致性（inconsistency）之問題。第二種方法求解法最大之缺點為收斂速度非常慢，運算需求量也相當可觀。目前這種演算觀念在大型網路應用之可行性仍有待進一步之研究與確認，但小規模路網之測試例可參考 Chen（2011, pp. 99-104）。

茲將 TG/TD/MC/TA/VD 整合模型（11-14d）之第一種求解方法（亦即巢化演算法）求解步驟說明如下：

**步驟 0**：輸入交通資料，包括整個研究範圍旅次發生之上限、整個研究範圍旅次需求函數，四種（每一起點、每一起迄對、每一種運具）之虛擬路段成本函數（亦可視之為旅運需求之分配函數），以及路段資料（路段自由流旅行時間、路段容量、路段成本函數）。

**步驟 1**：求解全研究區域之彈性需求與交通量指派問題（area-wide trip generation problem with variable demand, VD/TA），以獲得全研究區域旅次總量 $q$。

**步驟 2**：根據步驟 1 所獲得之旅次總量求解旅次發生與交通量指派問題（trip generation and assignment, TG/TA）以獲得起點旅次發生量 $\{q^r\}$。

**步驟 3**：求解旅次分布與交通量指派問題（trip distribution and assignment, TD/TA）問題以獲得起迄需求量（O-D demand）$\{q^{rs}\}$。

**步驟 4**：求解運具選擇與交通量指派問題（modal split and assignment, MC/TA）以獲得運具別的起迄需求量（O-D demand by mode）$\{q_m^{rs}\}$ 以及運具別的路網流量資料 $\{x_{ml}\}$。

**步驟 5**：停止。

以上步驟 1 至步驟 4 之整合模型，都可以視之為延伸性之交通量指派（extended traffic assignment）問題，因此任何交通量指派演算法均可以採用。因為過去十年交通

量指派演算法的發展有著長足之進步，因此，相對而言，第一種求解方式具有演算效率
與求解精度之優點。以下章節分別詳述如何利用超級路網之概念，將步驟 1 至步驟 4 所
處理之四個子（整合）模型視之為延伸性之交通量指派進行求解。

## 11.3.2.1 全區域之彈性需求與指派（VD/TA）問題之數學模型以及對應之超級路網

全研究區域之彈性需求 $q$ 以及路網流量 $\{x_l\}$ 之 VD/TA 問題，可以建構為以下之整
合模型：

$$\min_{\{x_l, q\} \in \Omega_1} z = \sum_l \int_0^{x_l} c_l(\omega) d\omega - \int_0^q D^{-1}(\omega) d\omega \qquad (11\text{-}15a)$$

其中，可行解區域 $\Omega_1$ 係由下列限制式所組成。

流量守恆限制式：

$$\sum_{\widetilde{p}} f_{\widetilde{p}}^{OD} = q \qquad (11\text{-}15b)$$

$$q + e = \overline{q}_{\max} \qquad (11\text{-}15c)$$

非負限制式：

$$f_{\widetilde{p}}^{OD} \geq 0 \quad \forall \widetilde{p} \qquad (11\text{-}15d)$$

定義限制式：

$$x_l = \sum_{\widetilde{p}} f_{\widetilde{p}}^{OD} \delta_{l\widetilde{p}}^{OD} \quad \forall l \qquad (11\text{-}15e)$$

$$c_{\widetilde{p}}^{OD} = \sum_l c_l \delta_{l\widetilde{p}}^{OD} \quad \forall \widetilde{p} \qquad (11\text{-}15f)$$

其中：

$c_l$：路段 $l$ 上之節線成本函數

$c_{\widetilde{p}}^{OD}$：起迄對 $OD$ 之間第 $\widetilde{p}$ 條路徑之成本

$D^{-1}(q)$：起迄對 $OD$ 之間的反需求函數

$f_{\widetilde{p}}^{OD}$：起迄對 $OD$ 之間第 $\widetilde{p}$ 條路徑之流量

$\widetilde{p}$：超級路網之路徑指標

$q$：全研究區域之彈性需求

$x_l$：路段 $l$ 上之流量

$\delta_{\widetilde{lp}}^{OD}$：1，假如路段 $l$ 在起迄對 $OD$ 之路徑 $\widetilde{p}$ 上；否則，0

模型（11-15a）所對應之超級路網請參見圖 11-8。

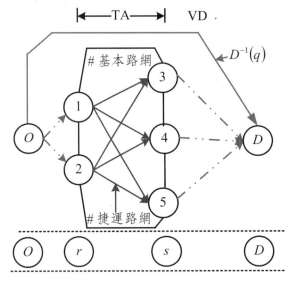

$r$：起點；$s$：迄點；$O$：超級起點；$D$：超級迄點

TA：交通量指派；VD：彈性需求

**圖 11-8 VD/TA 整合模型之超級路網圖**

其中，超級路網上之虛擬節線之旅行成本函數設定如下：

$c^{OD}$：超額流量路段 $OD$ 之節線成本，$c^{OD} = D^{-1}(q)$

$c_{O \to r}$：路段 $O \to r$ 之節線成本，$c_{O \to r} = 0$

$c_{s \to D}$：路段 $s \to D$ 之節線成本，$c_{s \to D} = 0$

## 11.3.2.2 起點旅次發生（TG/TA）與交通量指派之數學模型以及對應之超級路網

起點旅次發生 $\{q^r\}$ 以及路網流量 $\{x_l\}$ 之 TG/TA 問題，可以建構為以下之整合模型：

$$\min_{\{x_l, q^r\} \in \Omega_2} z = \sum_l \int_0^{x_l} c_l(\omega)\,d\omega + \sum_r \int_0^{q^r} c^r(\omega)\,d\omega \qquad (11\text{-}16a)$$

其中，可行解區域 $\Omega_2$ 係由下列限制式所組成。

流量守恆限制式：

$$\sum_{\tilde{p}} f_{\tilde{p}}^{OD} = \overline{q} \qquad (11\text{-}16\text{b})$$

非負限制式：

$$f_{\tilde{p}}^{OD} \geq 0 \quad \forall \tilde{p} \qquad (11\text{-}16\text{c})$$

定義限制式：

$$x_l = \sum_{\tilde{p}} f_{\tilde{p}}^{OD} \delta_{l\tilde{p}}^{OD} \quad \forall l \qquad (11\text{-}16\text{d})$$

$$c_{\tilde{p}}^{O(r)D} = c^r + \sum_{l} c_l \delta_{lp}^{rD} \quad \forall r, \tilde{p}, p \in \tilde{p} \qquad (11\text{-}16\text{e})$$

其中：

$c_l$：路段 $l$ 上之節線成本函數

$c_{O \rightarrow r}$：路段 $O \rightarrow r$ 之節線成本函數，$c_{O \rightarrow r} = c^r$

$c^r$：起點 $r$ 旅次發生之虛擬成本，$c^r = \dfrac{1}{\eta} \ln q^r - M^r$

$c_{s \rightarrow D}$：路段 $s \rightarrow D$ 之節線成本函數，$c_{s \rightarrow D} = 0$

$c_{\tilde{p}}^{O(r)D}$：從超級起點 $O$ 出發行經起點 $r$ 前往超級迄點 $D$ 之第 $\tilde{p}$ 條路徑的成本

$f_{\tilde{p}}^{OD}$：起迄對 $OD$ 之間第 $\tilde{p}$ 條路徑之流量

$\tilde{p}$：超級路網之路徑指標

$\overline{q}$：整個研究區域範圍內之旅次總量

$q^r$：起點 $r$ 之發生旅次

$x_l$：路段 $l$ 上之流量

$\delta_{l\tilde{p}}^{OD}$：1，假如路段 $l$ 在起迄對 $OD$ 之路徑 $\tilde{p}$ 上；否則，0

模型（11-16a）所對應之超級路網請參見圖 11-9a，其起點旅次發生量 $q^r$ 等於虛擬節線 $O \rightarrow r$ 上之流量，例如，$O \rightarrow r$ 之節線流量為起點 1 之旅次發生量 $q^{r=1}$。

當模型（11-16）之起點旅次發生部分被迄點旅次吸引部分取代時，以上之起點旅次發生與交通量指派（TG/TA）問題就會變成旅次迄點吸引與交通量指派（TAT/TA）問題，其對應之超級路網如圖 11-9b 所示，其迄點旅次吸引量 $q^s$ 等於虛擬節線 $s \rightarrow D$ 上之流量，例如，$1 \rightarrow D$ 之節線流量為迄點 1 之旅次吸引量 $q^{s=1}$。

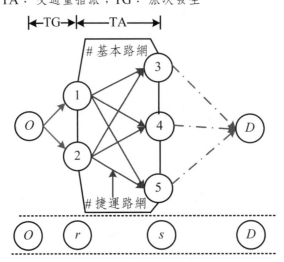

$r$：起點；$s$：迄點；$O$：超級起點；$D$：超級迄點
TA：交通量指派；TG：旅次發生

圖 11-9a　TG/TA 整合模型之超級路網圖

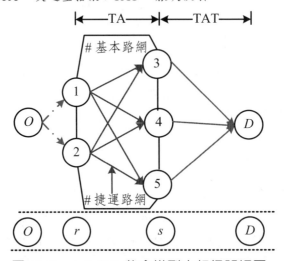

$r$：起點；$s$：迄點；$O$：超級起點；$D$：超級迄點
TA：交通量指派；TAT：旅次吸引

圖 11-9b　TAT/TA 整合模型之超級路網圖

其中，超級路網上之虛擬節線之旅行成本函數設定如下：

$c_{O \to r}$：虛擬路段 $O \to r$ 之節線成本，$c_{O \to r} = 0$

$c_{s \to D}$：虛擬路段 $s \to D$ 之節線成本，$c_{s \to D} = c^s = \dfrac{1}{\eta} \ln q^s - M^s$

$\eta$：為羅吉特模型之旅次吸引之分散係數

### 11.3.2.3 旅次分布（TD/TA）與交通量指派之數學模型以及其對應之超級路網

起迄點旅次分布 $\{q^{rs}\}$ 以及路網流量 $\{x_l\}$ 之 TD/TA 問題可以建構爲以下之數學模型：

$$\min_{\{x_l, q^{rs}\} \in \Omega_3} z = \sum_l \int_0^{x_l} c_l(\omega) d\omega + \sum_r \sum_s \int_0^{q^{rs}} c^{rs}(\omega) d\omega \qquad （11\text{-}17a）$$

其中，可行解區域 $\Omega_3$ 係由下列限制式所組成。

流量守恆限制式：

$$\sum_{\tilde{p}} f_{\tilde{p}}^{r\tilde{r}} = \overline{q}^r \quad \forall r \qquad （11\text{-}17b）$$

非負限制式：

$$f_{\tilde{p}}^{r\tilde{r}} \geq 0 \quad \forall (r, \tilde{r}), \tilde{p} \qquad （11\text{-}17c）$$

定義限制式：

$$x_l = \sum_{(r, \tilde{r})} \sum_{\tilde{p}} f_{\tilde{p}}^{r\tilde{r}} \delta_{lp}^{r\tilde{r}} \quad \forall l \qquad （11\text{-}17d）$$

$$c_{\tilde{p}}^{r\tilde{r}(s)} = \sum_l c_l \delta_{lp}^{rs} + c^{rs} \quad \forall (r, \tilde{r}(s)), s, \tilde{p}, p \in \tilde{p} \qquad （11\text{-}17e）$$

其中，

$c_{\tilde{p}}^{r\tilde{r}(s)}$：從起點 $r$ 出發行經迄點 $s$ 前往超級迄點 $\tilde{r}$ 之第 $\tilde{p}$ 條路徑的路徑成本

$c^{rs}$：起迄對 $rs$ 之虛擬成本，$c^{rs} = \dfrac{1}{\gamma} \ln q^{rs} - M^{rs}, \forall r, s$

$M^{rs}$：起迄對 $rs$ 間之吸引力

$\tilde{p}$：超級路網之路徑指標

$\overline{q}^r$：起點 $r$ 之發生旅次

$\tilde{r}$：超級迄點

$\delta_{lp}^{rs}$：1，假如路段 $l$ 在起迄對 $rs$ 之路徑 $p$ 上；否則，0

$\delta_{lp}^{r\tilde{r}}$：1，假如路段 $l$ 在起迄對 $r\tilde{r}$ 之路徑 $\tilde{p}$ 上；否則，0

模型（11-17a）所對應之超級路網請參見圖 11-10，其起迄點 $rs$ 之旅次發生量 $q^{rs}$ 等於虛擬節線 $s \to \tilde{r}$ 上之流量，例如，$3 \to \tilde{1}$ 之節線流量爲起點 1 至迄點 3 之旅次分布量 $q^{13}$。

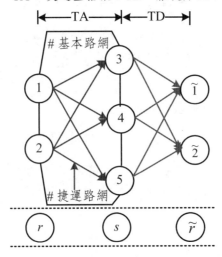

$r$：起點；$s$：迄點；$\tilde{r}$：超級迄點；
TA：交通量指派；TD：旅次分配

#基本路網

#捷運路網

**圖 11-10　TD/TA 整合模型之超級路網圖**

其中，超級路網上之虛擬路段之旅行成本函數設定如下：

$c_{s \to \tilde{r}}$：虛擬路段 $s \to \tilde{r}$ 之節線成本，$c_{s \to \tilde{r}} = c^{rs} = \dfrac{1}{\gamma} \ln q^{rs} - M^{rs}$

$M^{rs}$：起迄對 $rs$ 間之吸引力

$\gamma$：為羅吉特模型之旅次分配之分散係數

這個 TD/TA 整合模型與 11.2 節所介紹之單限旅次分布與交通量指派模型完全相同，詳細之討論可參考該節說明。

## 11.3.2.4 運具選擇（MC/TA）與交通量指派之數學模型以及其對應之超級路網

運具選擇 $\{q_m^{rs}\}$，以及路網流量 $\{x_{ml}\}$ 之 MC/TA 問題可以建構為以下之數學模型：

$$\min_{\{x_{ml}, q_m^{rs}\} \in \Omega_4} z = \sum_m \sum_l \int_0^{x_{ml}} c_{ml}(\omega) d\omega + \sum_r \sum_s \sum_m \int_0^{q_m^{rs}} c_m^{rs}(\omega) d\omega \qquad (11\text{-}18a)$$

其中，可行解區域 $\Omega_4$ 係由下列限制式所組成。

流量守恆限制式：

$$\sum_m \sum_p f_{mp}^{rs} = \bar{q}^{rs} \quad \forall r, s \qquad (11\text{-}18b)$$

非負限制式：

$$f_{mp}^{rs} \geq 0 \quad \forall r,s,m,p \tag{11-18c}$$

定義限制式：

$$x_{ml} = \sum_r \sum_s \sum_p f_{mp}^{rs} \delta_{mlp}^{rs} \quad \forall m,l \tag{11-18d}$$

$$\widetilde{c}_{mp}^{rs} = \sum_l c_{ml} \delta_{mlp}^{rs} + c_m^{rs} \quad \forall r,s,m,p \tag{11-18e}$$

其中，

$c_m^{rs}$：起迄對 $rs$ 運具 $m$ 之虛擬成本，$c_m^{rs} = \frac{1}{\theta} \ln q_m^{rs} - M_m^{rs}$

$c_{mp}^{rs}$：起迄對 $rs$ 運具 $m$ 之第 $p$ 條路徑之實際成本

$\widetilde{c}_{mp}^{rs}$：起迄對 $rs$ 運具 $m$ 之第 $p$ 條路徑之感知成本

$M_m^{rs}$：運具 $m$ 在起迄對 $rs$ 間之吸引力

$\overline{q}^{rs}$：起迄對 $rs$ 間的旅次需求量

$r$：起點

$s$：迄點

$\theta$：為羅吉特模型之運具選擇之分散係數

$\delta_{mlp}^{rs}$：1，假如路段 $l$ 在起迄對 $rs$ 運具 $m$ 之路徑 $p$ 上；否則，0

當運具種類只有兩種時，例如，小汽車（車種 $m$=A）與捷運（車種 $m$=T）。模型（11-18a）所對應之路網可建構如圖 11-11。對於運具選擇而言，起迄點 $rs$ 之運具別路徑成本必須在運具別實際路徑成本之外附加上額外之運具別虛擬成本 $c_m^{rs}$，如果假設運具分配服從二項羅吉特分配，則汽車與捷運兩種運具之運具虛擬成本分別為 $c_A^{rs} = \frac{1}{\theta} \ln q_A^{rs} - M_A^{rs}$ 與 $c_T^{rs} = \frac{1}{\theta} \ln q_T^{rs} - M_T^{rs}$。若令小汽車之虛擬成本為參考點，即為 0，則各運具（捷運等）之「相對」虛擬成本就變成：

$$\hat{c}_A^{rs} = 0 \quad \forall r,s \tag{11-18f}$$

$$\begin{aligned} \hat{c}_T^{rs} &= \left( \frac{1}{\theta} \ln q_T^{rs} - M_T^{rs} \right) - \left( \frac{1}{\theta} \ln q_A^{rs} - M_A^{rs} \right) \\ &= \frac{1}{\theta} \ln \frac{q_T^{rs}}{q_A^{rs}} - \left( M_T^{rs} - M_A^{rs} \right) \quad \forall r,s \end{aligned} \tag{11-18g}$$

其中：

$\left(M_\text{T}^{rs}-M_\text{A}^{rs}\right)$：代表起迄對 $rs$ 間之捷運偏好參數（transit preference parameter）

$r$：起點；$s$：迄點；
MC：運具分配；TA：交通量指派

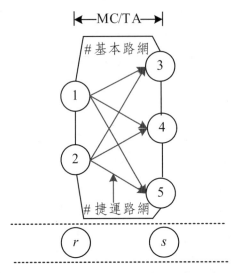

圖 11-11　MC/TA 整合模型之超級路網圖

其中，超級路網上之虛擬路段之旅行成本函數假設定如下：

$\hat{c}_T^{rs}$：捷運之「相對」虛擬成本，　$\hat{c}_T^{rs}=\overline{c}_T^{rs}+\dfrac{1}{\theta}\ln\dfrac{q_\text{T}^{rs}}{q_\text{A}^{rs}}-\left(M_\text{T}^{rs}-M_\text{A}^{rs}\right)$，其中

$\dfrac{1}{\theta}\ln\dfrac{q_\text{T}^{rs}}{q_\text{A}^{rs}}-\left(M_\text{T}^{rs}-M_\text{A}^{rs}\right)$可稱之為捷運之「相對虛擬偏好成本」

$\overline{c}_T^{rs}$：捷運路段之實際旅行成本

## 11.3.3 小結

　　式（11-14d）之 TG/TD/MC/TA/VD 模型由於同時考量限制式（11-13b）～（11-13i），成為具有額外限制式之旅運需求預測問題，是否可視等同於延伸性之交通量指派問題，可再進一步深入研究確認（Chen, 2011, pp. 92-104）。雖然式（11-14d）之 TG/TD/MC/TA/VD 模型很困難甚至可能無法視等同於延伸性之交通量指派問題，但經由分解而來之五個子模型，都可以視等同於延伸性之交通量指派問題，並應用任何一個前述之交通量指派演算法進行求解。

　　由於第 11.3.2.2 節之旅次發生與交通量指派之整合模型亦可比照應用旅次吸引之整合模型，並因此獲得旅次吸引量。在旅次發生量與旅次吸引量同時受限的情況下，第 11.3.2.3 節之旅次分布與交通量指派模型就變成「雙限」之整合模型，其模型架構

與演算法之難度將高於本節所介紹之「單限」之整合模型，相關之內容請參見 Sheffi（1985）、Chen（2014），以及顏郁航（2014）。

## 11.4 結論與建議

　　本章介紹兩種改善運輸需求預測之方法，第一種爲反饋式的循序性預測程序，第二種爲整合性預測模型。第一種方法觀念甚爲簡單，但在國內卻鮮少有學者進行精確度與收斂性之探討，根據國外之研究，若採取簡單反饋法或不適當之權重進行反饋運算，誤差可能大到誤判高速公路交流道興建之必要性。第二種方法觀念甚爲複雜，交通顧問公司較少引用，但由於具有內部一致性，因此精度較高。爲了了解國內運輸規劃計畫案之精確程度，確有必要進行以上兩種統合方法之比較分析，只有當上游之規劃結論具有可信度，下游之工程案或管理改善措施才有其立基，不致浪費有限之資源。

## 問題研討

1. 名詞解釋：
   (1) 連續平均法（MSA）
   (2) 超級路網（supernetwork）
   (3) 羅吉特模型（Logit model）
   (4) 最大相對間隙（maximum relative gap）
   (5) 吸引力測度（attraction measure）$M^s$、$M_m^{rs}$
2. 請說明反饋式的循序性預測程序與整合性預測模型優劣點。
3. 請舉出三種平均化前後回合旅次需求矩陣的方法，並指出其最佳之參數設定值。
4. 請說明全線性化之直接演算法與部分線性化之雙階段演算法求解單限旅次分布與交通量指派問題的優劣點。
5. 請推導雙限旅次分佈與交通量指派問題的均衡條件，以及其對應之超級路網圖。
6. 請問如何建構旅次吸引與交通量指派問題之數學模型以及對應之超級路網？
7. 請問如何建構雙限旅次分布與交通量指派問題之數學模型以及對應之超級路網？
8. 請問如何建構彈性需求之全旅運選擇整合模型？
9. 試提出彈性需求之全旅運選擇整合模型的求解演算法發展方向？

# 相關考題

1. 詳細說明都市運輸模式系統（Urban Transportation Modeling System）之內容，並指出此系統之缺點與改進之道。（92 高三級第二試）

2. 運輸規劃預測目標年的路網需求時，必須有目標年的土地使用資料。但預測目標年的土地使用時，又必須有目標年的路網資料。試述如何解決此一矛盾。（93 專技高）

3. 都市運輸規劃中的循序性的旅運預測程序（Sequential Forecasting Procedure）之內容為何？藉由何種求解過程以及相關參數之設定才能有效的提高其運輸需求預測的精確度？（96 專技高）

4. 在運輸規劃過程中，採用四步驟旅運需求預測程序（four-step travel demand forecasting process）所獲得之結果精度並不高，其主要原因是因為循序性步驟前後之間存在介面，從而產生不一致性（inconsistency）的問題。試舉出兩種有效的改進方法並詳細說明之。（110 高三級）

# 參考文獻

## 一、中文文獻

[1] 陳惠國著，2009.09，運輸規劃與網路，滄海書局，ISBN-978-986-6507-55-7，臺中。

[2] 顏郁航，2014，雙限旅次分佈與交通量指派整合問題之研究 - 延伸性 TAPAS 演算法之應用，國立中央大學土木系碩士論文，中壢。

## 二、英文文獻

[1] Bar-Gera, H., and Boyce, D. E., 2006, Solving the sequential procedure with feedback," paper presented at the Sixth International Conference of Chinese Transportation Professionals, Dalian, China.

[2] Boyce, D. E., 2007, Forecasting travel on congested urban transportation networks: review and prospects for network equilibrium models," Network and Spatial Economics, vol. 7, pp. 99-128.

[3] Boyce, D. E., and Bar-Gera, H., 2003, Validation of multiclass urban travel forecasting models combining origin-destination, mode, and route choices, Journal of Regional Science, vol. 43, pp. 517-540.

[4] Boyce, D. E., Lupa, M., and Zhang, Y., 1994, Introducing 'feedback' into four-step travel forecasting procedure vs. equilibrium solution of combined model, Transportation Research Record, vol. 1443, pp. 65-74.

[5] Boyce, D. E., O'Neill, C. R., and Scherr, W., 2007, New results on solving the sequential travel forecasting procedure with feedback, paper presented at the Seventeenth PTV Vision User Group Meeting, Berlin.

[6] Chen, H. K., 2011, Supernetwork Representations for Combined Travel Choice Models, Open Transportation Journal, Vol. 5, pp. 92-104.

[7] Chen, Huey-Kuo, 2013.07.27-28, "A Combined Model with the Four Travel Choices and Variable Demand," International Academic Conference on Social Sciences (IACSS 2013), Istanbul, Turkey.

[8] Chen, H. K., and Chen, Y. C., 1999, Comparisons of the Frank-Wolfe and Evans methods for the doubly constrained entropy distribution/assignment problem, Journal of the Eastern Asia Society for Transportation Studies, vol. 3, no. 1, pp. 261-276.

[9] Comsis Corporation, 1996, Incorporating Feedback in Travel Forecasting: Methods, Pitfalls and Common Concerns, Final Report, DOT-T-96-14, Federal Highway Administration, US Department of Transportation, Washington, DC., 1996.

[10] Evans, S. P., 1976, Derivation and analysis of some models for combining trip distribution and assignment, Transportation Research, vol. 10, pp. 37-57.

[11] Frank, C., 1978, A Study of Alternative Approaches to Combined Trip Distribution-Assignment Modeling, PhD dissertation, Regional Science, University of Pennsylvania, Philadelphia.

[12] Gartner, N. H., 1980, Optimal traffic assignment with elastic demands, a review: part II: algorithmic approaches, Transportation Science, vol. 14, no. 2, pp. 192-208.

[13] Sheffi, Y., 1985, Urban Transportation Networks: Equilibrium Analysis with Mathematical Programming Methods, Prentice-Hall Inc: New Jersey, USA.

[14] Wardrop, J. G., 1952, Some theoretical aspects of road traffic research, In Proceedings of Institution of Civil Engineers, Part II, no. 1, pp. 325-378.

# 第 12 章

# 網路設計與雙層規劃模型—交通號誌時制設計

網路設計問題（network design problem, NDP）涉及許多運輸規劃中重要之課題，分布在三個高低不同的層級上，即長期的戰略性（strategic）、中期的戰術性（tactic），以及短期的操作性（operational）層級上。

1. 戰略性的角色主要為用於決定資源的取得，屬於資本投資決策（capital investment decision-making），界定運輸系統路網之基礎設施設計，例如：投資公路、機場、成立車隊（fleet acquisition）、大眾捷運等。

2. 戰術性的決策則在於資源的有效使用，例如：倉儲設施之區位、單行道指派或車隊規劃（vehicle fleet planning）、徵收道路使用費等。

3. 操作性的決策則聚焦於設施的操作，包括都市街道之維修排程、交通燈號設定（traffic light signal setting）、交通號誌時制設計變更等在內。

網路設計問題具有完整的理論架構，通常是由一個目標式及多組限制式所構成，若多組限制式中隱含著另一組或多組數學規劃問題，則成為雙層或多層規劃模型。網路設計中的決策變數，例如是否新增或擴建道路，可以是離散型的也可以是連續型的。兩種類型變數均為考量增加（或減少）一條路段對整個網路操作特性之影響，這些數學模型至少在原則上都可以評估決策變數彼此之間的（隱函數）交互影響或是決策變數對整個運輸網路操作特性之影響，其最終目標是能夠在設計成本與系統改善績效之間找到一個均衡解或最佳解。

本章將以依時性交通號誌時制為例，說明網路設計問題之應用。以下內容之順序安排為：第一節說明交通號誌時制問題的發展沿革；第二節建構依時性交通號誌時制問題的模型架構；第三節介紹變分不等式之敏感度分析；第四節探討依時性交通號誌時制模型的求解演算法；第五節進行數例測試；第六節提出結論與建議。

# 12.1 前言

## 12.1.1 交通號誌時制問題的發展

交通號誌時制最佳化模型為一種網路設計問題，目標式通常以系統效率或成本考量為主，例如系統總旅行時間最小化等，而其限制式中除了一般常見之號誌時制限制式之外，亦納入 Wardrop 用路人行為之考量。由於用路人行為本身亦可以表示為一個數學規劃模型，因此就形成了上下雙層的數學規劃模型，簡稱為雙層規劃（bilevel programming）模型。雙層規劃模型可歸類為 Stackelberg 賽局，其中參賽者區分為領導者（leader）與追隨者（follower）兩類。當上層領導者做出系統最佳化決策時，會將下

層追隨者的反應同時納入考量，而下層追隨者則會根據領導者決策做出適當反應。

將交通號誌時制最佳化問題建構爲嚴謹的數學規劃模型首見於 Tan et al.（1979）。其建構之模型主要包含一個系統最佳化目標式及一組隱含用路人均衡原則（UE）之非線性互補限制式，研究中以擴張拉氏法（augmented Lagrangian method）進行求解，並比較擴張拉氏法與迭代式優化指派（iterative optimization and assignment, IOA）近似解法之正確性，文中以自創的準成本均衡原則（pseudo cost equilibrium principle）及 Wardrop 用路人均衡原則作爲驗證正確性之標準。根據這兩項檢核標準，擴張拉氏法可獲得完全正確的結果，而 IOA 演算法則否，但擴張拉氏法需使用龐大的運算資源。

Abdulaal et al.（1979）將有限制式的號誌系統最佳化問題改寫爲無限制式的最佳化問題，其關鍵在於一個隱函數的決定，由於此隱函數之導函數並不具封閉形式（closed form），無法直接計算求得。因此文獻中利用 Powell 法（Powell, 1964）以及 Hooke and Jeeves 法（Abdulaal et al., 1979）兩種演算法進行求解，以試誤法（trial-and-error）決定方向，再以該方向之移動步幅來降低目標值，此求解方式亦需要重複求解交通量指派問題，因此求解過程費時，所得到的結果爲局部最佳解之近似解。

## 12.1.2 敏感度分析的導入

利用坡降法求解交通號誌時制最佳化問題所遭遇最大的困難在於：路段流量變數爲有效綠燈時間決策變數之隱函數（implicit function），且此隱函數不具封閉形式，無法直接計算其導函數。但可利用敏感度分析方法，藉由決策變數在均衡解附近之微量擾動，有效推估其均衡解附近之導函數，作爲搜尋最佳解之坡降方向。

Fiacco and Mccormick（1968）最早提及敏感度分析，爲了提高非線性數學規劃問題（nonlinear programming problem）之求解演算法效率，探討當目標函數與限制式小幅變動的情況下其最佳解之改變量。改變後問題，若能滿足下列條件，則新的最佳解可視爲微擾變數之函數：

1. 目標函數及限制式二階可微（twice differentiable）。
2. 唯一解之二階充分條件（second order sufficient condition）。
3. 限制式之一階偏微滿足線性獨立。
4. 等式限制式及其對偶變數滿足嚴格互補性質（strictly complementary）。

Fiacco（1976）建構以懲罰值函數預測非線性規劃問題局部解（local solution）附近敏感度資訊之理論基礎。若最佳解滿足唯一解之二階充分條件及完全互補條件，即可獲得一階敏感度分析（first-order sensitivity analysis）資訊，該文獻並利用懲罰值函數推導在目標式、限制式小幅擾動後之最佳解與微擾變數間的函數關係。

　　Tobin（1986）參照 Fiacco 所提之非線性規劃問題敏感度分析方法，提出變分不等式（variational inequality）敏感度分析理論與求解方法，若欲獲得變分不等式敏感度分析資訊作爲搜尋坡降方向之基礎，其 (1) 變分不等式均衡解存在、(2) 均衡解及對偶變數必須滿足局部唯一解之充分條件（sufficient conditions for a locally unique solution）、(3)限制式一階偏微線性獨立，以及(4)嚴格互補鬆弛條件（strict complementary slackness）成立。若上述之條件滿足，將均衡解存在之必要條件恆等式對微擾變數進行偏微，便可獲得均衡解附近敏感度分析資訊，而微擾後之均衡解亦可由其一階敏感度分析與微擾值加以估算。

　　Tobin and Friesz（1988）將變分不等式敏感度分析應用至網路均衡問題中。由於網路問題之路徑解或路段流量間有交互影響之路段解並不滿足唯一解之充分條件，無法對其變分不等式模型進行敏感度分析。但是當路段成本函數爲嚴格單調（strictly monotonic）函數時，網路均衡問題之路段解符合局部唯一解之充分條件，因此路段解之變分不等式模型符合敏感度分析之要件。但敏感度分析是分析路徑流量間的變動狀況，因此 Tobin and Friesz 利用數學規劃的方式，以唯一之路段流量解推估一組路徑流量解進行敏感度分析，此路徑流量必須滿足角點（extreme point）且非退化（nondegenerate）[1]之假設，亦即該數學規劃問題所使用到路徑流量爲正之路徑數必須小於或等於使用到的路段數與起迄對數目之和，以確保可以找到一組可行之路徑解。然而並非所有路段解均能找到符合角點且非退化假設之路徑解，因此限制了該理論之實用性。

　　Yang and Yagar（1995）以 Tobin and Friesz（1988）所提出之網路均衡問題之敏感度分析爲基礎，對交通號誌時制的微量擾動，計算路段流量與路段延滯之導函數，據以求解靜態路網交通號誌時制最佳化設定問題。由於該文獻未提及如何解決由均衡路段解反推路徑解所可能遭遇的退化現象，因此其理論基礎尙有待更進一步說明。

　　卓訓榮（1991）、Cho et al.（1997）提出廣義反矩陣方法（generalized inverse approach），將路徑可行解空間轉換至路段可行解空間，再由路段可行解空間探討敏感度分析問題，以避免唯一性的困擾。Cho et al.（2000）則更進一步發展出縮減法（reduction method）對網路路段流量進行區域性的敏感度分析。

　　綜上所述，交通號誌時制最佳化系統確爲網路設計問題之應用，可以建構爲雙層規劃模型，上層爲系統最佳化問題，以系統總旅行成本最小爲目標；下層則爲用路人均衡

---

[1] 根據 Kaplan（1982）之定義：角點是指在可行解區域中無法利用兩組不同可行解進行線性加總而產生之解；而均衡解退化之現象是指在受限可行解區域中，存在不同的均衡路徑流量使用相同路徑變數且流量均大於零。若要符合角點與非退化之條件，則均衡路徑解所使用的路徑變數個數必須等於受限可行解區域之秩（rank）。

模型，使相同起迄對之所有用路人均利用最短路徑到達目的地。至於求解演算法，由於
路段流量變數爲號誌決策變數有效綠燈時間之隱函數，且此隱函數不具封閉形式，無法
直接計算其導函數，因此必須利用敏感度分析方法，藉由決策變數在均衡解附近之微量
擾動，有效推估其均衡解附近之導函數，然後經由連鎖率（chain rule）搜尋最佳解之
坡降方向，本章將以 Tobin and Friesz（1988）變分不等式敏感度分析爲基礎，導入卓
訓榮（1991）提出之廣義反矩陣方法，作爲求解依時性交通號誌時制最佳化系統過程
中搜尋坡降方向之依據（陳惠國與周鄭義，2001）。

## 12.2 依時性交通號誌時制問題

### 12.2.1 依時性交通號誌時制最佳化模型

　　Fisk（1984）認爲依時性交通號誌系統最佳化與依時性用路人均衡模型兩者之間屬
於賽局理論之 Stackelberg 賽局，亦即交通號誌時制控制部門扮演領導者的角色，並掌
握用路人的反應，以達到整體系統最佳化的目標；而用路人則扮演追隨者的角色，在既
定的交通號誌時制下，選擇最適當之路徑，達到路徑旅行成本最小的目標。依此觀念，
依時性交通號誌時制最佳化系統相當於求解下列最佳化模型：

$$\min_{(u,g)\in\Omega_U} \quad \sum_a \sum_t c_{at} u_{at} \tag{12-1a}$$

其中，可行解區域 $\Omega_U$ 是由以下限制式所定義：

　　週期守恆限制式

$$\sum_m \left(g_t^{Im} + l^{Im}\right) = \overline{C}_t^I \quad \forall I, t \tag{12-1b}$$

　　邊界限制式

$$g_L^{Im} \le g_t^{Im} \le \overline{g}_U^{Im} \quad \forall I, m, t \tag{12-1c}$$

　　依時性用路人均衡限制式

$$\sum_a \sum_t c_{at}^* \left[u_{at} - u_{at}^*\right] \ge 0 \quad \forall \mathbf{u} \in \Omega_L^* \tag{12-1d}$$

其中，符號定義如下：

$c_{at}$　　路段 $a$ 在時區 $t$ 的路段旅行時間

$\overline{C}_t^I$　　路口 $I$ 在時區 $t$ 之號誌週期長度

$g_U^{Im}$　　路口 $I$ 時相 $m$ 之有效綠燈時間上限

$g_t^{Im}$　　路口 $I$ 時相 $m$ 在時區 $t$ 之有效綠燈時間

$g_L^{Im}$　　路口 $I$ 時相 $m$ 之有效綠燈時間下限

$u_{at}$　　路段 $a$ 在時區 $t$ 的路段流入率

$\Omega_L$　　用路人均衡模型中路段流入率之可行解區域

$\Omega_U$　　動態交通號誌時制最佳化系統中號誌時制 **g** 之可行解區域

式（12-1a）說明依時性交通號誌時制最佳化系統是以系統總旅行成本最低為目標，目標式中的依時性路段成本函數 $\{c_{at}\}$ 至今尚未有一致的定義，但基本上可由路段流入率、路段車輛數與路段流出率三個變數決定，而其中路段流出率與路段車輛數可視為路段流入率在嗣後不同時間階段下的狀態。茲將路段成本簡化為路段流入率之函數，並仿照 FHWA 路段成本函數，將依時性路段成本函數構建如下：

$$c_{at} = c_{at_0}\left(1 + 0.15\left(\frac{\alpha u_{at} + \beta \sum_{i \neq t} u_{ai}\delta_{ait'}}{CAP_{at'}^I}\right)^4\right), \; t' = t + \tau_{at}, \forall I, a \in B^I, t \qquad (12\text{-}1e)$$

其中，參數 $\alpha \neq \beta$，$\alpha, \beta \geq 0$，鄰接函數 $\delta_{ait'}$ 的定義如下：

$$\delta_{ait'} = \begin{cases} 1 & \text{if } i + \tau_{ai} = t' \\ 0 & \text{otherwise} \end{cases} \qquad (12\text{-}1f)$$

其中，$\tau_{at}$ 為路段 $a$ 在時區 $t$ 的實際路段旅行時間。$CAP_{at}^I$ 為指向路口 $I$ 之路段 $a$ 在時區 $t$ 之路段容量函數，定義如下：

$$CAP_{at}^I = \frac{\sum_m S_a^m \times g_t^{Im}}{\overline{C}_t^I} \quad \forall I, a \in B^I, t \qquad (12\text{-}1g)$$

其中，$S_a^m$ 為路段 $a$ 在時相 $m$ 之飽和流率（saturation flow rate），$g_t^{Im}$ 為指向路口 $I$ 之路段 $a$ 在時相 $m$ 之有效綠燈時間（effective green time），$B^I$ 為路口 $I$ 之連接路段集合。

式（12-1b）表示路口各時相之有效綠燈時間 $g_t^{Im}$ 與損失時間（loss times）$l^{Im}$ 之加總必須等於該時區之路口週期長度 $\overline{C}_t^I$；式（12-1c）表示綠燈時間必須高於綠燈時間下

限 $g_L^{lm}$，以利行人順利通過路口，同時為了避免駕駛人不耐久候，因此也必須設定綠燈時間上限 $g_U^{lm}$；式（12-1d）為變分不等式（variational inequality）之依時性用路人均衡模型。

## 12.2.2 依時性用路人均衡模型

式（12-1d）為依時性用路人均衡模型，其中 $\Omega_L^*$ 為 $\Omega_L$ 之子集合，此時鄰接變數 $\left\{\delta_{apkt}^{rs}\right\}$ 被視為已達到均衡狀態，即 $\left\{\delta_{apkt}^{rs}\right\} = \left\{\delta_{apkt}^{rs*}\right\}$。而可行解區域 $\Omega_L$ 是由限制式（12-2a）～（12-2g）所構建：

流量守恆限制式

$$\sum_p h_{pk}^{rs} = \bar{q}_k^{rs} \quad \forall r,s,k \tag{12-2a}$$

流量傳導限制式

$$u_{apkt}^{rs} = h_{pk}^{rs} \delta_{apkt}^{rs} \quad \forall r,s,a,p,k,t \tag{12-2b}$$

$$\sum_t \delta_{apkt}^{rs} = 1 \quad \forall r,s,a \in p,p,k \tag{12-2c}$$

$$\delta_{apkt}^{rs} \in \{0,1\} \quad \forall r,s,a,p,k,t \tag{12-2d}$$

流量非負限制式

$$h_{pk}^{rs} \geq 0 \quad \forall r,s,p,k \tag{12-2e}$$

定義限制式

$$u_{at} = \sum_{rs} \sum_p \sum_k h_{pk}^{rs} \delta_{apkt}^{rs} \quad \forall a,t \tag{12-2f}$$

$$c_{pk}^{rs} = \sum_a \sum_t c_{at} \delta_{apkt}^{rs} \quad \forall r,s,p,k \tag{12-2g}$$

其中，

$c_{at}$　　路段 $a$ 在時區 $t$ 的路段旅行時間。

$c_{pk}^{rs}$　　起迄對 $rs$ 在 $k$ 時區出發，使用路徑 $p$ 的路徑旅行時間。

$h_{pk}^{rs}$　　起迄對 $rs$ 在 $k$ 時區出發，使用路徑 $p$ 的路徑流量。

$\bar{q}_k^{rs}$　　起迄對 $rs$ 在 $k$ 時區出發之總旅次量。

$u_{at}$　　路段 $a$ 在時區 $t$ 的路段流入率。

$\delta_{apkt}^{rs}$　　0-1 整數變數：起迄對 $rs$ 在時區 $k$ 出發使用路徑 $p$，在時區 $t$ 流入路段 $a$，則為 1；否則，為 0。

式（10-2a）為流量守恆限制式，即起迄對 $rs$ 於時區 $k$ 出發的需求量 $\bar{q}_k^{rs}$ 為起迄對中所有路徑流量 $\{h_{pk}^{rs}\}$ 的總和。限制式（10-2b）透過路段路徑鄰接變數（註：當超級路網存在的情況下，此鄰接變數亦可稱之為指標變數）$\delta_{apkt}^{rs}$ 界定流量傳導的過程。限制式（10-2c）要求起迄對 $rs$ 在時區 $k$ 出發之路徑 $p$ 一定會在某個時區經過其上之路段 $a$。限制式（10-2d）規定鄰接變數為 $\{0,1\}$ 整數。限制式（10-2e）為路徑流量非負限制式。限制式（10-2f）使用鄰接變數 $\delta_{apkt}^{rs}$ 定義路段流量 $u_{at}$ 與路徑流量 $h_{pk}^{rs}$ 間之鄰接關係；當路段 $a$ 在時區 $t$ 時有路徑 $p$ 在時區 $k$ 出發的流量經過時，$\delta_{apkt}^{rs}=1$；否則，$\delta_{apkt}^{rs}=0$。限制式（10-2g）定義路段成本 $c_{at}$ 與路徑成本 $c_{pk}^{rs}$ 之間的線性關係。

式（12-1d）變分不等式限制式為雙層規劃模型之下層問題，隱含用路人在擁有完全資訊下，各謀其利之均衡狀態，其行為符合一般化的 Wardrop 第一原則，其提出之離散型依時性用路人均衡條件為：針對任一起迄對 $rs$，由同一時區 $k$ 出發，所有被使用到的路徑 $p$，其旅行成本 $c_{pk}^{rs}$ 均相等並等於最短路徑旅行成本 $\pi_k^{rs}$；而其它所有未使用到的路徑，其旅行成本 $c_{pk}^{rs}$ 至少與最短路徑旅行成本 $\pi_k^{rs}$ 相等。在此條件下，用路人無法片面改變本身所選擇之路徑，以減少路徑旅行成本，此均衡條件可表示為下述數學式：

$$c_{pk}^{rs*} \begin{cases} = \pi_k^{rs} & \text{if } h_{pk}^{rs*} > 0 \\ \geq \pi_k^{rs} & \text{if } h_{pk}^{rs*} = 0 \end{cases} \quad \forall r,s,p,k \qquad (12\text{-}3a)$$

其中：

$$c_{pk}^{rs*} = \sum_a \sum_t c_{at}^* \delta_{apkt}^{rs*} \quad \forall r,s,p,k \qquad (12\text{-}3b)$$

$$\pi_k^{rs} = \min_p \left\{ c_{pk}^{rs*} \right\} \quad \forall r,s,k \qquad (12\text{-}3c)$$

在均衡的流量傳導限制之下，即 $\{\delta_{apkt}^{rs}\} = \{\delta_{apkt}^{rs*}\}$ 時，均衡條件（12-3a）對等於變分不等式（12-1d），反之亦然，證明詳見 Chen（1999）。

# 12.3 變分不等式敏感度分析

在交通號誌時制最佳化問題中，若利用坡降方法進行求解，所遭遇最大的困難在於路段流入率變數 **u** 爲交通號誌時制決策變數有效綠燈時間 **g** 之函數，即 **u(g)**，且此函數不具封閉形式，無法直接計算其導函數。而敏感度分析可運用有效綠燈時間變數在均衡解附近之微量擾動，有效推估其均衡解附近之導函數，然後透過連鎖率搜尋目標函數之尋優方向（descent direction）求解擾動後之最佳解。目前已發表之網路均衡的敏感度分析方法有兩種：一種是針對「特定」之路徑流量唯一解加以進行（Tobin and Friesz, 1988），請參見周鄭義（1999, pp. 45-48）；另一種改良方法則是針對路段流量唯一解加以進行（Cho and Lo, 1999），說明如下。

## 12.3.1 變分不等式敏感度分析之相關定理與推論

令 **u** 爲決策變數向量，$c: R^n \rightarrow R^n$ 爲連續（continuous）函數集合，$e: R^n \rightarrow R^n$ 爲可微（differentiable），屬於不等式限制式集合，$f: R^n \rightarrow R^p$ 爲線性（linear affine），屬於等式限制式集合，則對應之可行解區域可定義如下：

$$\Omega = \left\{ \mathbf{u} \in R^n \middle| \mathbf{e(u)} \geq \mathbf{0}, \mathbf{f(u)} = \mathbf{0} \right\} \tag{12-4a}$$

若一向量 $\mathbf{u}^* \in \Omega$，且滿足下式：

$$\mathbf{c(u^*)}^{\mathrm{T}} \left( \mathbf{u} - \mathbf{u}^* \right) \geq 0 \quad \forall \mathbf{u} \in \Omega \tag{12-4b}$$

則式（12-4b）稱之爲變分不等式問題，$\mathbf{u}^*$ 爲一組均衡解。

**定理 1**：變分不等式均衡解的必要條件 [2]。

若向量 $\mathbf{u}^* \in \Omega$ 爲變分不等式（12-4b）之均衡解，且梯度 $\nabla_{\mathbf{u}} e_i (\mathbf{u}^*)$，$\forall i$ such that $e_i (\mathbf{u}^*) = 0$，與 $\nabla_{\mathbf{u}} f_j (\mathbf{u}^*), \forall j$ 爲線性獨立，則存在 $\eta \in R^m, \mu \in R^p$ 使得下列條件滿足。

$$\mathbf{c(u^*)} - \nabla_{\mathbf{u}} \mathbf{e(u^*)}^{\mathrm{T}} \eta - \nabla_{\mathbf{u}} \mathbf{f(u^*)}^{\mathrm{T}} \mu = \mathbf{0} \tag{12-4c}$$

$$\eta^{\mathrm{T}} \mathbf{e(u^*)} = \mathbf{0} \tag{12-4d}$$

---

[2] 以「若 A 則 B」這個條件句而言，A 是 B 的充分條件，B 是 A 的必要條件。

$$\mathbf{f}(\mathbf{u}^*) = \mathbf{0} \tag{12-4e}$$

$$\eta \geq \mathbf{0} \tag{1 2-4f}$$

定理 2：變分不等式均衡解的充分條件

若 $\mathbf{f}(\mathbf{u})$ 爲凹（concave）函數集合，且 $\mathbf{u}^* \in \Omega, \eta \in R^m, \mu \in R^p$ 滿足式（12-4c）～（12-4f），則 $\mathbf{u}^*$ 爲變分不等式（12-4b）之一組均衡解。

定理 3：變分不等式區域唯一解（locally unique solution）的充分條件（周鄭義，pp. 36-38）

若定理 2 的條件成立、而且 $\mathbf{c}$ 可微，同時

$$\mathbf{y}^T \nabla_{\mathbf{u}} \mathbf{c}(\mathbf{u}^*) \mathbf{y} > 0 \tag{12-5a}$$

其中 $\mathbf{y} \neq \mathbf{0}$，且滿足

$$\nabla_{\mathbf{u}} e_i(\mathbf{u}^*) \mathbf{y} > 0 \text{ all } i \text{ such that } e_i(\mathbf{u}^*) = 0 \tag{12-5b}$$

$$\nabla_{\mathbf{u}} e_i(\mathbf{u}^*) \mathbf{y} = 0 \text{ all } i \text{ such that } \eta_i > 0 \tag{12-5c}$$

$$\nabla_{\mathbf{u}} f_i(\mathbf{u}^*) \mathbf{y} = 0 \quad \forall i \tag{12-5d}$$

則 $\mathbf{u}^*$ 爲變分不等式（12-4b）之一組局部唯一解。

以上定理之證明係採矛盾證法，即先假設存在多重解，然後證明不成立，詳細內容請參見周鄭義（1999，pp. 36-38）。

推論 1：假如定理 2 的條件成立，而且 $\nabla \mathbf{c}(\mathbf{u}^*)$ 爲正定，則 $\mathbf{u}^*$ 爲（12-4b）的區域唯一解。

定義 1：令 $\mathbf{c}(\mathbf{u}, \varepsilon)$ 對於 $(\mathbf{u}, \varepsilon)$ 爲一階連續可微，$\mathbf{e}(\mathbf{u}, \varepsilon)$ 對於 $\mathbf{u}$ 而言爲凹函數（concave function），且在 $(\mathbf{u}, \varepsilon)$ 爲二階連續可微，$\mathbf{f}(\mathbf{u}, \varepsilon)$ 對於 $\mathbf{u}$ 而言爲線性函數，且對於 $\varepsilon$ 爲一階連續可微，則重新定義微擾變分不等式 $VI(\varepsilon)$ 爲尋找均衡解 $\mathbf{u}(\varepsilon) \in \Omega(\varepsilon)$ 使得

$$\mathbf{c}(\mathbf{u}(\varepsilon), \varepsilon)^T (\mathbf{u} - \mathbf{u}(\varepsilon)) \geq 0 \quad \forall \mathbf{u} \in \Omega^*(\varepsilon) \tag{12-6a}$$

其中，$\Omega(\varepsilon)$ 定義爲 $\mathbf{u} \in R^n$ 且滿足

$$\mathbf{e}(\mathbf{u}, \varepsilon) \geq 0 \tag{12-6b}$$

$$\mathbf{f(u, \varepsilon)} = 0 \tag{12-6c}$$

**定理 4**：微擾局部唯一解存在之充分性定理（周鄭義，pp. 39-40）

　　令 $\mathbf{c(u^*)}$、$\mathbf{f(u^*)}$、$\mathbf{e(u^*)}$、$\boldsymbol{\eta}$ 與 $\boldsymbol{\mu}$ 為 VI($\varepsilon$) 為 $\varepsilon = 0$ 之局部唯一解，將其重新定義為 $\mathbf{c(u^*, 0)}$、$\mathbf{f(u^*, 0)}$、$\mathbf{e(u^*, 0)}$、$\boldsymbol{\eta}^*$ 與 $\boldsymbol{\mu}^*$，其所對應限制式之一階偏微 $\nabla_u e_i(\mathbf{u^*})$, $\forall i$ such that $e_i(\mathbf{u^*}) = 0$ 與 $\nabla_u f_j(\mathbf{u^*})$, $\forall j$ 為線性獨立。此外，滿足嚴格互補鬆弛條件

$$\eta_i^* > 0 \quad \text{all } i \text{ such that} \quad e_i(\mathbf{u^*, 0}) = 0 \tag{12-6d}$$

　　則 $\boldsymbol{\eta}^*$ 與 $\boldsymbol{\mu}^*$ 為唯一，且在 $\varepsilon = 0$ 之鄰域，必存在唯一之一階可微函數 $[\mathbf{u(\varepsilon)}^{\mathrm{T}}, \boldsymbol{\eta(\varepsilon)}^{\mathrm{T}}, \boldsymbol{\mu(\varepsilon)}^{\mathrm{T}}]$，其中 $\boldsymbol{\mu(\varepsilon)}$ 為 VI($\varepsilon$) 之局部唯一解，且 $\boldsymbol{\eta(\varepsilon)}, \boldsymbol{\mu(\varepsilon)}$ 為對應之唯一乘數滿足定理 3 之 VI($\varepsilon$) 之局部唯一解之充分條件。此鄰域必須滿足

① 邊界限制式

② 邊界限制式之一階偏微在 $\boldsymbol{\mu(\varepsilon)}$ 為線性獨立

③ 嚴格互補鬆弛條件

**定理 5**：隱函數定理（Implicit Function Theorem）

　　令定理 3 的條件對 VI($\mathbf{0}$) 滿足，$\mathbf{c(u^*)}$、$\mathbf{f(u^*)}$、$\mathbf{e(u^*)}$、$\boldsymbol{\eta}$ 與 $\boldsymbol{\mu}$ 分別由 $\mathbf{c(u^*, 0)}$、$\mathbf{f(u^*, 0)}$、$\mathbf{e(u^*, 0)}$、$\boldsymbol{\eta}^*$ 與 $\boldsymbol{\mu}^*$ 取代，且梯度 $\nabla_u e_i(\mathbf{u^*})$, $\forall i$ such that $e_i(\mathbf{u^*}) = 0$，與 $\nabla_u f_j(\mathbf{u^*})$, $\forall j$ 為線性獨立。此外，滿足嚴格互補鬆弛條件

$$\eta_i^* > 0 \quad \text{當} \quad e_i(\mathbf{u^*, 0}) = 0 \tag{12-7a}$$

　　則 $\boldsymbol{\eta}^*$ 與 $\boldsymbol{\mu}^*$ 為唯一，且在 $\varepsilon = 0$ 之鄰域，存在唯一之一階可微函數 $[\mathbf{u(\varepsilon)}^{\mathrm{T}}, \boldsymbol{\eta(\varepsilon)}^{\mathrm{T}}, \boldsymbol{\mu(\varepsilon)}^{\mathrm{T}}]$，其中 $\boldsymbol{\mu(\varepsilon)}$ 為 VI($\varepsilon$) 之局部唯一解，且 $\boldsymbol{\eta(\varepsilon)}, \boldsymbol{\mu(\varepsilon)}$ 為對應之唯一乘數滿足定理 3 之 VI($\varepsilon$) 之局部唯一解，而且

$$\left[ \mathbf{u(0)}^{\mathrm{T}}, \boldsymbol{\eta(0)}^{\mathrm{T}}, \boldsymbol{\mu(0)}^{\mathrm{T}} \right]^{\mathrm{T}} = \left[ \mathbf{u^{*\mathrm{T}}}, \boldsymbol{\eta}^{*\mathrm{T}}, \boldsymbol{\mu}^{*\mathrm{T}} \right]^{\mathrm{T}} \tag{12-7b}$$

　　此外，在 $\varepsilon = 0$ 之鄰域，受拘束不等式限制式集合未予更動，嚴格互補鬆弛條件依然成立，而且受拘束限制式之梯度在 $\boldsymbol{\mu(\varepsilon)}$ 為線性獨立。

　　當 $\varepsilon = 0$ 且 $[\mathbf{u}, \boldsymbol{\eta}, \boldsymbol{\mu}] = [\mathbf{u^*}, \boldsymbol{\eta}^*, \boldsymbol{\mu}^*]^{\mathrm{T}}$，則依據定理 1，

$$\mathbf{c(u, 0)} - \nabla_u \mathbf{e(u, 0)}^{\mathrm{T}} \boldsymbol{\eta} - \nabla_u \mathbf{f(u, 0)}^{\mathrm{T}} \boldsymbol{\mu} = \mathbf{0} \tag{12-7c}$$

$$\boldsymbol{\eta}^{\mathrm{T}}\mathbf{e}(\mathbf{u}, \mathbf{0}) = \mathbf{0} \tag{12-7d}$$

$$\mathbf{f}(\mathbf{u}, \mathbf{0}) = \mathbf{0} \tag{12-7e}$$

$$\boldsymbol{\eta} \geq \mathbf{0} \tag{12-7f}$$

茲令 $\mathbf{x}(\boldsymbol{\varepsilon}) = [\mathbf{u}(\boldsymbol{\varepsilon})^{\mathrm{T}}, \boldsymbol{\eta}(\boldsymbol{\varepsilon})^{\mathrm{T}}, \boldsymbol{\mu}(\boldsymbol{\varepsilon})^{\mathrm{T}}]$，$\mathbf{J}_x(\boldsymbol{\varepsilon})$ 為系統限制式（12-7c）～（12-7f）對 $[\mathbf{u}^{\mathrm{T}}, \boldsymbol{\eta}^{\mathrm{T}}, \boldsymbol{\mu}^{\mathrm{T}}]$ 在 $(\mathbf{x}(\boldsymbol{\varepsilon}), \boldsymbol{\varepsilon})$ 處偏微之 Jacobian 矩陣，$\mathbf{J}_x(\boldsymbol{\varepsilon})$ 為系統限制式（12-7c）～（12-7f）對 $\boldsymbol{\varepsilon}$ 在 $(\mathbf{x}(\boldsymbol{\varepsilon}), \boldsymbol{\varepsilon})$ 偏微之 Jacobian 矩陣。則推論 2 可敘述如下。

推論 2：VI(**0**) 解向量對 $\boldsymbol{\varepsilon}$ 的導數。根據定理 5 隱函數的假設，則 $\mathbf{J}_x(\boldsymbol{\varepsilon})$ 的反矩陣存在，而且 $[\mathbf{u}(\boldsymbol{\varepsilon})^{\mathrm{T}}, \boldsymbol{\eta}(\boldsymbol{\varepsilon})^{\mathrm{T}}, \boldsymbol{\mu}(\boldsymbol{\varepsilon})^{\mathrm{T}}]$ 在 $\boldsymbol{\varepsilon} = 0$ 鄰域的一階近似如下

$$\nabla_{\boldsymbol{\varepsilon}}\mathbf{x}(\boldsymbol{\varepsilon}) = [\mathbf{J}_x(\boldsymbol{\varepsilon})]^{-1}[-\mathbf{J}_{\boldsymbol{\varepsilon}}(\boldsymbol{\varepsilon})] \tag{12-8a}$$

相關證明請參見 Tobin（1986）、周鄭義（1999，pp. 40-41）。

推論 3：變分不等式 VI($\boldsymbol{\varepsilon} = 0$) 在 $\boldsymbol{\varepsilon} = 0$ 鄰域之一階近似解

$$\begin{bmatrix} \mathbf{u}(\boldsymbol{\varepsilon}) \\ \boldsymbol{\eta}(\boldsymbol{\varepsilon}) \\ \boldsymbol{\mu}(\boldsymbol{\varepsilon}) \end{bmatrix} \approx \begin{bmatrix} \mathbf{u}(\mathbf{0}) \\ \boldsymbol{\eta}(\mathbf{0}) \\ \boldsymbol{\mu}(\mathbf{0}) \end{bmatrix} + \left[\mathbf{J}_x(\mathbf{0})\right]^{-1}\left[-\mathbf{J}_{\boldsymbol{\varepsilon}}(\mathbf{0})\right]\boldsymbol{\varepsilon} \tag{12-8b}$$

當限制式等於零的時候如何取得方向性微分（directional derivatives）的資訊，現有文獻已有廣泛的討論，可參考 Patriksson（2014）[3], Josefsson and Patriksson（2007）[4], Yang（2007）[5]。

## 12.3.2 利用一般化反矩陣進行網路均衡流量之敏感度分析

由於 Tobin and Friesz（1988）欲將變分不等式敏感度分析應用至網路均衡分析所

---

[3]　Patriksson, M., 20004, Sensitivity analysis of traffic equilibria, Transportation Science, Vol. 38, No. 3, pp. 258-281, ISSN 0041-1655.

[4]　Josefsson, M., Patriksson, M., 2007, Sensitivity analysis of separable traffic equilibrium equilibria with application to bilevel optimization in network design, Transportation Research Part B, 41(1):4-31, DOI:10.1016/j.trb.2005.12.004

[5]　Yang, H., 2007, Sensitivity analysis of network traffic equilibrium revisited: the corrected approach, 4th IMA International Conference on Mathematics in Transport, University College London.

需之假設過於強烈，降低了求解一般網路問題的適用性，因此 Cho（1991）提出廣義反矩陣方法（generalized inverse approach），將路徑可行解空間轉換至路段可行解空間，再由路段可行解空間探討敏感度分析問題，可避免路徑解非唯一性的困擾。

### 12.3.2.1 包含微擾變數之網路均衡模型

以路段變數為基礎之微擾均衡網路流量問題可視為尋找均衡路段流入率 $\mathbf{u}(\varepsilon) \in \Omega^*(\varepsilon)$，滿足微擾變分不等式如下：

$$\mathbf{c}(\mathbf{u}(\varepsilon), \varepsilon)^{\mathrm{T}}(\mathbf{u} - \mathbf{u}(\varepsilon)) \geq 0 \ , \ \forall \mathbf{u}(\varepsilon) \in \Omega^*(\varepsilon) \tag{12-9a}$$

其中 $\Omega^*(\varepsilon)$ 為 $\Omega(\varepsilon)$ 之子集合，表示路網達均衡狀態時，實際路段旅行成本等於整數化的路段旅行成本，即 $\tau_{at}^* = NINT\left[c_{at}^*\right], \ \forall a,t$。

模型若暫時固定實際旅行時間 $\{\tau_{at}\}$，則鄰接變數 $\{\delta_{apkt}^{rs}\}$ 可視為已知指標，微擾後路段流入率之可行解區域 $\Omega(\varepsilon)$ 如下所示：

$$\Omega(\varepsilon) = \left\{\mathbf{u} \middle| \Lambda_1 \mathbf{h} = \overline{\mathbf{q}}, \ \mathbf{u} = \Lambda_2 \mathbf{h}, \mathbf{h} \geq 0\right\} \tag{12-9b}$$

其中，$\varepsilon$ 為決策變數向量，且滿足 $\mathbf{c}(\mathbf{u}, \varepsilon)$ 在 $(\mathbf{u}, \varepsilon)$ 一階連續可微，$\Lambda_1$ 為路徑流量 $\mathbf{h}$ 與起迄需求量 $\overline{\mathbf{q}}$ 之鄰接矩陣，$\Lambda_2$ 為路徑流量 $\mathbf{h}$ 與路段流量 $\mathbf{u}$ 之鄰接矩陣。

所對應之均衡路徑解通常並不唯一，其可行解區域為一凸多面體，定義如下：

$$\Omega_{u^* \to h}^*(\varepsilon) = \left\{\mathbf{h} \middle| \Lambda_1 \mathbf{h} = \overline{\mathbf{q}}, \Lambda_2 \mathbf{h} = \mathbf{u}^*, \mathbf{h} \geq 0\right\} \tag{12-9c}$$

其中 $\mathbf{u}^*$ 為變分不等式（12-9a）之均衡解。

若以路徑變數為基礎之變分不等式表示依時性用路人均衡模型，該模型可視為尋找一組均衡路徑流量 $\mathbf{h}(\varepsilon) \in \Omega_h^*(\varepsilon)$ 滿足變分不等式（12-10a）。

$$\mathbf{c}\left(\mathbf{h}(\varepsilon), \varepsilon\right)^{\mathrm{T}}\left(\mathbf{h} - \mathbf{h}(\varepsilon)\right) \geq 0 \quad \forall \mathbf{h} \in \Omega_h^*(\varepsilon) \tag{12-10a}$$

其中 $\Omega_h^*(\varepsilon)$ 為 $\Omega_h(\varepsilon)$ 之子集合，表示路網達均衡狀態時，實際路段旅行成本等於整數化的路段旅行成本，即 $\tau_{at}^* = NINT\left[c_{at}^*\right], \forall a,t$。

若在模型中暫時固定實際路段旅行成本 $\{\tau_{at}\}$，則 $\{\delta_{apkt}^{rs}\}$ 視為已知，微擾後路徑流量之可行解區域 $\Omega_h(\varepsilon)$ 如下所示：

$$\Omega_h(\varepsilon) = \left\{ \mathbf{h} \,\middle|\, \Lambda_1\mathbf{h} = \overline{\mathbf{q}}, \mathbf{h} \geq \mathbf{0} \right\} \qquad (12\text{-}10b)$$

### 12.3.2.2 廣義反矩陣之變分不等式敏感度分析

定義 **2**：廣義反矩陣

　　令 **A** 是 $m \times n$ 矩陣，若一矩陣 $\mathbf{A}^-$ 滿足下列四條件，即為 **A** 之廣義反矩陣：

1. $\mathbf{AA}^-$ 是對稱的

2. $\mathbf{A}^-\mathbf{A}$ 是對稱的

3. $\mathbf{AA}^-\mathbf{A} = \mathbf{A}$

4. $\mathbf{A}^-\mathbf{AA}^- = \mathbf{A}^-$

　　以下定理 6～定理 10 可參考 Graybill（1983）。

定理 **6**：對每一矩陣 **A**，存在唯一矩陣 $\mathbf{A}^-$ 滿足定義 2。

定理 **7**：若 **A** 是 $m \times n$ 矩陣，且秩為 $m$，則 $\mathbf{A}^- = \mathbf{A}^\mathrm{T}(\mathbf{AA}^\mathrm{T})^{-1}$，$\mathbf{AA}^- = I$。

定理 **8**：對系統 $\mathbf{Ah} = \mathbf{B}$ 有解之必要與充分條件：**A** 矩陣的廣義反矩陣 $\mathbf{A}^-$ 使 $\mathbf{AA}^-\mathbf{B} = \mathbf{B}$。

定理 **9**：若 **A** 是 $m \times n$ 矩陣，對系統 $\mathbf{Ah} = \mathbf{B}$ 有解，則系統 $\mathbf{Ah} = \mathbf{B}$ 的任一解可用任一向量 **k**，以下式表示。

$$\mathbf{h} = \mathbf{A}^-\mathbf{B} + (I - \mathbf{A}^-\mathbf{A})\mathbf{k} \qquad (12\text{-}11a)$$

定理 **10**：若 **A** 是 $m \times n$ 矩陣，秩為 $m$，則系統 $\mathbf{Ah} = \mathbf{B}$ 有一解為

$$\mathbf{h} = \mathbf{A}^\mathrm{T}(\mathbf{AA}^\mathrm{T})^{-1}\mathbf{B} + (I - \mathbf{A}^\mathrm{T}(\mathbf{AA}^\mathrm{T})^{-1}\mathbf{A})\mathbf{k} \qquad (12\text{-}11b)$$

　　在網路均衡問題中，起迄需求量 $\overline{\mathbf{q}}$ 與路段流入率 $\mathbf{u}^+ \geq \mathbf{0}$，可利用起迄需求／路徑鄰接矩陣 $\Lambda_1^+$、路段／路徑鄰接矩陣 $\Lambda_2^+$ 與路徑流量 $\mathbf{h}^+ \geq \mathbf{0}$ 表示如下：

$$\begin{bmatrix} \overline{\mathbf{q}} \\ \mathbf{u}^+ \end{bmatrix} = \begin{bmatrix} \Lambda_1^+ \\ \Lambda_2^+ \end{bmatrix} \mathbf{h}^+ \qquad (12\text{-}12a)$$

　　根據定理 7，計算廣義反矩陣的先決條件必須滿足列滿秩（full row rank）之假設，即所選取之路段變數必須滿足線性獨立之條件，因此在計算廣義反矩陣之前，必須將路段／路徑鄰接矩陣 $\Lambda_2^+$，分割為兩個子矩陣 $\Lambda_2^+ = \begin{bmatrix} \Lambda_{2I}^+ \\ \Lambda_{2D}^+ \end{bmatrix}$，其中 $\Lambda_{2I}^+$ 為線性獨立路段流入率 $\mathbf{u}_I^+$ 之路段／路徑鄰接矩陣且滿足線性獨立，$\Lambda_{2D}^+$ 為線性相依路段流入率 $\mathbf{u}_D^+$ 之路段／路徑

鄰接矩陣。令$\Lambda_{2I}^+$使得$\begin{bmatrix} \Lambda_1^+ \\ \Lambda_{2I}^+ \end{bmatrix}$符合列滿秩（full rank）之假設，則線性相依路段流入率$\mathbf{u}_D^+$與起迄需求$\overline{\mathbf{q}}$以及線性獨立路段流入率$\mathbf{u}_I^+$線性相依，可由$\overline{\mathbf{q}}$及$\mathbf{u}_I^+$推估獲得，推估方法後續將會提到。

在微擾變分不等式系統（12-9a）～（12-9b）中，由模型限制式可得

$$\begin{bmatrix} \Lambda_1^+ \\ \Lambda_{2I}^+ \end{bmatrix} \mathbf{h}^+ = \begin{bmatrix} \overline{\mathbf{q}} \\ \mathbf{u}_I^+ \end{bmatrix} \tag{12-12b}$$

根據定理 10，可得路徑流量變數與起迄需求變數及路段流入率變數關係如下：

$$\mathbf{h}^+ = \begin{bmatrix} \Lambda_1^+ \\ \Lambda_{2I}^+ \end{bmatrix}^- \begin{bmatrix} \overline{\mathbf{q}} \\ \mathbf{u}_I^+ \end{bmatrix} + \left[ I - \begin{bmatrix} \Lambda_1^+ \\ \Lambda_{2I}^+ \end{bmatrix}^- \begin{bmatrix} \Lambda_1^+ \\ \Lambda_{2I}^+ \end{bmatrix} \right] \mathbf{k} \tag{12-12c}$$

其中根據定理 7 可知

$$\begin{bmatrix} \Lambda_1^+ \\ \Lambda_{2I}^+ \end{bmatrix}^- = \begin{bmatrix} \Lambda_1^+ \\ \Lambda_{2I}^+ \end{bmatrix}^{\mathrm{T}} \left[ \begin{bmatrix} \Lambda_1^+ \\ \Lambda_{2I}^+ \end{bmatrix} \begin{bmatrix} \Lambda_1^+ \\ \Lambda_{2I}^+ \end{bmatrix}^{\mathrm{T}} \right]^{-1} \tag{12-12d}$$

其次，依據路徑流量變數（12-12c）與線性相依路段／路徑鄰接矩陣$\Lambda_{2D}^+$，可得線性相依路段流入率$\mathbf{u}_D^+ = \Lambda_{2D}^+ \mathbf{h}^+$如下：

$$\mathbf{u}_D^+ = \Lambda_{2D}^+ \left[ \begin{bmatrix} \Lambda_1^+ \\ \Lambda_{2I}^+ \end{bmatrix}^- \begin{bmatrix} \overline{\mathbf{q}} \\ \mathbf{u}_I^+ \end{bmatrix} + \left[ I - \begin{bmatrix} \Lambda_1^+ \\ \Lambda_{2I}^+ \end{bmatrix}^- \begin{bmatrix} \Lambda_1^+ \\ \Lambda_{2I}^+ \end{bmatrix} \right] \mathbf{k} \right] \tag{12-12e}$$

變分不等式（12-9a）之受限可行解區域（12-9b）的所有路徑流量變數皆可由路段流入率變數表示，且符合定義限制式與流量守恆限制式，模型之可行解區域重新定義如下：

$$\Omega^+(\boldsymbol{\varepsilon}) = \left\{ \mathbf{u}^+ = \begin{bmatrix} \mathbf{u}_I^+ \\ \mathbf{u}_D^+ \end{bmatrix} \middle| \mathbf{u}_D^+ = \Lambda_{2D}^+ \left[ \begin{bmatrix} \Lambda_1^+ \\ \Lambda_{2I}^+ \end{bmatrix}^- \begin{bmatrix} \overline{\mathbf{q}} \\ \mathbf{u}_I^+ \end{bmatrix} + \left[ I - \begin{bmatrix} \Lambda_1^+ \\ \Lambda_{2I}^+ \end{bmatrix}^- \begin{bmatrix} \Lambda_1^+ \\ \Lambda_{2I}^+ \end{bmatrix} \right] \mathbf{k} \right], \mathbf{u} > \mathbf{0} \right\} \tag{12-12f}$$

　　其中，當 (1) 起迄需求／路徑鄰接矩陣 $\Lambda_1^+$；(2) 線性獨立路段／路徑鄰接矩陣 $\Lambda_{2I}^+$；(3) 實數向量 $\mathbf{k}$，固定的情況下，矩陣 $\left[ I - \begin{bmatrix} \Lambda_1^+ \\ \Lambda_{2I}^+ \end{bmatrix}^{-} \begin{bmatrix} \Lambda_1^+ \\ \Lambda_{2I}^+ \end{bmatrix} \right] \mathbf{k}$ 可以利用一固定的向量 $\mathbf{H}$ 表示，此向量存在之目的在滿足路徑流量非負限制式，此矩陣內之元素個數與模型所使用之路徑個數相同。其次，觀察廣義反矩陣之結構，可將此矩陣分爲左右兩部分，即 $\begin{bmatrix} \Lambda_1^+ \\ \Lambda_{2I}^+ \end{bmatrix}^{-} = [\mathbf{B}_1, \mathbf{B}_2]$，左半部 $\mathbf{B}_1$ 是路徑流量由起迄需求表示的部分，右半部 $\mathbf{B}_2$ 是路徑流量由線性獨立之路段流入率表示的部分。可行解區域（12-12f）可修正如下：

$$\Omega^+(\boldsymbol{\varepsilon}) = \left\{ \mathbf{u}^+ = \begin{bmatrix} \mathbf{u}_I^+ \\ \mathbf{u}_D^+ \end{bmatrix} \middle| \mathbf{u}_D^+ = \Lambda_{2D}^+ \left[ [\mathbf{B}_1, \mathbf{B}_2] \begin{bmatrix} \overline{\mathbf{q}} \\ \mathbf{u}_I^+ \end{bmatrix} + \mathbf{H} \right], \mathbf{u} > \mathbf{0} \right\} \qquad （12\text{-}12\text{g}）$$

若再定義

$$\mathbf{B}_1' = \Lambda_{2D}^+ \mathbf{B}_1 \qquad （12\text{-}12\text{h}）$$

$$\mathbf{B}_2' = \Lambda_{2D}^+ \mathbf{B}_2 \qquad （12\text{-}12\text{i}）$$

$$\mathbf{H}' = \Lambda_{2D}^+ \mathbf{H} \qquad （12\text{-}12\text{j}）$$

可得到受限可行解區域之最終型態如下：

$$\Omega^+(\boldsymbol{\varepsilon}) = \left\{ \mathbf{u}^+ \middle| \mathbf{B}_1' \overline{\mathbf{q}} + \mathbf{B}_2' \mathbf{u}_I^+ + \mathbf{H}' = \mathbf{u}_D^+, \mathbf{u} > \mathbf{0} \right\} \qquad （12\text{-}12\text{k}）$$

　　微擾網路均衡模型可表示爲微擾變分不等式（12-9a）與受約束可行解區域（12-12k）。若將路網限制於路段流入率爲正之路段上，當路段成本爲嚴格單調函數，則微擾變分不等式均衡解 $\mathbf{u}(\boldsymbol{\varepsilon}), \boldsymbol{\mu}(\boldsymbol{\varepsilon})$ 滿足局部唯一解之充分條件。在 $\boldsymbol{\varepsilon} = 0$ 的情況下，令 $\mathbf{u}*$、$\boldsymbol{\mu}*$ 爲微擾變分不等式之均衡解，根據定理 1 可得系統限制式如下：

$$\mathbf{c}^+(\mathbf{u}*^+, 0) - \nabla_{\mathbf{u}^+} \left( \mathbf{B}_2' \mathbf{u}_I^{*+} - \mathbf{u}_D^{*+} \right)^{\mathrm{T}} \boldsymbol{\mu}*^+ = \mathbf{0} \qquad （12\text{-}13\text{a}）$$

$$\mathbf{B}_1' \overline{\mathbf{q}} + \mathbf{B}_2' \mathbf{u}_I^{*+} + \mathbf{H}' - \mathbf{u}_D^{*+} = \mathbf{0} \qquad （12\text{-}13\text{b}）$$

　　由於此系統之路段解符合局部唯一解之充分條件，且滿足限制式一階偏微線性獨

立、嚴格互補鬆弛條件，因此根據定理2，在 $\varepsilon = 0$ 之鄰域，令 $\mathbf{x}^+(\varepsilon) = \left[\mathbf{u}^+(\varepsilon)^T, \boldsymbol{\mu}^+(\varepsilon)^T\right]^T$，系統限制式（12-13a）～（12-13b）對 $(\mathbf{u}^+, \boldsymbol{\mu}^+)$ 在 $(\mathbf{x}(0), 0)$ 處偏微，可得 Jacobian 矩陣 $\mathbf{J}_{\mathbf{x}^+}(0)$ 如下：

$$\mathbf{J}_{\mathbf{x}^+}(0) = \begin{bmatrix} \nabla_{\mathbf{u}^+}\mathbf{c}^+(\mathbf{u}^{*+}, 0) & -\left[\mathbf{B}'_2, -I\right]^T \\ \left[\mathbf{B}'_2, -I\right] & 0 \end{bmatrix} \tag{12-14a}$$

　　若線性相依路段變數個數為 $m$，路段變數個數為 $n$，則 $\left[\mathbf{B}'_2, -I\right]$ 為一 $m \times n$ 矩陣，該矩陣為 $\mathbf{B}'_2$ 及負單位矩陣 $-I$ 之綜合矩陣。令 $\mathbf{B}'_2$ 內之元素 $b_{ij}$ 表示第 $j$ 個線性獨立路段對於第 $i$ 個線性相依路段之影響值，則在 Jacobian 矩陣 $\left[\mathbf{B}'_2, -I\right]$ 中，第 $i$ 個線性相依路段限制式對於第 $j$ 個線性獨立路段之偏微值亦為 $b_{ij}$，而線性相依路段在該路段之偏微 Jacobian 矩陣中，對本身之偏微值為 -1。

　　其次，系統限制式（12-13a）～（12-13b）對 $\varepsilon$ 在 $(\mathbf{x}(0), 0)$ 處偏微，得 Jacobian 矩陣 $\mathbf{J}_{\varepsilon}(0)$ 如下：

$$\mathbf{J}_{\varepsilon}(0) = \begin{bmatrix} \nabla_{\varepsilon}\mathbf{c}^+(\mathbf{u}^{*+}, 0) \\ 0 \end{bmatrix} \tag{12-14b}$$

在 $\varepsilon = 0$ 之鄰域，根據定理 5 隱函數定理之推論 2 可得：

$$\nabla_{\varepsilon}\mathbf{x}^+(\varepsilon) = \left[\nabla_{\varepsilon}\mathbf{u}^+(\varepsilon)^T, \nabla_{\varepsilon}\boldsymbol{\mu}^+(\varepsilon)^T\right]^T = \left[\mathbf{J}_{\mathbf{x}^+}(\varepsilon)\right]^{-1}\left[-\mathbf{J}_{\varepsilon}(\varepsilon)\right] \tag{12-14c}$$

# 12.4 依時性交通號誌時制模型的求解

## 12.4.1 依時性交通號誌時制最佳化模型的求解演算法

　　在求解過程中，若暫時固定實際時空路段成本 $\{\tau_{at}\}$，則 $\{\delta_{apkt}^{rs}\}$ 視為已知，而在固定的交通號誌時制 $\mathbf{g}$ 底下，路段成本函數中之路段容量 $\{CAP_{at}^I\}$ 即為定值，在此情況下，若路段成本函數為嚴格單調函數，可求得唯一之均衡路段流入率 $\{u_{at}^*\}$。此均衡路段流入

率 **u** 可視爲交通號誌時制 **g** 之隱函數,即 **u(g)**,且此函數爲非線性函數。

由於依時性交通號誌時制最佳化系統的可行解區域包含有效綠燈時間 **g** 以及路段流入率 **u** 兩種變數,由上述說明可知,此可行解區域爲非凸(nonconvex)可行解區域,而非凸可行解區域表示此模型無法保證以演算法尋得全域或局部最佳解(global or local optimum),故利用敏感度分析資訊僅可估計擾動均衡解之附近最佳解。

以下所提出之求解流程,首先利用對角法固定時空路網,其次給定交通號誌時制初始解,在交通號誌時制固定的情況下,求得均衡之路段流入率,再以敏感度分析資訊,尋找模型尋優方向,作爲調整交通號誌時制之基礎,直到路網達到均衡狀態爲止。

若允許交通號誌時制之週期長度進行調整改善時,即交通號誌可以依據當時之路口交通流量利用 Webster 公式或 Hooke and Jeeves 方法予以調整時,則成爲含迴圈之依時性交通號誌時制計劃,此含迴圈之調適性的依時性交通號誌時制之求解演算法可建構爲三階層之迴圈,其步驟說明如下:

**步驟 1**:週期起始化設定(第一階層迴圈開始)

令 $p = 1$。設定初始路口週期 $\left\{ C_t^{I^p} \right\}$。

**步驟 2**:路網起始化設定(第二階層迴圈開始)

令 $n = 1$。給定起始交通號誌時制 $\left\{ g_t^{Im} \right\}^n$。

**步驟 3**:更新實際路段旅行成本(第三階層迴圈開始)

**步驟 3.1**:計算對應之路段容量 $\left\{ CAP_{at}^I \right\}^n$。

**步驟 3.2**:令 $o = 1$。設定實際路段旅行成本 $\tau_{at}^o = NINT \left[ c_{a_0 t} \right], \forall a, t$。

**步驟 4**:建構依時性用路人變分不等式模型(nested diagonalization)

**步驟 4.1**:根據實際路段旅行成本建構對應之時空路網。建構變分不等式模型

$$\sum_a \sum_t c_{at}^* \left[ u_{at} - u_{at}^* \right] \geq 0 \quad \forall \mathbf{u} \in \Omega_L^* \qquad (12\text{-}15a)$$

**步驟 5**:建構依時性用路人均衡模型(diagonalization)

**步驟 5.1**:在固定之時空路網 $\{ \tau_{at} \}^o$、有效綠燈時間 $\left\{ g_t^{Im} \right\}^n$ 與路段容量 $\left\{ CAP_{at}^I \right\}^n$ 之下,固定其他流入率,即 $(\overline{\mathbf{u}} \setminus \overline{u}_{at}, \omega)$,產生數學規劃問題如下:

$$\min_{u \in \Omega_L(\mathbf{g}^n)} \quad z_L = \sum_a \sum_t \int_0^{u_{at}} c_{at} \left( \omega, \mathbf{g}^n \right) d\omega \qquad (12\text{-}15b)$$

其中，可行解區域$\Omega_L\left(\mathbf{g}^n\right)$是在號誌變數固定爲$\mathbf{g}^n$情況下，由限制式（12-2a）～（12-2g）所形成。

**步驟 5.2**：以 12.4.2 節之依時性梯度投影法（張佳偉，1997）求解數學規劃問題（12-15b），獲得均衡路段流入率$\left\{u_{at}^n\right\}$與依時性路段旅行成本$\left\{c_{at}^n\right\}$。

**步驟 6**：實際路段旅行成本收斂測試（第三階層迴圈結束）

若$\tau_{at}^o = NINT\left[c_{at}^n\right], \forall a, t$則前往步驟 7；否則，更新實際路段旅行成本如下：

$$\tau_{at}^{o+1} = NINT\left[\left(1-\gamma\right)\tau_{at}^o + \gamma c_{at}^n\right] \quad \forall a, t \qquad （12\text{-}15c）$$

其中，$0 < \gamma \le 1$。

令 $o = o + 1$，回到步驟 5。

**步驟 7**：更新有效綠燈時間

**步驟 7.1**：在固定的時空路網關係下$\left\{\tau_{at}\right\}^o$，若依時性路段成本函數$\left\{c_{at}\left(\mathbf{u}(\mathbf{g}),\mathbf{g}\right)\right\}$爲嚴格單調函數，則均衡路段流入率可視爲有效綠燈時間之函數$\left\{u_{at}\left(\mathbf{g}\right)\right\}$，並以此關係構建依時性交通號誌時制最佳化系統如下：

$$\min_{\left(\mathbf{v}(\mathbf{u}),\mathbf{g}\right)\in\Omega_U} \quad z\left(\mathbf{u}(\mathbf{g}),\mathbf{g}\right) = \sum_a \sum_t c_{at}\left(\mathbf{u}(\mathbf{g}),\mathbf{g}\right)u_{at}\left(\mathbf{g}\right) \qquad （12\text{-}15d）$$

其中，路段成本函數 $c_{at}$ 的定義如（12-1e）及（12-1f）所示，路段容量函數$CAP_{at}^I$的定義如（12-1g）所示。而$\Omega_U$是由限制式（12-1b）～（12-1d）所形成之可行解區域。

**步驟 7.2**：由步驟 5 所得之均衡解 $\mathbf{u}^*$，根據變分不等式（VI）敏感度分析，計算敏感度分析資訊$\nabla_\varepsilon\mathbf{u}\left(\mathbf{g}^n\right)$。

**步驟 7.3**：求解上層模型的線性化子問題如下：

$$\min_{\hat{\mathbf{g}}\in\Omega(\hat{\mathbf{g}})} \quad \hat{z}\left(\hat{\mathbf{g}}\right) = \nabla z\left(\mathbf{u}\left(\mathbf{g}^n\right),\mathbf{g}^n\right)\left(\hat{\mathbf{g}}-\mathbf{g}^n\right) \qquad （12\text{-}15e）$$

其中，路段成本函數的定義如（12-1e）及（12-1f）所示，路段容量函數的定義如（12-1g）所示。因此，

$$\nabla_\varepsilon z = c_{at_0} \times \nabla_\varepsilon u_{at} + 0.15 c_{at_0} \begin{pmatrix} \nabla_\varepsilon u_{at}\left(\alpha u_{at} + \beta \sum_{i\neq t} u_{ai}\delta_{ait}\right)^4 \left(\dfrac{C^I}{Sg}\right)^4 \\ +4u_{at}\left(\dfrac{C^I}{Sg}\right)^4 \left(\alpha u_{at} + \beta \sum_{i\neq t} u_{ai}\delta_{ait'}\right)^3 \left(\alpha \nabla_\varepsilon u_{at} + \beta \sum_{i\neq t} \nabla_\varepsilon u_{ai}\delta_{ait'}\right) \\ -4u_{at}\left(\dfrac{C^I}{Sg}\right)^4 g^{-1}\left(\alpha u_{at.} + \beta \sum_{i\neq t} u_{ai}\delta_{ait'}\right)^4 \end{pmatrix}$$

$$= c_{at_0} \times \nabla_\varepsilon u_{at} + 0.15 c_{at_0} \left(\frac{C^I}{Sg}\right)^4 \left(\alpha u_{at} + \beta \sum_{i\neq t} u_{ai}\delta_{ait'}\right)^3 \begin{pmatrix} \nabla_\varepsilon u_{at}\left(\alpha u_{at} + \beta \sum_{i\neq t} u_{ai}\delta_{ait'}\right) \\ +4u_{at}\left(\alpha \nabla_\varepsilon u_{at} + \beta \sum_{i\neq t} \nabla_\varepsilon u_{ai}\delta_{ait'}\right) \\ -4u_{at}g^{-1}\left(\alpha u_{at} + \beta \sum_{i\neq t} u_{ai}\delta_{ait'}\right) \end{pmatrix}$$

$$（12\text{-}15\text{f}）$$

其中，變數 $\mathbf{g}^n$ 為主問題第 $n$ 回合之有效綠燈長度，變數 $\hat{\mathbf{g}}$ 為線性化子問題之有效綠燈長度，可行解區域 $\Omega(\hat{\mathbf{g}})$ 是由限制式（12-1b）～（12-1d）所形成。（12-15e）線性化子問題可以利用單體法（Simplex method）求解，其所得之有效綠燈長度為 $\hat{\mathbf{g}}^n$。

**步驟 7.4**：更新有效綠燈時間

$$\mathbf{g}^{n+1} = \mathbf{g}^n + \alpha\left(\hat{\mathbf{g}}^n - \mathbf{g}^n\right) \qquad （12\text{-}15\text{g}）$$

其中，$\alpha$ 為搜尋步幅，可以二分法求解，其對應之單變數最佳化模型如下：

$$\min_\alpha \; z(\alpha) = \sum_{at} c_{at} u_{at}$$

$$= \sum_{at} \left[ c_{at_0} + 0.15 c_{at_0} \left(\frac{C^I_{at}}{S_{at}}\right)^4 \left(\alpha u_{at} + \beta \sum_{i\neq t} u_{ai}\delta_{ait'}\right)^4 \left(\left(g^{Im}_t\right)^{n+1}\right)^{-4} \right] u_{at} \qquad （12\text{-}15\text{h}）$$

其中，路段成本函數的定義如（12-1e）及（12-1f）所示，路段容量函數的定義如（12-1g）所示。

其步幅搜尋之偏微的正負號判別式如下：

$$\frac{dz(\alpha)}{d\alpha} = \frac{dz(\alpha)}{d\left(g^{Im}_t\right)^{n+1}} \frac{d\left(g^{Im}_t\right)^{n+1}}{d\alpha}$$

$$= -0.6 c_{at_0} \left(\frac{C^I_{at}}{S_{at}}\right)^4 \left(\alpha u_{at} + \beta \sum_{i\neq t} u_{ai}\delta_{ait'}\right)^4 \left(u_{at}\right)\left(\left(g^{Im}_t\right)^{n+1}\right)^{-5}\left(\left(\hat{g}^{Im}_t\right)^n - \left(g^{Im}_t\right)^n\right)$$

$$（12\text{-}15\text{i}）$$

若（12-15i）之偏微值為正，則刪除其右側之可行解區間；否則，刪除其左側之可行解區間。如此反覆縮小最佳解的區間範圍，直到收斂精度達到預設值為止。搜尋步幅亦可以採用連續平均法（method of successive averages, MSA），即以回合數分之一作為決定步幅之基礎，再乘以一經驗值，此經驗值係根據 Friesz et al.（1990）研究所得，步幅給定方式如下：

$$\alpha = \frac{1}{n+1} \times \frac{\sqrt{\sum_I \sum_m \left(\overline{g}^{Im} - \underline{g}^{Im}\right)^2}}{\sqrt{\|\mathbf{d}\|}} = \frac{\sqrt{\sum_I \sum_m \left(\overline{g}^{Im} - \underline{g}^{Im}\right)^2}}{(n+1)\sqrt{\|\mathbf{d}\|}} \qquad （12\text{-}15j）$$

**步驟 8**：有效綠燈時間收斂測試（第二階層迴圈結束）

若 $\sum_I \sum_m \sum_t \left| \dfrac{g_t^{Im^{n+1}} - g_t^{Im^n}}{g_t^{Im^{n+1}}} \right| \le 0.001$，表示有效綠燈時間收斂，進行步驟 9；否則，

令 $n = n + 1$，回到步驟 3。

**步驟 9**：若已達預設回合數 $p=p\text{-max}$ 則結束；否則，更新路口週期：（第一階層迴圈結束）

$$C_t^{I^{p+1}} = C_t^{I^p} + \delta\left(\hat{C}_t^{I^p} - C_t^{I^p}\right) \qquad （12\text{-}15k）$$

其中，$\delta$ 為介於（0,1）之間的預設常數。利用 Webster 公式計算調整路口週期 $\hat{C}_t^{I^p}$

$$\hat{C}_t^{I^p} = \frac{5+4.5L_t^I}{1 - \sum_{at \in B(I_t)} \sum_{m \in I_t} \dfrac{u_{at}^m}{S_a^m}} \qquad \forall I, t \qquad （12\text{-}15l）$$

令 $p = p + 1$，回到步驟 2。

## 12.4.2 依時性梯度投影法

依時性梯度投影法（Jayakrishnan, 1994; Chen, 2022）之求解步驟可以說明如下（請參閱 10.3.2 節）：

**步驟 1**：初始化。利用自由流旅行成本 $\{c_{a_0t}\}$ 搜尋起迄對 $(r,s)$ 於時區 $k$ 出發之最短路徑 $p$，並以全有全無指派產生一組依時性路徑流量 $\{h_{pk}^{rs^n}\}$ 與對應的依時性路段流量 $\{u_{at}^n\}$，並計算依時性路段成本 $\{c_{at}^n = c_{at}(\mathbf{u}^n)\}$，將起迄對 $(r,s)$ 於時區 $k$ 出發之最短路徑加入路徑集合 $\{P_k^{rs^n}\}$ 並更新路徑集合 $\{P_k^{rs^n}\}$ 的依時性路徑旅行成本 $\{c_{pk}^{rs^n}\}$，令 $n = 1$。

**步驟 2**：坡降方向搜尋。找尋各起迄對 $(r, s)$ 間於時區 $k$ 出發之最短路徑 $\hat{p}_k^{rs}$，若該路徑已儲存於路徑集合 $\{P_k^{rs^n}\}$，標籤該條時空路徑為最短路徑，並記錄其路徑旅行成本為 $c_{\hat{p}k}^{rs^n}$；否則，將最短路徑 $\hat{p}_k^{rs}$ 加入路徑集合 $\{P_k^{rs^n}\}$，並記錄其依時性路徑旅行成本為 $c_{\hat{p}k}^{rs^n}$。

搜尋方向 $d_{pk}^{rs}$ 為目標函數 $z(\mathbf{u})$ 對時空路徑流量 $h_{pk}^{rs}$ 之偏微，如下所示：

$$d_{pk}^{rs^n} = -\frac{\partial z(\mathbf{u})}{\partial h_{pk}^{rs^n}} = c_{\hat{p}k}^{rs^n} - c_{pk}^{rs^n}, \forall r, s, p \neq \hat{p}, k \qquad (12\text{-}16a)$$

**步驟 3**：移動步幅決定。更新時空路徑流量 $\{h_{pk}^{rs^{n+1}}\}$ 與時空路段流量 $\{u_{at}^{n+1}\}$ 如下：

$$h_{pk}^{rs^{n+1}} = \max\left\{0, \left(h_{pk}^{rs^n} + \alpha_{pk}^{rs^n} d_{pk}^{rs^n}\right)\right\}, \quad \forall r, s, p \neq \hat{p}, k \qquad (12\text{-}16b)$$

$$h_{\hat{p}k}^{rs^{n+1}} = \overline{q}_k^{rs} - \sum\nolimits_{p \in P^{rs^n}, p \neq \hat{p}} h_{pk}^{rs^{n+1}}, \quad \forall r, s, k \qquad (12\text{-}16c)$$

其中，尋優步幅 $\alpha_{pk}^{rs^n}$ 的計算公式可以表示為二階偏微結果的倒數如下：

$$\alpha_{pk}^{rs} = v\left(\frac{1}{\sum_a \sum_t c_{at}' \delta_{apkt}^{rs} + \sum_a \sum_t c_{at}' \delta_{ap\hat{k}t}^{rs} - \sum_{a \in k \cap \hat{k}} \sum_t 2c_{at}'}\right), \quad \forall r, s, p, k \neq \hat{k} \qquad (12\text{-}16d)$$

其中，$c_{at}'$ 代表 $c_{at}$ 對流量之微分，$v$ 為比例參數（scalar parameter）。

**步驟 4**：更新。

$$u_{at}^{n+1} = \sum_{rs} \sum_k h_{pk}^{rs^{n+1}} \overline{\delta}_{apkt}^{rs}, \quad \forall a, t \qquad (12\text{-}16e)$$

計算 $c_{at}^{n+1} = c_{at}(\mathbf{u}^{n+1})$ 並將路徑集合 $\{P_k^{rs^n}\}$ 中所有路徑旅行成本更新為 $\{c_{pk}^{rs^{n+1}}\}$。

**步驟 5**：收斂性檢定。若路段流量前後回合差之比率小於預設之收斂標準 $\varepsilon$，即 $\max\limits_{a,t} \left| \dfrac{u_{at}^{n+1} - u_{at}^n}{u_{at}^n} \right| \leq \varepsilon$，則停止搜尋；否則，令 $n = n + 1$，回到步驟 2。

# 12.5 數例測試

　　本節將以測試路網，說明依時性交通號誌時制最佳化系統之求解演算法能有效獲得最佳化交通號誌時制，並與 Chen and Hsueh（1996）所提出之依時性交通感應式號誌控制系統進行對照。

## 12.5.1 輸入資料

　　茲以圖 12-1 之路網進行依時性交通號誌時制最佳化系統之演算法測試。

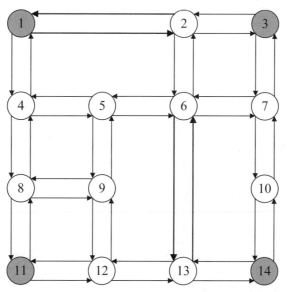

**圖 12-1　依時性交通號誌時制最佳化系統測試範例**

　　其中節點 1,3,11,14 為起點，同時亦為迄點。在本測試範例中，路網資料、起迄需求資料、路段成本函數等為外生變數。

　　路段成本函數定義如下：

$$c_{at} = c_{at_0} \left( 1 + 015 \left( \frac{u_{at}}{CAP_{at}^I} \right)^4 \right) \quad \forall a,t \tag{12-17a}$$

　　路段容量函數定義如下：

$$CAP_{at}^I = \frac{\sum_m S_a^m \times g_t^{Im}}{\overline{C}_t^I} \quad \forall I, a \in B(I), t \tag{12-17b}$$

含出發時區之依時性起迄需求量如表 12-1 所示：

表 12-1　依時性起迄需求量

| 出發時區 | 起迄需求 | | | | |
|---|---|---|---|---|---|
| | 1-14 | 3-11 | 11-3 | 14-1 | 14-11 |
| $k = 1$ | 80 | 0 | 60 | 40 | 0 |
| $k = 2$ | 0 | 70 | 0 | 0 | 30 |

　　路網上各路段之基本資料如表 12-2，其中路段 1 → 2、路段 2 → 1、路段 6 → 13 與路段 13 → 6 為主要路段，有較長之自由旅行成本與較大之飽和流率，其餘路段為次要路段。

表 12-2　路段資料

| 路段別 | 自由旅行成本 $c_{a_0 t}$ | 飽和流率 $S_a^m$ |
|---|---|---|
| 1 → 2、2 → 1、6 → 13、13 → 6 | 1.5 | 160 |
| 其餘路段 | 1 | 70 |

　　路網上各路口號誌之基本資料如表 12-3：

表 12-3　路口號誌資料　　　　　　（單位：時間單位）

| 週期長度 $\overline{C}_t^l$ | 最短有效綠燈時間 $g_L^{lm}$ | 最長有效綠燈時間 $g_U^{lm}$ | 損失時間 $l^{lm}$ |
|---|---|---|---|
| 60 | 5 | 49 | 3 |

## 12.5.2 測試結果

　　本測試例以垂直方向、水平方向有效綠燈各 27 個時間單位為起始解，進行運算，所得之均衡路徑解如表 12-4，最佳有效綠燈時間如表 12-5。

表 12-4　依時性交通號誌時制最佳化系統之均衡路徑旅行時間（路徑流量）

| 路徑 | 出發時區 | |
|---|---|---|
| | $k = 1$ | $k = 2$ |
| 1 → 2 → 6 → 13 → 14 | 5.932(34.680) | NA |
| 1 → 2 → 3 → 7 → 10 → 14 | 5.932(30.360) | NA |
| 1 → 4 → 5 → 6 → 13 → 14 | 5.932(14.960) | NA |

| 路徑 | 出發時區 | |
|---|---|---|
| | $k=1$ | $k=2$ |
| $3 \rightarrow 2 \rightarrow 1 \rightarrow 4 \rightarrow 8 \rightarrow 11$ | NA | 5.853(39.458) |
| $3 \rightarrow 7 \rightarrow 6 \rightarrow 13 \rightarrow 12 \rightarrow 11$ | NA | 5.853(30.542) |
| $11 \rightarrow 8 \rightarrow 4 \rightarrow 1 \rightarrow 2 \rightarrow 3$ | 5.713(23.034) | NA |
| $11 \rightarrow 12 \rightarrow 13 \rightarrow 6 \rightarrow 7 \rightarrow 3$ | 5.713(19.136) | NA |
| $11 \rightarrow 12 \rightarrow 13 \rightarrow 6 \rightarrow 2 \rightarrow 3$ | 5.713(18.830) | NA |
| $14 \rightarrow 13 \rightarrow 6 \rightarrow 2 \rightarrow 1$ | 5.114(40) | NA |
| $14 \rightarrow 13 \rightarrow 12 \rightarrow 11$ | NA | 3.034(30) |
| 系統目標值 | 1522.62 | |

註：NA 表示未被使用，括弧內表示路徑流量

表 12-5　依時性交通號誌時制最佳化系統之最佳有效綠燈時間

| 路口 | 時區 | 有效綠燈時間 | |
|---|---|---|---|
| | | 垂直時相 | 水平時相 |
| 1 | 3 | 27.567 | 26.433 |
| 1 | 5 | 5 | 49 |
| 2 | 1 | 5 | 49 |
| 2 | 2 | 5 | 49 |
| 2 | 4 | 40.837 | 13.163 |
| 2 | 5 | 46.458 | 7.542 |
| 3 | 3 | 5 | 49 |
| 3 | 6 | 17.220 | 36.780 |
| 4 | 1 | 49 | 5 |
| 4 | 2 | 49 | 5 |
| 4 | 5 | 49 | 5 |
| 5 | 2 | 5 | 49 |
| 6 | 2 | 49 | 5 |
| 6 | 3 | 22.093 | 31.907 |
| 7 | 2 | 49 | 5 |
| 7 | 4 | 49 | 5 |

| 路口 | 時區 | 有效綠燈時間 | |
| --- | --- | --- | --- |
| | | 垂直時相 | 水平時相 |
| 7 | 5 | 5 | 49 |
| 8 | 1 | 49 | 5 |
| 8 | 6 | 49 | 5 |
| 10 | 5 | 49 | 5 |
| 11 | 4 | 5 | 49 |
| 11 | 7 | 30.437 | 23.563 |
| 12 | 1 | 5 | 49 |
| 12 | 3 | 5 | 49 |
| 12 | 6 | 5 | 49 |
| 13 | 1 | 5 | 49 |
| 13 | 2 | 5 | 49 |
| 13 | 4 | 49 | 5 |
| 14 | 6 | 20.594 | 33.406 |

由表 12-5 可發現對於同一起迄對、同一出發時區而言，路徑旅行成本完全相同，證實依時性用路人均衡條件（12-3a）成立。

其次，本測試例利用敏感度分析結果作為尋優方向，以連續平均法做為決定搜尋步幅之基礎，在回合數夠大的情況下，可趨近一最佳解（Sheffi, 1985），此求解過程如圖 12-2 所示。

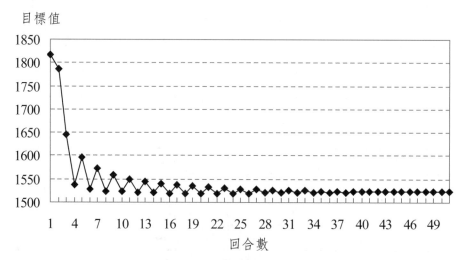

圖 12-2　求解過程圖

表 12-6 依時性交通感應式號誌控制系統之均衡路徑旅行時間（路徑流量）

| 路徑 | 出發時區 | |
|---|---|---|
| | $k = 1$ | $k = 2$ |
| $1 \rightarrow 2 \rightarrow 6 \rightarrow 13 \rightarrow 14$ | 5.917（70.703） | NA |
| $1 \rightarrow 2 \rightarrow 3 \rightarrow 7 \rightarrow 10 \rightarrow 14$ | 5.917（9.297） | NA |
| $3 \rightarrow 2 \rightarrow 1 \rightarrow 4 \rightarrow 8 \rightarrow 11$ | NA | 6.221（57.453） |
| $3 \rightarrow 7 \rightarrow 6 \rightarrow 13 \rightarrow 12 \rightarrow 11$ | NA | 6.221（12.547） |
| $11 \rightarrow 12 \rightarrow 13 \rightarrow 6 \rightarrow 7 \rightarrow 3$ | 5.719（21.081） | NA |
| $11 \rightarrow 8 \rightarrow 4 \rightarrow 1 \rightarrow 2 \rightarrow 3$ | 5.719（17.788） | NA |
| $11 \rightarrow 12 \rightarrow 13 \rightarrow 6 \rightarrow 2 \rightarrow 3$ | 5.719（21.131） | NA |
| $14 \rightarrow 13 \rightarrow 6 \rightarrow 2 \rightarrow 1$ | 5.099（40） | NA |
| $14 \rightarrow 13 \rightarrow 12 \rightarrow 11$ | NA | 3.034（30） |
| 系統目標值 | 1546.95 | |

註：括弧內表示路徑流量

再由表 12-4 與表 12-6 觀察可發現，依時性交通號誌時制最佳化系統之求解結果與依時性交通感應式號誌控制系統仍有部分差異，依時性交通感應式號誌控制系統將造成用路人集中於主要路段上，使得網路績效趨於惡化，且此現象隨著回合數之增加而越形明顯，亦驗證 Maher et al.（1975）之觀點。

另有關週期長度改善對目標函數的影響之測試，請參見顏傑（2022, pp. 52-63，該碩士論文之附錄 B～D）。

# 12.6 結論與建議

本章之結論如下：

1. 本章利用雙層規劃問題之觀念，構建依時性交通號誌時制最佳化系統，上層為系統總旅行成本最小化，下層為變分不等式的用路人均衡模型。在求解過程中，若直接採用目標函數對號誌變數偏微作為尋優方向，則依據連鎖率，路段流入率必須對號誌變數偏微，但由於此函數不具封閉型式，因此無法直接求出其導函數。此一問題可藉由敏感度分析加以克服。雙層規劃模型在交通上的應用包括交通號誌時制管理、交通運具定價問題、救災策略制定問題與匝道儀控問題等，應用非常廣泛。

2. Tobin and Friesz（1988）與卓訓榮（1991）所提出之變分不等式敏感度分析技巧可

正確應用於 Chen（1999）所提出之依時性用路人均衡模型，敏感度分析能有效預測參數微擾後，依時性用路人均衡模型中流量的變化情況，並減少重新執行運算所需時間。

3. 以 FW 演算法求解號誌時制最佳化問題，其中線性化子問題用於尋找坡降方向，二分法用於求算移動步幅。若以連續平均法作為決定步幅之標準，雖可收斂至區域最佳解，但相對於其他步幅決定方式較為耗時則為其缺點。

4. 以依時性交通感應式號誌控制系統進行交通號誌時制設定時，可觀察到路網上之流量逐漸匯集於主要路段上之現象，造成均衡路徑選擇之結果反而使目標值趨於惡化。

　　本章之建議如下：

1. 本章僅考慮二時相號誌路口，就敏感度分析手法而言，可考慮多時相之號誌路口時制設定問題，以更進一步反應實際情況。

2. 使用對角化演算法搭配變分不等式敏感度分析進行求解時，只要下層問題或上層問題包含整數變數，求解就變得較為困難，且無法進行敏感度分析，此一問題目前仍為交通界值得研究的課題之一。

3. 由於流量非負，因此在敏感度分析中會產生流量方向性微分之問題，因此目前仍有繼續探討之必要。（Patriksson, 2004; Josefsson and Patriksson, 2007; Wong et al., 2006）

# 問題研討

1. 名詞解釋：
   (1) 網路設計問題（network design problem）
   (2) 雙層規劃問題（bilevel programming model）
   (3) Stackelberg 賽局
   (4) 迭代式優化與指派法（iterative optimization and assignment, IOA）

2. 請說明網路設計模型之類型與內容。

3. 請說明路徑流量之敏感度分析的優、劣點。

4. 請說明路段流量之敏感度分析的優、劣點。

5. 網路設計模型進行隱函數敏感度分析之充分條件為何？

6. 若根據隱函數的假設，則 $\mathbf{J}_x(\boldsymbol{\varepsilon})$ 的反矩陣存在，而且 $[\mathbf{u}(\boldsymbol{\varepsilon})^T, \boldsymbol{\eta}(\boldsymbol{\varepsilon})^T, \boldsymbol{\eta}(\boldsymbol{\varepsilon})^T, (\boldsymbol{\varepsilon})^T]$ 在 $\boldsymbol{\varepsilon} = \mathbf{0}$ 鄰域的一階近似為 $\nabla_\varepsilon \mathbf{x}(\boldsymbol{\varepsilon}) = [\mathbf{J}_x(\boldsymbol{\varepsilon})]^{-1} [-\mathbf{J}_\varepsilon(\boldsymbol{\varepsilon})]$。請問其一階近似是如何推導而來？

7. 請建構依時性交通號誌時制的網路設計模型架構。

8. 請說明依時性交通號誌時制模型的求解演算法。

9. 使用手機信令之現地資料（sightings data）作為旅運選擇模型之輸入資料，請問其對應的路網與交通分區如何建構？又如何將現地之移動軌跡轉換為旅次發生量或 OD 需求量資料？

# 相關考題

1. 請說明捷運系統路網設計應該考量哪些基本原則。（111 普考）

# 參考文獻

## 一、中文文獻

[1] 顏傑，2022，Adaptive Time-dependent Traffic Signal Control Scheme with Variable Cycle Length Based on Signaling Data，國立中央大學土木工程學系碩士論文，中壢。

[2] 張佳偉，1997，路徑變數產生法求解動態交通量指派模型之效率比較，國立中央大學土木工程學系碩士論文，中壢。

[3] 薛哲夫，1996，明確型動態旅運選擇模型之研究，國立中央大學土木工程學系碩士論文，中壢。

[4] 卓訓榮，1991，「以廣義反矩陣方法探討均衡路網流量的敏感度分析」，運輸計劃季刊，第二十卷，第一期，頁 1～14。

[5] 陳惠國，1990，交通感應號誌系統：雙層規劃模型的建立與實證，中華民國運輸學會第五屆論文研討會論文集，台北，頁 615～631。

[6] 陳惠國，周鄭義，2001.12，動態號誌時制控制之研究，運輸計劃季刊，第三十卷，第四期，頁 823-848。

[7] 周鄭義，1999，動態號誌時制最佳化之研究—雙層規劃模型之應用，國立中央大學土木工程學系碩士論文，中壢。

二、英文文獻

[1] Abdulaal M. and LeBlanc L.J., 1979, Continuous equilibrium network design models, Transportation Research, 13B(1), 19-32.

[2] Ben-Ayed O., 1988, Bilevel Linear Programming : Analysis and Application to the Network Design Problem, Ph.D Thesis in Business Administration, University of Illinois at Urbana-Champaign.

[3] Bertsekas D.P., 1982, Constrained Optimization and Lagrange Multiplier Methods, Academic Press, New York.

[4] Chen H.K., 1999, Dynamic Travel Choice Models : A Variational Inequality Approach, Springer-Verlag, Berlin.

[5] Chen H.K. and Hsueh C.F., 1997, A Model and an Algorithm for the Dynamic User-Optimal Route Choice Problem, Transportation Research, 32B(3), 219-234.

[6] Chen, H.K. and Hsueh C.F., 1996, A Dynamic User-Optimal Route Choice Problem Using a Link-Based Variational Inequality Formulation, Proceedings of the 5th World Congress of the RSAI Conference, Tokyo, Japan.

[7] Cho H.J. and Lo S.C., 1999, Solving Bilevel Network Design Problem Using A Linear Reaction Function without Nondegeneracy Assumption, Presented at the 78th Annual Meeting of the Transportation Research Board, Washington, D.C.

[8] Fiacco A.V., 1983, Introduction to Sensitivity and Stability Analysis in Nonlinear Programming, Academic Press, New York.

[9] Fiacco, A.V., 1976, Sensitivity analysis for nonlinear programming using penalty methods, Mathematical Programming, 10(3), 287-311.

[10] Fiacco A.V. and McCormick G.P., 1968, Nonlinear Programming : Sequential Unconstrained Minimization Techniques, John Wiley & Sons, New York.

[11] Fisk C. S., 1984, Game theory and transportation systems modelling, Transportation Research, 18B(4), 301-313.

[12] Friesz T.L., Bernstein D., Smith T.E., Tobin R.L. and Wie B.W., 1993, A variational inequality formulation of the dynamic network user equilibrium problem, Operations Research, 41(1), 179-191.

[13] Friesz T.L., Tobin R.L., Cho H.J. and Mehta N.J., 1990, Sensitivity analysis based heuristic algorithms for mathematical programs with variational inequality constraints," Mathematical Programming, 48(2), 265-284.

[14] Josefsson, Magnus, Patriksson, Michael, 2007, Sensitivity analysis of separable traffic equi-

librium equilibria with application to bilevel optimization in network design Transportation Research Part B: 41(1), Pages 4-31

[15] Patriksson, M. 2004, Sensitivity Analysis of Traffic Equilibria. Transportation Science 38(3), pp. 258-281,

[16] Powell, M. J.D., 1964, An efficient method for finding the minimum of a function of several variables without calculating derivatives, Computer Journal, 7, 155-162.

[17] Maher M.J. and Akcelik R., 1975, The re-distributional effects of an traffic control policy, Traffic Engineering and Control, 16(9). 383-385.

[18] Marcotte P., 1986, Network design problem with congestion effects : A case of bilevel programming, Mathematical Programming, 34(2), 142-162.

[19] Ran B., Hall R.W. and Boyce D.E., 1996, A link-based variational inequality model for dynamic departure time/route choice, Transportation Research, 30B(1), 31-46.

[20] Sheffi Y., 1985, Urban Transportation Networks : Equilibrium Analysis with Mathematical Programming Methods, Prentice-Hall, Inc., Englewood Cliffs.

[21] Smith M.J., 1993, A new dynamic traffic model and the existence and calculation of dynamic user equilibria on congested capacity- constrained road networks, Transportation Research, 27B(1), 49-63.

[22] Smith, M. J., 1979, "The Existence, Uniqueness and Stability of Traffic Equilibria," Transportation Research, 13B(2), 295-304.

[23] Tan H.N., Gershwin S.B. and Athans M., 1979, Hybrid Optimization in Urban Transport Networks, Massachusetts Institute of Technology, Massachusetts.

[24] Tobin R.L. and Friesz T., 1988, Sensitivity analysis for equilibrium network flow, Transportation Science, 22(4), 242-250.

[25] Tobin R.L., 1986, Sensitivity analysis for variational inequalities, Journal of Optimization Theory and Applications, 48(1), 191-204.

[26] Wong, S. C. , Du, Yuchuan , Sun L. J., Loo, Becky P. Y. , 2006,Sensitivity analysis for a continuum traffic equilibrium problem, The Annals of Regional Science 40(3):493-514.

[27] Yang H. and Yagar S., 1995, Traffic assignment and signal control in saturated road networks, Transportation Research, 29A(2), 125-139.

[28] Zhang X.Y. and Maher M., 1998, Algorithm for trip matrix estimation and for traffic signal optimization on congested networks, Proceedings of the 6th Meeting of the EURO Working Group on Transportation, Chalmers University of Technology, Gothenburg, Sweden.

# 符號說明

| | |
|---|---|
| $a$ | 路段標號。 |
| $B^I$ | 以節點 $I$ 為路段終點之路段集合。 |
| $\mathbf{B}_1$ | 廣義反矩陣中,路徑流量 $\mathbf{h}^+$ 由起迄需求 $\overline{\mathbf{q}}$ 表示的部分。 |
| $\mathbf{B}_1'$ | 起迄需求 $\overline{\mathbf{q}}$,對於線性相依路段 $\mathbf{u}_D^+$ 之影響矩陣。 |
| $\mathbf{B}_2$ | 廣義反矩陣中,路徑流量 $\mathbf{h}^+$ 由線性獨立路段 $\mathbf{u}_I^+$ 表示的部分。 |
| $\mathbf{B}_2'$ | 線性獨立路段 $\mathbf{u}_I^+$,對於線性相依路段 $\mathbf{u}_D^+$ 之影響矩陣。 |
| $c_{at}$ | 路段 $a$ 在時區 $t$ 的路段旅行時間。 |
| $c_{a_o t}$ | 路段 $a$ 在時區 $t$ 的路段自由流旅行時間。 |
| $c_{pk}^{rs}$ | 起迄對 $rs$ 在 $k$ 時區出發,使用路徑 $p$ 的路徑旅行時間。 |
| $CAP_{at}^I$ | 路口 $I$ 對於路段 $a$ 在時區 $t$ 時的路段容量。 |
| $\overline{C}_t^I$ | 路口 $I$ 在時區 $t$ 之號誌週期長度。 |
| $\mathbf{e(u)}$ | 可行解區域中所有不等式限制式函數之集合。 |
| $\mathbf{f(u)}$ | 可行解區域中所有等式限制式函數之集合。 |
| $g_t^{Im}$ | 路口 $I$ 時相 $m$ 在時區 $t$ 之有效綠燈時間。 |
| $g_U^{Im}$ | 路口 $I$ 時相 $m$ 之有效綠燈時間上限。 |
| $g_L^{Im}$ | 路口 $I$ 時相 $m$ 之有效綠燈時間下限。 |
| $\mathbf{g}$ | 有效綠燈時間向量。 |
| $h_{pk}^{rs}$ | 起迄對 $rs$ 在時區 $k$ 出發,使用路徑 $p$ 的路徑流量。 |
| $H_{at}^m$ | 路段 $a$ 時相 $m$ 在時區 $t$ 之路段飽和度。 |
| $I$ | 路口編號。 |
| $k$ | 時區標號,通常表示起迄對出發時區。 |
| $l^{Im}$ | 路口 $I$ 時相 $m$ 之損失時間。 |
| $m$ | 時相編號。 |
| $\overline{q}_k^{rs}$ | 起迄對 $rs$ 在時區 $k$ 出發之總旅次量。 |
| $S_a^m$ | 路段 $a$ 時相 $m$ 時之飽和流率。 |
| $t$ | 時區標號,通常表示流入率進入路段之時區。 |
| $u_{at}$ | 路段 $a$ 在時區 $t$ 的路段流入率。 |
| $\mathbf{u}_I^+$ | 微擾網路均衡問題中,路段流入率為正且線性獨立(linear independent)之路段流入率。 |
| $\mathbf{u}_D^+$ | 微擾網路均衡問題中,路段流入率為正且線性相依(linear dependent)之路段流入率。 |

$v_{at}$　　路段 $a$ 在時區 $t$ 的路段流出率。

$\gamma$　　調整實際路段旅行時間與估計路段旅行時間之權重。

$\delta_{apkt}^{rs}$　　0-1 整數變數；起迄對 $rs$ 在 $k$ 時區出發使用路徑 $p$，在時區 $t$ 時流入路段 $a$ 則為 1；否則，為 0。

$\pi_k^{rs}$　　起迄對 $rs$ 在時區 $k$ 出發之最短路徑旅行時間。

$\tau_{at}$　　路段 $a$ 在時區 $t$ 的實際路段旅行時間。

$\eta^*$　　微擾網路均衡問題中，當 $\mathbf{g} = \bar{\mathbf{g}}$ 的情況下，邊界限制式對偶變數之均衡解。

$\eta(\mathbf{g})$　　微擾網路均衡問題中，當 $\mathbf{g} \rightarrow \bar{\mathbf{g}}$ 的情況下，邊界限制式對偶變數之均衡解。

$\mu^*$　　微擾網路均衡問題中，當 $\mathbf{g} = \bar{\mathbf{g}}$ 的情況下，等式限制式對偶變數之均衡解。

$\mu(\mathbf{g})$　　微擾網路均衡問題中，當 $\mathbf{g} \rightarrow \bar{\mathbf{g}}$ 的情況下，等式限制式對偶變數之均衡解。

$\Lambda_1^+$　　路徑流量為正之起迄需求 / 路徑鄰接矩陣。

$\Lambda_2^+$　　路徑流量為正且路段流入率為正之路段 / 路徑鄰接矩陣。

$\Lambda_{2I}^+$　　路段流入率為正且線性獨立之路段 / 路徑鄰接矩陣。

$\Lambda_{2D}^+$　　路段流入率為正且線性相依之路段 / 路徑鄰接矩陣。

$\Omega_L$　　用路人均衡模型中路段流入率之可行解區域。

$\Omega_U$　　動態交通號誌時制最佳化系統中號誌時制 $\mathbf{g}$ 之可行解區域。

# 第 13 章

# 個體旅運需求模型

個體旅運需求模型是以選擇理論爲基礎，探討個體如何產生運輸需求行爲，屬於具有因果關係之行爲模型，可以考量較多之解釋變數，例如個體的社經特性、地區特性以及運輸系統的服務水準等屬性（attribute）。由於針對特定群體具有較高之預測能力，因此有部分學者主張使用個體旅運需求模型進行運輸規劃的作業，但截至目前爲止，個體旅運需求模型的應用，僅在少數個案，或特定的旅運決策（例如運具選擇階段）獲得較大的成功。絕大部分的運輸規劃程序依舊採用總體運輸需求模型，其主要的原因有二：(1) 運輸規劃之依據爲「平均性」之旅運行爲，個體旅運需求模型則強調「較準確」之個體結果，但其最終仍需經由總計方法[1]轉換成具代表性之「平均性」數據，才能做爲旅運決策之依據；(2) 總體旅運需求模型也可以考量和個體旅運需求模型一樣多之解釋變數，以加權平均的概念，將平均值代入「效用值」（utility）或「一般化成本」（generalized cost）中，然後作爲旅運決策之依據。

根據上述說明，可知個體或總體旅運需求模型各有其特色，其功能是否能發揮完全視其應用範圍而定，很難驟然判斷孰優孰劣。以下針對個體旅運需求模型進行深入之探討：第一節介紹個體選擇模型之理論基礎；第二節說明羅吉特模型之推導過程與模型特性；第三節探討偏好問卷、效用函數之變數指定與參數校估；第四節說明羅吉特模型之統計檢定與可移轉性；第五節介紹羅吉特模型之總計方法；第六節提出結論與建議。

# 13.1 個體選擇模型之理論基礎

個體選擇模型（或行爲模型）之理論基礎來源有兩種：(1) 經濟學之消費者選擇行爲；(2) 心理學之選擇行爲。目前運輸學界主要是以消費者選擇行爲作爲理論基礎，其基本假設爲每一位消費者之選擇行爲都是理性的，認爲個體決策者在資源限制下可以將所有的可行方案按照個體之偏好順序進行排列，從中選擇一個滿足目標程度最高的替選方案，而這個偏好順序係依據各個方案之效用值高低加以排列，其中「效用最大」之替選方案，即爲選取之方案。換句話說，個體 $n$ 選擇方案 $i$ 之效用值必須高於其他所有選擇方案 $j$ 之效用值：

$$U_{in} > U_{jn} \qquad j \in C_n, j \neq i \qquad (13\text{-}1)$$

其中：

---

[1] 參見第 13.5 節

$C_n$：個體 $n$ 可選擇方案之集合

$U_{in} = U(Z_{in}, S_n)$：個體 $n$ 選擇方案 $i$ 之效用值

$Z_{in}$：方案 $i$ 對個體 $n$ 之非社經屬性向量

$S_n$：個體 $n$ 之社會經濟屬性向量

效用函數 $U_{in}$ 並無法精確衡量出來，因此多半假設具有隨機性質如下：

$$U_{in} = V_{in}(Z_{in}, S_n) + \varepsilon_{in}(Z_{in}, S_n) \qquad （13\text{-}2\text{a}）$$

其中：

$V_{in}(Z_{in}, S_n)$：效用函數 $U_{in}$ 中可衡量部分

$\varepsilon_{in}(Z_{in}, S_n)$：效用函數 $U_{in}$ 中不可衡量部分，包括衡量誤差與函數指定誤差兩種

假設存在隨機的品味差異（random taste variation），常用之線性效用函數 $U_{in}$ 可表示如下：

$$U_{in} = \boldsymbol{\beta}_n X_{in} + \varepsilon_{in} \qquad （13\text{-}2\text{b}）$$

其中：

$\boldsymbol{\beta}$：個體 $n$ 之 $k \times 1$ 係數向量，係數的正負號分別代表該變數對效用函數是正或負效
用，例如，時間、成本對運具選擇是負效用。

$X_{in}$：方案 $i$ 對個體 $n$ 之屬性向量，$k \times 1$ 個解釋變數向量包括 $Z_{in}$ 與 $S_n$ 在內

$\varepsilon_{in}$：誤差項

若將 $\boldsymbol{\beta}_n$ 分解為平均值 $\boldsymbol{\beta}$ 與離差 $\boldsymbol{\delta}_n$ 兩部分，則效用函數可以更進一步表示為：

$$U_{in} = \boldsymbol{\beta} X_{in} + \boldsymbol{\delta}_n X_{in} + \varepsilon_{in} \qquad （13\text{-}2\text{c}）$$

其中：

$\boldsymbol{\beta}$：平均值

$\boldsymbol{\beta} X_{in}$：平均效用，令 $V_{in} = \boldsymbol{\beta} X_{in}$

$\boldsymbol{\delta}_n$：離差

$\boldsymbol{\delta}_n X_{in} + \varepsilon_{in}$：無法觀測之效用

從統計的觀點來看，效用函數分配性質是由無法觀測之部分所決定的，換句話
說，對離差 $\boldsymbol{\delta}_n$ 與誤差項 $\boldsymbol{\varepsilon}_n = \left( \varepsilon_{1n}, \varepsilon_{2n}, \cdots, \varepsilon_{in}, \cdots, \varepsilon_{J_n n} \right)$ 所假設之統計分配會決定聯合機率密
度函數 $f\left( \boldsymbol{\delta}_n, \boldsymbol{\varepsilon}_n \right)$ 之統計性質，從而推導出不同之模型。

　　茲將文獻常見之統計分配假設以及所產生之對應模型列舉如下：

1. 若假設 $\delta_n$ 與 $\varepsilon_n$ 服從多變量常態分配，則 $f\left(\delta_n, \varepsilon_n\right)$ 亦將服從多變量常態分配，據此可推導出多項普羅比模型（multinomial Probit, MNP）。

2. 若假設沒有品味差異，即 $\delta_n = 0$，且 $\varepsilon_n$ 服從多變量極端值分配[2]（亦稱岡勃分配），則可推導出一般化的極端值，簡稱 GEV（generalized extreme value）模型。巢式羅吉特模型為 GEV 模型之特例。

3. 除了 GEV 模型之假設外，再加上 $\varepsilon_{in}$ 服從獨立且同一分配（independently and identically distributed, I.I.D.）[3]，則可推導出多項羅吉特模型（multinomial logit, MNL）。多項羅吉特模型之理論基礎不如前兩者合理，但因函數具有封閉性質，計算簡單而且結果不差，因此被廣為採用。

# 13.2 多項羅吉特模型之推導與模型特性

## 13.2.1 多項羅吉特模型之推導

　　若一隨機變量 $\varepsilon_i$ 服從獨立（但未必同一）極端值型 I 隨機分配[4]，亦稱岡勃分配（Gumbel distribution），則誤差項 $\varepsilon$ 累積密度函數（cumulative density function, CDF）之型式為：

---

[2] 就機率論而言，極端值（generalized extreme value, GEV）分配屬於一個連續機率分配的家族（family），包含岡勃（Gumbel）分配或極端值型 I 分配（extreme value distribution type I (if shape parameter ξ=0)）、弗雷歇（Fréchet）或極端值型 II 分配，以及韋伯（Weibull）分配或稱極端值型 III 分配（extreme value distribution type III (if shape parameter ξ<0)）。根據極端值定理，GEV 分配是 I.I.D. 隨機變數序列的常態化最大值之唯一可能的極限分配（only possible limit distribution of properly normalized maxima of a sequence of independently and identically distributed random variables）。

[3] 從機率論或統計的觀點，連續出現之隨機變數具有相同之機率分配而且彼此相互獨立，則這些隨機變數就稱之為獨立且同一分配（independently and identically distributed, I.I.D.）。常舉的例子為公平的銅板（或骰子）：(1) 銅板本身沒有記憶，因此每次投擲之間彼此獨立「independent」，又 (2) 公平銅板之正反面機率均相同，即 50：50，所以每次投擲之隨機變數均源於同一統計分配 "identically distributed"。

[4] James J. Heckman 在其經濟學課程 Econ 311 的 Probabilistic Choice Models 章節內容指出 McFadden（1974）將這個分配誤認為是韋伯分配（Weibull distribution），而且這種錯誤分類（misclassification）認知也出現在其他文獻上。

$$P(\varepsilon \geq \varepsilon_j) = e^{-e^{-\mu(\varepsilon+\eta)}} \tag{13-3a}$$

其中，$\mu$ 為統計分配之形狀參數（離散程度之指標）、$\eta$ 為區位參數（眾數）

將 CDF 對變量 $\varepsilon$ 微分，可得機率密度函數（probability density function, PDF）如下：

$$\frac{\partial P(\varepsilon \geq \varepsilon_j)}{\partial \varepsilon} = \mu e^{-\mu(\varepsilon+\eta)} \cdot e^{-e^{-\mu(\varepsilon+\eta)}} \tag{13-3b}$$

另假設個體 $n$ 選擇替選方案 $i$ 的機率 $P_{in}$ 為替選方案 $i$ 的效用值大於其他所有替選方案 $j \neq i$ 的效用值：

$$P_{in} = P_{in}(U_i > U_j, \forall j \neq i) = P_{in}(\varepsilon_i + V_i > \varepsilon_j + V_j, \forall j \neq i) = P_{in}(\varepsilon_i + V_i - V_j > \varepsilon_j, \forall j \neq i) \tag{13-3c}$$

若進一步假設 $\varepsilon_i$ 服從 I.I.D. 的極端值分配，則可經由推導獲得多項羅吉特模型如下：

$$
\begin{aligned}
P_{in} &= P_{in}(U_i > U_j, \forall j \neq i) = P_{in}(\varepsilon_i + V_i > \varepsilon_j + V_j, \forall j \neq i) = P_{in}(\varepsilon_i + V_i - V_j > \varepsilon_j, \forall j \neq i) \\
&= \int_{\varepsilon_i = -\infty}^{\infty} \int_{\varepsilon_1 = -\infty}^{\varepsilon_i + V_i - V_1} \cdots \int_{\varepsilon_{j \neq i} = -\infty}^{\varepsilon_i + V_i - V_j} \cdots \int_{\varepsilon_J = -\infty}^{\varepsilon_i + V_i - V_j} \\
&\qquad f(\varepsilon_1, \cdots, \varepsilon_{j \neq i}, \cdots, \varepsilon_J, \varepsilon_i) d\varepsilon_1 \cdots d\varepsilon_{j \neq i} \cdots d\varepsilon_J d\varepsilon_i \\
&= \int_{\varepsilon_i = -\infty}^{\infty} \int_{\varepsilon_1 = -\infty}^{\varepsilon_i + V_i - V_1} \cdots \int_{\varepsilon_{j \neq i} = -\infty}^{\varepsilon_i + V_i - V_j} \cdots \int_{\varepsilon_J = -\infty}^{\varepsilon_i + V_i - V_J} \\
&\qquad \mu e^{-\mu(\varepsilon_i + \eta_j)} \cdot e^{-e^{-\mu(\varepsilon_i + \eta_j)}} \prod_{j \neq i} \mu e^{-\mu(\varepsilon_i + V_i - V_j + \eta_j)} \cdot e^{-e^{-\mu(\varepsilon_i + V_i - V_j + \eta_j)}} d\varepsilon_1 \cdots d\varepsilon_{j \neq i} \cdots d\varepsilon_J d\varepsilon_i \\
&= \int_{\varepsilon_i = -\infty}^{\infty} \mu e^{-\mu(\varepsilon_i + \eta_j)} \cdot e^{-e^{-\mu(\varepsilon_i + \eta_j)}} \prod_{j \neq i} e^{-e^{-\mu(\varepsilon_i + V_i - V_j + \eta_j)}} d\varepsilon_i \\
&= \int_{\varepsilon_i = -\infty}^{\infty} \mu e^{-\mu(\varepsilon_i + \eta_j)} \prod_{j} e^{-e^{-\mu(\varepsilon_i + V_i - V_j + \eta_j)}} d\varepsilon_i \\
&= \int_{\varepsilon_i = -\infty}^{\infty} \mu e^{-\mu(\varepsilon_i + \eta_j)} e^{-e^{-\mu\varepsilon_i} \cdot \left[\sum_{j=1}^{J} e^{\mu(V_j - V_i - \eta_j)}\right]} d\varepsilon_i
\end{aligned}
\tag{13-3d}
$$

其中，函數 $f\left(\varepsilon_1,\cdots,\varepsilon_{j\neq i},\cdots,\varepsilon_J,,\varepsilon_i\right)$ 為變數 $\varepsilon_j$，$\forall j$ 之聯合機率密度函數（joint probability density function, JPDF）。

$$\diamondsuit W = e^{-e^{-\mu\varepsilon_i}\cdot\sum_{j=1}^J e^{\mu\left(V_j-V_i-\eta_j\right)}} \tag{13-3e}$$

$$\text{則 }dW = W\left[\sum_{j=1}^J e^{\mu\left(V_j-V_i-\eta_j\right)}\cdot\left(-e^{-\mu\varepsilon_i}\right)\cdot\left(-\mu\right)\right]d\varepsilon_i = W\left[\mu e^{-\mu\varepsilon_i}\sum_{j=1}^J e^{\mu\left(V_j-V_i-\eta_j\right)}\right]d\varepsilon_i \tag{13-3f}$$

將式（13-3e）與式（13-3f）代入式（13-3d）可得

$$P_{in} = \int_{\varepsilon_i=-\infty}^{\infty}\mu e^{-\mu\left(\varepsilon_i+\eta_j\right)}e^{-e^{-\mu\varepsilon_i}\cdot\left[\sum_{j=1}^J e^{\mu\left(V_j-V_i-\eta_j\right)}\right]}d\varepsilon_i = \frac{e^{-\mu\eta_i}}{\sum_{j=1}^J e^{\mu\left(V_j-V_i-\eta_j\right)}}\int_0^1 dw = \frac{e^{\mu\left(V_i-\eta_i\right)}}{\sum_{j=1}^J e^{\mu\left(V_j-\eta_j\right)}} \tag{13-3g}$$

式（13-3g）稱之為多項羅吉特模型。當只有兩種方案可供選擇時，則上面 MNL 模型即簡化成為二項羅吉特（binary logit, BNL）模型。

假設有一函數 $G\left(y_1,y_2,\ldots,y_{J_n}\right)=\sum_{j=1}^{J_n}y_j^{\mu}$，其中 $y_i=e^{V_i}$ 且 $G_i=\dfrac{\partial G}{\partial y_i}$，若令眾數 $\eta_i$ 為 0，則式（13-3g）可表示為極端值定理之機率函數如下：

$$P_{in} = \frac{e^{\mu V_i}}{\sum_{j=1}^J e^{\mu V_j}} \Leftrightarrow \frac{y_i^{\mu}}{\sum_{j=1}^J y_j^{\mu}} = \frac{y_i\dfrac{\partial G}{\partial y_i}}{\mu G} = \frac{y_i G_i}{\mu G} \tag{13-3h}$$

多項羅吉特模型可以表示為「兩替選方案效用差」之不同形式，即 $(V_{jn}(z_{jn},s_n) - V_{in}(z_{in},s_n))$，如下列兩式所示：

$$P_{in} = \frac{e^{\mu V_{in}\left(z_{in},s_n\right)}}{\sum_j e^{\mu V_{jn}\left(z_{jn},s_n\right)}} = \frac{1}{1+\sum_{j\neq i}e^{\mu\left[V_{jn}\left(z_{jn},s_n\right)-V_{in}\left(z_{in},s_n\right)\right]}} \qquad \forall i,n \tag{13-4a}$$

$$P_{in} = \frac{e^{\mu V_{in}(z_{in}, S_n)}}{\displaystyle\sum_j e^{\mu V_{jn}(z_{jn}, S_n)}} = \frac{e^{\mu V_{in}(z_{in}, S_n)}/e^{\mu V_{kn}(z_{kn}, S_n)}}{\displaystyle\sum_j e^{\mu V_{jn}(z_{jn}, S_n)}\Big/ e^{\mu V_{kn}(z_{kn}, S_n)}}$$

$$= \frac{e^{\mu\left[V_{in}(z_{in}, S_n) - V_{kn}(z_{kn}, S_n)\right]}}{1 + \displaystyle\sum_{j \neq k} e^{\mu\left[V_{jn}(z_{jn}, S_n) - V_{kn}(z_{kn}, S_n)\right]}} \qquad k \neq i, k \in C_n \tag{13-4b}$$

## 13.2.2 多項羅吉特模型之特性

根據上述兩式，我們可以觀察出羅吉特模型具有下列三項特性：

1. 假若被參考虛擬變數之值設定為 0，則效用函數中指定方案之特定虛擬變數其數目最多為 $|C_n| - 1$ 個。

2. 假若效用函數為線性，個體 $n$ 選擇方案 $i$ 之機率不受社經特性 $S_n$ 之影響。

3. 方案選擇之機率由兩替選方案效用差所決定，而與其他替選方案效用無關，此特性稱之為不相關替選方案獨立性（independence of irrelevant alternatives, I.I.A.）[5]。

$$P_{in}\Big/ P_{jn} = e^{\mu V_{in}(z_{in}, S_n)}\Big/ e^{\mu V_{jn}(z_{jn}, S_n)} \qquad \forall i, j \in C_n \tag{13-4c}$$

I.I.A. 為個體選擇模型中常見之假設，該特性之優點有二：

1. 增加新的替選方案時，不需重新估計效用函數中的效用值，直接將此新方案之效用加入公式便可。

$$新方案加入前： P_{in} = e^{\mu V_{in}}\Big/ \sum_{j=1}^{J} e^{\mu V_{jn}} \qquad \forall i, n \tag{13-5a}$$

$$新方案加入後： P_{in} = e^{\mu V_{in}}\Big/ \sum_{j=1}^{J+1} e^{\mu V_{jn}} \qquad \forall i, n \tag{13-5b}$$

2. 變數參數值之估計，根據 I.I.A. 的特性，僅需抽取部分替選方案便可，不需使用到全部替選方案，所求得結果會完全相同。

---

[5] 所謂 I.I.A. 的特性係指任兩個方案之間的偏好只與該兩個方案之個別比較有關。換句話說，如果方案 A 優選於方案 B，則增加第三個方案 C 供作選擇並不會影響方案 A 優選於方案 B 的偏好。IIA 特性會造成紅藍公車的問題，請參考第 14 章。

# 13.3 偏好問卷、效用函數變數指定與參數校估

## 13.3.1 偏好問卷

個體選擇行為之偏好資料問卷調查可分成兩種，即顯示性偏好（revealed prefer-ence）問卷以及敘述性偏好法（stated preference）問卷。顯示性偏好問卷主要調查實際觀測者的選擇行為，最常被使用。至於敘述性偏好問卷則適用於當解釋變數變異程度不足、變數間高度相關，以及設施或政策尚未存在的問題時。敘述性偏好法為蒐集受訪者行為意向之偏好資料，需藉由實驗設計[6]將有關屬性及水準值（例如設定高、中、低三種水準）組合成各種假設情境，再由情境構成之替選方案供受訪者來做選擇，而受訪者則是透過評分（函數衡量）、等級排序（聯合分析）、選擇（第一偏好）來表達對替選方案之偏好。第一偏好係由決策者選定效用最高之方案，較能表現出受訪者之選擇行為，在資訊蒐集方面較為容易，在構建效用函數時可以結合個體選擇模式之理論基礎。由於敘述性問卷在設計時可以重複抽樣（羅吉特模型之抽樣過程請參見本章附錄），提供一人填答多種不同組合之題目，如此可增加樣本數，減少受訪者人數以節省調查時間與成本。

## 13.3.2 效用函數變數指定

效用函數之變數依性質可以劃分為共生變數（或譯為通用變數）（generic vari-able）與替選方案特定變數（alternative-specific variable）兩種。共生變數存在於所有替選方案的效用函數之中；而替選方案 $i$ 之特定變數 $x_{ink}$ 僅存在於替選方案 $i$ 之效用函數之中，即 $x_{ink} > 0$，但不存在於其他替選方案 $j$ 之效用函數中，即 $x_{jnk} = 0, \forall j \neq i$。

在某種特殊之狀況下，特定變數是以 $\{0,1\}$ 的指標變數形式出現，而並非以連續之變數形式出現，這種特定變數稱之為方案特定虛擬變數（alternative-specific dummy variable），例如替選方案 $i$ 之特定虛擬變數 $x_{ink}$ 可以定義為：$x_{ink} = 1$ 且 $x_{jnk} = 0, \forall j \neq i$。當所有替選方案特定虛擬變數皆已指定之模型稱為飽和模型（saturated model），這種模型預測之市場占有率等於觀測之市場占有率，由此可知，在效用函數中定義特定虛擬變數可以吸納所有效用函數指定時所造成之誤差。

個體 $n$ 之社經特性 $S_n$ 是無法表示為效用函數之共生變數，但我們又確實知道不同社經特性之個體是具有不同之選擇行為，如何才能將社經特性變數 $S_n$ 的影響納入效用

---

[6] 實驗設計係指利用最佳（最少）的情境數以獲得情境問項的效果，可降低實驗的成本獲得最大的效益。

函數中考量，適切的將其轉換成替選方案特定值？目前常用之做法大致有兩種：

方法一：與屬性變數 $X_{in}$ 結合。

方法二：將社經特性變數指定成一系列之替選方案特定變數。

## 13.3.3 參數校估

　　瞭解效用函數變數指定的方式與功能之後，緊接下來的工作就是估計效用函數中各個解釋變數之係數值或測定下列羅吉特模型之參數 $\beta$：

$$P_{in} = e^{\mu V_{in}(\boldsymbol{\beta} \mathbf{X}_{in})} \bigg/ \sum_j e^{\mu V_{jn}(\boldsymbol{\beta} \mathbf{X}_{jn})} \quad \forall i, n \qquad （13\text{-}6a）$$

　　一般說來，愈好的參數估計方法，符合下列條件（properties of estimators）之程度愈高[7]：

1. 一致性（consistency）：隨著估計樣本之增加，參數估計值將愈趨準確。

2. 無偏誤性（unbiasedness）：參數估計值 $\overline{X_i}$ 之樣本分配之平均值即為正確之參數值。

3. 效率性（efficiency）：所有的估計值（得自不同之估計方法）中具有最小變異數者。

4. 充分性（sufficiency）：樣本隨機變數之條件統計分配與參數 $q$ 無關。換句話說，在充分性之條件下，估計參數 $q$ 所需要之資訊都已經包括在已蒐集之樣本集合之中，因此只要善用已蒐集之樣本資料，就足以獲得參數 $q$ 之點估計值。估計參數時使用了所有樣本中可獲得之資料。

5. 完整性（completeness）：參數 $q$ 不偏估計值之機率為 1。

　　目前可以用來測定參數 $\beta$ 之統計方法很多，但廣泛使用的不外以下三種：(1) 線性最小平方法；(2) 非線性最小平方法；(3) 最大概似法。這三個方法中，最大概似法估計之參數值為能夠使得觀測數據發生機率最大之方法，具有一致性、效率性（如果估計值存在）、與充分性之優點，雖然不一定具有無偏誤性，不過此項偏誤將會隨著樣本數增加而急速減少，因此最常用來測定羅吉特模型之參數 $\beta$。

　　當樣本數趨近無限大時，參數真值 $\theta$ 之最大概似估計值 $\hat{\theta}$ 將趨近於常態分配 $N(\hat{\theta}, \sigma_{\hat{\theta}}^2)$，這種性質稱之為漸近常態性（asymptotic normality property），其中變異數[8]

---

[7]　http://www.math.uah.edu/stat/point/Sufficient.html

[8]　最大概似推估（maximum likelihood estimation）的參數變異數（variance）即為費雪訊息（Fisher information）矩陣之反矩陣，而訊息矩陣可由對數概似函數的黑森矩陣（Hessian）之反矩陣乘上 (-1) 而得。Cramér-Rao 界線（bound）可以表示為 $e(\hat{\theta}) = \dfrac{I^{-1}}{\sigma_{\hat{\theta}}^2} \leq 1$。參見 Myung and Navarro (2004).

可以表示如下：

$$\sigma_{\hat{\theta}}^2 \geq I^{-1} = -E\left(\frac{\partial^2 \ln L}{\partial \theta^2}\right)^{-1} \qquad （13\text{-}6b）$$

其中 $I$ 稱之為最大概似推估（maximum likelihood estimation）的費雪訊息（Fisher information）矩陣，反矩陣 $I^{-1}$ 就是 Cramer-Rao 下限。

　　最大概似法的第一個步驟就是先建構個體樣本之最大概似函數如下：（Hensher and Johnson, 1981, p. 46）

$$L = \prod_{n=1}^{N} \prod_{i \in C_n} \left(P_{in}\right)^{y_{in}} \qquad （13\text{-}7a）$$

其中：

$P_{in}$：個體 $n$ 選擇方案 $i$ 之機率。

$y_{in}$：1，如果個體 $n$ 選擇方案 $i$；0，其它。

　　最大概似法的第二個步驟即在於使得概似函數 $L$（或其對數 $\ln L$）之值為最大之條件下，求解參數 $\beta$，即：

$$\max_{\beta} \quad f(\boldsymbol{\beta}) = \ln L = \sum_{i \in C_n} \sum_{n=1}^{N} y_{in} \ln\left(P_{in}\right) \qquad （13\text{-}7b）$$

　　上式可使用數值解法求解（Ben-Akiva and Lerman, 1989, p.82, p.118；施鴻志、段良雄、凌瑞賢，p. 289），參見圖 13-1。

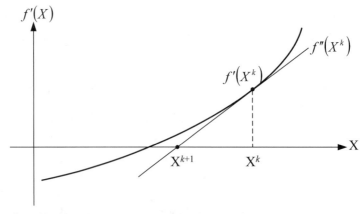

圖 13-1　牛頓法求解過程

　　牛頓法求解概似函數之觀念係令其近似函數之一階導數為零（必要條件），然後將其展開至二階導數之泰勒級數來近似，重覆求解至滿足收斂條件為止[9]。

　　根據牛頓法的內涵，我們必須先求得概似函數之一階偏微與二階偏微如下：

$$\frac{\partial \ln L}{\partial \beta_k} = \frac{\partial \left[ \sum_{i \in C_n} \sum_{n=1}^{N} y_{in} \ln \left( P_{in} \right) \right]}{\partial \beta_k} = \sum_{i \in C_n} \sum_{n=1}^{N} y_{in} \frac{1}{P_{in}} \frac{\partial P_{in}}{\partial \beta_k}$$

$$= \sum_{i \in C_n} \sum_{n=1}^{N} y_{in} \frac{1}{P_{in}} \frac{\partial \left[ e^{(\beta \mathbf{X}_{in})} \Big/ \sum_{j \in C_n} e^{(\beta \mathbf{X}_{jn})} \right]}{\partial \beta_k}$$

$$= \sum_{i \in C_n} \sum_{n=1}^{N} y_{in} \frac{1}{P_{in}} \left[ \frac{e^{(\beta \mathbf{X}_{in})} x_{ink}}{\sum_{j \in C_n} e^{(\beta \mathbf{X}_{jn})}} - \frac{e^{(\beta \mathbf{X}_{in})} \sum_{m \in C_n} e^{(\beta \mathbf{X}_{mn})} x_{mnk}}{\left( \sum_{j \in C_n} e^{(\beta \mathbf{X}_{jn})} \right)^2} \right]$$

$$= \sum_{i \in C_n} \sum_{n=1}^{N} y_{in} \frac{1}{P_{in}} \left[ \frac{e^{(\beta \mathbf{X}_{in})} x_{ink}}{\sum_{j \in C_n} e^{(\beta \mathbf{X}_{jn})}} - \frac{e^{(\beta \mathbf{X}_{in})}}{\sum_{j \in C_n} e^{(\beta \mathbf{X}_{jn})}} \sum_{m \in C_n} \frac{e^{(\beta \mathbf{X}_{mn})}}{\sum_{j \in C_n} e^{(\beta \mathbf{X}_{jn})}} x_{mnk} \right]$$

$$= \sum_{i \in C_n} \sum_{n=1}^{N} \left( y_{in} x_{ink} - y_{in} \sum_{m \in C_n} P_{mn} x_{mnk} \right)$$

$$= \sum_{i \in C_n} \sum_{n=1}^{N} y_{in} x_{ink} - \sum_{m \in C_n} \sum_{n=1}^{N} P_{mn} x_{mnk} \sum_{i \in C_n} y_{in}$$

$$= \sum_{i \in C_n} \sum_{n=1}^{N} \left( y_{in} - P_{in} \right) x_{ink} \quad \left( \because \sum_{i \in C_n} y_{in} = 1 \right)$$

$$= \sum_{i \in C_n} \sum_{n=1}^{N} \left( y_{in} - P_{in} \right) \left( x_{ink} - \bar{x}_{nk} \right) \quad \left( \because \sum_{i \in C_n} \sum_{n=1}^{N} \left( y_{in} - P_{in} \right) \bar{x}_{nk} = 0 \right)$$

$$\text{（13-7e）}$$

---

[9] 非線性函數 $f(x)$ 極大值之必要條件為 $f'(x) = 0$，若欲求上式之解需採用重覆解法，假設第 $k$ 回合之解為 $x^k$，則上式之近似式可以利用泰勒級數展開如下：

$$f'(x^k) + f''(x^k)(x^{k+1} - x^k) = 0 \qquad \text{（13-7c）}$$

移項可得

$$x^{k+1} = x^k - f'(x^k) / f''(x^k) \qquad \text{（13-7d）}$$

$$\frac{\partial^2 \ln L}{\partial \beta_k \partial \beta_{k'}} = \frac{\partial \sum_{i \in C_n} \sum_{n=1}^{N} (y_{in} - P_{in})(x_{ink} - \bar{x}_{nk})}{\partial \beta_{k'}} = -\sum_{i \in C_n} \sum_{n=1}^{N} (x_{ink} - \bar{x}_{nk}) \frac{\partial P_{in}}{\partial \beta_{k'}}$$

$$= -\sum_{i \in C_n} \sum_{n=1}^{N} (x_{ink} - \bar{x}_{nk}) \left[ \frac{e^{(\beta \mathbf{X}_{in})} x_{ink'}}{\sum_{j \in C_n} e^{(\beta \mathbf{X}_{jn})}} - \frac{e^{(\beta \mathbf{X}_{in})} \sum_{m \in C_n} e^{(\beta \mathbf{X}_{mn})} x_{mnk'}}{\left( \sum_{j \in C_n} e^{(\beta \mathbf{X}_{jn})} \right)^2} \right]$$

$$= -\sum_{i \in C_n} \sum_{n=1}^{N} (x_{ink} - \bar{x}_{nk}) \left[ P_{in} x_{ink'} - \frac{e^{(\beta \mathbf{X}_{in})}}{\sum_{j \in C_n} e^{(\beta \mathbf{X}_{jn})}} \sum_{m \in C_n} \frac{e^{(\beta \mathbf{X}_{mn})}}{\sum_{j \in C_n} e^{(\beta \mathbf{X}_{jn})}} x_{mnk'} \right]$$

$$= -\sum_{i \in C_n} \sum_{n=1}^{N} (x_{ink} - \bar{x}_{nk}) \left[ P_{in} x_{ink'} - P_{in} \sum_{m \in C_n} P_{mn} x_{mnk'} \right]$$

$$= -\sum_{i \in C_n} \sum_{n=1}^{N} (x_{ink} - \bar{x}_{nk}) P_{in} (x_{ink'} - \bar{x}_{nk'})$$

$$= -E(U(\beta)^2)$$

$$(13\text{-}7f)$$

當式（13-7e）的 $x_{ink}$ 為「方案特定虛擬變數」時：

$$\sum_{n=1}^{N} y_{in} = \sum_{n=1}^{N} P_{in} \quad \forall i \qquad (13\text{-}7g)$$

因此，飽和模型預測之市場占有率等於觀測之市場佔有率。

求解最大概似函數也可以使用非線性最小平方方法，其誤差平方最小之式子如下所示：

$$\min_{\beta} \quad M = \sum_{i \in C_n} \sum_{n=1}^{N} (y_{in} - P_{in})^2 \qquad (13\text{-}8)$$

上式為非線性函數，亦可用牛頓法求解；雖可得出「一致性」之估計值，但「效率性」比最大概似法差，實務上之應用很少。（Ben-Akiva and Lerman, 1985, p. 95）

# 13.4 羅吉特模型之統計檢定與可移轉性

## 13.4.1 羅吉特模型之統計檢定

羅吉特模型之統計特性可由概似比指標（likelihood ratio index）、概似比統計量（likelihood ratio statistics）、漸近 $t$ 檢定（asymptotic $t$ test），以及成功表（success table）加以闡述。

1. 概似比指標 $\rho^2$

$$\rho^2 = \frac{\ln L(\hat{\theta}) - \ln L(0)}{\ln L(\mathrm{pp}) - \ln L(0)} \qquad (13\text{-}9a)$$

其中：

　　$L(\hat{\theta})$：參數值為 $\hat{\theta}$ 之測定模型

　　$\ln L(\hat{\theta})$：測定模型 $L(\hat{\theta})$ 之對數

　　$\ln L(0)$：測定模型中所有參數皆為零之對數概似函數，亦稱為等占有率（equal share）模型

　　$\ln L(\mathrm{pp})$：理想模型之對數概似函數

在個體選擇之情況下，對數概似函數 $\ln L(\mathrm{pp}) = 1 \cdot \ln 1 + 0 \cdot \ln 0 + \cdots = 0$，概似比指標可簡化為：

$$\rho^2 = 1 - \frac{\ln L(\hat{\theta})}{\ln L(0)} \qquad (13\text{-}9b)$$

其中，$0 \le \rho^2 \le 1$，$\rho^2$ 愈接近於 1，代表模型與數據間之配合能力愈強。Ben-Akiva and Lerman,（1985）認為 $0.2 \le \rho^2 \le 0.4$ 即可視為適配度良好。

若納入自由度之考量，則概似比指標 $\rho^2$ 可修正為 $\rho^2_{adj}$：

$$\rho^2_{adj} = 1 - \frac{\ln L(\hat{\theta}) \Big/ \left[ \sum_{n=1}^{N} (C_n - 1) - k \right]}{\ln L(0) \Big/ \sum_{n=1}^{N} (C_n - 1)} \qquad (13\text{-}9c)$$

由於實務上取樣之樣本數皆甚大，因此修正之概似比指標並無太大之價值。

除了上述模型之外，尚有所有替選方案特定虛擬變數皆已指定的飽和模型。一個

飽和模型只含替選方案特定虛擬變數而不含任何解釋變數 $X_i$ 稱之為市場占有率模型 $L$（$MS$）。若所測定之模型為飽和模型，則可與市場占有率模型比較，其概似比指標為：

$$\rho_m^2 = 1 - \frac{\ln L(\hat{\theta})}{\ln L(MS)} \tag{13-9d}$$

MacFadden（1978）指出，若 $0.2 \le \rho_m^2 \le 0.4$，代表所測定模型與數據之間已具有相當高之配合能力。

2. 概似比統計量（$-2\ln \lambda$）

概似比 $\lambda$（likelihood ratio）係指「特定 $\theta$ 值」所對應之最大 $L(\theta)$ 與「所有 $\theta$ 值」所對應之最大 $L(\theta)$ 之比率（Hensher and Johnson, p. 50）：

$$\lambda = \frac{\text{虛無假設} H_0 \text{指定的} \theta \text{值使} L(\theta) \text{極大}}{\text{所有的} \theta \text{值中使} L(\theta) \text{極大}} \tag{13-10a}$$

概似比的值介於 0 和 1 之間，$0 < \lambda \le 1$，愈接近於 0 表示所指定之參數值與可能之參數值差異愈大，若等於 1 則表示所指定之參數值與可能之參數值完全一致。根據概似比 $\lambda$ 就可以計算出概似比統計量 $= -2\ln \lambda$，概似比統計量為概似比檢定之基礎，其在大樣本時服從卡方（$\chi^2$）分配。以下分成五種虛無假設來說明概似比統計量之檢定過程：

(1) 當虛無假設為等占有率模型檢定時：

$$\lambda = \frac{L(0)}{L(\beta)} \tag{13-10b}$$

$$-2\ln \lambda = -2[\ln L(0) - \ln L(\beta)] \tag{13-10c}$$

當 $-2\ln \lambda$ 的值大於 $\chi_\alpha^2$，則有 $\alpha\%$ 的信心認為所測定之模型較等占有率模型為佳，亦即拒絕虛無假設。

(2) 當虛無假設為市場占有率模型檢定時：

$$\lambda = \frac{L(M')}{L(M)} \tag{13-10d}$$

$L(M')$：從 $M$ 個變數中選取 $M'$ 個變數所測定之模型。

$$-2\ln \lambda = -2[\ln L(M') - \ln L(M)] \tag{13-10e}$$

當 $-2\ln \lambda$ 的值大於 $\chi_a^2$，則有 $\alpha\%$ 的信心認為 $M$ 個變數之模型較僅有 $M'$ 變數之模型為佳。

(3) 概似比統計量亦可用來檢定替選方案特定虛擬變數對模型適合度之貢獻。

$$\lambda = \frac{L(M)}{L(M_{dmy})} \qquad\qquad (13\text{-}10\text{f})$$

$$-2\ln\lambda = -2\big[\ln L(M) - \ln L(M_{dmy})\big] \qquad\qquad (13\text{-}10\text{g})$$

其過程步驟如下：

① 建立僅包括共生變數、與方案特定變數在內之模型；

② 建立包括共生變數、方案特定變數、與方案特定虛擬變數之飽和模型；

③ 執行概似比檢定。

(4) 概似比統計量亦可用來檢定未分組數據以及分成 $k$ 組數據兩者所建立模型之間是否顯著不同。

$$-2\ln\lambda_{1-k} = -2\big[\ln L(M_1) - \ln L(M_k)\big] \qquad\qquad (13\text{-}10\text{h})$$

(5) 概似比統計量亦可用來檢定分組數據與未分組數據所建立之模型是否顯著不同。

$$-2\ln\lambda_{p-G} = -2\Big[\ln L(M_p) - \sum_{i\in G}\ln L(M_i)\Big] \qquad\qquad (13\text{-}10\text{i})$$

### 3. 漸近 $t$ 檢定

漸近 $t$ 檢定是對每一變數之參數值進行檢定（例如，檢測兩組樣本的平均值是否不同），而非如概似比檢定，針對整個模型所有變數之各參數值進行檢定。$t$ 檢定統計量是從樣本資料計算出來的標準化數值，並據以建立虛無假說（null hypothesis）以及對立假說（alternative hypothesis）進行某個顯著水準（例如 0.05 的顯著水準）的單尾或雙尾檢定。若高過右尾門檻值或低於左尾門檻值時，代表差異顯著，對立假說成立，但有 0.05 的機率（或風險）誤判；反之，虛無假說成立。

### 4. 成功表

估算測定之模型可以準確地預測選擇行為的比例。

表 13-1　預測成功表

| | 預測之選擇 | | | 總觀測數 | 觀測之占有率 |
|---|---|---|---|---|---|
| | 1 | 2 ………… | $J$ | | |
| 觀測之選擇 1 | $N_{11}$ | $N_{12}$ ………… | $N_{1J}$ | $N_{1\bullet}$ | $N_{1\bullet}/N_{\bullet\bullet}$ |
| 2 | $N_{21}$ | $N_{22}$ ………… | $N_{2J}$ | $N_{2\bullet}$ | $N_{2\bullet}/N_{\bullet\bullet}$ |
| $\vdots$ | | | | | |
| $J$ | $N_{J1}$ | $N_{J2}$ ………… | $N_{JJ}$ | $N_{J\bullet}$ | $N_{J\bullet}/N_{\bullet\bullet}$ |
| 總預測數 | $N_{\bullet1}$ | $N_{\bullet2}$ ………… | $N_{\bullet J}$ | $N_{\bullet\bullet}$ | |
| 預測之占有率 | $N_{\bullet1}/N_{\bullet\bullet}$ | $N_{\bullet2}/N_{\bullet\bullet}$ …… | $N_{\bullet J}/N_{\bullet\bullet}$ | | |
| 預測成功之比例 | $N_{11}/N_{\bullet1}$ | $N_{22}/N_{\bullet2}$ …… | $N_{JJ}/N_{\bullet J}$ | $\sum\limits_{i=1}^{J} N_{ii}/N_{\bullet\bullet}$ | |
| 成功指標 | $\left(\dfrac{N_{11}}{N_{\bullet1}}-\dfrac{N_{\bullet1}}{N_{\bullet\bullet}}\right)$ | $\left(\dfrac{N_{22}}{N_{\bullet2}}-\dfrac{N_{\bullet2}}{N_{\bullet\bullet}}\right)\cdots$ | $\left(\dfrac{N_{JJ}}{N_{\bullet J}}-\dfrac{N_{\bullet J}}{N_{\bullet\bullet}}\right)$ | $\sum\limits_{i=1}^{J}\left[\dfrac{N_{ii}}{N_{\bullet\bullet}}-\left(\dfrac{N_{\bullet i}}{N_{\bullet\bullet}}\right)^2\right]$ | |
| 占有率預測誤差之比例 | $\dfrac{N_{\bullet1}-N_{1\bullet}}{N_{\bullet\bullet}}$ | $\dfrac{N_{\bullet2}-N_{2\bullet}}{N_{\bullet\bullet}}$ …… | $\dfrac{N_{\bullet J}-N_{J\bullet}}{N_{\bullet\bullet}}$ | | |

## 13.4.2 羅吉特模型之可移轉性

　　羅吉特模型之應用需要進行繁瑣之資料收集、變數指定與參數校估的工作，因此若能將羅吉特模型移轉使用，可以節省相當多之人力與物力。一般說來，羅吉特模型之移轉性，必須利用貝氏定理將參數予以更新，包括四個步驟如下：

1. 取得「轉移情境」測定模型之參數值，以及各參數之變異 - 共變異矩陣。

2. 取得「被轉移情境」抽樣小樣本，利用模型測定法求出該小樣本所建立模型之參數值，以及其變異 - 共變異矩陣。

3. 利用下列公式更新單一參數模型之參數值$\beta_1''$，以及更新參數之變異 - 共變異矩陣

$V(\beta_1'')$

$$\beta_1'' = \frac{\beta_1/V(\beta_1) + \beta_1'/V(\beta_1')}{1/V(\beta_1) + 1/V(\beta_1')} \qquad (13\text{-}11a)$$

$$V(\beta_1'') = \frac{1}{1/V(\beta_1) + 1/V(\beta_1')} \qquad (13\text{-}11b)$$

其中：

 $\beta_1$：「轉移情境」之參數值

 $\beta_1'$：「被轉移情境」之參數值

 $V(\cdot)$：參數之變異數

4. 以式（13-11c）更新多變量模型參數向量 $\theta_v$，以及式（13-11d）更新參數向量之變異 - 共變異矩陣$\sum_v$

$$\theta_v = \left( \theta_1 \sum_1^{-1} + \theta_2 \sum_2^{-1} \right) \left( \sum_1^{-1} + \sum_2^{-1} \right)^{-1} \qquad (13\text{-}11c)$$

$$\sum_v = \left( \sum_1^{-1} + \sum_2^{-1} \right)^{-1} \qquad (13\text{-}11d)$$

其中：

 $\theta_1$：「轉移情境」之參數向量，所謂情境可為「時間上」或「空間上」之向度。

 $\theta_2$：「被轉移情境」之參數向量，所謂情境可為「時間上」或「空間上」之向度。

 $\sum_{(\cdot)}$：參數向量之變異 - 共變異矩陣。

# 13.5 羅吉特模型之總計方法

  如何由個體行為選擇模型來預測總體的行為，稱之為總計（aggregation）問題，如圖 13-2 所示。

  總計方法一般可分為五種，即列舉法、積分法或總和法、統計微分法、分類法、與簡單法（Florian, 1991, pp. 25-30）。

1. 窮舉法（enumeration）：先求算樣本選擇之機率和，然後再除以樣本數，還原成群體的總計預測。

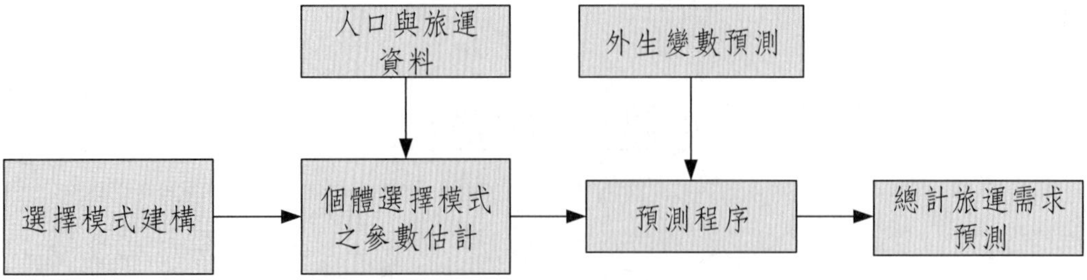

圖 13-2　模型建構、推估與預測

$$s_i^E = \frac{1}{N_S} \sum_{n \in N_S} p_n(i \mid x_n, \theta) \qquad (13\text{-}12\text{a})$$

$$v_i^E = \frac{N_T}{N_S} \sum_{n \in N_S} p_n(i \mid x_n, \theta) \qquad (13\text{-}12\text{b})$$

其中

$N_S$：樣本的數目

$N_T$：母體的數目

$p_n(i|x_n, \theta)$：個體 $n$ 選取方案 $i$ 的機率，$x$ 為變數，$\beta$ 為參數

$s_i^E$：選取方案 $i$ 的預期持分

$v_i^E$：選取方案 $i$ 的預期數量

2. 積分法或總和法（integration）：利用各獨立變數之聯合機率密度函數，求出總體之需求。

$$s_i^{INT} = \int_x p(i \mid x, \theta) g(x, \beta)\, dx \qquad (13\text{-}13)$$

其中，

$g(x, \beta)$：多變量機率密度函數，$x$ 為變數，$\beta$ 為參數

$s_i^{INT}$：預測持分

$\int_x \cdot\, dx$：對 $x$ 做積分

3. 統計微分法（statistical differentials）：利用泰勒級數近似總體選擇模型，再以個體平均數代入，然後再求算期望值。〔註：公式（13-14）的一次導數之平均數離差項其期望值為零，故未出現在公式中〕

$$s_i^{SD} = p(i\,|\,\overline{x}) + \frac{1}{2}\frac{\partial p(i\,|\,\overline{x})cov(x_k, x_{k'})}{\partial x_k \partial x_{k'}} + \cdots\cdots \tag{13-14}$$

其中，

$s_i^{SD}$：預測持分

$\overline{x}$：個體平均數

4. 分類法（classification）：先將個體按照替選方案集合或獨立變數值加以分類，然後將各分類平均值代入個體選擇模型，求得各分類選取各替選方案之機率，再以比例加權求出總體之需求。

$$s_i^{CL} = \sum_{g \in N_S} \frac{N_g}{N_T} s_{ig} \tag{13-15a}$$

$$s_{ig} = p(i\,|\,\overline{x}_g, \theta) \tag{13-15b}$$

其中，

$N_g$：樣本中屬於分類 $g$ 的個體數

$s_i^{CL}$：選取方案 $i$ 的預期持分

5. 簡單法（naive）：直接以獨立變數之平均數代入個體需求模型中求算總體需求，這是目前實務界在運輸需求模型建構上較常使用的概念。

$$s_i^N = p(i\,|\,\overline{x}, \theta) \tag{13-16}$$

## 13.6 結論與建議

　　羅吉特模型因為具有封閉形式（closed form），簡單易用，因此使用非常普遍，除了二元羅吉特、多元羅吉特模型之外，尚有巢式羅吉特、一般化巢式羅吉特以及潛類一般化巢式羅吉特模型等供特定需要使用。同時為了提高預測精度，亦有許多改善方法相繼被提出來，例如考慮屬性門檻（周宏彥，2003），萃取隱藏性變數，或引用巢式羅吉特模型等。但無論如何改善，隨機變數呈現 Gumbel 統計分配的假設仍舊不變，其本質上之缺點，依然存在。若欲做根本上之改善，可以假設隨機變數呈現常態統計分配，據此推導出來之模型，就是我們大家所熟知之普羅比模型（Probit model），普羅比模型由於不具封閉形式，必須使用模擬方法進行預測，例如 Monte Carlo 模擬，非常耗

時。在電腦科技尚不發達之年代，應用上受到相當之限制，但目前這項限制已經減輕許多，因此普羅比模型之應用潛力比起過去又高出許多。近年來兼具羅吉特與普羅比模型特性之混合羅吉特模型的發展快速，已成為未來重要之發展方向之一。

# 問題研討

1. 名詞解釋：
   (1) 效用值
   (2) 不可衡量誤差
   (3) GEV 模型
   (4) I.I.D. 分配
   (5) I.I.A. 特性
   (6) 特定虛擬變數
   (7) 飽和模型
2. 試推導多項羅吉特模型。
3. 請說明羅吉特模型之特性。
4. 總體旅運需求模型和個體旅運需求模型的優劣點。
5. 好的參數估計方法須具備哪些條件？
6. 羅吉特模型之移轉使用必須包括哪些步驟？
7. 請由最近發表之相關文獻中，歸納整理出提高個體旅運需求預測準確度之方法。
8. 羅吉特模型之總計方法有哪些，請分別說明之。

# 相關考題

1. 名詞解釋：
   (1) 概似比指標（Likelihood Ratio Index，$\rho^2$）（91 高三級第二試）
   (2) Mode Choice（98 高三級）
2. 解釋名詞並說明各小題中兩者之差異：多項式羅吉特模式（MNL Model），多項式普羅比模式（MNP Model）（94 高三級第二試）
3. 已知描述公車（Bus）系統市場占有率的多元羅吉特模型如下：（90 高三級第二試）

$$P_B = \exp(S_B) \Big/ \sum_{m=1}^{M} \exp(S_m)$$

另假設公車的服務水準（$S_B$）為線性、可加性函數，

$$S_B = a_0^B + a_1^B IVTT^B + a_2^B OVTT^B + a_3^B FARE^B$$

其中 $IVTT^B$，$OVTT^B$，$FARE^B$ 分別為乘坐公車所需的車內旅行時間（分鐘）、車外旅行時間（分鐘）及票價（元）；$a_1^B$，$a_2^B$，$a_3^B$ 則分別為車內旅行時間、車外旅行時間及票價對公車服務品質的影響係數。

(1) 今設 $a_1^B$，$a_2^B$，$a_3^B$ 的校估值分別為 -0.016, -0.17 及 -0.44，試問車內及車外旅行時間相當的貨幣價值各為多少（元／小時）[10]？

(2) 假設新型冷氣公車（mode = N）推出後，乘客願意多付 0.5 元以享受額外的舒適性，試問新舊型公車之間的方案特定常數（Alternative Specific Constant）的差值，即 $a_0^N - a_0^B$ 為多少？

4. 試說明個體選擇模式（Disaggregate choice model）的總計（Aggregation）在運輸規劃上之意義。（90 專技高）

5. 個體需求模式之總計方法有哪些？其內容為何？（91 高三級第二試）

6. 說明敘述偏好法（stated preference method）之定義、優缺點、進行方式、設計與使用時須注意之事項。（91 專技高）

7. 回答下列與多項羅機（multinomial logit）個體選擇模式有關的問題：（93 高三級第二試）

(1) 為何此模式一般都會放入替選方案特定虛擬變數（alternative specific dummies）

(2) 為何此模式之抽樣方法大都採取擇基抽樣（choice based sampling）？利用擇基樣方法建立的模式與由隨機抽樣所建立之模式有何不同？

(3) 如何檢定此模式是否須做市場區隔？

(4) 此種模式一般所採用的適合度（goodness of fit）指標為何？該指標的計算式為何？

(5) 一般最常用來校估此模式的校估方法為何？如何校估？

8. 假設台中至台北之間可供旅運者選擇之運具共有自用車、台鐵火車及國道客運三種，運具之相關屬性分別如下表所示。（94 高三級第二試）

---

[10] 請參閱：陳雅琴、林國顯，城際與都會旅行時間價值之理論與實證研究 - 羅吉特模型的應用，中華民國運輸學會 98 年學術研討會，民國 98 年 12 月，開南大學運輸觀光學院，桃園。

表　各運具之屬性資料

| 編號 i | 運具別 | 旅行時間（分）T | 費用（元）F | 車外加場站等候時間（分）W |
|--------|--------|----------------|-------------|--------------------------|
| 1 | 自用車 | 150 | 600 | 0 |
| 2 | 台鐵火車 | 180 | 280 | 35 |
| 3 | 國道客運 | 200 | 250 | 25 |

若運具選擇為一多項式羅吉特（MNL）模式，其確定性效用函數設定如下：

$V_i = -0.2T_i - 0.05F_i - 0.3W_i$　　　　$i = 1, 2, 3$

(1) 試問台中至台北三種運具旅運者之時間價值為何？

(2) 請問可以如何改善模式使結果能反映不同運具使用者之時間價值？

(3) 另外，交通部為鼓勵民眾於連續假期時搭乘大眾運輸，有以下之因應對策：台鐵採部份補貼，使費用下降為 250 元；且要求國道客運業者提供更密集之班次，如此一來客運車外加場站等候時間變為 20 分鐘。試問對策實施前後選擇運具之機率將有什麼變化？

(4) 最後，高速鐵路預計短期內即可營運，且其台中至台北之間的旅行時間預計為 60 分鐘，費用為 700 元，車外加場站等候時間為 50 分鐘，試問高速鐵路加入前後運具之選擇機率有什麼變化（註：其餘運具之條件如上表所示）？對此結果你有何看法？什麼因素會造成此結果？

9. 在都市運具選擇模式中，假設某大眾運輸工具之效用函數如下：(95 專技高)

U = a + bW + cT + dF

式中 W 為等候時間、T 為車內時間、F 為票價，而 a、b、c、d 皆為參數。

(1) 請推導等候時間價值與車內時間價值。

(2) 請討論上述兩時間價值之相對大小關係。

(3) 請討論等候時間與該大眾運輸服務與車隊規模之關係。

10. 一般運輸規劃需求模式分為總體性（aggregate）與個體性（disaggregate）兩大類，總體性運輸需求規劃模式又分為總體程序性運輸需求模式（sequential demand models）與總體直接需求模式（direct demand models）兩部分。試從輸入資料需求、模式難易度與運輸需求預測能力等考慮因素，說明總體程序性運輸需求模式與個體運輸需求模式的特色與限制。（106 普考）

11. 影響運具分配（Modal Split）之屬性大致可分成旅次特性、旅行者特性，以及運輸系統特性三種。試就每一種特性各列舉三個相關變數，並說明該變數與運具選擇之關係。（109 特四等）

12. 在運具分配（Modal Split）分析中，若使用個體羅吉特模式進行運具選擇之分析，則後續應用在程序性運輸需求預測時必須進行總計（aggregation）。試說明為何要進行總計？並列舉三種總計之方法加以說明之。（109 特三等）

13. 個體旅運需求之問卷調查可分為兩類：顯示性偏好（revealed preference）與敘述性偏好（stated preference），試說明兩者之差別以及其使用時機。（110 特四等）

14. 運輸政策需要考量消費者之效用與偏好行為，請問個體旅運需求模型（disaggregate travel demand model）的架構為何？其在交通領域之適用範圍有哪些？另請說明個體選擇行為偏好資料的調查問卷之種類，以及羅吉特模型之統計檢定指標與內容。（110 高三級）

# 參考文獻

## 一、中文文獻

[1] 施鴻志、段良雄、凌瑞賢，1984，都市交通計劃的理論與實務，臺北：國立編譯館。

[2] 周宏彥，2003，考慮屬性門檻與變異資料之多屬性效用方案評選模式，國立成功大學。交通管理學系博士論文。

## 二、英文文獻

[1] Ben-Akiva, M. and Lerman, S. R., 1985, Discrete Choice Analysis, Theory and Application to Travel Demand. The MIT Press, Cambridge, Massachusetts.

[2] McFadden, D., 1974, The measurement of urban travel demand,1974, Journal of Public Economics, 3, 303-328.

[3] McFadden, D., 1978, Modelling the choice of residential location. In Karlqvist, A., Lundqvist, L., Snickars, F. and Weibull, J. (eds) Spatial Interaction Theory and Residential Location. NorthHolland, Amsterdam.

[4] Myung, J.I. and Navarro, D.J., 2004, Information Matrix, In B. Everitt and D. Howel (eds.), Encyclopedia of Behavioral Statistics, Wiley.

# 附錄A：羅吉特模型之抽樣過程

羅吉特模型參數測定之抽樣方法可分成兩大類：

1. 外生抽樣法（exogenously sampling），又可細分為隨機抽樣與分層抽樣兩種。

2. 內生抽樣法（endogenously sampling），主要指擇基抽樣法（choice-based sampling），擇基抽樣所產生偏誤，有兩種改善方法：

   (1) 直接對概似函數予以加權：

$$\max \quad \ln L = \sum_{i \in C_n} \sum_{n=1}^{N} W(i) y_{in} \cdot \ln\left(P_{in}\right) \qquad （A1\text{-}1a）$$

   其中：

   $W(i)$：加權值，$W(i) = Q(i)/H(i)$

   $Q(i)$：替選方案 $i$ 在母體中之占有率

   $H(i)$：替選方案 $i$ 在樣本中之占有率

   (2) 直接採用下列修正公式：

$$\beta_i^* = \hat{\beta}_i + \ln\left[Q(i)/H(i)\right] \qquad （A1\text{-}1b）$$

   其中：

   $\beta_i^*$：替選方案 $i$ 特定虛擬變數之無偏誤估計值

   $\hat{\beta}_i$：替選方案 $i$ 特定虛擬變數之偏誤估計值

# 第 14 章

# 一般化極值模式及其衍生模式

個體旅運需求模式在第 13 章已進行初步之探討，並說明多項羅吉特模式 [1]（multi-nomial logit model, MNL）之推導過程、模式特性、效用函數之變數指定與參數校估、羅吉特模式之統計檢定與可移轉性。雖然多項羅吉特模式具有簡單易用之優點，但不相干方案獨立性（independence of irrelevant alternatives, I.I.A.）之假設卻會高估性質相近或有高度相關之「不同替選方案」之獲選機率。目前用來解決 I.I.A. 缺點之方法大致有兩個方向：

1. 巢層式結構：由於方案誤差項之間並非各自獨立，因此可將同質性高（或相關度高）之替選方案放在同一巢層中，以形成巢層式之結構，然後先進行獨立性高（或相關度低）的不同巢層間的邊際機率（marginal probability）選擇，再進行巢層內的條件機率（conditional probability）選擇。這種作法可以大幅降低因採取不相干方案獨立性之假設所造成羅吉特模式之誤差，從而反應消費者的實際選擇行為。藉此改良方式所發展出來之的羅吉特模式很多，例如，巢式羅吉特（nested logit, NL），一般化巢式羅吉特（generalized nested logit, GNL）、排序性一般化極值模式（ordered generalized extreme value, OGEV）、交叉巢式羅吉特模式（cross nested logit, CNL）、成對組合羅吉特模式（paired combinatorial logit, PCL）、一般化巢式羅吉特模式（generalized nested logit, GNL）、空間關聯羅吉特模式（spatially correlated logit, SCL），以及混合羅吉特模式（mixed logit, ML）。除了混合羅吉特模式之外，以上各種改良模式皆可由一般化極值函數（generalized extreme value, GEV）推導而出。

2. 市場區隔法（market segmentation）：將個體按照社經特性先加以分類求解，再整合成為最終之市場佔有率，多項羅吉特模式及其大部分之衍生模式均可利用市場區隔法進一步予以改良，例如，潛類多項羅吉特（latent class multinomial logit），潛類巢式羅吉特（latent class nested logit），潛類一般化巢式羅吉特（latent class generalized nested logit）模式。

本章內容之順序安排如下：第一節介紹一般化極值模式之理論基礎；第二節說明一般化極值模式及其衍生模式；第三節探討納入市場區隔之分類概念所發展出來之潛類羅吉特模式體系；第四節介紹一般化巢式羅吉特模式之推估方法；第五節提出結論與建議。

# 14.1 一般化極值模式之理論基礎

大部分之羅吉特模式都可以經由一般化極值（generalized extreme value, GEV）的理論中推導出來，亦即透過機率函數（probability function）之函數產生器（generator

---

[1] 模式亦常稱之為模型

function）$G$ 的定義，依據效用最大理論推導出各種選擇機率模式。

假設個體 $n$ 之機率函數之函數產生器[2] $G(y_1, y_{2,...}, y_{J_n}) = \sum_{j=1}^{J_n} y_j^\mu$，其中，$\mu$ 為尺度參數（scale parameter），$J_n$ 為個體 $n$ 之替選方案之總數，且滿足以下四大特性（McFadden, 1978; Ben-Akiva and Lerman, 1989, p. 127）：

1. 非負（non-negative）：$G \geq 0$ 且 $G$ 函數的引數（arguments）y 需大於 0（即，$y_i \geq 0, \forall i$），$y_i$ 為替選方案 $i$ 之特性值。

2. 齊次（homogeneous）：$G$ 為 $\mu$ 階齊次函數（$\mu$- homogeneous function）[3]，即，$G(\rho y_1, \rho y_{2,...}, \rho y_{J_n}) = \sum_{j=1}^{J_n} (\rho y_j)^\mu = \rho^\mu \sum_{j=1}^{J_n} y_j^\mu = \rho^\mu G(y_1, y_{2,...}, y_{J_n})$，其中，$\rho$ 為參數。

3. 正無窮大極限（tends toward $+\infty$）：對任意引數 y 趨向無窮大$(y_i \to \infty, \forall i)$，則 $G$ 函數亦將趨於無窮大$G(y_1, y_{2,...}, y_{J_n}) \to \infty$。

4. 交叉偏微分變號（cross-partial derivatives）：$G$ 函數偏微分的正負符號隨著偏微分的階數（order of partial derivatives）而依序交叉變動。若偏微分階數為奇數，偏微分非負值；相反地，若偏微分階數為偶數，偏微分非正值。

除了上述四個條件之外，同時定義 $G$ 函數對 $y_i$ 之偏微分函數為$G_i = \dfrac{\partial G}{\partial y_i} = \mu y_i^{\mu-1}, \forall i$，則一般化極值（GEV）定理指出可以依據效用最大理論，由 $G$ 函數推導出個體 $n$ 選擇替選方案 $i$ 之機率模式 $P_{in}$[4] 如下：

$$P_{in} = \frac{y_i \cdot G_i(y_1, y_{2,...}, y_{J_n})}{\mu G(y_1, y_{2,...}, y_{J_n})} = \frac{e^{V_{in}} G_i(e^{V_{1n}}, e^{V_{2n}}, \cdots, e^{V_{J_n}})}{\mu G(e^{V_{1n}}, e^{V_{2n}}, \cdots, e^{V_{J_n}})}, \quad i \in C_n \qquad （14\text{-}1a）$$

$$y_i = e^{V_i}, \quad i \in C_n \qquad （14\text{-}1b）$$

其中：

$V_i$：方案 $i$ 之可觀測效用，即效用函數中之明確項（deterministic component）。

$C_n$：為個體 $n$ 之替選方案之集合。

---

[2] 原機率函數之函數產生器 $G$(generator function) 的公式為$G = \sum_{j=1}^{J_n} y_j^\mu$，為了方便與各種 GEV 之變化模式進行比較，後續亦會將 $G$ 的表達方式彈性修改為$G = \sum_m \alpha_m \left( \sum_{j=1}^{J_n} y_j^{\mu_m} \right)^{1/\mu_m}$，其中 $\alpha_m$ 表示巢層 $m$ 之權重，$\mu_m$ 為巢層 $m$ 之巢層特定參數。

[3] McFadden（1978）原先設定 $G$ 函數需滿足一階齊次（$\mu = 1$），而後 Ben-Akiva and Francois（1983）則放寬 $G$ 函數可以為 $\mu$ 階齊次，$\mu > 0$。

[4] 本章變數符號 $P_{in}$、$V_{in}$ 可以簡化為 $P_i$、$V_i$，因為已經定義方案 $i$ 屬於個體 $n$ 之方案選擇集合。

## 14.2 一般化極值模式及衍生模式

GEV 模式屬於一般性之模式，若定義不同的 $G$ 函數就會隨之衍生出不同的羅吉特模式，例如，多項羅吉特（MNL）、巢式羅吉特（NL）、排序性一般化極值（OGEV）、成對組合羅吉特（PCL）、交叉巢式羅吉特（CNL）、一般化巢式羅吉特（GNL）、空間關聯羅吉特（SCL）。茲以一般化極值為核心，建立各種羅吉特衍生模式之關係如圖 14-1 所示。

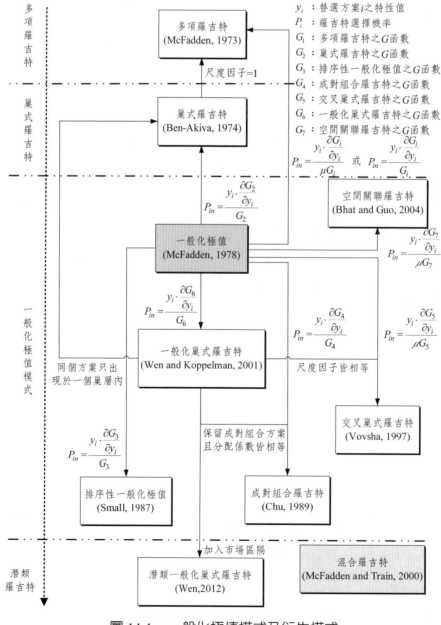

**圖 14-1　一般化極值模式及衍生模式**

以下章節將依序介紹各種羅吉特模式。

## 14.2.1 多項羅吉特模式（MNL）

假設 $G$ 函數為 $G_1 = G\left(y_1, y_2, \ldots, y_{J_n}\right) = \sum_{j=1}^{J_n} y_j^\mu$，則可推導出 MNL 模式如下（McFadden, 1973）：

$$P_{in} = \frac{y_i G_i}{\mu G} = \frac{y_i^\mu}{\sum_{j=1}^{J_n} y_j^\mu} = \frac{e^{\mu V_{in}}}{\sum_{j=1}^{J} e^{\mu V_{jn}}}, \quad \forall i \in C_n, n \tag{14-2a}$$

其中，

$$G_i = \mu y_i^{\mu-1}, \quad \forall i \in C_n \tag{14-2b}$$

$$y_i = e^{V_{in}}, \quad \forall i \in C_n \tag{14-2c}$$

多項羅吉特係假設無法觀測的隨機誤差項呈現 Gumbel（極端值 I 型）分配，所有替選方案之相關係數皆為零，變異數皆相等，為限制最多之假設，此模式直觀易懂，且校估容易，故被廣泛應用。

茲以五個方案 A、B、C、D、E 為例，繪製 MNL 之架構圖如下：

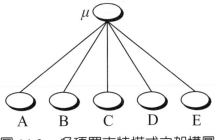

**圖 14-2　多項羅吉特模式之架構圖**

## 14.2.2 巢式羅吉特模式（NL）

巢式羅吉特（nested logit, NL）模式將具有相關性的替選方案置於同一獨立巢層中，並假設同巢層內的替選方案之誤差項為獨立且相同之 Gumbel 分配，利用包容值[5]

---

[5]　亦稱對數和（logsum）

（inclusive value）代表這些方案的共同效用，而屬於不同巢層內的替選方案誤差項則不相同，包容值參數介於 0 到 1 之間，愈接近 0 即表示巢層內的方案相關性愈強，如果等於 1 則會退化成多項羅吉特模式。NL 模式屬於階層式之羅吉特模式，爲一般化極值模式（generalized extreme value）特例（Ben-Akiva, 1974），可以有效改善 MNL 模式因爲不相干方案獨立性（independence of irrelevant alternatives, I.I.A.）所導致模式估計的錯誤。

假設 $G$ 函數爲 $G_2 = G(y_1, y_2, \ldots, y_J) = \sum_{m=1}^{M} \left( \sum_{i' \in N_m} y_{i'}^{\mu_m} \right)^{1/\mu_m}$（Ben-Akiva, 1974），其中 $m$ 爲巢層標號，$\mu_m$ 爲巢層 $m$ 之巢層特定參數（nesting parameter），$N_m$ 爲巢層 $m$ 之方案集合，$M$ 爲巢層總數，則根據效用最大化（utility maximizing）之理論（McFadden, 1978），可推導 NL 模式如下：

$$
\begin{aligned}
P_{in} &= \frac{y_i G_i}{G} = \frac{y_i \cdot y_i^{\mu_m - 1} \left( \sum_{i' \in N_m} y_{i'}^{\mu_m} \right)^{1/\mu_m - 1}}{\sum_{m'=1}^{M} \left( \sum_{i' \in N_{m'}} y_{i'}^{\mu_{m'}} \right)^{1/\mu_{m'}}} = \frac{y_i^{\mu_m} \left( \sum_{i' \in N_m} y_{i'}^{\mu_m} \right)^{1/\mu_m - 1}}{\sum_{m'=1}^{M} \left( \sum_{i' \in N_{m'}} y_{i'}^{\mu_{m'}} \right)^{1/\mu_{m'}}} \\[2ex]
&= \frac{y_i^{\mu_m} \left( \sum_{i' \in N_m} y_{i'}^{\mu_m} \right)^{1/\mu_m}}{\left( \sum_{i' \in N_m} y_{i'}^{\mu_m} \right) \cdot \sum_{m'=1}^{M} \left( \sum_{i' \in N_{m'}} y_{i'}^{\mu_{m'}} \right)^{1/\mu_{m'}}} \\[2ex]
&= \frac{e^{\mu_m V_i}}{\sum_{i' \in N_m} e^{\mu_m V_{i'}}} \times \frac{\exp\left( 1/\mu_m \ln \sum_{i' \in N_m} e^{\mu_m V_{i'}} \right)}{\sum_{m'} \exp\left( 1/\mu_{m'} \ln \sum_{i' \in N_{m'}} e^{\mu_{m'} V_{i'}} \right)} \\[2ex]
&= \frac{e^{\mu_m V_i}}{\sum_{i' \in N_m} e^{\mu_m V_{i'}}} \times \frac{e^{\tilde{V}_m / \mu_m}}{\sum_{m'} e^{\tilde{V}_{m'} / \mu_{m'}}} \\[2ex]
&= P_{in}^m \cdot P_n^m \quad \forall i \in C_n^m, n
\end{aligned} \tag{14-3a}
$$

其中：

$$
G_i = y_i^{\mu_m - 1} \left( \sum_{i' \in N_m} y_{i'}^{\mu_m} \right)^{1/\mu_m - 1} \quad \forall i \tag{14-3b}
$$

$$
\tilde{V}_m = 1/\mu_m \ln \sum_{i' \in N_m} e^{\mu_m V_{i'}} \quad \forall m \tag{14-3c}
$$

$\ln \sum_{i' \in N_m} e^{\mu_m V_{i'}}$：包容值。

$m$：巢層標號。

$N_m$：第 $m$ 個巢層中替選方案集合。

$P_{in}$：個體 $n$ 選擇替選方案 $i$ 的機率。

$P_{in}^m$：個體 $n$ 在巢層 $m$ 選擇替選方案 $i$ 的條件機率。

$P_n^m$：巢層 $m$ 被選擇的機率。

$V_i$：方案 $i$ 之可觀測效用，即效用函數中之明確項（deterministic component）。

$\widetilde{V}_m$：巢層 $m$ 之共同效用。

$\mu_m$：巢層之巢層特定參數（nesting parameter），或巢層 $m$ 之不相似參數（dissimi-larity parameter）或 logsum 係數，$0 < \mu_m \leq 1$。

茲以五個方案 A、B、C、D、E 為例，繪製 NL 之架構圖如下：

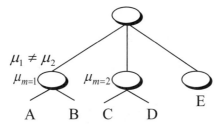

圖 14-3　巢式羅吉特模式之架構圖

巢式羅吉特模式應用在運具選擇問題上，最為普遍也最為成功，在巢式羅吉特模式結構下，每個替選方案只能出現一次，故無法比較不同方案組合間的相互關係。以下以著名之紅藍公車問題（red bus/blue bus example）為例（參見圖 14-4），說明巢式羅吉特模式與多項羅吉特模式之差異。

【例題 14-1】

假設運具 $i \in \{$ 小客車（C）、紅色公車（RB）、藍色公車（BB）$\}$ 對乘客 $n$ 產生之效用函數為 $V_{in} = \beta T$，請以巢式羅吉特模式計算各運具之選擇機率，並比較其與多項羅吉特模式結果之差異。

【解答】

若依據多項羅吉特模式之公式，汽車（C）、紅色公車（RB）、藍色公車（BB）被選擇到之機率各為 1/3，即 $P_{Cn} = P_{RBn} = P_{BBn} = \dfrac{1}{3}$。

但根據巢式羅吉特模式，選擇方案 C 機率 $P_{Cn}$ 以及公車類 $B$（含紅色公車（RB）、藍色公車（BB））機率 $P_{Bn}$ 之計算公式如下：

$$P_{Cn} = \frac{e^{\mu V_C}}{e^{\mu V_C} + e^{\mu \tilde{V}_B}} = \frac{e^{\mu V_C}}{e^{\mu V_C} + e^{\mu \cdot \frac{1}{\mu_B} \ln(e^{\mu_B V_{RB}} + e^{\mu_B V_{BB}})}} = \frac{e^{\mu \beta T}}{e^{\mu \beta T} + e^{\mu \cdot \frac{1}{\mu_B} \ln(2e^{\mu_B \beta T})}}$$

$$= \frac{e^{\mu \beta T}}{e^{\mu \beta T} + e^{\mu \cdot \frac{1}{\mu_B}(\ln 2 + \mu_B \beta T)}} = \frac{1}{1 + 2^{\mu \cdot \frac{1}{\mu_B}}} \tag{14-3d}$$

$$P_{Bn} = \frac{e^{\mu \tilde{V}_B}}{e^{\mu V_C} + e^{\mu \tilde{V}_B}} = \frac{e^{\mu \cdot \frac{1}{\mu_B} \ln(e^{\mu_B V_{RB}} + e^{\mu_B V_{BB}})}}{e^{\mu V_C} + e^{\mu \cdot \frac{1}{\mu_B} \ln(e^{\mu_B V_{RB}} + e^{\mu_B V_{BB}})}} = \frac{2^{\mu \cdot \frac{1}{\mu_B}}}{1 + 2^{\mu \cdot \frac{1}{\mu_B}}} \tag{14-3e}$$

其中，$\mu$ 為上巢層之尺度因子，$\mu_B$ 為巢層 $m$ 之巢層特定參數。如果 $\mu = \mu_B$，則 $P_{Cn} = \frac{1}{3}$，$P_{Bn} = \frac{2}{3}$，這種選擇機率值則係將紅藍公車視為不同運具之多項羅吉特的結果，機率各為 1/3；但如果 $\frac{\mu}{\mu_B} \to 0$，則 $P_{Cn} = \frac{1}{2}$，$P_{Bn} = \frac{1}{2}$，這種選擇機率值係將紅藍公車視為相同運具之巢式羅吉特的結果，然後在給定之公車選擇邊際機率之條件下，再計算紅色公車（RB）、藍色公車（BB）被選擇到之條件機率各為 1/4。

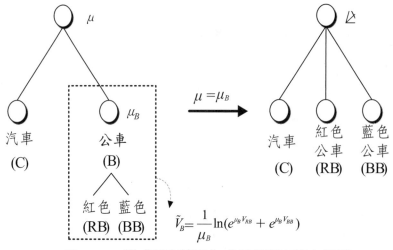

圖 14-4　巢式羅吉特退化成多項羅吉特之架構

　　由上例可知，所有的巢層之巢層特定參數 $\mu_m$ 必須介於 0 與 1 之間，則校估的巢式羅吉特模式才符合效用最大原則，而當上巢層之尺度因子 $\mu = \mu_m$ 時，表示次巢層內的各替選方案並無相關，則巢式羅吉特可簡化為多項羅吉特，而當 $\frac{\mu}{\mu_m} \to 0$ 時，表示巢層裡替選方案不可觀測之屬性完全相同，從巢層中選出一項效用最大的替選方案，來代表該巢層中替選方案之共同效用。

## 14.2.3 排序性一般化極值模式（OGEV）

假設 $G$ 函數為 $G_3 = G(y_1, y_2, ..., y_J) = \sum_m \left( \sum_{i' \in N_m} \alpha_{mi'} y_{i'}^{\mu_m} \right)^{1/\mu_m}$（Bekhor and Prashker, 2008）[6]，然後先將方案依相似程度予以排序，再根據此順序來考慮方案間的相關性，則可推導出 OGEV 模式，如下：〔註：若非針對所有巢層 $m$，則公式（14-4a）第二個等式之後續的四個等式符號正後方，對所有巢層 $m$ 進行加總的符號均可移除〕

$$
\begin{aligned}
P_{in} = \frac{y_i G_i}{G} &= \sum_m \frac{y_i \cdot \alpha_{mi} y_i^{\mu_m - 1} \left( \sum_{i' \in N_m} \alpha_{mi'} y_{i'}^{\mu_m} \right)^{1/\mu_m - 1}}{\sum_m \left( \sum_{i' \in N_m} \alpha_{m'i'} y_{i'}^{\mu_{m'}} \right)^{1/\mu_{m'}}} \\
&= \sum_m \frac{\alpha_{mi} y_j^{\mu_m} \left( \sum_{i' \in N_m} \alpha_{mi'} y_{i'}^{\mu_m} \right)^{1/\mu_m}}{\left( \sum_{i' \in N_m} \alpha_{mi'} y_{i'}^{\mu_m} \right) \sum_{m'} \left( \sum_{i' \in N_m} \alpha_{m'i'} y_{i'}^{\mu_{m'}} \right)^{1/\mu_{m'}}} \\
&= \sum_m \frac{e^{\mu_m V_i}}{\sum_{i' \in N_m} e^{\mu_m V_{i'}}} \times \frac{e^{\tilde{V}_m / \mu_m}}{\sum_{m'} e^{\tilde{V}_{m'} / \mu_{m'}}} \\
&= \sum_m P_{in}^m \cdot P_n^m, \quad \forall i \in C_n^m, n
\end{aligned}
\tag{14-4a}
$$

其中：

$$
G_i = \alpha_{mi} y_i^{\mu_m - 1} \left( \sum_{i' \in N_m} \alpha_{mi'} y_{i'}^{\mu_m} \right)^{1/\mu_m - 1}
\tag{14-4b}
$$

$$
\tilde{V}_m = \ln \sum_{i' \in N_m} \alpha_{mj} \left( e^{\mu_m V_i} \right)
\tag{14-4c}
$$

茲以四個方案 A、B、C、D 為例，繪製 OGEV 之架構圖如下：

---

[6] Small（1987, 1984）之原函數產生器為 $G_3 = G(y_1, y_2, ..., y_J) = \sum_{m=1}^{J+E} \left( \sum_{j \in N_m} w_{m-j} y_j^{1/\mu_m} \right)^{\mu_m}$，其中 $E$ 為正整數，$0 < \mu_m \leq 1$，$m = 1, \cdots, J + E$，常數 $w_k \geq 0$，$k = 0, \cdots, E$。

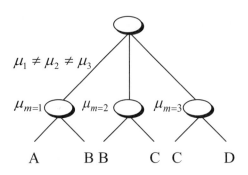

圖 14-5　排序性一般化極值模式之架構圖

## 14.2.4 交叉巢式羅吉特模式（CNL）

假設 $G$ 函數為 $G_4 = G(y_1, y_2,..., y_J) = \sum_m \left( \sum_{i' \in N_m} \alpha_{mi'} y_{i'} \right)^{\mu}$（Vovsha, 1997），則可推

導出 CNL 模式如下。〔註：若非針對所有巢層 $m$，則公式（14-5a）第二個等式之後續

的四個等式符號正後方，對所有巢層 $m$ 進行加總的符號均可移除〕

$$
\begin{aligned}
P_{in} = \frac{y_i G_i}{\mu G} &= \frac{y_i \cdot \mu \cdot \alpha_{mi} \left( \sum_{i' \in N_m} \alpha_{mi'} y_{i'} \right)^{\mu-1}}{\mu \sum_{m'=1} \left( \sum_{i' \in N_{m'}} \alpha_{m'i'} y_{i'} \right)^{\mu}} \\
&= \sum_m \frac{y_i \cdot \alpha_{mi} \left( \sum_{i' \in N_m} \alpha_{mi'} y_{i'} \right)^{\mu}}{\sum_{i' \in N_m} \alpha_{mi'} y_{i'} \sum_{m'=1} \left( \sum_{i' \in N_{m'}} \alpha_{m'i'} y_{i'} \right)^{\mu}} \\
&= \sum_m \frac{\alpha_{mi} e^{V_i} \cdot \left( \sum_{i' \in N_m} \alpha_{mi'} e^{V_{i'}} \right)^{\mu}}{\sum_{i' \in N_m} \alpha_{mi'} e^{V_{i'}} \sum_{m'=1} \left( \sum_{i' \in N_{m'}} \alpha_{m'i'} e^{V_{i'}} \right)^{\mu}} \\
&= \sum_m \frac{\alpha_{mi} \cdot e^{V_i}}{\sum_{i' \in N_m} \alpha_{mi'} e^{V_{i'}}} \times \frac{e^{\tilde{V}_m}}{\sum_{m'} e^{\tilde{V}_{m'}}} \\
&= \sum_m P_{in}^m \cdot P_n^m, \quad \forall i \in C_n^m, n
\end{aligned} \tag{14-5a}
$$

其中：

$$
G_i = \mu \alpha_{mi} \left( \sum_{i' \in N_m} \alpha_{mi'} y_{i'} \right)^{\mu-1}, \quad \forall i \tag{14-5b}
$$

$$
\tilde{V}_m = \mu \ln \sum_{i' \in N_m} \alpha_{mi'} e^{V_i}, \quad \forall m \tag{14-5c}
$$

$\alpha_{mi}$：爲第 $m$ 巢 $i$ 方案之分配係數，$\sum_m \alpha_{mi} = 1$。

$\mu$：爲尺度因子（scale factor）。

$\mu_m$：爲巢層 $m$ 之參數。

茲以三個方案 A、B、C 爲例，繪製 CNL 之架構圖如下：

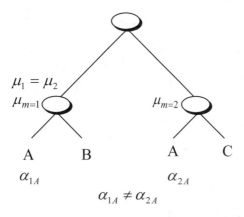

圖 14-6　交叉巢式羅吉特模式之架構圖

交叉羅吉特模式允許每一個方案重複出現在不同巢層，各巢層內的每一個方案對應一分配係數（allocation parameter），每個方案在各巢層的分配係數總和爲 1，並用包容值表示各種方案組合的共同效用。但是 CNL 假設各個方案組合的巢層參數皆相等，亦即表示各種方案組合間的相關程度相同，這個假設並不合理。

## 14.2.5 成對組合羅吉特模式（PCL）

若假設函數 $G$ 爲 $G_5 = G(y_1, y_2, ..., y_J) = \sum_{i=1}^{J-1} \sum_{j=i+1}^{J} \left( y_i^{\mu_{ij}} + y_j^{\mu_{ij}} \right)^{1/\mu_{ij}}$（Chu, 1989）[7] 可推導出 PCL 模式如下：

---

[7] Chu (1989) 之原函數產生器爲 $G_5 = G(y_1, y_2, ..., y_J) = \sum_{i=1}^{J-1} \sum_{j=i+1}^{J} \left( y_i^{1/1-\sigma_{ij}} + y_j^{1/1-\sigma_{ij}} \right)^{1-\sigma_{ij}}$，其中，$\sigma_{ij}$ 爲替選方案 $i$ 與 $j$ 相似性之指標，$0 \le \sigma_{ij} < 1$。$\sigma_{ij}$ 之定義跟本章符號 $\mu_m$ 的關係式爲 $\mu_m = 1 - \sigma_{ij}$，當 $\sigma_{ij}$ 爲 0，即退化成多項羅吉特。

$$P_{in} = \frac{y_i G_i}{G} = \sum_{j=i+1}^{J} \frac{y_i \cdot y_i^{\mu_{ij}-1} \left(y_i^{\mu_{ij}} + y_j^{\mu_{ij}}\right)^{1/\mu_{ij}-1}}{\sum_{i=1}^{J-1} \sum_{j=i+1}^{J} \left(y_i^{\mu_{ij}} + y_j^{\mu_{ij}}\right)^{\mu_{ij}}}$$

$$= \sum_{j=i+1}^{J} \frac{y_i^{\mu_{ij}} \left(y_i^{\mu_{ij}} + y_j^{\mu_{ij}}\right)^{1/\mu_{ij}}}{\left(y_i^{\mu_{ij}} + y_j^{\mu_{ij}}\right) \sum_{i=1}^{J-1} \sum_{j=i+1}^{J} \left(y_i^{\mu_{ij}} + y_j^{\mu_{ij}}\right)^{1/\mu_{ij}}}$$

$$= \sum_{j=i+1}^{J} \frac{e^{\mu_{ij}V_i} \left(e^{\mu_{ij}V_i} + e^{\mu_{ij}V_j}\right)^{1/\mu_{ij}}}{\left(e^{\mu_{ij}V_i} + e^{\mu_{ij}V_j}\right) \sum_{i=1}^{J-1} \sum_{j=i+1}^{J} \left(e^{\mu_{ij}V_i} + e^{\mu_{ij}V_j}\right)^{1/\mu_{ij}}}$$

$$= \sum_{j=i+1}^{J} p_{in}^{ij} \times P_n^{ij}, \quad \forall i \in C_n^{ij}, n$$

（14-6）

其中，

　　$ij$：表示方案 $i$ 與方案 $j$ 屬於同一個巢層。

　　$P_{in}$：個體 $n$ 選擇替選方案 $i$ 的機率。

　　$P_{in}^{ij}$：個體 $n$ 在巢層 $ij$ 選擇替選方案 $i$ 的條件機率。

　　$P_n^{ij}$：巢層 $ij$ 被選擇的機率。

　　$\mu_{ij}$：為巢層 $ij$ 之特定參數。

茲以三個方案 A、B、C 為例，繪製 PCL 之架構圖如下：

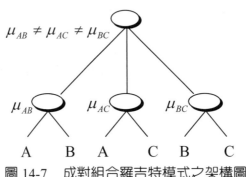

圖 14-7　成對組合羅吉特模式之架構圖

　　成對組合羅吉特模式將所有的替選方案以成對組合的方式放在同一巢層中，可以解決巢式羅吉特模式中，同一巢層內的替選方案彼此相關程度完全一樣的問題。此模式允許每一組成對替選方案有不同的相似度，並以相似度指標考慮所有成對組合方案的相關性，比巢式羅吉特模式多提供了兩兩方案間相互關係的資訊。成對組合羅吉特模式以相似度指標考慮任意成對方案間的相關性，概念性比巢式羅吉特模式更具一般化。此模式

完整的理論及校估程序可參見 Koppelman and Wen（2000）。

## 14.2.6　一般化巢式羅吉特模式（GNL）

假設 $G$ 函數為 $G_6 = G(y_1, y_{2,...,}y_J) = \sum_{m=1}\left(\sum_{i' \in N_m}\left(\alpha_{mi'}y_{i'}\right)^{\mu_m}\right)^{1/\mu_m}$（Wen and Koppelman, 2001），則可推導出 GNL 模式，如下。〔註：若非針對所有巢層 $m$，則公式（14-7a）第二個等式之後續的四個等式符號正後方，對所有巢層 $m$ 進行加總的符號均可移除〕

$$P_{in} = \frac{y_i G_i}{G} = \frac{\left(\alpha_{mi}y_i\right)\cdot\left(\alpha_{mi}y_i\right)^{\mu_m-1}\left(\sum_{i' \in N_m}\left(\alpha_{mi'}y_{i'}\right)^{\mu_m}\right)^{1/\mu_m-1}}{\sum_{m'=1}\left(\sum_{i' \in N_{m'}}\left(\alpha_{mi'}y_{i'}\right)^{\mu_{m'}}\right)^{1/\mu_{m'}}}$$

$$= \sum_m \frac{\left(\alpha_{mi}y_i\right)^{\mu_m}\left(\sum_{i' \in N_m}\left(\alpha_{mi'}y_{i'}\right)^{\mu_m}\right)^{1/\mu_m}}{\sum_{i' \in N_m}\left(\alpha_{mi'}y_{i'}\right)^{\mu_m}\sum_{m'=1}\left(\sum_{i' \in N_{m'}}\left(\alpha_{mi'}y_j\right)^{\mu_m}\right)^{1/\mu_{m'}}}$$

$$= \sum_m \frac{\left(\alpha_{mi}e^{V_i}\right)^{\mu_m}}{\sum_{i' \in N_m}\left(\alpha_{mi'}e^{V_{i'}}\right)^{\mu_m}} \times \frac{e^{\mu\frac{1}{\mu_m}\ln\sum_{j \in N_m}\left(\alpha_{mj}e^{V_j}\right)^{\mu_m}}}{\sum_{m'}e^{\mu\frac{1}{\mu_{m'}}\ln\sum_{j \in N_{m'}}\left(\alpha_{m'j}e^{V_j}\right)^{\mu_{m'}}}} \qquad (14\text{-}7a)$$

$$= \sum_m \frac{\left(\alpha_{mi}e^{V_i}\right)^{\mu_m}}{\sum_{i' \in N_m}\left(\alpha_{mi'}e^{V_{i'}}\right)^{\mu_m}} \times \frac{e^{\mu\tilde{V}_m}}{\sum_{m'}e^{\mu\tilde{V}_{m'}}}$$

$$= \sum_m P_{in}^m \times P_n^m, \qquad \forall i \in C_n^m, n$$

其中：$G_6 = G(y_1, y_{2,...,}y_J) = \sum_{m=1}\left(\sum_{i' \in N_m}\left(\alpha_{mi'}y_{i'}\right)^{\mu_m}\right)^{1/\mu_m}$

$$G_i = \alpha_{mi}\left(\alpha_{mi}y_i\right)^{\mu_m-1}\left(\sum_{i' \in N_m}\left(\alpha_{mi'}y_{i'}\right)^{\mu_m}\right)^{1/\mu_m-1}, \qquad \forall i \in C_n \qquad (14\text{-}7b)$$

$$\tilde{V}_m = 1/\mu_m\ln\sum_{i' \in N_m}\left(\alpha_{mj}e^{V_{i'}}\right)^{\mu_m}, \qquad \forall m \qquad (14\text{-}7c)$$

$m$：巢層標號。

$N_m$：第 $m$ 個巢層中替選方案集合。

$V_i$：方案 $i$ 之效用函數之明確項（deterministic component）。

$\tilde{V}_m$：巢層 $m$ 之共同效用。

$\mu$：上巢層之尺度參數（scale parameter）。

$\mu_m$：巢層之巢層特定參數（nesting parameter），或巢層 $m$ 之不相似參數（dissimilarity parameter）或 logsum 係數，$0 < \mu_m \leq 1$。

$\alpha_{mi}$：方案 $i$ 在巢層 $m$ 分配參數（allocation parameter），表示方案 $i$ 在巢層 $m$ 中所佔有的比例或權重，故 $\alpha_{mi} \geq 0, \forall m, i$，$\sum_{m} \alpha_{mi} = 1$。

茲以三個方案 A、B、C 為例，繪製 GNL 之架構圖如下：

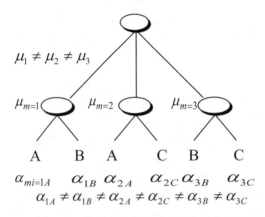

圖 14-8a　一般化巢式羅吉特模式之架構圖

由上述公式可知，GNL 加入 $\alpha_{mi}$ 分配係數的概念，且允許同一方案可同時存在不同巢層中，而巢式羅吉特模式只允許方案出現一次。

此外，PCL 模式亦為 GNL 模式的特例，其理由如下：

1. PCL 模式只比較了兩兩替選方案組合間的相關性，每替選方案之分配係數在巢層中皆相等，而 GNL 模式則考慮到所有可能的巢層架構，由包容值可知方案間的相關程度且每替選方案在各個巢層中均有自己的權重。

2. GNL 模式亦加入了 CNL 模式的概念，加入分配係數，表示替選方案在各個巢層中的權重，由巢層分配係數則可了解各替選方案在不同巢層中的權重，而 PCL 模式則假設所有的分配係數皆相等。

【例題 14-2】

假設和欣客運與統聯客運有相關性置入同一巢層，$\mu_1$ 為第一巢層的巢層特定參數，$\tilde{V}_1$ 為第一巢層方案之共同效用，$\alpha_{h1}$ 為第一巢層和欣客運之分配係數，$\alpha_{t1}$ 為第一巢層統聯客運之分配係數，國光客運與統聯客運也有相關性置入另一巢層，$\mu_2$ 為第二巢層的巢層特定參數，$\tilde{V}_2$ 為第二巢層方案之共同效用，$\alpha_{g2}$ 為第二巢層中國光客運之分配係數，$\alpha_{t2}$ 為第二巢層中統聯客運之分配係數，請建構一般化巢式羅吉特模式之架構圖，並將各係數標示於相對之位置。

【解答】

例題 14-2 之一般化巢式羅吉特模式之架構如圖 14-8b 所示。

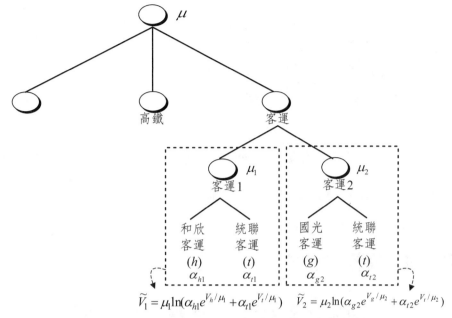

圖 14-8b　例題 14-2 之一般化巢式羅吉特架構圖

　　雖然 GNL 模式包含了以上各種巢式架構之羅吉特模式的優點，但 GNL 模式每個巢層都會有自己的包容值參數，且每個巢層內的替選方案也都有自己的巢層分配係數，再加上替選方案效用函數內之屬性變數參數，整個模式中待校估的參數眾多，因此當替選方案數增加時，模式中的巢層數也會隨著替選方案數呈指數成長，造成參數校估相當困難。

## 14.2.7 空間關聯羅吉特模式（SCL）

　　假設 $G$ 函數為 $G_8 = G(y_1, y_2,..., y_J) = \sum_{i=1}^{J_n-1} \sum_{j=i+1}^{J_n} \left( (\alpha_{ij,i} y_i)^\mu + (\alpha_{ij,j} y_j)^\mu \right)^{1/\mu}$（Bhat and Guo, 2004），則可推導出空間關聯羅吉特模式（spatially correlated logit, SCL）。

$$
\begin{aligned}
P_{in} = \frac{y_i G_i}{G} &= \sum_{j \neq i} \frac{y_i \cdot \alpha_{ij,i} \cdot (\alpha_{ij,i} y_i)^{\mu-1} \left( (\alpha_{ij,i} y_i)^\mu + (\alpha_{ij,j} y_j)^\mu \right)^{1/\mu-1}}{\sum_{i=1}^{J_n-1} \sum_{j=i+1}^{J_n} \left( (\alpha_{ij,i} y_i)^\mu + (\alpha_{ij,j} y_j)^\mu \right)^{1/\mu}} \\
&= \sum_{j \neq i} \frac{(\alpha_{ij,i} e^{V_i})^\mu}{(\alpha_{ij,i} e^{V_i})^\mu + (\alpha_{ij,j} e^{V_j})^\mu} \times \frac{\left( (\alpha_{ij,i} e^{V_i})^\mu + (\alpha_{ij,j} e^{V_j})^\mu \right)^{1/\mu}}{\sum_{i=1}^{J-1} \sum_{j=i+1}^{J} \left( (\alpha_{ij,i} e^{V_i})^\mu + (\alpha_{ij,j} e^{V_j})^\mu \right)^{1/\mu}} \\
&= \sum_{j \neq i} P_{in}^{ij} \times P_n^{ij} \quad \forall i \in C_n^{ij}, n
\end{aligned}
\tag{14-8}
$$

其中：

$$G_i = \alpha_{ij,i} \left( \alpha_{ij,i} y_i \right)^{\mu-1} \left( \left( \alpha_{ij,i} y_i \right)^{\mu} + \left( \alpha_{ij,j} y_j \right)^{\mu} \right)^{1/\mu-1}$$

$ij$：表示為一個巢層。

$V_i$：方案 $i$ 之可觀測效用，即效用函數中之明確項（deterministic component）。

$\mu$：為上巢層之尺度參數（scale parameter）。

$\alpha_{ij,i}$：方案 $i$ 在巢層 $ij$ 分配參數（allocation parameter），$\alpha_{ij,i} = \dfrac{w_{ij}}{\sum_{j'} w_{ij'}}, \forall i, j$。若方案 $i$ 與方案 $j$ 相鄰，則 $w_{ij} = 1$；否則，$w_{ij} = 0$。

# 14.3 潛類羅吉特模式之變化式

潛類（latent class, LC）模式係指將同質性個體劃歸同一類（例如，對替選方案有相似之偏好、且對於解釋變數之變化敏感度也近似），經個別分析後予以加總之模式，普遍採用於行銷（marketing）分析（Heckman and Singer, 1984）。由於 LC 選擇模式中不同群體之間的個體異質性高，因此不同群體之間對替選方案的偏好和解釋變數之變化敏感度就會不同。LC 選擇模式可同時進行區隔（segment）和選擇模式，可同時確定特定區隔的參數、每一區隔的個人偏好及區隔的大小（Kamakura and Russell, 1989）。

多項羅吉特模式及其大部分之衍生模式均可利用市場區隔法進一步予以改良，例如，潛類多項羅吉特（latent class multinomial logit, LCMNL），潛類巢式羅吉特（latent class nested logit, LCNL），潛類一般化巢式羅吉特（latent class generalized nested logit, LCGNL）模式。另外，雖然 LC 選擇模式和混合羅吉特模式（mixed logit, ML）（McFadden and Train, 2000）都可以接受每個人不同的偏好，但 LC 選擇模式可以明確地顯示區隔的數目、大小及特徵。

## 14.3.1 潛類多項羅吉特模式

潛類模式根據個體偏好之異質性將相同性質的個體歸在同一區隔裡，而每一區隔之間沒相關性，在區隔數量有限的情況下，潛類模式可估計特定區隔的各項參數。如同 MNL 模式，潛類多項羅吉特模式（LCMNL）亦存在 I.I.A 限制問題（Wen et al., 2012）。

假設在 $s$ 區隔下，個體 $n$ 選擇替選方案 $i$ 之效用函數可表示為：

$$U_{in}^s = V_{in}^s + \varepsilon_{in}^s \quad \forall i \in C_n, n, s \tag{14-9a}$$

$$V_{in}^s = \sum_k \beta_{ink}^s X_{ink} \quad \forall i \in C_n, n, s \tag{14-9b}$$

其中：

$X_{ink}$：個體 $n$ 之替選方案 $i$ 之第 $k$ 個屬性

$\beta_{ink}^s$：特定區隔 $s$ 個體 $n$ 之替選方案 $i$ 之第 $k$ 個屬性之係數

$\varepsilon_{ink}^s$：效用函數之隨機誤差

則 LCMNL 模式的機率函數可表示如下：

$$P_{in} = \sum_{s=1}^{S} \frac{e^{V_{in}^s}}{\sum_{i' \in C_n} e^{V_{i'n}^s}} \cdot \frac{\exp(\gamma_s Z_n)}{\sum_{s'=1}^{S} \exp(\gamma_{s'} Z_n)} \tag{14-9c}$$
$$= \sum_{s=1}^{S} P_{in}^s \cdot M_n^s \quad \forall i \in C_n, n$$

其中：

$M_n^s$：個體 $n$ 隸屬於區隔 $s$ 的隸屬函數

$P_{in}^s$：在 $s$ 區隔下，個體 $n$ 選擇替選方案 $i$ 之條件機率

$V_i^s$：區隔 $s$ 的效用函數之明確項

$Z_n$：隸屬函數之個體特性向量

$\gamma_s$：區隔 $s$ 之特定參數

茲以三個方案 A、B、C 為例，繪製 LCMNL 之架構圖如下：

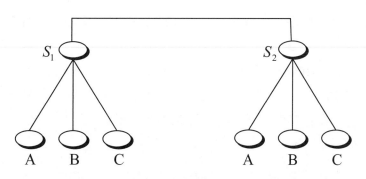

圖 14-9a　潛類多項羅吉特模式之架構圖

【例題 14-3】

延續圖 14-4 之多項羅吉特之結構，考量了市場區隔的概念，將個體 $n$ 以社經特性或旅次特性來分群，把屬性相同的個體分在同一群（如：以收入來分群，收入高的為同

一群和收入低的爲另一群），如果只分成這兩群，$s = 1$ 爲高收入的群體，$s = 2$ 爲低收入的群體，選到方案 $h$ 的機率爲個人 $n$ 屬於高收入 $s = 1$ 這群，再選擇方案 BB，加上個體 $n$ 屬於低收入 $s = 2$ 該群，再選擇方案 BB，請建構潛類多項羅吉特模式之架構圖，並將各係數標示於相對之位置。

【解答】：

潛類多項羅吉特模式之架構如圖 14-9b 所示。

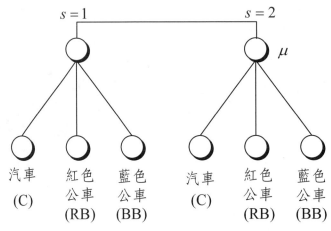

圖 14-9b　例題 14-3 之潛類多項羅吉特架構圖

## 14.3.2 潛類巢式羅吉特模式

結合 LC 選擇模式與巢式羅吉特模式就可以發展出潛類巢式羅吉特模式（latent class nested logit, LCNL）（Kamakura et al., 1996），可以克服 I.I.A. 之限制，解決替選方案間存在相關性的問題。Wen et al.（2012）以敘述性偏好設計問卷，調查搭乘台中到台北及台中到高雄兩條路線，以個人的社經與旅次特性用赤池訊息準則（Akaike information criterion, AIC）與貝氏訊息準則（Bayesian information criterion, BIC）統計方法把旅運者區分成三群，利用 LCNL 模式分析國道客運旅客之選擇行爲，結果顯示旅客一般願意多付價格在車上舒適度、服務態度與駕駛行爲這三項服務品質上。

LCNL 模式的機率函數可表示如下：

$$
\begin{aligned}
P_{in} &= \sum_{s=1}^{S} \left[ \sum_m \frac{e^{\mu_m^s V_i}}{\sum_{i' \in N_m} e^{\mu_m^s V_{i'}}} \times \frac{\exp\left( \frac{\mu}{\mu_m^s} \ln \sum_{i' \in N_m} e^{\mu_m^s V_{i'}} \right)}{\sum_{m'} \exp\left( \frac{\mu}{\mu_{m'}^s} \ln \sum_{i' \in N_m} e^{\mu_m^s V_{i'}} \right)} \right] \cdot \frac{\exp(\gamma_s Z_n)}{\sum_{s'=1}^{S} \exp(\gamma_{s'} Z_n)} \\
&= \sum_{s=1}^{S} \left[ \sum_m P_{in}^{ms} \cdot P_n^{ms} \right] \cdot M_n^s \quad \forall i \in C_n, n
\end{aligned}
$$

$$(14\text{-}10\text{a})$$

在 $s$ 區隔下，個體 $n$ 在巢 $m$ 中選擇替選方案 $i$ 之條件機率：

$$P_{in}^{ms} = \frac{e^{\mu_m^s V_i}}{\sum_{i' \in N_m} e^{\mu_m^s V_{i'}}} \quad \forall i \in C_n, n, m, s \tag{14-10b}$$

在 $s$ 區隔下，個體 $n$ 屬於巢 $m$ 之邊際機率：

$$P_n^{ms} = \frac{\exp\left(\frac{\mu}{\mu_m^s} \ln \sum_{i' \in N_m} e^{\mu_m^s V_{i'}}\right)}{\sum_{m'} \exp\left(\frac{\mu}{\mu_{m'}^s} \ln \sum_{i' \in N_m} e^{\mu_m^s V_{i'}}\right)} \quad \forall n, m, s \tag{14-10c}$$

區隔 $s$ 之隸屬函數：

$$M_n^s = \frac{\exp(\gamma_s Z_n)}{\sum_{s'=1}^{S} \exp(\gamma_{s'} Z_n)} \quad \forall n, s \tag{14-10d}$$

其中：

　$M_n^s$：個體 $n$ 隸屬於區隔 $s$ 的隸屬函數

　$P_{in}^{ms}$：在區隔 $s$ 巢層 $m$ 下，個體 $n$ 選擇替選方案 $i$ 之條件機率

　$P_n^{ms}$：在區隔 $s$ 下，個體 $n$ 隸屬於巢層 $m$ 之機率

　$V_i^s$：區隔 $s$ 的效用函數之明確項

　$Z_n$：隸屬函數之個體特性向量

　$\mu_m^s$：在 $s$ 區隔下，巢層 $m$ 之巢層特定參數

　$\gamma_s$：區隔 $s$ 之特定參數

茲以三個方案 A、B、C 為例，繪製 LCNL 之架構圖如下：

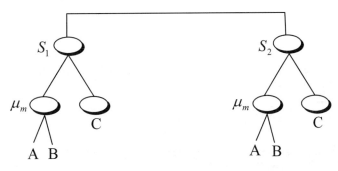

圖 14-10a　三個方案之潛類巢式羅吉特模式之架構圖

**【例題 14-4】**

　　延續圖 14-8 之巢層結構，考量了市場區隔的概念，將個體 $n$ 以社經特性或旅次特性來分群，把屬性相同的個體分在同一群（如：以收入來分群，收入高的為同一群和收入低的為另一群），如果只分成這兩群，$s = 1$ 為高收入的群體，$s = 2$ 為低收入的群體，選到方案 BB 的機率為個人 $n$ 屬於高收入 $s = 1$ 這群，再選擇第一巢層裡的方案 BB，加上個體 $n$ 屬於低收入 $s = 2$ 該群，再選擇第二巢層裡的方案 BB，請建構潛類巢式羅吉特模式之架構圖，並將各係數標示於相對之位置。

**【解答】**

　　潛類巢式羅吉特模式之架構如圖 14-10b 所示。

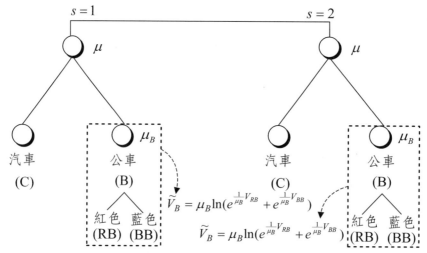

圖 14-10b　紅藍公車之潛類巢式羅吉特架構圖

## 14.3.3 潛類一般化巢式羅吉特模式

　　結合 LC 與 GNL 模式之優點發展成潛類一般化巢式羅吉特模式（LCGNL），其機率函數可建構如下：

$$P_{in} = \sum_s \sum_m \frac{\left(\alpha_{mi}^s e^{V_i}\right)^{\mu_m^s}}{\sum_{i' \in N_m} \left(\alpha_{mi'}^s e^{V_{i'}}\right)^{\mu_m^s}} \times \frac{e^{\frac{\mu}{\mu_m^s} \ln \sum_{i' \in N_m} \left(\alpha_{mj} e^{V_{i'}}\right)^{\mu_m^s}}}{\sum_{m'} e^{\frac{\mu}{\mu_{m'}^s} \ln \sum_{i' \in N_{m'}} \left(\alpha_{m'j} e^{V_{i'}}\right)^{\mu_{m'}^s}}} \cdot M_n^s \tag{14-11a}$$

$$= \sum_s p_{in}^s \cdot M_n^s = \sum_s \left[ \sum_m P_{in}^{ms} \cdot P_n^{ms} \right] \cdot M_n^s \quad \forall i \in C_n^m, n$$

　　在 $s$ 區隔下，個體 $n$ 在巢 $m$ 中選擇替選方案 $i$ 之條件機率：

$$P_{in}^{ms} = \frac{\left(\alpha_{mi}^s e^{V_i}\right)^{\mu_m^s}}{\sum_{i' \in N_m} \left(\alpha_{mi'}^s e^{V_{i'}}\right)^{\mu_m^s}} \quad \forall i \in C_n, n, m, s \tag{14-11b}$$

在 $s$ 區隔下，個體 $n$ 屬於巢 $m$ 之邊際機率：

$$P_n^{ms} = \frac{e^{\frac{\mu}{\mu_m^s} \ln \sum_{i' \in N_m} \left(\alpha_{mj} e^{V_{i'}}\right)^{\mu_m^s}}}{\sum_{m'} e^{\frac{\mu}{\mu_{m'}^s} \ln \sum_{i' \in N_{m'}} \left(\alpha_{m'j} e^{V_{i'}}\right)^{\mu_{m'}^s}}} \quad \forall n, m, s \tag{14-11c}$$

區隔 $s$ 之隸屬函數：

$$M_n^s = \frac{\exp(\gamma_s Z_n)}{\sum_{s'=1}^S \exp(\gamma_{s'} Z_n)} \quad \forall n, s \tag{14-11d}$$

其中：

$M_n^s$：區隔 $s$ 之隸屬函數

$P_{in}^{ms}$：在 $s$ 區隔下，個體 $n$ 在巢 $m$ 中選擇替選方案 $i$ 之條件機率

$P_n^{ms}$：在 $s$ 區隔下，個體 $n$ 屬於巢 $m$ 之邊際機率

$Z_n$：隸屬函數之個體特性向量

$\mu_m^s$：在 $s$ 區隔下，巢層 $m$ 之巢層特定參數

$\alpha_{im}^s$：在 $s$ 區隔下，替選方案 $i$ 在第 $m$ 巢的分配係數

$\gamma_s$：區隔 $s$ 之屬性參數

$\alpha_{im}^s$ 需遵循 $0 \le \alpha_{im}^s \le 1$ 和 $\sum_m \alpha_{im}^s = 1 \ \forall i, s$，在 $s$ 區隔下所有的下巢層特定參數必須介於 0 與 1 之間，則校估的潛類一般化巢式羅吉特模式才符合效用最大原則，此模式能解決個體偏好異質性及替選方案之相關性，由於要經由問卷資料收集再進行個體偏好分群與替選方案分巢，區隔數（$s=1...S$）有幾群可用 AIC 與 BIC 之值判別分幾群是最適合的，而哪些方案會放入同一巢層是由包容值來判斷，愈接近 0 之包容值，表示巢層裡之方案相關性愈大，其模式也會愈好。當 LCGNL 只有一個市場區隔，即簡化成為 GNL。

茲以三個方案 A、B、C 為例，繪製 LCGNL 之架構圖如下：

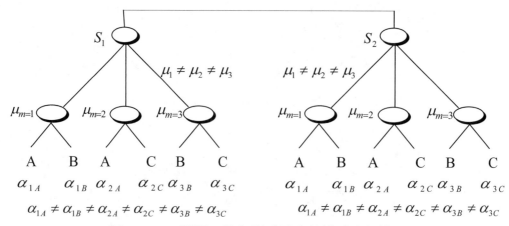

圖 14-11a　潛類一般化巢式羅吉特模式之架構圖

【例題 14-5】

　　延續一般化巢式羅吉特模式圖 14-10b 的例子，我們考量了市場區隔的概念，將個體 $n$ 以社經特性或旅次特性來分群，把個人偏好相似的個體分在同一群（如：以收入來分群，收入高的爲同一群和收入低的爲另一群），如果只分成這兩群，$s = 1$ 爲高收入的群體，$s = 2$ 爲低收入的群體，選到方案 $h$ 的機率爲個人 $n$ 屬於高收入 $s = 1$ 這群再選擇第一巢層裡的方案 $h$，加上個體 $n$ 屬於低收入 $s = 2$ 該群再選擇第二巢層裡的方案 $h$，請建構潛類一般化巢式羅吉特模式之架構圖，並將各係數標示於相對之位置。

【解答】

　　潛類一般化巢式羅吉特模式之架構如圖 14-11b 所示。

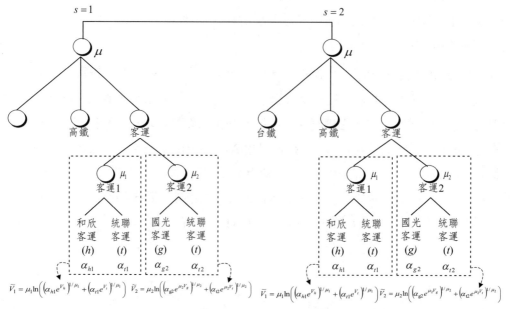

圖 14-11b　潛類一般化巢式羅吉特架構圖

## 14.3.4 一般化極值模式與各種羅吉特模式之整理與比較

表 14-1 整理比較未加入市場區隔之羅吉特模式以及加入市場區隔潛類選擇模式之差別。LCMNL 模式包容值參數等於 1 且每替選方案之分配係數為 1；LCNL 模式允許相關之替選方案置入同一巢層，以包容值參數代表同巢之替選方案相關程度；LCGNL 模式以包容值參數代表同巢之替選方案相關程度而替選方案之分配係數代表在巢層中占的權重。

表 14-1　一般化極值模式與各種羅吉特模式之整理與比較

| 模式 | 選擇機率 |
|---|---|
| 多項羅吉特<br>（14-2a） | $P_{in} = \dfrac{e^{\mu V_i}}{\displaystyle\sum_{i' \in N_n} e^{\mu V_{i'}}}$ |
| 巢式羅吉特<br>（14-3a） | $P_{in} = P_{in}^m \cdot P_n^m = \dfrac{e^{\mu_m V_i}}{\displaystyle\sum_{i' \in N_m} e^{\mu_m V_{i'}}} \times \dfrac{\exp\left(1/\mu_m \ln \sum_{i' \in N_m} e^{\mu_m V_{i'}}\right)}{\displaystyle\sum_{m'} \exp\left(1/\mu_{m'} \ln \sum_{i' \in N_{m'}} e^{\mu_{m'} V_{i'}}\right)}$ |
| 排序性一般化極值模式<br>（14-4a） | $P_{in} = \displaystyle\sum_m \dfrac{e^{\mu_m V_i}}{\displaystyle\sum_{i' \in N_m} e^{\mu_m V_{i'}}} \times \dfrac{e^{\tilde{V}_m / \mu_m}}{\displaystyle\sum_{m'} e^{\tilde{V}_{m'} / \mu_{m'}}}$ |
| 交叉巢式羅吉特模式<br>（14-5a） | $P_{in} = \displaystyle\sum_m \dfrac{\alpha_{mi} \cdot e^{V_i}}{\displaystyle\sum_{i' \in N_m} \alpha_{mi} e^{V_{i'}}} \times \dfrac{e^{\tilde{V}_m}}{\displaystyle\sum_{m'} e^{\tilde{V}_{m'}}}$ |
| 成對組合羅吉特（14-6） | $P_{in} = \displaystyle\sum_{j=i+1}^{J} \dfrac{e^{\mu_{ij} V_i}\left(e^{\mu_{ij} V_i} + e^{\mu_{ij} V_j}\right)^{1/\mu_{ij}}}{\left(e^{\mu_{ij} V_i} + e^{V_j/\mu_{ij}}\right) \displaystyle\sum_{i=1}^{J-1} \sum_{j=i+1}^{J} \left(e^{\mu_{ij} V_i} + e^{\mu_{ij} V_j}\right)^{1/\mu_{ij}}}$ |
| 一般化巢式羅吉特（14-7a） | $P_{in} = \displaystyle\sum_m P_{in}^m \cdot P_n^m = \sum_m \dfrac{\left(\alpha_{mi} e^{V_i}\right)^{\mu_m}}{\displaystyle\sum_{i' \in N_m} \left(\alpha_{mi'} e^{V_{i'}}\right)^{\mu_m}} \times \dfrac{e^{\mu \cdot \frac{1}{\mu_m} \ln \sum_{j \in N_m}\left(\alpha_{mj} e^{V_j}\right)^{\mu_m}}}{\displaystyle\sum_{m'} e^{\mu \cdot \frac{1}{\mu_{m'}} \ln \sum_{j \in N_{m'}}\left(\alpha_{m'j} e^{V_j}\right)^{\mu_{m'}}}}$ |
| 空間關聯羅吉特（14-8） | $P_{in} = \displaystyle\sum_{j \neq i} \dfrac{\left(\alpha_{ij,i} e^{V_i}\right)^{\mu}}{\left(\alpha_{ij,i} e^{V_i}\right)^{\mu} + \left(\alpha_{ij,j} e^{V_j}\right)^{\mu}} \times \dfrac{\left(\left(\alpha_{ij,i} e^{V_i}\right)^{\mu} + \left(\alpha_{ij,j} e^{V_j}\right)^{\mu}\right)^{1/\mu}}{\displaystyle\sum_{i=1}^{J-1} \sum_{j=i+1}^{J} \left(\left(\alpha_{ij,i} e^{V_i}\right)^{\mu} + \left(\alpha_{ij,j} e^{V_j}\right)^{\mu}\right)^{1/\mu}}$ |
| 潛類多項羅吉特（14-9c） | $P_{in} = \displaystyle\sum_{s=1}^{S} \dfrac{e^{V_{in}^s}}{\displaystyle\sum_{i' \in C_n} e^{V_{i'n}^s}} \cdot \dfrac{\exp\left(\gamma_s Z_n\right)}{\displaystyle\sum_{s'=1}^{S} \exp\left(\gamma_{s'} Z_n\right)}$<br><br>$= \displaystyle\sum_{s=1}^{S} P_{in}^s \cdot M_n^s \quad \forall i \in C_n, n$ |

| 模式 | 選擇機率 |
|---|---|
| 潛 類 巢 式 羅吉特（14-10a） | $P_{in} = \sum_{s=1}^{S} \left[ \sum_m \dfrac{e^{\mu_m^s V_i}}{\sum_{i' \in N_m} e^{\mu_m^s V_{i'}}} \times \dfrac{\exp\left(\frac{\mu}{\mu_m^s} \ln \sum_{i' \in N_m} e^{\mu_m^s V_{i'}}\right)}{\sum_{m'} \exp\left(\frac{\mu}{\mu_{m'}^s} \ln \sum_{i' \in N_{m'}} e^{\mu_{m'}^s V_{i'}}\right)} \right] \cdot \dfrac{\exp\left(\gamma_s Z_n\right)}{\sum_{s'=1}^{S} \exp\left(\gamma_{s'} Z_n\right)}$ <br><br> $= \sum_{s=1}^{S} \left[ \sum_m P_{in}^{ms} \cdot P_n^{ms} \right] \cdot M_n^s \quad \forall i \in C_n, n$ |
| 潛類一般化巢式羅吉特（14-11a） | $P_{in} = \sum_s \sum_m \dfrac{\left(\alpha_{mi}^s e^{V_i}\right)^{\mu_m^s}}{\sum_{i' \in N_m} \left(\alpha_{mi'}^s e^{V_{i'}}\right)^{\mu_m^s}} \times \dfrac{e^{\frac{\mu}{\mu_m^s} \ln \sum_{i' \in N_m} \left(\alpha_{mj} e^{V_{i'}}\right)^{\mu_m^s}}}{\sum_{m'} e^{\frac{\mu}{\mu_{m'}^s} \ln \sum_{i' \in N_{m'}} \left(\alpha_{m'j} e^{V_{i'}}\right)^{\mu_{m'}^s}}} \cdot M_n^s$ <br><br> $= \sum_s p_{in}^s \cdot M_n^s = \sum_s \left[ \sum_m P_{in}^{ms} \cdot P_n^{ms} \right] \cdot M_n^s \quad \forall i \in C_n^m, n$ |

# 14.4 模式推估

　　本章所介紹的衍生之羅吉特模式可以最大概似法求解，利用 GAUSS 統計軟體，先以 0 為起始值估算 MNL 之各個參數值，檢查其共生變數及潛在共生變數的係數正負值之合理性以及是否具有顯著影響，然後納入替選方案特定變數，再找出具有顯著影響之變數，依此程序找出 MNL 之參數可作為基礎，當作進一步估算 NL 與 GNL 的起始值，NL 為確定巢層是否有成立，以替選方案相互放入同巢層估計，若巢層特定參數介於 0～1 之間即巢層成立。

　　至於潛類模式的參數估計，由於區隔數無法事先決定，因此，模式參數估計直接採用最大概似法求解，求解程序係從單一區隔開始，逐漸增加區隔數目，直到無法顯著改進配適度為止，如此找出之市場區隔數即為最適解。一般而言，有兩個指標可來判別區隔個數之適當性，即 AIC = –2LL + 2k 以及 BIC = –2LL + 2k ln(N)，其中 LL 為收斂之對數概似函數、k 為模式裡的參數、N 為樣本大小。潛類模式的參數估計可以利用其對應之非潛類模式估計值作為初始值，例如，以 MNL 之參數值進一步估算 LCMNL 之參數值，以 NL 之參數值進一步估算 LCNL 之參數值，以 GNL 之參數值進一步估算到 LCGNL 之參數值。

# 14.5 結論與建議

　　羅吉特模式因為具有封閉形式（closed form），簡單易用，因此使用非常普遍，但不相干方案獨立性（independence of irrelevant alternatives, I.I.A.）之假設卻會高估

性質相近或有高度相關之「不同替選方案」之獲選機率。目前用來解決 I.I.A. 缺點之方法大致有兩個方向 (1) 階層式之巢化結構，包括：巢式羅吉特（NL），一般化巢式羅吉特（GNL）、排序性一般化極值模式（OGEV），交叉巢式羅吉特模式（CNL）、成對組合羅吉特模式（PCL）、一般化巢式羅吉特模式（GNL），以及混合羅吉特模式（ML）；(2) 市場區隔法，包括：潛類多項羅吉特（LCMNL），潛類巢式羅吉特（LCNL），潛類一般化巢式羅吉特（LCGNL）模式。一般說來，模式之理論愈完整，其預測結果愈精準，但相對而言，其模式架構亦更加複雜，在模式參數校估過程當中所遭遇之困難也更高，例如，參數校估之電腦運算時間過長，或產生不收斂之問題，這些課題都是未來重要之研究方向。

　　此外，為了增加解釋變數對選擇機率之解釋能力，從而提高機率函數之預測精度，亦有文獻引用探索性因子分析法（exploratory factor analysis）將部分可觀測變數值萃取出共同因子作為羅吉特模式之解釋變數，這種結合探索性因子分析法與羅吉特模式兩種方法之整合模式可以相當程度的改善機率函數之預測精度。

# 問題研討

1. 名詞解釋：
   (1) 尺度參數（scale parameter）
   (2) 市場區隔（market segmentation）
   (3) 方案 $i$ 在巢層 $m$ 分配參數（allocation parameter）
   (4) 巢層 $m$ 之巢層特定參數（$\mu_m$）
   (5) 包容值

2. 在一般化極值（generalized extreme value, GEV）定理中（McFadden, 1978），機率函數（probability function）之函數產生器（generator function）必須具備哪四大特性，請分別詳細說明之。

3. 在一般化極值定理中（McFadden, 1978），若假設不同之函數產生器形式，就會產生不同之羅吉特機率函數（probability function），請舉三個例子並分別詳細說明之。

4. 多項羅吉特模式之不相干方案獨立性（independence of irrelevant alternatives, I.I.A.）假設會高估性質相近或有高度相關之「不同替選方案」之獲選機率，請問目前用來解決 I.I.A. 缺點之方法大致可分為幾個方向，請分別詳細說明之。

5. 請問如何利用探索性因素分析法（exploratory factor analysis）將部分可觀測變數值萃取出共同因子作為羅吉特模式之解釋變數，以改善機率函數之預測精度。

# 參考文獻

## 一、中文文獻

[1] 施鴻志、段良雄、凌瑞賢，1984，都市交通計劃的理論與實務，臺北：國立編譯館。

## 二、英文文獻

[1] M. Ben-Akiva, 1974, Structure of Passenger Travel Demand Models," IEEE Transportation Research Record, Vol. 526, pp. 26-41.

[2] Ben-Akiva, M. and Lerman, S. R., 1985, Discrete Choice Analysis, Theory and Application to Travel Demand. The MIT Press, Cambridge, Massachusetts.

[3] Chu, C., 1989, A paired combinational logit model for travel demand analysis, *Proceedings of Fifth World Conference on Transportation Research* **4**, 295-309.

[4] Heckman J.J. and Singer, B., 1984, Econometric Duration Analyhsis, Journal of Econometric 24, pp.63-132.

[5] Kamakura, Wagner A. and Russell, Gary J. A, 1989, Probabilistic Choice Model for Market Segmentation and Elasticity Structure, Journal of Marketing Research, Vol. 26, No. 4, pp. 379-390.

[6] Kamakura, Wagner A., Kim, Byung-Do, and Lee, Jonathan, 1996, Modeling Preference and Structural Heterogeneity in Consumer Choice, Marketing Science, Vol. 15, No. 2 , pp. 152-172.

[7] Koppelman, F. and Wen, C., 2000, The paired combination logit model: Properties, estimation and application', *Transportation Research B* **34**, 75-89.

[8] McFadden, D., 1978, Modelling the choice of residential location. In Karlqvist, A., Lundqvist, L., Snickars, F. and Weibull, J.（eds）Spatial Interaction Theory and Residential Location. NorthHolland, Amsterdam.

[9] McFadden, D. and Train, K., 2000, Mixed MNL models of discrete response, *Journal of Applied Econometrics* **15**, 447-470.

[10] Small, K., 1987, A discrete choice model for ordered alternatives, *Econometrica* **55**, 409-424.

[11] Vovsha, P., 1997, The cross-nested logit model: Application to mode choice in the tel aviv metropolitan area', Conference presentation, 76th Transportation Research Board Meetings, Washington, DC.

[12] Wen, C.-H. and Koppelman, F., 2001, The generalized nested logit model, *Transportation Re-*

*search B* **35**, 627-641.

[13] Wen, Chieh-Hua, Wang, Wei-Chung, Fu, Chiang, 2012, Latent class nested logit model for analyzing high-speed rail access mode choice Transportation Research Part E, 48, 545-554,

# 第 15 章

# 混合羅吉特模式

本書第十四章介紹一般化極值模式及其衍生模式，這些模式存在封閉形式（closed form），具有簡單易用之優點，但不相干方案獨立性之假設（independence of irrelevant alternatives, I.I.A.）卻忽略了替選方案的重疊特性，會高估性質相近或有高度相關之「不同替選方案」之獲選機率，同時也忽略了不可觀察的隨機品味異質性（random taste heterogeneity）。在另一方面，普羅比（Probit）模式假設誤差項服從常態分配，更爲接近現實世界的狀況，但卻不存在封閉形式，在運算上較爲困難。考量羅吉特模式與普羅比模式各有優劣點，具有互補的性質，若結合兩者特性，就能夠呈現出替選方案的重疊特性以及個體異質性，因此混合羅吉特（mixed logit model, MXL）也就因應而生了。

本章內容之順序安排如下：第一節介紹混合羅吉特模式之理論基礎與模式架構；第二節說明隨機參數羅吉特（random coefficient logit）模式；第三節介紹誤差成分羅吉特（error component logit）模式；第四節進行相關議題探討，包括支付的意願以及田口玄一（Genichi Taguchi）實驗設計法；第五節探討模式推估與檢定；第六節提出結論與建議。

# 15.1 混合羅吉特模式之理論基礎與模式架構

混合羅吉特模式（MXL）在實務上通常亦稱之爲混合多項羅吉特（mixed multinomial logit, MMNL）模式。MXL 與多項羅吉特（multinomial logit, MNL）、巢式羅吉特（nested logit, NL）模式相同之處在於皆源自於效用最大化的典型（paradigm），而且在模式發展、資料收集與模式應用方面都雷同，但混合羅吉特模式更具使用彈性，卻也複雜許多。混合羅吉特模式（MXL）可以視爲更一般化的模式，在其架構下多項羅吉特屬於眞正受限情況（exact restricted case），至於其他具有更爲「複雜取代型態」（complex substitution patterns）的模式，例如巢式羅吉特（NL），則爲近似受限狀況（approximate restricted cases）。雖然這種近似程度可以盡可能的達到分析師的期望目標，但卻無法完全一樣。這是因爲混合羅吉特模式與多項羅吉特以及巢氏羅吉特模氏不同，並不具有封閉型氏因此必須利用模擬來加以推估。（DOT, 2014）

混合羅吉特模式（MXL）在文獻上存在不同的替代詮釋，其中最著名的兩種就是隨機參數羅吉特（random parameters logit, RPL）以及誤差成分羅吉特（error components logit, ECL）。雖然就數學術語（mathematical terms）而言，這兩種模式是完全對等，但它們各自的詮釋卻是基於不同的分析興趣。更清楚的說就是 RPL 強調「品味差異」（taste variation）以及「重複性觀察」（repeated observation）的分析，而 ECL

則更適合「複雜取代型態」（complex substitution patterns）與「資料合併」（merging data）的分析。

　　Train's（2003）指出，混合羅吉特模式的選擇機率可以表示為不同參數值 $\beta$ 的加權平均或羅吉特機率的混合（mixture），其中 $\beta$ 的混合分配（mixing distribution）為 $f(\beta)$。正式的說法為：選擇無條件（unconditional）的機率 $P_{in}$ 是由下式 MNL 選擇機率 $L_{in}(\beta)$ 在一個參數 $\beta$ 的機率密度分配函數 $f(\beta)$ 的（區間範圍內）積分。

$$P_{in} = \int_{-\infty}^{\infty} L_{in}(\beta)\, f(\beta)\, d\beta \quad \forall i \in C_n, n \tag{15-1a}$$

其中：

　　$C_n$：為個體 $n$ 之替選方案之集合

　　$f(\beta)$：為 $\beta$ 之機率密度函數，可設定為連續或離散分配，但連續型分配較常被使用

　　$L_{in}(\beta)$：為多項羅吉特模式個體 $n$ 選擇方案 $i$ 的的機率

　　$P_{in}$：為個體 $n$ 選擇方案 $i$ 的機率

　　$\beta$：為隨機參數

　　在上述 $\beta$ 的條件下，個體 $n$ 選擇方案 $i$ 的多項羅吉特機率 $L_{in}(\beta)$ 可表示為：

$$L_{in}(\beta) = \frac{e^{V_{in}(\beta)}}{\sum_{i'} e^{V_{i'n}(\beta)}} = \frac{e^{\beta_n X_{in}}}{\sum_{i'} e^{\beta_n X_{i'n}}} \quad \forall i \in C_n, n \tag{15-1b}$$

其中：

　　$V_{in}$：為個體 $n$ 的方案 $i$ 的隨機效用

　　由於 $\beta$ 為未知的隨機參數，其羅吉特機率公式並非封閉形式，因此混合羅吉特模式（MXL）必須採用模擬最大概似估計法（simulated maximum likelihood estimation method）推估參數（Stern, 1997）。

# 15.2 隨機參數羅吉特模式

## 15.2.1 隨機參數羅吉特（RPL）模式架構

　　混合羅吉特模式（MXL）與傳統多項羅吉特模式（MNL）的主要差異在於考量個體 $n$ 品味為異質性的情形（McFadden and Train, 2000），可設定為連續或離散分配，但以連續型分配較常被使用。隨機參數羅吉特模式允許外生變數（或屬性）存在個體的

異質性，其效用函數形式定義如下：

$$U_{in} = V_{in}(\beta) + \varepsilon_{in} = \beta_n X_{in} + \varepsilon_{in} \quad \forall i \in C_n, n \tag{15-2a}$$

其中，

$C_n$：個體 $n$ 的方案集合

$V_{in}$：為個體 $n$ 方案 $i$ 的隨機效用

$X_{in}$：個體 $n$ 方案 $i$ 的觀察變數

$\varepsilon_{in}$：為隨機項且服從獨立且同一的 Gumbel 分配（I.I.D extreme value）

$\beta$：為隨機參數。假設隨機參數 $\beta$ 服從常態分配，則 $\beta$ 統計分配可表示為 $\beta \sim N(\mu, \sigma)$，其中 $\mu$ 為期望值、$\sigma$ 為標準差。假如 $\sigma$ 顯著不等於零，則樣本存在品味差異；否則 RPL 簡化為 MNL。

$\beta_n$：個體 $n$ 有關變數 $x_{in}$ 的為參數向量，代表個體 $n$ 的品味差異性 [1]

假設隨機參數 $\beta$ 服從常態分配 $\beta \sim N(\mu, \sigma)$，其中 $\mu$ 為「平均值」，$\sigma_n$ 為與個體 $n$ 有關的「隨機參數」，則 $V_{in}$ 可表示為

$$V_{in} = \beta_n X_{in} + \varepsilon_{in} = \mu X_{in} + (\sigma_n X_{in} + \varepsilon_{in}) \quad \forall i \in C_n, n \tag{15-2b}$$

隨機參數 $\sigma_n$ 不限於平均數為 0、標準差為 1 的標準常態分配 $N(0, 1)$，可設定成不同的機率分配形式，然而必須為連續型的分配，例如三角、對數常態、與均一分配等。因每種分配有其限制與適用性，研究者需視模式推估的效果，必須依實際資料挑選符合的分配（Train, 2003）。在以上效用函數的設定條件下，個體 $n$ 選擇方案 $i$ 的無條件選擇機率就如同式（15-1a）所示。

茲以五個方案 A、B、C、D、E 為例，繪製隨機參數羅吉特之架構如圖 15-1：

---

[1] 茲舉成本與時間之隨機係數（亦即差異性）為例說明如下：

(1) 時間係數差異性：可善用乘車時間，例如，搭乘自駕車可以辦公或處理業務。

(2) 成本係數差異性：獲得之價值高於付出成本，例如，花 100 元車資，搭到 Uber 的賓士轎車；花 100 元為 Gogoro 機車充電，會收到減少空汙即時訊息；或是花 100 元用 Klook 買旅遊服務，得到在地特產、紀念品優惠券；搭乘自駕公車不只可以到達目的地，也可以享受自駕公車的娛樂設施與服務。

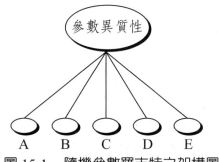

圖 15-1　隨機參數羅吉特之架構圖

## 15.2.2 品味差異

根據推估程序可所獲得的 $(\mu + \sigma_n)$，假如其中 $\sigma_n$ 估計值顯著不等於零，則可以確認樣本具有品味差異；否則，RPL 簡化為 MNL。至於要多少參數才足夠分析品味差異（taste variation），這就需要分析師去思考與判斷。一個好的做法是先固定所有的參數去推估 RPL，然後將所得結果與 MNL 比較，或許可以獲得些許資訊進行後續密集的測試。

### RPL 之品味差異的應用

MNL 與 NL 僅能提供有限的能力去分析決策跨母體品味差異的盛行率（prevalence of taste variation）；這牽涉到對母體每一區隔（segment）（例如收入群組、旅行目的等）的分隔品味參數（separate taste parameters）進行估計。而 RPL 採取不一樣的方法，它允許資料可以更自由的直接顯示任何原有的品味差異的形式，無須求助於任何的區隔（segmentation）。最基本的形式下，RPL 產生了隨機參數分配之第一與第二動差母函數（即平均數與標準差）的測度。

由於 MNL、NL 可以掌握市場區隔的平均品味差異，而 RPL 又適合在區隔衝擊相關的情況下建模，三種模式各有優點，因此最好的建模方法就是綜合 RPL 以及市場區隔的方式來掌握品味差異。

## 15.2.3 重複選取

在描述性偏好（SP）的重複性選取（repeated choices）的複製 $t$ 之下，個體 $n$ 選擇方案 $i$ 的隨機效用 $U_{int}^{RPL}$ 可表示為：

$$U_{int}^{RPL} = V_{int}(\beta) + \varepsilon_{int} = (\mu + \sigma_n)X_{int} + \varepsilon_{int} = \mu X_{int} + (\sigma_n X_{int} + \varepsilon_{int}) \quad \forall i \in C_n, n, t$$

$$(15\text{-}3a)$$

在 $\mu$ 的共同影響之下，$\sigma_n X_{int} + \varepsilon_{int}$ 會在方案間與重複性間產生共相關（correlated）。在複製 $t$ 之下，個體 $n$ 選擇方案 $i$ 的機率 $L_{in}(\beta)$ 可表示為：

$$\mathbf{L}_{in}(\beta) = \prod_{t=1}^{T} \frac{e^{V_{int}(\beta)}}{\sum_{i'} e^{V_{i'nt}(\beta)}} = \prod_{t=1}^{T} \frac{e^{\beta_n X_{int}}}{\sum_{i'} e^{\beta_n X_{i'nt}}} \quad \forall i \in C_n, n \qquad (15\text{-}3b)$$

由於 $\beta_n$ 為未知的隨機參數，隨機參數 $\beta_n$ 的羅吉特機率公式並非封閉形式，必須採用模擬最大概似估計法（simulated maximum likelihood estimation method）推估參數（Stern, 1997）。至於無條件（unconditional）的選擇機率 $P_{in}$，則為上述羅吉特模式在 $\beta_n$ 機率密度函數 $f(\beta)$ 的（區間範圍內）積分，如下：

$$P_{in} = \int \mathbf{L}_{in}(\beta) \, f(\beta) \, d\beta \quad \forall i \in C_n, n \qquad (15\text{-}3c)$$

其中：

$C_n$：個體 $n$ 的方案集合

$L_{in}(\beta)$：為多項羅吉特模式的個體 $n$ 選擇方案 $i$ 的機率

$P_{in}$：為個體 $n$ 選擇方案 $i$ 的機率

$\beta_n$：為隨機係數

$f(\beta)$：為機率密度函數，可設定為連續或離散分配，但以連續型分配較常被使用

### RPL 之重複選取的應用

敘述性偏好資料（stated preference, SP）通常包含母體每一成員的好幾個觀察值，換句話說，是由重複選取（repeated choices）來表達特徵。這會讓某一特定個體的觀察值具有相關的傾向，這種傾向會反過來使得 MNL 或 NL 估計參數的 $t$- 比率（$t$-ratio）造成偏誤。

將相關因素納入考量有兩種不同方法，重抽樣（re-sampling）的技術，例如傑克刀（jack-knifing）或拔靴法（bootstrapping），提供事後修正偏誤的方法；另一種作法則為將這種相關性的問題在設定選擇模式事前就納入考量，而 RPL 就是將可以藉由設定分布的參數共變異矩陣將重複取樣的相關性納入考量。這兩種方法各有優劣，例如傑克刀與拔靴法在診斷指定誤差時相當有用，但是當 MXL 的數種功能合併在一起時（例如重複選取、取代型態），則 RPL 就更為適合了。

# 15.3 誤差成分羅吉特模式

誤差成分羅吉特模式（ECL）分成三個部分加以說明：誤差成分羅吉特模式架構、複雜取代型態（complex patterns of substitution）以及敘述性偏好與顯示性偏好資料的整合（merging data）。

## 15.3.1 誤差成分羅吉特模式架構

誤差成分羅吉特模式（ECL）允許方案間存在彈性的替代型態（Yang, Tsai, Chang, 2015），其誤差成分項（$\eta_{in}$）可以分析不可觀測部分，透過誤差結構來了解異質性與相關性（Munizaga and Alvarez-Daziano, 2001）。與 MNL 模式比較，誤差成分羅吉特著重於無法觀測的效用（Brownstone and Train, 1998）。

假設誤差成分羅吉特的效用函數為

$$U_{in}^{ECL} = V_{in}(\beta) + \eta_{in} = \alpha x_{in} + \eta_{in} = \alpha x_{in} + \gamma_n z_{in} + \varepsilon_{in} \quad \forall i \in C_n, n \qquad (15\text{-}4a)$$

$$\eta_{in} = \gamma_n z_{in} + \varepsilon_{in} \quad \forall i \in N_n, n \qquad (15\text{-}4b)$$

其中，

$C_n$：個體 $n$ 的方案集合

$x_{in}$、$z_{in}$：為個體 $n$ 方案 $i$ 的可觀測變數向量

$\alpha$：固定參數向量

$\gamma_n$：參數，可解釋為誤差成分（error component），屬於個體 $n$ 的隨機項向量，其平均數為 0

$\eta_{in}$：為個體 $n$ 方案 $i$ 之隨機效用的部分

$\varepsilon_{in}$：為型 I 極端值之效用隨機項（stochastic portion of utility），具獨立且同一分配（iid）性質。

## 15.3.2 取代型態

原則上 ECL 可以處理任何取代型態，但處理較為複雜的取代型態（例如交叉巢化結構模型）則是 ECL 的專長。

若將 $z_{in}$ 做不同的設定，就會在不同方案的隨機效用間產生不同的相關型態。

1. 當 $z_{in}$ 等於零，方案間效用的相關就為零，此時 ECL 近似於 MNL。

2. 當 $z_{in}$ 不等於零，方案 $i$ 與 $j$ 間的隨機效用共變異數就不零，誤差成分羅吉特模式變得更具彈性。因為其隨機誤差成分項可同時出現在不同替代方案的效用函數中，其共

變異數為：

$$Cov\left(\eta_{in},\eta_{jn}\right) = E\left(\gamma_n z_{in} + \varepsilon_{in}\right)\left(\gamma_n z_{jn} + \varepsilon_{jn}\right) = z_{in} W z_{jn} \quad \forall i, j \qquad （15-5）$$

其中，

$W$：為 $\gamma_n$ 的共變異數（covariance）

假如誤差成分為獨立，則共變數矩陣的非對角元素為零，即便在這種情況下方案 $i$ 與方案 $j$ 的隨機效用（random utility）仍然具有非零的共變異數。這個架構可以表達方案間的各種相關型式。ECL 的近似的各種隨效用模式，包括可從 McFadden（1978）的一般化極值（Generalized Extreme Value, GEV）家族衍生出來的任何模式在內。

## 15.3.2.1 近似巢式羅吉特模式

若令 $\gamma_n z_{in} = \sum_{k=1}^{K} d_{ik} \delta_{nk} \gamma_{nk}$ [2]，其中 $k$ 代表巢層編號，則 ECL 可以近似巢式羅吉特（NL）模式。

$$U_{in}^{ECL \to NL} = \alpha x_{in} + \sum_{k=1}^{K} d_{ik} \delta_{nk} \gamma_{nk} + \varepsilon_{in} \quad \forall i \in C_n, n \qquad （15-6a）$$

其中，

$d_{ik}$：指標變數，為 0 或 1 二元變數。假如 $d_{ik} = 1$，則誤差項 $\gamma_{nk}$（巢層 $k$）與方案 $i$ 的效用有關；否則，$d_{ik} = 0$，方案 $i$ 不屬於巢層 $k$

$\delta_{nk}$：待校估之參數

$\gamma_{nk}$：為個體 $i$ 屬於某特定相關群體 $k$ 的隨機誤差項目，假設服從平均數為 0、標準差為 1 的標準常態分配 $N(0,1)$

$\varepsilon_{in}$：為型 I 極端值誤差假設，其變異數為 $\pi^2/6$

假設誤差成分羅吉特模式之架構如圖 15-2，即方案 A、B 屬於第一個巢層，而方案 B、C 屬於第二個巢層。

則 A、B、C 三個方案的效用函數可分別表示為：

$$\begin{aligned}
U_A &= V_A + \varepsilon_A = \beta X_A + \delta_1 \gamma_1 + \varepsilon_A & \left(\because d_{A1} = 1\right) \\
U_B &= V_B + \varepsilon_B = \beta X_B + \delta_1 \gamma_1 + \delta_2 \gamma_2 + \varepsilon_B & \left(\because d_{B1} = 1, d_{B2} = 1\right) \\
U_C &= V_C + \varepsilon_C = \beta X_C + \delta_2 \gamma_2 + \varepsilon_C & \left(\because d_{C2} = 1\right)
\end{aligned} \qquad （15-6b）$$

---

[2] Department for Transport (2014, p. 11) 設定 $\gamma_n z_{in} = \sum_{k=1}^{K} \gamma_{nk} d_{ik} \quad \forall i \in N_n, n$。$\gamma_{nk}$ 引入同一巢層 $k$ 不同方案 $i$ 彼此之間的相關（correlation）。

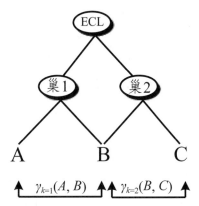

圖 15-2　ECL 模式之誤差項的重疊指定（Yang and Wang, 2017, p. 88）

其中，

$\gamma_k$：屬於巢套 $k$ 的個體設定的隨機誤差向量。

令誤差成分爲獨立常態分配，即每一巢層 $k$ 對個體 $n$ 的誤差變異數爲相同，即 $\gamma_{nk} \sim N(0, \sigma_k^2)$。其中，$\sigma_k^2$ 不僅代表誤差成分 $\gamma_{nk}$ 的變異數，也同時包括了在巢層 $k$ 內任兩方案的隨機效用之共變異數。因此，誤差成分的變異數可以加上 I.I.D 極端值項的變異數，成爲隨機效用的變異數如下：

$$Var\left(\eta_{in}\right) = E\left(\gamma_k + \varepsilon_{in}\right)^2 = \sigma_k^2 + \frac{\pi^2}{6} \tag{15-7a}$$

在巢層 $k$ 的任兩方案 $i$ 與 $j$ 的相關可寫表示如下：

$$Corr\left(\eta_{in}, \eta_{jn}\right) = \frac{\sigma_k^2}{\sigma_k^2 + \pi^2/6} \tag{15-7b}$$

根據 Ben-Akiva and Lerman（1985），巢式羅吉特模式的對數和[3]（logsum）參數 $\theta$ 可以下式近似：

$$\theta = \sqrt{1 - Corr\left(\eta_{in}, \eta_{jn}\right)} \tag{15-7c}$$

在上述 $\beta$ 的條件下，選擇方案 $i$ 的機率 $L_{in}(\beta)$ 可表示爲：

---

[3] 亦稱包容值（inclusive value），代表在巢式羅吉特（NL）模式同一獨立巢層內所有方案的共同效用，其中假設同巢層內的替選方案之誤差項爲獨立且同一之 Gumbel 分配。

$$L_{in}(\beta) = \frac{\beta X_{in} + \sum_{k \in K} d_{ik} \delta_{nk} \gamma_{nk}}{\sum_{i' \in N_n} \left( \beta X_{i'n} + \sum_{k \in K} d_{i'k} \delta_{nk} \gamma_{nk} \right)} \qquad \forall i \in C_n, n \qquad (15\text{-}7d)$$

至於無條件（unconditional）的方案 $i$ 選擇機率 $P_{in}$，則為上述羅吉特模式 $L_{in}(\beta)$ 在機率密度函數 $f(\gamma_{nk})$ 的（區間範圍內）積分，如下：

$$P_{in} = \int_{\gamma_k} \left[ \left( \frac{\beta X_{in} + \sum_{k \in K} d_{ik} \delta_{nk} \gamma_{nk}}{\sum_{i' \in N_n} \left( \beta X_{i'n} + \sum_{k \in K} d_{i'k} \delta_{nk} \gamma_{nk} \right)} \right) \cdot f(\gamma_{nk}) \right] d\gamma_{nk} \qquad \forall i \in C_n, n \qquad (15\text{-}7e)$$

### 15.3.2.2 ECL 與其他隨機效用模式的關係

ECL 與其他隨機效用模式的關係可以整理如圖 15-3 所示。

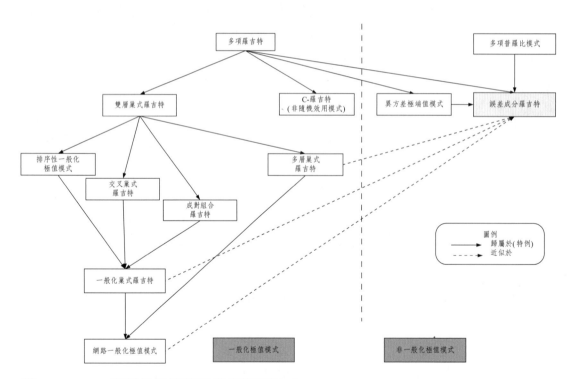

圖 15-3 ECL 與其他隨機效用模式的關係（Department for Transport, Supplementary Guidance, Mixed Logit Models, 2014）

### 15.3.2.3 ECL 之複雜取代型態的應用

MNL 假設具有替選方案獨立不相關（independent from irrelevant alternatives,

I.I.A）性質。也就是說，任兩方案被選擇的機率比例不會受到其他一個方案的出現或消失受到影響。NL 可以部分鬆弛這個性質，即將相似的方案群組起來，放在互斥的巢層內，然後將 I.I.A 特性假設在巢層內，但不可跨巢層，這表示限制了方案間可允許的取代型態。茲以三個方案：紅色巴士、藍色巴士以及紅色火車的運具選擇例加以說明跨巢層之概念，如圖 15-4 所示。

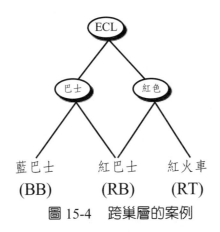

**圖 15-4　跨巢層的案例**

相似度的兩個維度分別為：方案 1（藍巴士）、2（紅巴士）都是巴士，以及方案 2（紅巴士）、3（紅火車）都是紅色，因此存在兩個觀念上的巢層。這樣的問題，NL 是沒辦法處理的。相對的，ECL 可以處理這種方案跨巢層的問題，原則上，ECL 可以容許任何替代的型態，但是運算這些模式的能力會受到取代型態複雜度的限制。

【**例題 15-1**】請寫出圖 15-4 的三個方案 $i$（紅公車、藍公車、紅火車）屬於兩個巢層 $k$（顏色與車種）的指標變數值 $d_{ik}$。

【**解答**】第一巢層 $d_{11} = 1$、$d_{21} = 1$、$d_{31} = 0$，第二巢層 $d_{12} = 0$、$d_{22} = 1$、$d_{32} = 1$。

上述跨巢層（cross-nested logit, CNL）的觀念可以應用至更加複雜的架構上。假如考量進出機場的運具選擇，可以設定機場選擇為一巢層、載體（carrier）為一巢層、運具選擇為一個巢層，三個巢層間允許跨越。

## 15.3.3 敘述性偏好與顯示性偏好資料的整合

在個體旅運需求的研究中，大多使用顯示性偏好（依照個體經驗）（$RP$）或敘述性偏好（受訪者在不同情境及變數下的偏好）（$SP$）等問卷方式進行搜集資料，但都各有缺點，可以結合顯示性偏好與敘述性偏好進行調查。顯示性偏好可以觀察個體的實際選擇行為與研究結果是否完全一致，而敘述性偏好可透過情境組合提供個體參考，並指出其在情境中的偏好，比較這兩種調查結果，可以更接近所有受訪者的實際交通選擇行為。

$$U_{in}^{rp} = \beta_n x_{in}^{rp} + \theta_n y_{in}^{rp} + \varepsilon_{in} \quad \forall i \in C_n, n \tag{15-8a}$$

$$U_{in}^{sp} = \beta_n x_{in}^{sp} + \gamma_n \omega_{in}^{sp} + v_{in} \quad \forall i \in C_n, n \tag{15-8b}$$

其中：

$x_{in}^{rp}$、$x_{in}^{sp}$：為顯示性資料（$RP$）與敘述性資料（$SP$）的共同屬性（common attribute）。

$y_{in}^{rp}$：為顯示性資料（$RP$）的獨特屬性。

$\omega_{in}^{rp}$：為敘述性資料（$SP$）的獨特屬性。

$\varepsilon_{in}$、$v_{in}$：分別為顯示性資料（$RP$）與敘述性資料（$SP$）的隨機誤差項。

$\beta_n$、$\theta_n$、$\gamma_n$：為待校估之參數。

令 $\mu^2$ 為描述性偏好效用函數誤差項變異數與敘述性偏好效用函數誤差項變異數之比例，其數學式如下：（Qiao et al, 2016; Bradley et al, 1997）。

$$\mu^2 = \frac{Var(\varepsilon_{in})}{Var(v_{in})} = \frac{\pi^2 / 6\lambda_{rp}^2}{\pi^2 / 6\lambda_{sp}^2} = \frac{\lambda_{sp}^2}{\lambda_{rp}^2} \quad \forall i \in C_n, n \tag{15-8c}$$

其中，

$\lambda_{rp}$、$\lambda_{sp}$：為尺度參數（scale parameter）。

在混合資料的情況之下，方案 $i$ 的效用函數如下所示（Qiao et al, 2016; Bradley et al, 1997）：

$$U_{in}^{rp} = \beta_n x_{in}^{rp} + \theta_n y_{in}^{rp} + \varepsilon_{in} \quad \forall i \in C_n, n \tag{15-9a}$$

$$\mu U_{in}^{sp} = \mu \left( \beta_n x_{in}^{sp} + \gamma_n \omega_{in}^{sp} + v_{in} \right) \quad \forall i \in C_n, n \tag{15-9b}$$

虛擬替選方案（dummy alternative）以縮放比例 $\mu$ 予以調整。因為 $SP$ 資料的效用隨機項 $\mu v_{in}$ 的變異數等於 $RP$ 資料基礎的效用隨機誤差項的變異數（RP data-based variance of utility random error term），我們可以建立一個虛擬巢式羅吉特樹（virtual nested logit tree）加以解決，如圖 15-5 所示。

在這個虛擬樹，$RP$ 資料的方案置放在樹根下一層級，而 $SP$ 資料的方案則置放在單獨 $SPL$ 水準（決策樹的每一水準）（Qiao et al, 2016; Bradley et al, 1997）。

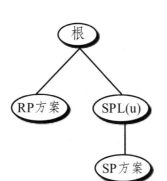

圖 15-5　虛擬巢式羅吉特（VNL）樹（Qiao et al., 2016）

## 15.4 隨機參數羅吉特模式與誤差成分羅吉特模式之對等性

隨機參數羅吉特（RPL）模式與誤差成分羅吉特（ECL）模式分別如下所示：

$$U_{in}^{RPL} = \mu x_{in} + \sigma_n x_{in} + \varepsilon_{in} \quad \forall i \in C_n, n \qquad （15\text{-}10a）$$

$$U_{in}^{ECL} = \alpha x_{in} + \gamma_n z_{in} + \varepsilon_{in} \quad \forall i \in C_n, n \qquad （15\text{-}10b）$$

式（15-10a）可以詮釋爲 $z_{in} = x_{in}$ 的誤差成分模式（15-10b），而式（15-10b）亦可以詮釋爲固定參數在 $x_{in}$、隨機參數在 $z_{in}$ 的平均數爲 0 之隨機參數羅吉特模式（15-10a）。

另外，如果隨機參數 $\beta$ 服從 $(\alpha, \gamma_n)$ 的分配且 $x_{in} = z_{in}$，則隨機參數羅吉特模式（15-2a）就會對等於誤差成分羅吉特模式（15-4a）。

## 15.5 相關議題

以下討論兩個相關議題：從選擇模式中推導支付的意願（willingness to pay from choice models）以及田口玄一（Genichi Taguchi）實驗設計法。

### 15.5.1 從選擇模式中推導支付的意願

假設 MNL 與 NL 的效用函數由時間與成本線性組合如下：

$$V_{in} = \alpha T_{in} + \beta C_{in} \quad \forall i \in C_n, n \qquad （15\text{-}11a）$$

則支付意願是由邊際時間效用與邊際成本效用的比率如下：

$$WTP = \frac{\partial V / \partial T}{\partial V / \partial C} = \frac{\alpha}{\beta} \qquad\qquad (15\text{-}11b)$$

上式意味著時間價值為時間參數 $\alpha$ 與成本參數 $\beta$ 的比率 $\frac{\alpha}{\beta}$。

由於 RPL 的參數比率 $\frac{\alpha}{\beta}$ 服從某一統計分配，其取值的過程會比較複雜。假如只有 $\alpha$ 服從統計分配，則 $\frac{\alpha}{\beta}$ 的時間價值為時間參數的平均值除以成本參數；若時間與成本係數都服從統計分配，則必須使用蒙地卡羅模擬法（Monte Carlo simulation）進行估計。

## 15.5.2 田口玄一實驗設計法

實驗法的種類可包括試誤法（trial-and-error）、一次一因子法（one factor at a time）、全因子法（full-factorial experiment）、部分因子法（fractional factorial experiment）、與實驗設計法（design of experiments, DOE）[4]。

實驗設計法（Fisher, 1935）應用變異數分析法（analysis of variance, ANOVA）作為實驗設計中主要的統計分析工具，除了評估個別因子對輸出回應的主效應外，著重在分析各因子間的交互作用，可定義為：透過（技術、市場）實驗提高獲得資訊效率的泛用技術。而田口實驗設計法為較近似於工程方法（engineering approach），又稱為穩健性設計（robust design），除了各因子主效應外，乃在尋求各因子間交互作用對輸出回應的最佳化，或避免其對輸出回應的負面影響，即不探討或分析各因子間的交互作用，為一工程最佳化的策略。

田口法（Taguchi method）或田口品質工程（Taguchi et al., 1987）係指利用簡單的直交表（orthogonal arrays）實驗設計於簡潔的變異數分析，以少量的實驗數據進行分析，可有效提升產品品質。雖不如全因子法真正找出確切的最佳化位置，但能以少數實驗便能指出最佳化趨勢，可行性較高。

田口法的內容包括：(1) 直交表、(2) 品質損失函數（loss function）、(3) 實驗因子分類、(4) 訊號誤差比（signal to noise ratio, S/N ratio）。

田口法常用的符號 $L_a(b^c)$，其中：$L$ 為拉丁方陣（Latin Square）的第一個英文字，表示直交表；$a$ 為列數，表示實驗次數；$b$ 表水準數；$c$ 為行數，表最多可容納的最多因子數。今假如有七個因子（A、B、C、D、E、F、G），兩個水準（1、2），在全因

---

[4] 亦翻譯成實驗計畫法

子實驗中須有 $2^7 = 128$ 組實驗。在田口直交法中 $L_8(2^7)$ 進行 8 組實驗，如下表 15-1 所示。

表 15-1　田口 $L_8(2^7)$ 直交表

| 實驗 (a) | 控制因子 (c) | | | | | | | 雜訊因子 |
|---|---|---|---|---|---|---|---|---|
| | A | B | C | D | E | F | G | y |
| 1 | 1 | 1 | 1 | 1 | 1 | 1 | 1 | 1.2 |
| 2 | 1 | 1 | 1 | 2 | 2 | 2 | 2 | 1.8 |
| 3 | 1 | 2 | 2 | 1 | 1 | 2 | 2 | 2.0 |
| 4 | 1 | 2 | 2 | 2 | 2 | 1 | 1 | 2.2 |
| 5 | 2 | 1 | 2 | 1 | 2 | 1 | 2 | 1.5 |
| 6 | 2 | 1 | 2 | 2 | 1 | 2 | 1 | 1.7 |
| 7 | 2 | 2 | 1 | 1 | 2 | 2 | 1 | 1.3 |
| 8 | 2 | 2 | 1 | 2 | 1 | 1 | 2 | 2.1 |
| 平均 | | | | | | | | 1.725 |
| 水準 1 反應值 | 1.80 | 1.55 | 1.60 | 1.50 | 1.75 | 1.75 | 1.60 | |
| 水準 2 反應值 | 1.65 | 1.90 | 1.85 | 1.95 | 1.70 | 1.70 | 1.85 | |
| 效果值 | -0.15 ↓ | 0.35 ↑ | 0.25 ↑ | 0.45 ↑ | -0.05 ↓ | -0.05 ↓ | 0.25 ↑ | |
| 較低效應組合 | A2 | B1 | C1 | D1 | E2 | F2 | G1 | |

　　七個因子（A、B、C、D、E、F、G）的兩個水準（1、2）之因子反應計算結果如表 15-1 所示。以因子 A 的水準 1 為例，其反應值為 1.8（= (1.2 + 1.8 + 2.0 + 2.2)/4），其效果值為 -0.15（=1.80-1.65）。

　　若目標為欲使雜訊 y 最小，則應選取各因子較低的效應，亦即 A2[5]、B1、C1、D1、E2、F2、G1，此組合在先前 8 個實驗中並未出現。在因子間無交互作用的假設下，因子效應可加成，則預測的最佳值為 0.95。

$$\bar{y} + (A2\text{-}\bar{y}) + (B1\text{-}\bar{y}) + (C1\text{-}\bar{y}) + (D1\text{-}\bar{y}) + (E2\text{-}\bar{y}) + (F2\text{-}\bar{y}) + (G1\text{-}\bar{y}) = 0.95 \tag{15-12}$$

　　適用的直交表其總實驗次數必須大於或等於所需自由度。假設有 1 個（A）2 水準因子和 5 個（B、C、D、E、F）3 水準因子，若要估計 A 與 B 的交互作用，則其實驗

---

[5]　A2 代表因子 A 選水準 2，因為因子 A 之水準 2 的反應值 1.65 小於水準 1 的反應值 1.80。

自由度如表 15-2。可執行之條件為 $L_{a>14}(b^c)$，因此，$L_{18}$、$L_{36}$、$L_{54}$ 均適用。

表 15-2　實驗自由度

| 項目 | 因子之水準數 | 自由度 |
|:---:|:---:|:---:|
| 總平均 | | 1 |
| A | 2 | 1*(2-1) |
| B、C、D、E、F | 3 | 5*(3-1) |
| A*B[ 交互作用 ] | 2*3 | (2-1)*(3-1) |
| 總計 | | 14 |

根據田口法之自由度條件要求，田口通用直交表整理如表 15-3 所示。

表 15-3　田口法之通用直交表

| 水準值 | 適用直交表 |
|:---|:---|
| 2- 水準值 | $L_4(2^3)$、$L_8(2^7)$、$L_{12}(2^{11})$、$L_{16}(2^{15})$、$L_{32}(2^{31})$、$L_{64}(2^{63})$ |
| 3- 水準值 | $L_9(3^4)$、$L_{81}(3^{40})$ |
| 4- 水準值 | $L'_{16}(4^5)$、$L_{27}(4^{13})$、$L'_{64}(4^{23})$ |
| 5- 水準值 | $L_{25}(5^6)$ |
| 2、3- 水準值 | $L_{18}(2^1 \times 3^7)$、$L_{36}(2^{11} \times 3^{12})$、$L'_{36}(2^3 \times 3^{13})$、$L_{54}(2^1 \times 3^{25})$ |
| 2、4- 水準值 | $L'_{32}(2^1 \times 4^9)$ |
| 2、5- 水準值 | $L_{50}(2^1 \times 5^{11})$ |

# 15.6 模式推估與檢定

　　混合羅吉特模式可以利用 Nlogit 統計軟體模擬求解。本章以多項羅吉特模式（MNL）作為基礎找出顯著變數，進而建構混合羅吉特模式（MXL）進行推估。羅吉特模式之統計特性可由概似比指標（likelihood ratio index）、概似比統計量（likelihood ratio statistics）、漸近 $t$ 檢定（asymptotic $t$ test）加以闡述，請參見 13.4.1 節羅吉特模式之統計檢定。

# 15.7 結論與建議

　　混合羅吉特模式（MXL）可以分成兩種：隨機參數模式（RPL）與誤差成分模式（ECL）。前者分析「品味差異」與「重複選取」，後者則強調「複雜取代型態」與「資料整合」，但兩者在數學術語而言，是完全對等的。混合羅吉特模式（MXL）為多項羅吉特（MNL）與巢式羅吉特模式（NL）的一般化模式，具有彈性，但模式結構也比較複雜，使用上需要付出較大的心力。由於 MNL 與 NL 的發展比較成熟，實務上 MXL 可視為補充前兩個模式之不足：推估數個不同區隔型態（patterns of segmentation）的 MNL 模式可以了解 MXL 的品味差異，至於推估一系列的 NL 模式則可以提供取代型態（patterns of substitution）的洞見。MXL 目前常用的統計軟體為 Nlogit，至於檢定指標則與多項羅吉特（MNL）與巢式羅吉特（NL）模式所使用之指標雷同。

　　個體旅運需求的資料大多使用顯示性偏好（依照個體經驗）或敘述性偏好（受訪者在不同情境及變數下的偏好）等問卷方式進行搜集，但都各有缺點，因此可結合顯示性偏好與敘述性偏好進行調查已達互補之效。亦即，顯示性偏好可以觀察個體的實際選擇行為與研究結果是否完全一致，而敘述性偏好可透過情境組合提供個體參考，並指出其在情境中的偏好，比較這兩種調查結果，可以更接近所有受訪者的實際交通選擇行為。由於敘述性偏好的情境組合非常多，可利用田口法選出重要的情境作為後續調查之用。

# 問題研討

1. 名詞解釋：

    (1) 品味差異（taste variation）

    (2) 重複性觀察（repeated observation）

    (3) 複雜取代型態（complex substitution patterns）

    (4) 支付意願（willingness to pay）

2. 何謂隨機參數羅吉特（random parameters logit, RPL）模式？請從效用最佳化的觀點推導模式。

3. 何謂誤差成分羅吉特（error components logit, ECL）模式？請從效用最佳化的觀點推導模式。

4. 如何推估混合羅吉特模式的參數？需要校估多少參數才足夠？

5. 如何整合顯示性偏好與敘述性偏好的資料？

6. 何謂田口法（Taguchi method）？請說明其內容與適用對象與情境。

7. 請以圖示法說明混合羅吉特模式與其他機率選擇模式之間的關係。

# 參考文獻

## 一、中文文獻

[1] 實驗設計──田口法介紹，https://www.slideshare.net/DaleHsieh1/ss-61533659。

[2] 田口方法，https://slidesplayer.com/slide/14540807/，accessed on 2020/04/04。

[3] 田口方法：品質設計的原理與實務，第四版。

## 二、英文文獻

[1] Ben-Akiva, M. and Lerman, S. R., 1985, Discrete Choice Analysis, Theory and Application to Travel Demand. The MIT Press, Cambridge, Massachusetts.

[2] Brownstone, David, and Train, Kenneth, 1998, Forecasting new product penetration with flexible substitution patterns, Journal of Econometrics, Vol. 89, issue 1-2, 109-129.

[3] Bradley, Mark A., and Daly, Andrew J, 1996, Estimation of logit choice models using mixed stated preference and revealed preference information., Understanding Travel Behaviour in an era of Change (1996): 209-231.

[4] Department of Transportation, 2014, Supplementary Guidance─mixed logit models, United Kingdom.

[5] Fisher, R. A., 1935. The Design of Experiments. London: Oliver & Boyd, Ltd.

[6] Greene, W.H., 2002. NLOGIT (Version 5), Econometric Software Inc. Plainview, New York.

[7] Greene, W.H., Hensher, D.A., 2013. Revealing additional dimensions of preference heterogeneity in a latent class mixed multinomial logit model, Applied Economics, Vol. 45, issue 14, pp. 1897-1902.

[8] Hensher, D., and Greene, W., 2003, The Mixed Logit model: the state of practice, in Transportation (Netherlands), 30(2), pp. 133-176.

[9] McFadden, D., 1978, Modelling the choice of residential location. In Karlqvist, A., Lundqvist, L., Snickars, F. and Weibull, J. (eds) Spatial Interaction Theory and Residential Location. NorthHolland, Amsterdam.

[10] McFadden, D. and Train, K., 2000, Mixed MNL models of discrete response, *Journal of Ap-*

*plied Econometrics* 15, 447-470.

[11] Munizaga, M. A., and Alvarez-Daziano, R., 2001, Testing mixed Logit and Probit models by simulation, Transportation Research Record.

[12] Qiao, Yanfu, Huang, Yihui, Yang, Fei, Zhang, Miao and Chen, Lin, 2016, Empirical study of travel mode forecasting improvement for the combined revealed preference/stated preference data-based discrete choice model, Advances in Mechanical Engineering, Vol. 8(1), pp. 1-8, DOI: 10.1177/1687814015624836.

[13] Stern, Steven E. 1997, A second-order adjustment to the profile likelihood in the case of a multidimensional parameter of interest, Statistical Methodology -Series B, Journal of the Royal Statistical Society.

[14] Taguchi G, Konishi S ,Taguchi Methods, orthogonal arrays and linear graphs, tools for quality American supplier institute, American Supplier Institute; 1987 [p. 8-35]

[15] Train, K. (2003) Discrete Choice Methods with Simulation. Cambridge University Press, Cambridge.

[16] Yang, C.W., Tsai, M.C., Chang, C.C., 2015. Investigating the joint choice behavior of intercity transport mode and high-speed rail cabin with a strategy map, Journal of Advanced Transportation, Vol. 49, pp. 297-308.

[17] Yang, C.W. and Wang, H.C., 2017. A comparison of flight routes in a dual-airport region using overlapping error components and a cross-nested structure in GEV models. Transportation Research A, Vol. 95, pp. 85-95.

# 運輸系統方案之研擬

　　運輸規劃的三個主要步驟為：(1) 研擬不同的運輸系統方案；(2) 協助決策者從中評選出一個最好的方案；(3) 執行評定的方案。在替選方案產生之階段，主要是將運輸系統的元素，例如，車輛、路網、場站以及控制等，整合成為一個系統化、整體化的替選方案，而這個替選方案可以有不同之形式，例如，策略、政策、設計或方案等。但不論如何，所產生之計畫必須提出達成目標之具體作法。此外，所產生之計畫必須具有相當的價值，且能夠通過評估的標準，甚至成為一個最佳之計畫方案。

　　運輸系統方案之產生會因為地點、時間、甚至運輸科技之不同而有所不同，差異性極大，很難整理出一套標準作業程序。因此，本章主要的目的在於闡述方案產生之原則與概念性之作法，特別是技術性層面以及其適用之情境，至於實務性之計畫，牽涉到各式各樣的運輸系統方案產生方式，讀者仍需參考已出版之運輸計畫報告。

　　本章內容之順序安排如下：第一節說明運輸系統方案的研擬原則；第二節介紹運輸系統管理方案之範疇；第三節探討都會區層級之計畫種類與方案產生；第四節介紹非運輸手段之方案產生；第五節則提出結論與建議。

# 16.1 運輸系統方案的研擬原則

　　美國聯邦捷運總署（Federal Transit Administration, FTA）提出研擬替選方案的六個原則（principles）如下：（Meyer and Miller, p. 485）

1. 清楚定義各方案的設計理念與範疇。
2. 直接清楚的說明運輸系統各改善方案之目的與需要性，以及妥善的考量所揭櫫之目標與標的。
3. 方案的產出必須通盤考量所有合理的選項，並經由合理之分析以縮小重點至最具有競爭力之替選方案。
4. 所有的方案必須組織起來，以提供決策者一個選擇的範圍，其間必須詳述不同成本項、運輸效益以及其他衝擊之間的權衡取捨。
5. 替選方案之間必須盡可能的具有競爭性，然後再根據其結果績效之資訊予以修正。
6. 每個方案都必須在公開、證據充分的程序中予以辨認與修正，以確保可以從參與者那裡獲得適當的輸入與評論。

　　Dickey and Diewald（1983, p. 438）提出產生解決方案（solution generation）的七個特殊要求（special requirements）：

1. 清楚定義方案的目標，包括相互衝突目標之解決方法。
2. 提出調和衝突需求之策略，俾能更廣泛的考量：(1) 所有相關之因素，以及 (2) 時間、

人員以及金錢之限制。

3. 建立相關且有用的資訊系統，包括必要的分析與預測。

4. 資訊的組織與表達必須以有意義、快速（instantly）的格式提供做爲計畫（方案）產生（plan-making task）之用。

5. 根據所設定目標，設計所有替選方案。

6. 將所有設計決策（方案）建檔。

7. 在方案分析階段、計畫測試以及評估階段之間進行有效的回饋。

## 16.2 運輸系統管理方案之範疇

　　交通擁擠與相關問題之解決或紓緩並非只有倚靠既有運輸系統之改變。因此，替選方案必須包括維持原案（no-build）以及一個運輸系統管理（transportation system management, TSM）方案在內。運輸系統管理自 1960 年以來，已經受到運輸界的重視，屬於由下而上（bottom-up）的一種方法，係指利用一些短時間可見成效的低成本改善措施，例如定價（pricing）、稅賦（taxation）、拉長工時（staggering of work hours）、縮短工作天數（reducing the number of work days）、或限定卡車的行駛等，而非訴諸大規模、昂貴的資本投資改善計畫來改進整體運輸路網的績效。TSM 整合不同專業的技術來增加運輸系統中所有運具的安全、效率以及容量。TSM 行動範疇（spectrum of TSM actions）內容如下：（Dickey and Diewald, 1983, p. 418）

表 16-1　運輸系統管理（TSM）行動之範疇

| |
|---|
| 1. 車流改善 |
| (1) 號誌路口改善 |
| (2) 高速公路匝道儀控 |
| (3) 單行道設置 |
| (4) 取消路邊停車 |
| (5) 調撥車道 |
| (6) 槽化 |
| (7) 離街載貨 |
| (8) 大眾運輸停靠站重新安置 |
| 2. 高承載車輛優先處理 |
| (1) 高速公路大型巴士與共乘車輛的車道與進出匝道 |

| |
|---|
| (2) 都市幹道與街道的大型巴士與共乘車輛 |
| (3) 大型巴士的號誌優先行駛權 |
| (4) 收費政策 |
| 3. 減少尖峰時間車流 |
| (1) 工作排程變更 |
| (2) 擁擠收費 |
| (3) 尖峰小時限制卡車通行 |
| 4. 停車管理 |
| (1) 停車管理辦法 |
| (2) 停車轉乘設施 |
| 5. 鼓勵高乘載小汽車或非小汽車之使用 |
| (1) 共乘 |
| (2) 人力車輛 |
| (3) 限制車輛進入區域 |
| 6. 大眾運輸或副大眾運輸服務之改善 |
| (1) 大眾運輸之行銷 |
| (2) 保安（security）措施 |
| (3) 大眾運輸候車亭 |
| (4) 大眾運輸場站 |
| (5) 大眾運輸收費政策以及收費之技術 |
| (6) 整合大眾與副大眾運輸的服務 |
| (7) 運輸服務的整合 |
| 7. 大眾運輸管理效率之措施 |
| (1) 路線評估 |
| (2) 車輛通訊與監控技術 |
| (3) 維修政策 |
| (4) 系統績效評估 |

　　美國明尼蘇達州德盧斯將常見用以提升現有運輸系統之效率的交通工程、捷運服務，以及運輸系統管理策略臚列如下：（January 2012 Update: releases of the Duluth and Superior 2011 TSM Assessments）

1. 改善或創新道路設計（improved or innovative roadway designs）
2. 改善標誌與號誌安排（improved signage or signal arrangement）
3. 進出管理（access management）
4. 安全與容量分析（safety and capacity analysis）
5. 捷運評量（transit assessments）
6. 針對性的交通執法（targeted traffic enforcement）
7. 事件反應計畫（incident response plans）
8. 智慧型運輸系統（intelligent transportation systems, ITS）

## 16.3 都會區層級之計畫種類與方案產生

　　方案的產生必須能盡可能地滿足方案所設定之目標。Dickey and Diewald（1983, pp. 424-433）將計畫的種類按照等級區分成四類：(1) 策略計畫（strategic plans）；(2) 政策計畫（policy plans）；(3) 系統計畫（programs or systems plans）；(4) 專案計畫（project plans）。也可按照主題劃分為：(1) 交通安全計畫（traffic safety plans）；(2) 老人與殘障計畫（plans for the elderly and handicapped）；(3) 空氣汙染與控制計畫（air pollution and control plans）；(4) 能源因應計畫（energy contingency plans）。方案的產生或設計（plan generation or design）就是將一些解決問題之想法或概念轉換成一系列的具體行動（actions）。

　　Dickey and Diewald（1983, p. 441）提出都會區運輸系統方案產生流程的四個步驟如圖 16-1 所示。

　　流程圖 16-1 與 16.1 節中 Dickey and Diewald（1983）所提之方案產生的七個特殊要求是有對應關係的：

**步驟 1**：準備階段（preparation）：對應 16.1 節前三個要求。

**步驟 2**：資料整理階段（organization of data）：對應 16.1 節第四個要求。

**步驟 3**：替選計畫設計階段（design of alternative plans）：對應 16.1 節第五個要求。

**步驟 4**：重複設計與評估階段（iteration with testing and evaluation phases）：對應 16.1 節第七個要求。

步驟1：準備　　　　　　步驟2：資料整理　　　　　　步驟3：替選計畫設計　步驟4：重複測試
　　　　　　　　　　　　　　　　　　　　　　　　　　　　　　　　　　　　　與評估

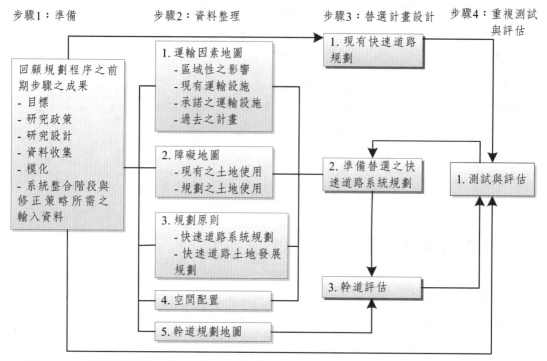

**圖 16-1　都會區系統方案產生之一般性步驟（Dickey and Diewald, 1983, p. 441）**

# 16.4 非運輸手段之方案產生

　　交通問題之改善不只是倚靠運輸系統之改良，也可以藉由一些非運輸手段達成預定之目標。有部分非運輸手段已經包含在 TSM 的措施之內：例如，利用稅賦（taxation）或定價（pricing）以鼓勵或不鼓勵某些特定之旅運（travel）。也可以拉長工作時間之區間、減少工作天數（例如，每星期工作四天，每天工作 10 小時），以及限制不同形式之旅運（travel），例如，卡車限行某些地區之某些道路。

　　除此之外，還有其他三種非運輸手段，即，用路人之補助（user-side assis-tance）、通訊替代（substitution by communication）、土地使用之配置（land-use orga-nization）之非運輸手段可以運用解決交通之問題（Dickey and Diewald, 1983, pp. 444-449）。

## 16.4.1 用路人之補助

　　家戶所得高低與所產生之旅運量具有高度相關，所以透過收入移轉計畫是可以增加易行性（mobility）與可及性（accessibility）。這種方法對於老年與殘障人士是特別

有用，因為他們在人群裡是相對貧窮的。用路人之補助（user-side assistance）曾經被使用於公共運輸方面。相關之案例包括：(1) 補貼老年、殘障人士搭乘計程車；(2) 發售 10 張 50 分（cents）的計程車優待券給老年、殘障人士；(3) 提供車輛給傷殘退伍軍人團體。

　　相對於傳統公共運輸對待弱勢族群的策略，這種方法有許多優點，但在推行相關辦法時，必須防止私家車或卡車因此受惠。

## 16.4.2 通訊替代

　　當運輸成本增加，通訊成本降低時，部分運輸是可以被通訊所取代的。特別是當電腦的通訊科技進步非常快速時，更寬廣的選擇就會變成可能。常見的應用包括：電話會議（teleconference）、視訊會議（video conference）、遠距離教學（distance educa-tion）等。

## 16.4.3 土地使用之配置

　　透過適當之土地使用配置，可以降低旅次之數量與長度，以及運具之使用別。台灣之住商混合土地使用型態，比起外國之住商分離土地使用型態，確實是可以減少許多旅次之數量與長度，此外，捷運取向之土地使用發展，也可鼓勵民眾搭乘捷運。

## 16.5 結論與建議

　　本章主要探討如何產生運輸替選方案，包括：運輸系統方案的研擬原則；運輸需求管理方案之範疇；都會區層級之方案產生；以及非運輸手段之方案產生。本章內容偏向於原則性與概念性的討論，至於實務性之作法，讀者可參考實務性之運輸計畫書以了解實際之作業內容。

## 問題研討

1. 名詞解釋：
   (1) 定價（pricing）
   (2) 稅賦（taxation）

(3) 拉長工時（staggering of work hours）

(4) 高承載車輛優先處理

(5) 用路人之補助（user-side assistance）

(6) 通訊替代（substitution by communication）

(7) 土地使用之配置（land-use organization）

2. 研擬運輸系統方案的原則有哪些？

3. 產生解決方案（solution generation）的特殊要求有哪些？

4. TSM 行動範疇內容有哪些？

5. 運輸計畫的種類有那些？試分別詳述之。

6. 試繪製都會區系統方案產生之一般性步驟，並分別詳述之。

7. 如何利用非運輸手段解決運輸問題？其內容有哪些，請詳述之。

# 相關考題

1. 請說明目前腳踏車使用的問題，從運輸規劃的角度，應如何考慮腳踏車的使用？請提出你的規劃構想。（96 高三級）

2. 在提供老人運輸服務及發展大眾運輸之雙重目標下，許多縣市均陸續推出老人搭乘公共汽車免費之優惠方案。然而老人因體力漸衰、視力變差、反應變慢，在使用公共汽車之能力上遠較年輕人吃力，因此乃有人質疑「老人免費搭乘公共汽車」是一項「惠而不實」之公共政策。如果您是交通部之首席運輸規劃師，請問您將如何評估並規劃較適合老人使用之運輸服務呢？請從問題之系統分析開始，詳細說明您所規劃之研究課題、將使用之理論與模式、所欲蒐集之資料內容、資料之取得方法、及預期之研究成果。（95 高三級）

3. 根據行政院今年（2017.06）所擬定的「前瞻基礎建設特別條例」草案中，「第五條：中央執行機關辦理前瞻基礎建設計畫，應依相關規定報行政院核定，並視計畫性質就其目標、執行策略、資源需求、財務方案、營運管理、預期效益、風險管理等詳實規劃，及依法辦理環境影響評估（含政策環境影響評估），分別擬具可行性研究、綜合規劃及選擇與替代方案之成本效益分析等報告。」其中，軌道建設的一項主軸為「都市捷運」，請具體說明如何進行「都市捷運」的規劃。（106 普考）

4. 引導民間充沛資金參與交通建設與服務，紓解政府財政困局，提升經營與服務效率，是目前各國政府努力的方向。試從財務創新的觀點，探討各種非傳統財源籌措的策略作法

及其可能面臨的問題與對策。（108 特三等）

5. 試說明運輸系統管理（Transportation System Management, TSM）之規劃程序。以實施公車專用道為例，說明規劃程序中各步驟之內容、工作項目與可能使用之分析方法。（108 特四等）

6. 根據民國 106 年 7 月 7 日公布的「前瞻基礎建設特別條例」第五條：中央執行機關辦理前瞻基礎建設計畫，應依國土計畫法及相關規定，並應視其計畫性質就其目標、資源需求、執行策略、財務方案、營運管理、預期效益、風險管理等詳實規劃，及依法辦理環境影響評估（含政策環境影響評估），分別擬具可行性研究、綜合規劃及選擇與替代方案之成本效益分析等報告，提報行政院核定。請針對前瞻基礎建設計畫中臺鐵都會區捷運化桃園段改採地下化可行性研究，研擬分析的程序、預期效益與面臨的困難。（108 高三級）

7. 試說明運輸需求管理的意義？並分析在旅次產生、產次分配、運具選擇與交通量指派方面，運輸需求管理的目標，以及可行的策略（各舉二項）？（109 普考）

8. 何謂 MaaS（Mobility as a Service）？其強調的核心服務有哪些？涵蓋的服務範疇有哪些？（109 高三級）

9. 請詳述研擬一基地交通衝擊分析報告應包括哪些分析內容？（109 高三級）

10. 某都會區擬興建一大型運動場館（如：棒球場、足球場），試說明如何估算其所需之汽車與機車停車格位數。（110 特四等）

11. 請說明如何建構可適應氣候變遷之韌性運輸系統。（111 高三級）

12. 試說明運輸需求管理（Transportation Demand Management）之意義，並說明可如何運用運輸需求管理的方式以促進公共運輸之發展。（111 特四等）

13. 請說明目前構建都市人本交通環境之關鍵議題為何？以及可能的改善策略為何？（111 普考）

# 參考文獻

[1] Dickey, J.W. and Diewald, W.J., 1983, Metropolitan Transportation Planning, Second Edition, McGraw-Hill Book Co, USA.

[2] Meyer, M.D. and Miller, E.J., 2001, Urban Transportation Planning, Second Edition, McGraw-Hill Book Co -Singapore, USA.

# 第 17 章

# 運輸系統方案之評估

運輸規劃的過程涵括研擬不同的運輸系統方案，協助決策者從中評選出一個最好的方案，並提供相關單位據以確實執行。其中，方案評估係指選用合適之評估方法，在考量現況之限制條件下，從替選方案中評選出最符合預設目標之方案的一套程序，為運輸規劃中非常重要且不可或缺之一環。傳統的方案評估多半強調量化之評估項目，但現今之運輸規劃師也開始注意到一些重要但無法量化之評估項目，基於各種不同評估之需求，不同的評估方法也就因此應運而生，目前常見之評估方法有三種，即成本效能評估法（cost effectiveness method）、多屬性評估法與目標達成矩陣法，以及單目標評估法。

本章內容之順序安排如下：第一節說明評估之定義與面向；第二節介紹方案評估之標準與特性；第三節探討方案評估之內容與改良方向；第四節介紹成本效能評估法；第五節闡明多屬性評估法、目標達成矩陣法；第六節則介紹單目標評估法；第七節簡述資料包絡分析（data envelopment analysis）與隨機前緣分析（stochastic frontier analysis）；第八節則提出結論與建議。

# 17.1 評估之定義與基本準則

評估（evaluation）為確認不同行動方案之必要性的一套程序，提供完整而有用的資訊給決策者參考。其中，確認方案必要性之程序包括三個步驟：(1) 定義評估項目之價值及其量測的方法；(2) 估計行動方案的效益、成本之產生來源與生效時程；(3)（經由效益與成本之比較）確認該替選方案之績效水準。由此可知，評估程序所提供給決策者之資訊必須包括：方案所造成衝擊之估計（不但必須確定衝擊之大小，也必須確認受益與受害之群體）、相互矛盾目標之間的權衡取捨，以及各方案不確定之部分。

在 1950 年代以及 1960 年代初期，評估的重點在於估計替選方案造成衝擊之數量結果，並且將效益與成本項目都以貨幣表示，然後據以比較不同替選方案之間的淨幣值，可獲得最高貨幣報酬之替選方案會被評選執行。在這種評估方式下，運輸規劃師僅扮演著技術性、專業性與專家的角色，而在另一方面決策者從政治層面考量，屬於非專業（lay）的面向。在這種情境下，運輸規劃師受限於專業訓練，只能提出特定的與偏狹的目標，而決策者則基於本身的考量或受到選民的託付而具有較廣泛、甚至彼此相互衝突的目標。這種傳統的評估方式受到四種趨勢的影響而逐漸改變，即：(1) 所欲處理的問題複雜度日益增加；(2) 市民對公共議題的興趣逐漸增加；(3) 市民參與機制的法制化；(4) 傾向市場運作、反對政府干預的想法與做法已經逐漸成形。（Dickey and Diewald, 1983, p. 372）

因此，在 1960 年代之後期開始，運輸規劃師也開始強調一些無法量化之評估項

目，有些法令甚至強制規定必須將空氣品質、社區內聚力、能源消耗、資源分配之公正性，以及經濟發展等項目納入評估的過程當中。很顯然的，這種評估方法的基本準則（basis of evaluation）開始納入較為廣義的效能定義與標準、也強調資源分配之公正性、效能（effectiveness）、資源配置之效率（efficiency）以及方案執行之可行性，來進行最佳方案之評選，參見表 17-1。

表 17-1 計畫評估之基本準則

| 基本準則 | 說明 |
|---|---|
| 適當性（appropriateness） | ・決策所需要的衝擊與權衡取捨之資訊？<br>・方案所達到之目標可以反應社區所設定之目標與標的？ |
| 公正性（equity） | ・效益與成本在社區成員之間的分配情形？<br>・社區成員所支付之成本與他們所獲的效益是否成比例？ |
| 效能（effectiveness） | ・替選方案可以產生期望結果之可能性？<br>・經由執行替選方案可達成計畫目標與社區目標之程度？ |
| 充足性（adequacy） | ・替選方案與問題大小以及期待之解答成比例？<br>・有無考慮其他替選方案？ |
| 效率（efficiency） | ・替選方案所獲得之效益值得花費這些成本嗎？<br>・與其他替選方案比較，所獲得的額外效益值得所投入的額外成本嗎？ |
| 執行之可行性（implementation of feasibility） | ・資金取得可以依所訂期程來執行計畫嗎？<br>・有無行政上或法令上之障礙阻止計畫之執行？<br>・是否有團體會反對方案？ |
| 敏感度分析（sensitivity analysis） | ・當分析假設改變時，預測之衝擊要如何修正？<br>・這些角色改變之可能性有多高？ |

Source: Meyer and Miller（2001, p. 485）

# 17.2 方案評估之標準與特性

以丹佛（Denver）之投資計畫為例，方案評估之標準依時機點不同而有所不同，茲依照事前篩濾標準（prescreening criteria）、篩濾標準（screening criteria），以及詳細等級評估（detailed level）等三種進程分別說明如下：（Meyer and Miller, 2001, p. 486）

## 1. 事前篩濾標準（不合適性／重大缺點分析）

(1) 替選方案是否配合區域性之目標與標的？

(2) 是否足以承受負擔該計畫方案？

(3) 替選方案是否發生重大之環境衝擊？

(4) 替選方案是否招致社區與單位之強烈反對？

(5) 技術是否屬於可獲益之服務？

## 2. 篩濾標準

(1) 替選方案與區域性之目標與標的之配合程度如何？

(2) 可以承受該計畫方案到什麼程度？

(3) 替選方案之主要環境衝擊為何？

(4) 替選方案強調廊道之易行性問題到達什麼程度？

## 3. 詳細等級之評估

詳細等級之評估又可細分為績效標準（performance criteria）以及衝擊標準（impact criteria）兩部分：

(1) 績效標準部分

・計畫之輸運旅客能力

・潛在之輸運旅客能力

・路段之最大利用率

・用路人之數目

・系統之利用（以區域為基礎）

・廊道之擁擠程度

・旅行時間

・區域性之延滯

・旅行時間之可信度

・對貨物移動之衝擊

(2) 衝擊標準部分

・濕地

・公園、歷史性財產、野生動物庇護

・空氣品質

・瀕臨絕種之生物

・環境正義

・遷徙

・里鄰關係之崩解以及社區之凝聚力

方案一旦產生，評估必須具備以下八點特性（characteristics）：（Meyer and Miller, 2001, p. 486）

1. 評估必須聚焦在決策者所面臨之決策。
2. 評估必須將所獲得之結果與替選方案的目標與標的建立關係。
3. 評估必須確定不同團體受到不同替選方案的影響。
4. 評估必須能夠反應替選方案在不同時點所造成之衝擊。
5. 區域性之運輸規劃，必須能產生足以評估不同層級之方案衝擊的資訊。
6. 評估必須分析每一個替選方案執行之要件。
7. 評估必須估計被推薦方案的實施行動之財務可行性。
8. 評估必須以易於了解且適合時地的方式，提供決策者有關替選方案價值之資訊。

## 17.3 方案評估之內容與改良方向

正式的評估作業可選擇在方案實施之前執行（pre or before project），也可以在方案實施之後執行（post or after）（Dickey and Diewald, 1983, p. 330）。前者評估的主要目的在於比較使用者之預測水準以及替選方案的衝擊水準，並從中評選出最佳的替選方案；而後者則在於評估已實施方案（project）、重大計畫（program）、計畫（plan[1]）「真正的」衝擊，據以決定該項計畫是否應該持續進行、修正或放棄。

傳統之評估方法多半屬於經濟方法，著重效益與成本項目的比較，Meyer and Miller（2001, p. 488）認為這種方案評估的內容必須進行兩個方向之改良，即：(1) 擴大詮釋並詳細區分效益與成本的內涵與特性；(2) 擴大考量社經系統（socioeconomic systems）與環境系統（environmental systems）之衝擊：

1. 擴大詮釋並詳細區分效益與成本的內涵與特性。

   (1) 區別實際上（real）與金錢上（pecuniary）的衝擊：前者是指方案造成消費者最後總福利的增加，而後者則是指在最後消費者之間的所得重分配，例如交通改善造成土地價值之飆高。嚴格說來，金錢上衝擊不應納入評估項目，除非另有政治或選票上之考量。

   (2) 區別直接（direct）與間接（indirect）之衝擊：前者是指投資的目標，例如，公

---

[1] plan 可以稱為計畫，指的是某一連串為了未來而做的行動，經細心規劃過的一套活動，特別是一般人所訂立的計畫；program 可以稱為重大計畫，特別是經由政府或由大型機構所組織策劃的計畫；project 比較偏向方案、一段程序或一個議程，比較傾向是為了要建立或者創新一個事物，或為了要解決一個問題而精心策劃的工作。

共運輸投資計畫的目標為降低旅行時間；後者則是指衍生之副產品，例如，造成鐵路車站附近社區之房地產需求增加，或社區特質之改變，用路人改搭較省時之運具等。

(3) 區別有形（tangible）與無形（intangible）之衝擊：前者是指可以用貨幣表示之效益或成本項目，而後者則無法如此表示，例如，橋梁之美觀外型。

(4) 區別內部（internal）與外部（external）之衝擊：運輸投資計畫通常是由當地團體或相關單位支付成本，但造成之衝擊則可能擴散至計畫範圍之外。當衝擊僅侷限於計畫範圍內就稱之為內部衝擊；否則，就稱之為外部衝擊。

(5) 分辨使用者（user）與非使用者（non-user）成本之差別：前者包括旅行時間節省；後者則包括：商家與住家之遷移，環境品質降低，以及土地使用型態之改變等。

(6) 區別總和的（total）與遞增的（incremental）成本效益：前者包括方案建造與營運之總成本支出，後者則係指因為改善現有系統所產生額外的或邊際的成本效益項目。

(7) 區別重複計算的（double counting）與不重複計算的項目：前者係指已經間接計算的項目就不可以重複納入直接衝擊項目計算，例如前述之運輸計畫方案投資所產生之土地增值，因為這部分已經被購買者或承租人支付了，所以不可以再納入社區的淨經濟效益之內。

2. 貨幣效益與成本項目除了運輸系統的使用者（transportation system users）之外，也必須同時考量社經系統與環境系統之衝擊。運輸系統之改變會對社經系統與環境系統造成直接（direct）與間接（indirect）之衝擊。

根據以上之改良方向可以了解，現代的評估方法主要的挑戰在於了解並區別效益與成本項目彼此之間的複雜關係，以及界定辨識一組各種衝擊（diverse impacts）的效益與成本項目。以公共運輸投資之評估為例，其評估架構可以整理如圖 17-1 的流程圖（Meyer and Miller, 2001, p. 503），可視為整個完整運輸規劃程序中的一個部分。

從圖 17-1 中通常可以整理出決策者所需要的資訊，如表 17-2 所示之評估矩陣。

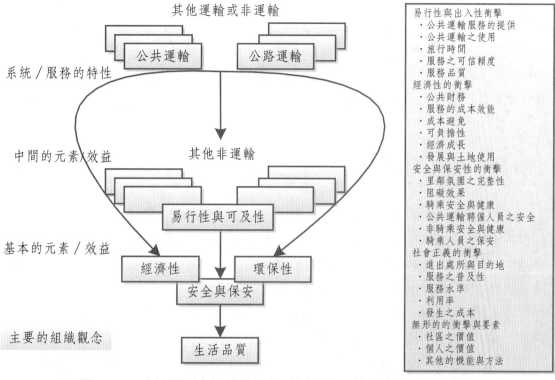

圖 17-1　衝擊量測與價值的層級（以公共運輸投資之評估為例）

表 17-2　評估矩陣

| 目標與標的 | 方案-1 | 方案-2 | 方案-3 | 方案-4 | 方案-5 |
|---|---|---|---|---|---|
| MOE-1 | | | | | |
| MOE-2 | | | | | |
| MOE-3 | | | | | |
| MOE-4 | | | | | |
| MOE-5 | | | | | |
| MOE-6 | | | | | |
| 經濟性的評估 | 益本比（B/C）或淨現值 | 益本比（B/C）或淨現值 | 益本比（B/C）或淨現值 | 益本比（B/C）或淨現值 | 益本比（B/C）或淨現值 |

衝擊的量測或成本效能的資訊

MOE（measure of effectiveness）：效能量測指標

　　在評估過程中有關經濟效益、運輸之社會成本的項目，以及衝擊分配之評估內容比較複雜，請參見 Meyer and Miller（2001, pp. 491-502）。以下介紹三種常見之計畫評估方法：(1) 成本效能評估法；(2) 多屬性評估法、目標達成矩陣法；以及 (3) 單目標評估法（single-objective assessment method），主要用來比較經濟效益與成本項目（Meyer and Miller, 2001, pp. 505-522；陳惠國，2009）。

# 17.4 成本效能評估法

　　成本效能評估法估計每單位成本支出所能達成的目標或標的之水準，可以說明支出成本與獲得效能之間的權衡取捨。這個方法所指的效能是一個單一的指標，代表所有的效益和，例如，大眾運輸新增的乘客數目，代表某替選方案所有效益（包括降低公路擁擠與環境衝擊）的總和或絕大部分效益之代表（surrogate）。至於這裡所指的成本則是指與方案有關的投資、營運、維護、修復（rehabilitation）之支出，有時也稱之為「營運者」或「持有者」成本。圖 17-2 為成本效能評估的一個範例，方案 1、2、4、5、7 形成效能的前緣線，而方案 3、6 則屬於被統領（dominated）的方案。因為方案 3 所支出之成本與方案 4 一樣多，但所獲得之效能卻較少；而方案 6 所獲得之效能與方案 5 一樣多，但所支出成本之卻較多。效率前緣是由分段直線（piecewise linear）所組成，每一段直線之斜率都代表前後端兩個方案之間的邊際效益，整體而言，效用前緣線是呈現邊際效用遞減之趨勢，決策者根據這個成本效能圖必須要做出決定是否所產生之邊際效能值得投入額外的成本。

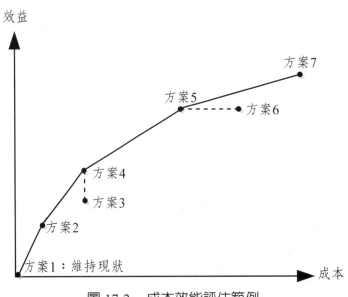

圖 17-2　成本效能評估範例

# 17.5 多屬性評估法與目標達成矩陣法

17.5.1～17.5.2 節之多屬性評估法在評估程序中同時考量相互衝突或具權衡取捨之多個目標，而 17.5.3 則介紹目標達成矩陣法。

## 17.5.1 多屬性決策的分類

多屬性決策方法（multiple attribute decision making, MADM）可以按照偏好資訊之種類、偏好資訊之特性分成兩個階段加以分類，Hwang and Yoon（1981）將 17 個方法分類如圖 17-3：

1. 第一階段的分類準則為偏好資訊之形式：可細分為三種，即無偏好資訊（no information），有 3 種方法；屬性偏好資訊（information on attribute），有 11 種方法；方案偏好資訊（information on alternative），有 3 種方法。

2. 第二階段的分類準則為偏好資訊之特質：在屬性偏好資訊（information on attribute）之下可細分為四種，包括：標準水準（standard level）有 2 種方法、序數尺度（ordinal）有 3 種方法、基數尺度（cardinal）有 5 種方法、邊際替代率（marginal rate of substitution）有 1 種方法；在方案偏好資訊之下可細分為兩種，包括：成對偏好（pairwise preference）有 2 種方法、成對近似排序（order of pairwise proximity）有 1 種方法。

## 17.5.2 權重估算的方法

在決策者的心目中，方案各種屬性之份量並不相同，因此必須賦予適當之權重，以作為替選方案排序之重要依據。權重估算的方法主要有以下數種：(1) 特徵向量法、(2) 加權最小平方法、(3) 熵法（entropy method）、(4) 多元尺度偏好分析之線性規劃技法（linear programming technique for multidimensional analysis of preference, LINMAP）、(5) 極端加權法（extreme weighted approach）。其中熵法、LINMAP在演算時須利用到決策矩陣相關資訊，故僅適用於 MADM。

以下依序介紹三種常用之權重估算方法，即特徵向量法、加權最小平方法，以及熵法。

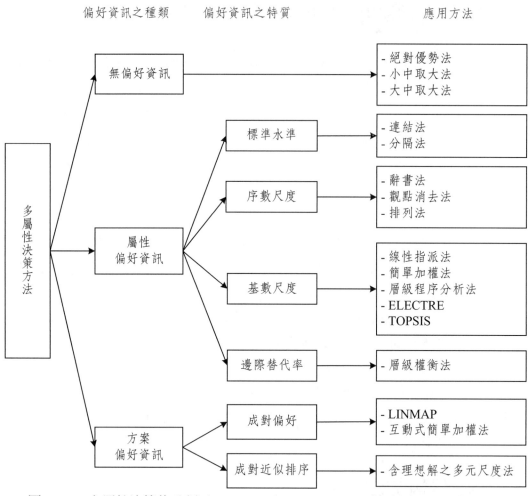

圖 17-3　多屬性決策的分類（Hwang and Yoon，1981；陳惠國，2009）

## 1. 特徵向量法

　　特徵向量法係利用成對比較矩陣（pairwise comparison matrix）來估算屬性權重之技術（Saaty, 1971），為進行多屬性決策分析的重要模組之一。對於決策者而言，所謂成對比較值係指兩個不同屬性間重要性（或權重）之比值，令第一個屬性之權重值為 $w_1$，第二個屬性之權重值為 $w_2$，則這兩個屬性權重之成對比較值為 $w_1/w_2$。假如有 $n$ 個屬性進行比較，若不計入自我比較之對角線元素，則成對比較矩陣所包含之元素有 $C(n, 2) = n(n-1)/2$ 個。

　　成對比較矩陣 **A** 亦稱正倒值矩陣（positive reciprocal matrix），或正倒數矩陣，可以表示如下：

$$\mathbf{A} = \begin{bmatrix} a_{11} & a_{12} & \cdots\cdots & a_{1n} \\ a_{21} & a_{22} & \cdots\cdots & a_{2n} \\ \vdots & \vdots & \cdots\cdots & \vdots \\ a_{n1} & a_{n2} & \cdots\cdots & a_{nn} \end{bmatrix} = \begin{bmatrix} w_1/w_1 & w_1/w_2 & \cdots\cdots & w_1/w_n \\ w_2/w_1 & w_2/w_2 & \cdots\cdots & w_2/w_n \\ \vdots & \vdots & \cdots\cdots & \vdots \\ w_n/w_1 & w_n/w_2 & \cdots\cdots & w_n/w_n \end{bmatrix} \qquad (17\text{-}1)$$

其中 $a_{ij}(=w_i/w_j)$ 表示屬性 $i$ 之權重值 $w_i$ 與屬性 $j$ 之權重值 $w_j$ 之成對比較值。

由上述正倒值矩陣 A 中可以觀察出其元素 $a_{ij}$ 具有兩種數學性質：

(1) 倒值性（reciprocal property）：

$$a_{ij} = 1/a_{ji} \qquad (17\text{-}2a)$$

(2) 一致性（consistency property）：

$$a_{ij} = a_{ik}/a_{jk} \qquad (17\text{-}2a)$$

Saaty（1977）將成對比較值的尺度比率（scale ratio）設定為 1～9，其定義與說明如表 17-3 所示。

表 17-3　項目／方案比較尺度比率之定義與說明

| 評點比 | 定義 | 說明 |
|---|---|---|
| $a_{ij} = 1$ | 同等重要<br>（equal importance） | 根據某項基準評比，$w_i$ 與 $w_j$ 同等重要 |
| $a_{ij} = 3$ | 稍重要<br>（weak importance） | $w_i$ 之重要性比 $w_j$ 稍大 |
| $a_{ij} = 5$ | 重要<br>（essential importance） | $w_i$ 比 $w_j$ 重要 |
| $a_{ij} = 7$ | 很重要<br>（very strong importance） | 由某些實例強烈顯示 $w_i$ 比 $w_j$ 具重要性 |
| $a_{ij} = 9$ | 絕對重要<br>（absolute importance） | 有足夠的證據肯定 $w_i$ 比 $w_j$ 絕對重要 |
| $a_{ij} = 2, 4, 6, 8$ | $(a_{ij}\text{-}1)$ 與 $(a_{ij}+1)$ 之折衷值 | 當 $(a_i-1)$ 與 $(a_i+1)$ 須協調時 |

在滿足一致性的假設下，若將成對比較矩陣 **A** 與權重向量相乘，我們可以得到：

$$\mathbf{A}\,\mathbf{w} = \begin{bmatrix} w_1/w_1 & w_1/w_2 & \cdots\cdots & w_1/w_n \\ w_2/w_1 & w_2/w_2 & \cdots\cdots & w_2/w_n \\ \vdots & \vdots & \cdots\cdots & \vdots \\ w_n/w_1 & w_n/w_2 & \cdots\cdots & w_n/w_n \end{bmatrix} \begin{bmatrix} w_1 \\ w_2 \\ \vdots \\ w_n \end{bmatrix} = n \begin{bmatrix} w_1 \\ w_2 \\ \vdots \\ w_n \end{bmatrix} = n\,\mathbf{w} \qquad (17\text{-}3a)$$

或

$$(\mathbf{A} - n\mathbf{I})\mathbf{w} = 0 \qquad (17\text{-}3b)$$

其中，

$$\mathbf{w} = (w_1, w_2, \cdots, w_n)^T \qquad (17\text{-}4a)$$

$$\sum_{j=1}^{n} w_j = 1 \qquad (17\text{-}4b)$$

此時最大之特徵值 $\lambda_{\max} = n$，其餘之特徵值均爲 0。

但假如允許存在不一致性，則具有不一致性的成對比較矩陣 $\mathbf{A}'$ 之最大特徵值（largest Eigenvalue）就不會等於 $n$ 了，但最大特徵值仍可以由下式計算出來：

$$\mathbf{A}'\mathbf{w}' = \lambda_{\max}\mathbf{w}' \qquad (17\text{-}5a)$$

或

$$(\mathbf{A}' - \lambda_{\max}\mathbf{I})\mathbf{w}' = 0 \qquad (17\text{-}5b)$$

因爲特徵向量 $\mathbf{w}$ 大於 $\mathbf{0}$，最大特徵值 $\lambda_{\max}$ 可以經由求解下列行列式而得：

$$\det(\mathbf{A}' - \lambda\mathbf{I}) = 0 \qquad (17\text{-}6)$$

一旦求得最大特徵值 $\lambda_{\max}$ 就可以將之代入式（17-5a）或（17-5b）求得正值成對比較矩陣之主要特徵向量（The principle eigenvector of a positive pairwise comparison matrix）。

【例題 17-1】若已知正值成對比較矩陣 $\mathbf{A}$，試求 $\mathbf{A}$ 矩陣之最大特徵值及對應之特徵向量 $\mathbf{w}$。

表 17-4　成對比較矩陣

$$\mathbf{A} = \begin{bmatrix} 1 & 1/3 & 1/2 \\ 3 & 1 & 3 \\ 2 & 1/3 & 1 \end{bmatrix}$$

**【解答】**

令行列式 $\det(\mathbf{A} - \lambda\mathbf{I}) = 0$，即

$$\det(\mathbf{A} - \lambda\mathbf{I}) = \begin{vmatrix} 1-\lambda & 1/3 & 1/2 \\ 3 & 1-\lambda & 3 \\ 2 & 1/3 & 1-\lambda \end{vmatrix} = 0$$

求解可得 $\mathbf{A}$ 矩陣之最大特徵值 $\lambda_{\max} = 3.0536$，將 $\lambda_{\max}$ 代入式（17-5b），即

$$\begin{bmatrix} -2.0536 & 1/3 & 1/2 \\ 3 & -2.0536 & 3 \\ 2 & 1/3 & -2.0536 \end{bmatrix} \begin{bmatrix} w_1 \\ w_2 \\ w_3 \end{bmatrix} = 0$$

求解線性等式系統可得對應之特徵向量 $\mathbf{w}$ 如下：

$$\mathbf{w} = (0.1571, 0.5936, 0.2493)$$

## 2. 加權最小平方法：

加權最小平方法之估算權重的主要觀念在於最小化權重誤差之平方和，需要求解一組聯立線性方程式（Chu et al., 1979）。

若 $\mathbf{A}$ 為準則成對比較矩陣，$a_{ij} = w_i/w_j$，則準則權重可經由求解下列數學式而得：

$$\min \quad z = \sum_{i=1}^{n} \sum_{j=1}^{n} \left( a_{ij} w_j - w_i \right)^2 \tag{17-6a}$$

$$\text{s.t.} \quad \sum_{i=1}^{n} w_i = 1 \tag{17-6b}$$

上述模型之最佳化條件可先將限制式對偶化，形成拉氏函數（Lagrangian function）如下：

$$\mathscr{L} = \sum_{i=1}^{n} \sum_{j=1}^{n} \left[ a_{ij} w_j - w_i \right]^2 + 2\lambda \left[ \sum_{i=1}^{n} w_i - 1 \right] \tag{17-7}$$

將 $\mathscr{L}$ 分別對各權重 $w_i$ 及對偶變數 $\lambda$ 微分，則可得一組（$n + 1$）條等式之聯立方程式，可以矩陣型式表示為：

$$\mathbf{Bw} = \mathbf{0} \tag{17-8}$$

其中，

$$\mathbf{w} = (w_1, w_2, \cdots\cdots, w_n, \lambda)^T \tag{17-9a}$$

$$\mathbf{B} = (b_{ij}) \tag{17-9b}$$

$$b_{ii} = \sum_{j \neq i} a_{ji}^{\ 2} + (n-1), \quad i, j = 1, 2, \cdots, n \tag{17-9c}$$

$$b_{ij} = -(a_{ij} + a_{ji}), \quad i, j = 1, 2, \cdots, n; i \neq j \tag{17-9d}$$

求解上述聯立方程式求得權重向量 $\mathbf{w}$。

　　加權最小平方法的觀念較 Saaty 的固有向量法易於理解與計算。

【例題 17-2】假若已知正值成對比較矩陣 $\mathbf{A}$，試以最小平方法求解 $\mathbf{A}$ 矩陣之特徵向量 $\mathbf{w}$。

表 17-5　成對比較矩陣

$$\mathbf{A} = \begin{bmatrix} 1 & 1/3 & 1/2 \\ 3 & 1 & 3 \\ 2 & 1/3 & 1 \end{bmatrix}$$

【解答】

　　當 $n = 3$, $\mathbf{Bw} = \mathbf{0}$ 可以寫成下列聯立方程式：

$$\begin{aligned}
&\left(a_{21}^2 + a_{31}^2 + 2\right)w_1 - \left(a_{12} + a_{21}\right)w_2 - \left(a_{13} + a_{31}\right)w_3 + \lambda = 0 \\
&-\left(a_{21} + a_{12}\right)w_1 + \left(a_{12}^2 + a_{32}^2 + 2\right)w_2 - \left(a_{23} + a_{32}\right)w_3 + \lambda = 0 \\
&-\left(a_{31} + a_{13}\right)w_1 - \left(a_{32} + a_{23}\right)w_2 + \left(a_{13}^2 + a_{23}^2 + 2\right)w_3 + \lambda = 0 \\
&w_1 + w_2 + w_3 = 1
\end{aligned} \tag{17-10}$$

將 $a_{ij} = w_i / w_j$ 代入上式可得：

$$\begin{aligned}
&15w_1 - \tfrac{10}{3}w_2 - \tfrac{5}{2}w_3 + \lambda = 0 \\
&-\tfrac{10}{3}w_1 + \tfrac{20}{9}w_2 - \tfrac{10}{3}w_3 + \lambda = 0 \\
&-\tfrac{5}{2}w_1 - \tfrac{10}{3}w_2 + \tfrac{45}{4}w_3 + \lambda = 0 \\
&w_1 + w_2 + w_3 = 1
\end{aligned} \tag{17-11}$$

求解上述線性等式系統可得 $\mathbf{w}^T = (0.1735, 0.6059, 0.2206)$[ 特徵向量法所求得之權重向量為：$\mathbf{w}^T = (0.1571, 0.5936, 0.2493)$]。

## 3. 熵法

熵法（entropy method），或稱極大熵法（entropy maximization method），係依據訊息理論（information theory）所提出來描述分子運動的一種理論，熵值愈大代表分布愈分散（即同質性高），熵值愈小代表分布愈集中（即差異性大）（Shannon and Weaver, 1947）。其觀念亦可應用至求解準則之間的權重，熵值愈大代表此屬性較不重要，熵值愈小代表此屬性較重要。

屬性的熵值可以由決策矩陣（decision matrix）推算出來，假設決策矩陣 $\mathbf{D}$ 表示如下：

$$\mathbf{D} = 方案\ i \begin{array}{c} \quad\quad\quad\quad 屬性\ j \\ \begin{bmatrix} X_{11} & X_{12} & \cdots & X_{1j} & \cdots & X_{1n} \\ X_{21} & \ddots & & & & X_{2n} \\ \vdots & & \ddots & & & \vdots \\ X_{i1} & & & X_{ij} & & X_{in} \\ \vdots & & & & \ddots & \vdots \\ X_{m1} & X_{m2} & \cdots & X_{mj} & \cdots & X_{mn} \end{bmatrix} \end{array} \quad\quad (17\text{-}12)$$

方案 $i$ 屬性 $j$ 之產出可用離散型機率分配 $p_{ij}$ 來表示不確定性的程度（訊息理論）

$$p_{ij} = \frac{x_{ij}}{\sum_{i'=1}^{m} x_{ij}}, \quad \forall i, j \quad\quad\quad (17\text{-}13)$$

屬性 $j$ 的熵值可以用下列公式加以計算：

$$E_j = -k \sum_{i=1}^{m} p_{ij} \ln p_{ij}, \quad \forall j \quad\quad\quad (17\text{-}14)$$

其中，

$$k = 1/\ln m \quad\quad 0 \le E_j \le 1 \quad\quad\quad (17\text{-}15)$$

根據熵值，可以計算集中化程度（degree of diversification）如下：

$$d_j = 1 - E_j, \forall j \quad\quad\quad (17\text{-}16)$$

根據分化程度，可以計算屬性 $j$ 的權重如下：

$$w_j = \frac{d_j}{\sum_{j'} d_{j'}} , \forall j \qquad (17\text{-}17)$$

由此可知，熵值愈小代表分布愈集中，則此屬性較重要；反之，熵值愈大代表分布愈分散，則此屬性較不重要。

假若每一屬性已經給定先驗之主觀權重 $\lambda_j$，則加權之後之權重可計算如下：

$$w_j^0 = \frac{\lambda_j w_j}{\sum_{j'} \lambda_{j'} w_{j'}} , \forall j \qquad (17\text{-}18)$$

上述以熵法求取權重之步驟順序可以整理如後：$\mathbf{D} \to [P_{ij}] \to E_j \to d_j \to w_j \to w_j^0$

【例題 17-3】假設民航機評選之主要屬性有 6 個，分別為航速（$x_1$）、續航力（$x_2$）、總載重（$x_3$）、採購成本（$x_4$）、可信賴度（$x_5$）、易操作性（$x_6$），今有 4 個替選機種（方案）之決策矩陣 $\mathbf{D}$ 如表 17-6，試以極大熵法求解 $\mathbf{D}$ 矩陣之特徵向量 $\mathbf{w}$。

表 17-6　決策矩陣 D

$$\mathbf{D} = \begin{matrix} A_1 \\ A_2 \\ A_3 \\ A_4 \end{matrix} \begin{bmatrix} 2.0 & 1500 & 20000 & 5.5 & 5 & 9 \\ 2.5 & 2700 & 18000 & 6.5 & 3 & 5 \\ 1.8 & 2000 & 21000 & 4.5 & 7 & 7 \\ 2.2 & 1800 & 20000 & 5.0 & 5 & 5 \end{bmatrix}$$

【解答】

根據距離理想解之接近程度計算 $p_{ij}$（Zeleny, 1974）

$$p_{ij} = \frac{r_{ij}}{\sum_{i'=1}^{m} r_{i'j}} \quad \forall i, j \qquad (17\text{-}19)$$

其中，

$$r_{ij} = \frac{x_{ij}}{x_j^*}, \quad \text{or} \quad r_{ij} = \frac{x_{ij} - x_j^{\min}}{x_j^* - x_j^{\min}} \qquad (17\text{-}20a)$$

$$x_j^* = \max_i \{x_{ij}\}, \quad \forall j$$

$$x_j^{\min} = \min_i \{x_{ij}\}, \quad \forall j \tag{17-20b}$$

表 17-7　方案 $i$ 屬性 $j$ 之產出的離散型機率

$$[P_{ij}] = \begin{matrix} A_1 \\ A_2 \\ A_3 \\ A_4 \end{matrix} \begin{bmatrix} .2353 & .1875 & .2532 & .2558 & .25 & .3462 \\ .2941 & .3375 & .2278 & .3023 & .15 & .1923 \\ .2118 & .25 & .2658 & .2093 & .35 & .2692 \\ .2588 & .225 & .2532 & .2326 & .25 & .1923 \end{bmatrix}$$

繼續執行計算過程 $\mathbf{D} \to [p_{ij}] \to E_j \to d_j \to w_j$，可得最後結果如下表：

表 17-8　最後結果之整理表

|  | $x_1$ | $x_2$ | $x_3$ | $x_4$ | $x_5$ | $x_6$ |
|---|---|---|---|---|---|---|
| $E_j$ | .9946 | .9829 | .9989 | .9931 | .9703 | .9770 |
| $d_j$ | .0054 | .0171 | .0011 | .0069 | .0297 | .0230 |
| $w_j$ | .0649 | .2055 | .0133 | .0829 | .3570 | .2764 |

假如 DM 的先驗（a prior）權重為 $\lambda = (0.2, 0.1, 0.1, 0.1, 0.2, 0.3)$，則主觀加權後之權重變成 $\mathbf{w}^0 = (0.0657, 0.1041, 0.0067, 0.0420, 0.4199)$。

## 17.5.3 目標達成矩陣法

目標達成矩陣法（goals achievement matrix）（Hill, 1966; 1973）之目標在於最大化經濟效益，其基本概念與成本效能法有些雷同，均在於取代傳統的經濟評估法。該法將目標達成的效果分成三類：(1) 可貨幣化的有形成本與效益；(2) 無法貨幣化的有形成本與效益；及 (3) 無形的成本與效益，然後將目標達成矩陣製成與表 17-2 評估矩陣類似之格式。每一目標均指派一個（須由專家決定的）相對權重（relative weight），將替選方案中每個目標之權重與項目得分之乘積進行加總，就可以得到總得分，總得分最高的替選方案就是偏好之方案。目標達成矩陣法也可以修正為改善或退步之得分格式，如表 17-9 所示。

表 17-9　多倫多易行性研究之「修正」目標達成矩陣表

| 一般之機會<br>旅客容量增加/車流改善<br>-(1-5)~+(1-5) | 運輸標準 | | | 社經標準 | | | | 成本標準 | | | | 總計 |
|---|---|---|---|---|---|---|---|---|---|---|---|---|
| | 選擇機會增加/車流改善 | 需求減少 | 小計 | 排放控制 | 經濟衝擊 | 公眾接受度 | 小計 | 降低貨物輸送成本 | 資本成本 | 操作成本 | 小計 | |
| 需求管理 | | | | | | | | | | | | |
| 土地使用混雜與密度 | | | | | | | | | | | | |
| 停車定價/管理政策 | | | | | | | | | | | | |
| 有關環境/能源權衡之公共資訊 | | | | | | | | | | | | |
| 共乘計畫 | | | | | | | | | | | | |
| 彈性工作時間 | | | | | | | | | | | | |
| 公共運輸票證整合/班表合作 | | | | | | | | | | | | |
| 道路定價/收費 | | | | | | | | | | | | |
| 降低非尖峰小時票價 | | | | | | | | | | | | |

| 一般之機會 | 運輸標準 | | | | 社經標準 | | | | | 成本標準 | | | | 總計 |
|---|---|---|---|---|---|---|---|---|---|---|---|---|---|---|
| | 旅客容量增加/車流改善 | 選擇機會增加 | 需求減少 | 小計 | 排放控制 | 經濟衝擊 | 公眾接受度 | 小計 | | 降低貨物輸送成本 | 資本成本 | 操作成本 | 小計 | |
| ……… | | | | | | | | | | | | | | |
| 供給管理 | | | | | | | | | | | | | | |
| 改善通勤鐵路 | | | | | | | | | | | | | | |
| 改善快捷公共運輸 | | | | | | | | | | | | | | |
| 即時使用者資訊之改善 | | | | | | | | | | | | | | |
| 快捷公車延伸至人口 | | | | | | | | | | | | | | |
| 高乘載車道/公車優先權 | | | | | | | | | | | | | | |
| 更多的單行幹道 | | | | | | | | | | | | | | |
| ……… | | | | | | | | | | | | | | |
| 資金來源/執行 | | | | | | | | | | | | | | |
| ……… | | | | | | | | | | | | | | |

資料來源：Meyer and Miller, 2001, p. 517. 表格內數字：+1 代表目標改進一個單位，-1 代表目標退步一個單位

# 17.6 單目標評估法

　　投資計畫常用的單目標評估之經濟方法有三種：第一爲當量法（equivalence method），即設定一評估年期，將各年期之現金流量轉換成同一年期之貨幣當量後，再加總作爲評估準則；第二爲報酬率法（rate-of-return method）法，即計算使其投資方案各年期現金流量的現值爲零的報酬率，再比較報酬率與最低可接受報酬率，以決定是否接受此一投資方案；第三種爲益本比法（cost-benefit ratio method），其係利用當量概念，將投資效益之當量值除以投資成本的當量值，即 B/C 值，再視 B/C 是否大於 1，以決定是否接受此一投資方案。茲將此三種評估方法分述如下：

## 17.6.1 當量法

　　本節依照評估基準年之設定，將當量法區分爲現值法（present worth method, PW）、年值法（annual worth method, AW）及終值法（future worth method, FW）三種：

### 17.6.1.1 現值法

　　現值法可說是目前應用最廣的經濟評估技術，在計畫現金流量的分析中，如果有流出（成本）及流入（收入）並存者，在最後加總時，一定會有正當量值（流入）及負當量值（流出）相互抵銷，而算出淨值。所以，現值法又稱爲淨現值（net present worth, NPW; net present value, NPV）法。其操作步驟如下：

1. 設定評估期間，自起始年（$t=0$）至目標年（$t=N$）爲止，$t = 0, 1, 2, \cdots, N$。
2. 推估並繪製評估期間各計畫方案之各年期現金流量圖表，包括現金流出與流入。
3. 計算評估期間各年期之淨現金流量 $A_t =$（現金流入 $I_t$－現金流出 $O_t$）。
4. 由決策者決定利率水準（$i$）。這個利率水準常被稱爲最低吸引報酬率[2]（minimum attractive rate of return, MARR）或必要報酬率（required rate of return, RRR），並將其設定爲折現率進行現值當量計算。如果不同資金來源的資金成本不同，則必須考慮計算加權平均資金成本。MARR 之設定與市場景氣、有效利率，以及投資風險有關。
5. 利用現值法公式（17-21），又稱爲折現現金流量法（discounted cash flow method, DCF），將各年期之淨現金流量加以折現：

$$PW = \sum_{t=0}^{N} A_t (1+i)^{-t} \qquad （17\text{-}21）$$

---

[2] 亦稱最低可接受報酬率

假若只有一項投資計畫，決定的結果一定是接受或拒絕本計畫，其決策原則是：

若 $PW > 0$，接受本投資計畫。

若 $PW = 0$，保持中立（可接受，也可拒絕）。

若 $PW < 0$，拒絕本投資計畫。

如果有兩個以上的互斥（mutually exclusive）投資計畫，例如，$X$ 計畫及 $Y$ 計畫，分別計算其淨現值為 $PW(x)$、$PW(Y)$，其決策原則為：

若 $PW(x) > PW(Y)$ 且 $PW(x) > 0$，則選擇 $X$ 計畫；

若 $PW(Y) > PW(x)$ 且 $PW(Y) > 0$，則選擇 $Y$ 計畫；

若 $PW(x) = PW(Y) > 0$，則選擇 $X$ 或 $Y$ 計畫均可；

若 $PW(x) < 0$ 且 $PW(Y) < 0$，則 $X$、$Y$ 計畫均不考慮。

如果兩個以上互斥投資計畫之評估年期長度不相同時，則必須先求得所有計畫評估年期長度的最小公倍數，再以相同的評估年期進行評估。例如，$X$ 計畫為 5 年，$Y$ 計畫為 10 年時，則可將評估年期設定為 10 年，而 10 年期間可設定為執行兩項 $X$ 計畫，分別為 0～5 年及 5～10 年，再與執行一項 $Y$ 計畫比較。

### 17.6.1.2 年值法

年值法係將計畫所推估的各年期現金流量，依折現率轉換成等值的年值當量（equivalent uniform annual worth），以進行投資計畫評比。其操作步驟與現值法相同，惟年值之計算公式如下：

$$AW = (A/P, i, N) \cdot PW = (A/P, i, N) \sum_{t=0}^{N} A_t (1+i)^{-t} \qquad (17\text{-}22)$$

其中，

$AW$：年值當量

$(A/P, i, N)$[3]：A/P 折現因子，在利率 $i$ 及總年期 $N$ 的情況下，現值轉年值之係數，其計算公式如下：

$$(A/P, i, N) = \left[ \frac{i(1+i)^N}{(1+i)^N - 1} \right] \qquad (17\text{-}23)$$

式（17-22）的意義即是先利用式（17-21）計算現值，再將現值轉為年值。因為式

---

[3] $F = P(1+i)^N = A\left[ 1 + (1+i) + (1+i)^2 + \cdots + (1+i)^{N-1} \right] = A\left[ \frac{(1+i)^N - 1}{i} \right] \Rightarrow (A/P, i, N) = \left[ \frac{i(1+i)^N}{(1+i)^N - 1} \right]$

（17-23）恆爲正值，所以只要淨現值爲正，則年值亦必爲正；反之，亦然。因此，就單一投資計畫及相同年期的兩項以上投資計畫而言，其決策原則與現值法完全相同，即：

　　若 $AW > 0$，接受本投資計畫；

　　若 $AW = 0$，保持中立（可接受，也可拒絕）；

　　若 $AW < 0$，拒絕本投資計畫。

　　兩個的互斥投資計畫（$X$ 計畫及 $Y$ 計畫）：

　　若 $AW(X) > AW(Y)$ 且 $AW(X) > 0$，則選擇 $X$ 計畫；

　　若 $AW(Y) > AW(X)$ 且 $AW(Y) > 0$，則選擇 $Y$ 計畫；

　　若 $AW(X) = AW(Y) > 0$，則選擇 $X$ 或 $Y$ 計畫均可；

　　若 $AW(X) < 0$ 且 $AW(Y) < 0$，則 $X$、$Y$ 計畫均不考慮。

　　唯一不同的是，當兩個以上互斥投資計畫的評估年期長度不相同時，現值法必須先求得所有計畫評估年期長度的最小公倍數，再以相同評估年期進行評估。但年值法則不必，只要分別計算其年值，再依上述兩個以上的投資計畫決策原則逕以判斷即可。

### 17.6.1.3 終值法

　　終值法係將計畫所推估的各年期現金流量，依折現率轉換成終值當量（equivalent future worth），以進行投資計畫評比。其操作步驟與現值法雷同，惟終值之計算公式如下：

$$FW = \sum_{t=0}^{N} A_t (1+i)^{N-t} \qquad （17\text{-}24a）$$

$$FW = (F/P, i, N) \sum_{t=0}^{N} A_t (1+i)^{-t} \qquad （17\text{-}24b）$$

其中，

　　$FW$：終值當量

　　$(F/P, i, N)$：F/P 折現因子，在利率 $i$ 及總年期 $N$ 的情況下，現值轉終值之係數。其計算公式如下：

$$(F/P, i, N) = (1+i)^N \qquad （17\text{-}25）$$

　　終值法之評選原則與現值法完全相同。進行兩個以上評估年期長度不同的互斥計畫時，也必須以最小公倍數方式，換算爲相同的評估年期長度，方能據以評選。

　　不論利用現值法、年值法及終值法進行計畫評選，其決策結果一定相同。但在不同

應用場合，其適用性略有不同（賴士葆，1987）：

1. 當投資計畫的現金流量出現不規則的分布型態時，最好使用現值法，處理較為簡單，評選結果亦較易解釋。

2. 當投資計畫的現金流量大都以等額序列型態分布時，最好使用年值法，較易處理。另外，如果投資計畫只是單純的購買設備，而沒有收入資料時，也以年值法最適合。因為此時的年值能指出投資者每年應付的成本當量，投資者直接的成本觀念。

3. 當投資計畫可能面臨高通貨膨脹時，則以終值法較佳，因為其較能顯現通貨膨脹所造成之衝擊。另外，規劃評估人員欲說服決策者投資某特定方案時，會選用終值法以誇大投資方案間的差異程度。

## 17.6.2 投資報酬率法

投資報酬率法主要係求解投資計畫的現金流入現值等於現金流出現值時的利率水準（即其折現率）。即求解下式的利率水準 $i^*$：

$$PW_I - PW_O = \sum_{t=0}^{N} I_t \left(1 + i^*\right)^{-t} - \sum_{t=0}^{N} O_t \left(1 + i^*\right)^{-t} = 0 \qquad (17\text{-}26)$$

其中，

$PW_I$：現金流入現值

$PW_O$：現金流出現值

$I_t$：第 $t$ 年的現金流入

$O_t$：第 $t$ 年的現金流出

$i^*$：欲求解的利率水準值，可稱為投資必要報酬率（RRR）

至於 $i^*$ 可用試誤法（trial-and-error）方式，嘗試不同 $i^*$ 之設定值，加以求解。若為單一計畫，其決策原則如下：

若 $i^*$ > MARR（minimum acceptable rate of return，即最低可接受資本報酬率），接受本投資計畫；

若 $i^*$ = MARR，保持中立（可接受，也可拒絕）；

若 $i^*$ < MARR，拒絕本投資計畫。

【例題 17-4】

假設一項 5 年期計畫，第 1 年年初投資 10,000 元（現金流出），第 3 年年終回收 8,000 元、第 5 年年終回收 10,000 元（現金流入）：

(1) 本計畫之投資報酬率為何？

(2) 又在最低可接受報酬率 12% 的要求下，是否值得投資？

**【解答】**

(1) 利用式（17-26）計算使 $PW_I - PW_O = 8{,}000(1+i^*)^{-3} + 10{,}000(1+i^*)^{-5} - 10{,}000 = 0$ 之利率 $i^*$ 值。以試誤法求解結果為：$i^* = 15.67\%$。

(2) $i^* = 15.67\% >$ MARR $= 12\%$，建議接受本投資計畫。

　　但如果是用於評選兩個以上的互斥投資計畫時，就不能直接以所求得的投資報酬率高低來決定採行哪一項計畫，因為兩計畫的投資規模可能不同，比較基礎不同。簡單的說，假設 $X$ 計畫須投資 1,000 元，但可立即回收 1,100 元，故其投資報酬率為 10%，淨現值為 100 元；而 $Y$ 計畫須投資 2,000 元，也可立即回收 2,150 元，其投資報酬率為 7.5%，其淨現值為 150 元。若依據投資報酬率高低，會選擇 $X$ 計畫，但在 MARR = 7% 且公司預算充足的情況下，$Y$ 計畫優於 $X$ 計畫，應優先選擇 $Y$ 計畫。

　　因此，在評選不同規模的投資計畫時，若用當量法則可逐予評比，但若用投資報酬率法，則必須要用增量投資分析（incremental investment analysis）方法進行評比，其進行步驟如下（假設有 $X$、$Y$、$Z$ 三項計畫）：

1. 先確定各投資計畫的評估年期均相同。若不相同時，應以最小公倍數方式予以調整，使其一致。

2. 計算各方案之投資報酬率值，即 $RRR_X$、$RRR_Y$ 及 $RRR_Z$。在不失一般性原則下，假設 $RRR_X > RRR_Y > RRR_Z$，其決策原則如下：

   (1) 若 $RRR_X <$ MARR，則拒絕此三項計畫；

   (2) 若 $RRR_X >$ MARR 且 $RRR_Y <$ MARR，則接受 $X$ 計畫，拒絕 $Y$ 及 $Z$ 計畫；

   (3) 若 $RRR_Y >$ MARR 且 $RRR_Z <$ MARR，則表示有兩項計畫（$X$ 及 $Y$）值得投資。但此兩計畫必須要透過增量投資分析加以評比。增量投資分析係先以投資規模較小的計畫為基礎，然後「增量投資」至另一計畫規模，探討其增量投資部份的報酬率（$\triangle RRR$）是否超過 MARR，即：

   ① 若規模大小為 $X$ 計畫 $< Y$ 計畫，則必須計算由 $X$ 計畫規模增量至 $Y$ 計畫之增量報酬率（$\triangle RRR_{X \to Y}$），其決策原則為：

   　A. 若 $\triangle RRR_{X \to Y} >$ MARR，則選擇 $Y$ 計畫；

   　B. 若 $\triangle RRR_{X \to Y} <$ MARR，則選擇 $X$ 計畫。

   ② 若規模大小為 $Y$ 計畫 $< X$ 計畫，則必須計算由 $Y$ 計畫規模增量至 $X$ 計畫之增量報酬率（$\triangle RRR_{Y \to X}$），其決策原則為：

   　A. 若 $\triangle RRR_{Y \to X} >$ MARR，則選擇 $X$ 計畫；

   　B. 若 $\triangle RRR_{Y \to X} <$ MARR，則選擇 $Y$ 計畫。

   (4) 若 $RRR_Z >$ MARR，則表示三項計畫（$X$、$Y$、$Z$）均值得投資。此三項計畫仍要透過兩兩計畫的增量投資分析加以評比。假設規模大小為：$X$ 計畫 $< Y$ 計畫 $< Z$

計畫，則要分別計算 $\triangle RRR_{X \to Y}$、$\triangle RRR_{X \to Z}$，其決策原則爲：

①若 $\triangle RRR_{X \to Y} <$ MARR 且 $\triangle RRR_{X \to Z} <$ MARR，則選擇 $X$ 計畫；

②若 $\triangle RRR_{X \to Y} >$ MARR 且 $\triangle RRR_{X \to Z} <$ MARR，則選擇 $Y$ 計畫；

③若 $\triangle RRR_{X \to Y} <$ MARR 且 $\triangle RRR_{X \to Z} >$ MARR，則選擇 $Z$ 計畫；

④若 $\triangle RRR_{X \to Y} >$ MARR 且 $\triangle RRR_{X \to Z} >$ MARR，則代表 $Y$ 及 $Z$ 計畫均優於 $X$ 計畫。至於要選 $Y$ 或 $Z$ 計畫，則要再進一步作增量投資分析，亦即計算 $\triangle RRR_{Y \to Z}$ 值。若計算所得之 $\triangle RRR_{Y \to Z} >$ MARR，則選擇 $Z$ 計畫；反之，則選擇 $Y$ 計畫。

至於增量投資分析的作法係將兩計畫的現金流量相減所得的差值，視爲一個獨立計畫的現金流量，進行其投資報酬率的計算，所得之投資報酬率即是 $\triangle RRR$。假設 $AX_t$ 及 $AY_t$ 分別爲 $X$ 計畫及 $Y$ 計畫第 $t$ 年的現金流量，則在 X → Y 的增量投資分析中，第 $t$ 年的現金流量爲：$AZ_t = AY_t - AX_t$。若 $AZ_t$ 爲正，則令 $I_t = AZ_t$；否則，令 $O_t = AZ_t$。當各年期的現金流入及流出均已計算後，即可利用式（17-26）求算 $i^*$，即 $\triangle RRR_{X \to Y} = i^*$。

然而，由於各項計畫不同年期的現金流量大小可能互異，如何判斷何者規模較大，顯有困難。一般而言，係以期初投資額度（現金流出）較大者，設定爲規模較大的計畫。

【例題 17-5】假設有兩項 5 年期計畫，$X$ 計畫於第 1 年年初投資 10,000 元（現金流出），第 3 年年終回收 8,000 元、第 5 年年終回收 10,000 元（現金流入）；$Y$ 計畫於第 1 年年初投資 15,000 元（現金流出），第 3 年年終回收 10,000 元、第 5 年年終回收 17,000 元（現金流入）。請問在最低可接受報酬率 12% 的要求下，應該選擇哪一項計畫？

【解答】

上述資料可整理爲現金流量表，並計算由 $X$ 計畫增量至 $Y$ 計畫之增量投資分析，結果如表 17-10 所示：

表 17-10 【例 17-5】X 計畫增量至 Y 計畫之現金增量分析

| 年期 | X 計畫（$AX_t$） | Y 計畫（$AY_t$） | X→Y 增量分析（$AZ_t$） |
|---|---|---|---|
| 0 | -10,000 | -15,000 | -5,000 |
| 1 | 0 | 0 | 0 |
| 2 | 0 | 0 | 0 |
| 3 | 8,000 | 10,000 | 2,000 |
| 4 | 0 | 0 | 0 |
| 5 | 10,000 | 17,000 | 7,000 |
| RRR 或 $\triangle$RRR | 15.67% | 15.05% | 13.93% |

表 17-10 中之 RRR 或 $\triangle$RRR 係利用式（17-26）加以計算而得。$X$ 及 $Y$ 計畫之投資報酬率分別為 15.67% 及 15.05%，均超過 MARR=12%，所以此兩計畫均值得投資。由於 $X$ 計畫之期初投資較 $Y$ 計畫為低，故增量投資方向為：X → Y，因此，$AZ_t = AY_t - AX_t$。再利用式（17-26）可計算得 $\triangle$RRR$_{X \to Y}$ = 13.93% > MARR = 12%，故選擇 $Y$ 計畫。若以 MARR 為折現率，計算兩計畫之淨現值：NPV$_X$ = 1,368.51 元 < NPV$_Y$ = 1,764.06 元，也是選擇 $Y$ 計畫。由此可知以上兩者之結果一致。

## 17.6.3 益本比法

益本比法係利用投資效益當量值及投資成本當量值的比值，即 $B/C$ 值，來決定是否採行某一投資計畫，又稱為成本效益法。至於投資效益與成本之當量值計算，可以現值、年值或終值來加以衡量。若當量值以現值衡量，其計算方式如下：

$$B/C = \frac{\sum_{t=0}^{N} B_t (1+i)^{-t}}{\sum_{t=0}^{N} C_t (1+i)^{-t}} \qquad (17\text{-}27)$$

其中，

$B_t$：第 $t$ 年年終的效益（現金流入）

$C_t$：第 $t$ 年年終的成本（現金流出）

與前述投資報酬率法相同，益本比法的決策原則如下：

若為單一計畫，其決策原則如下：

若 $B/C$ >1，接受本投資計畫；

若 $B/C$ =1，保持中立（可接受，也可拒絕）；

若 $B/C$ <1，拒絕本投資計畫。

若為多項互斥計畫，其決策原則如下（假設有 $X$、$Y$、$Z$ 三項計畫）：

1. 先確定各投資計畫的評估年期均相同。若不相同時，應以最小公倍數方式予以調整，使其一致。

2. 計算各方案之 $B/C$ 值，即 $B/C_X$、$B/C_Y$ 及 $B/C_Z$。在不失一般性原則下，假設 $B/C_X$ > $B/C_Y$ > $B/C_Z$。

3. 進行評選。其決策原則如下：

(1) 若 $B/C_X$ < 1，則拒絕此三項計畫。

(2) 若 $B/C_X$ > 1 且 $B/C_Y$ < 1，則接受 $X$ 計畫，拒絕 $Y$ 及 $Z$ 計畫。

(3) 若 $B/C_Y$ > 1 且 $B/C_Z$ < 1，則表示有兩項計畫（$X$ 及 $Y$）值得投資，但此兩計畫必

須要透過增量投資分析加以評比。增量投資分析係先以投資規模較小的計畫為基礎，探討其「增量投資」至另一計畫規模，其增量投資部份的 $\triangle B/C$ 值是否超過 1，其決策原則與投資報酬法相同。

(4) 若 $B/C_Z > 1$，則表示三項計畫（$X$、$Y$、$Z$）均值得投資，但此三項計畫仍要透過兩兩計畫的增量投資分析加以評比。假設規模大小為：$X$ 計畫 $< Y$ 計畫 $< Z$ 計畫，則要分別計算 $\triangle B/C_{X \to Y}$、$\triangle B/C_{X \to Z}$，其決策原則為亦與投資報酬法相同。

# 17.7 資料包絡分析與隨機前緣分析

資料包絡分析（data envelopment analysis, DEA）與隨機前緣分析（stochastic frontier analysis, SFA）為近年來常用之績效評估方法，前者為非參數評估方法，後者則屬於參數之評估方法。兩者之內容非常豐富，近年之發展也極為快速，有興趣之讀者可參考相關書目。

# 17.8 結論與建議

計畫評估為運輸規劃程序中非常重要的一個步驟，其結果影響後續決策之正確性，為了改善傳統經濟評估方法之缺點，評估方法已朝向：(1) 擴大詮釋並詳細區分效益與成本的內涵與特性；(2) 擴大考量社經系統（socioeconomic systems）與環境系統（environmental systems）之衝擊此兩個方向進行改良。由於評估考量之項目愈趨廣泛，多方面的汲取新知或進行跨領域專業的合作也成為未來的趨勢。本章僅介紹三種評估方法，即：(1) 成本效能法；(2) 多屬性評估法、目標達成矩陣法；以及 (3) 單目標評估之經濟方法，每種方法各有其優劣點與適用對象，但有鑑於電腦、資訊科技的日益進步，以及民眾意識之覺醒與高漲，評估技術也將面臨巨大之衝擊與改變。為了順利推動有益社會民生之專案計畫，精確數據分析、彈性調適民眾需求與利益以及相互衝突目標之間的權衡取捨，必將成為計畫評估之考量重點。

# 問題研討

1. 名詞解釋：

   (1) 效益（benefit）

   (2) 計畫（plan）

   (3) 重大計畫（program）

   (4) 方案（或專案計畫）（project）

   (5) 金錢上之衝擊（pecuniary impact）

   (6) 間接之衝擊（indirect impact）

   (7) 無形之衝擊（intangible impact）

   (8) 成對比較矩陣（pairwise comparison matrix）

   (9) 年值（annual worth）

   (10) 投資報酬率（rate-of-return method）

   (11) 益本比（benefit cost ratio）

2. 何謂評估？評估的面向有哪些？

3. 評估的原則為何？

4. 評估的標準為何？

5. 傳統經濟評估方法的改善方向有那些？

6. 試說明成本效能評估法的內容及其適用之條件。

7. 何謂多屬性評估法，請說明其評估方法與步驟。

8. 何謂目標達成矩陣法，請說明其評估方法與步驟。又目標達成矩陣法有無修正之格式與應用。

9. 請舉出三種在多屬性評估法中用以估算目標之間相對權重的方法。

10. 單目標評估方法中有一種偏向貨幣單位之當量法，試舉出三種特定常用之方法，並詳細說明其內容。

11. 以數學式說明淨值法（present worth method）與年值法（annual worth method）兩種單標的經濟評估方法之進行方式，並討論兩種方法的優缺點。

# 相關考題

1. 請評估分析以「軌道捷運系統」（Rail Rapid Transit）與「公車捷運系統」（Bus Rapid Transit）不同方式來落實「大眾運輸導向之都市發展」（TOD）政策之相對優勢。（95

專技高）

2. 近年來氣候變遷已經成為相當重要的議題，且氣候變遷導致自然災害的發生愈來愈頻繁，也愈來愈嚴重。由於運輸系統在災害下是非常脆弱的，所以必須在運輸規劃中加強考慮運輸系統恢復力（Resilience）。請說明在運輸規劃中如何考慮氣候變遷的議題與如何建立運輸恢復力的評估。（108 高三級）

3. 某都市之數個平交道事故頻繁，影響交通安全甚鉅。今欲進行改善，試提出規劃構想、方案研擬與評估方法。（109 特三等）

4. 請詳述都市大眾運輸系統的營運績效可以哪些指標項目加以評估？這些指標的內涵為何？（109 高三級）

5. 試定義折現率（Discount Rate）。說明運輸計畫評估的折現率如何決定？（108 特四等）

6. 一顧問公司協助某都市提出適合該都市發展大眾運輸系統之可行方案，分別為輕軌系統與單軌電車系統。今欲選擇一套應用於該都市之最佳方案，試舉出三種方案評估之方法，並說明之。（109 特四等）

7. 站在運輸規劃與政策制訂的立場，下列三種處理都市交通問題的方法中以何者較優？以政策方式鼓勵個人改變旅運行為。新建運輸設施，增加容量。介入土地使用與運輸系統之發展。上述三種方法在運用時應注意哪些課題和限制？（110 特三等）

8. 若你是一位運輸規劃師，受命為一個中型城市是否新建外環道路的計畫進行評估。試研提一作業流程，說明你的作法與建議。（110 特三等）

9. 以成本效益分析法（cost-benefit analysis, CBA）評選替選運輸方案時，必須計算各方案之成本與效益，然而運輸方案有諸多無法量化或非貨幣的效益，試列舉此類效益，並說明將其貨幣化的作法。（110 特四等）

10. 傳統方案評估內容之重點為何？現代方案評估內容增加哪些必要之考量？請建立評估矩陣之格式並分別詳述之。（110 普考）

11. 請說明偏遠地區公共運輸服務所存在之問題，以及有哪些可能的公共運輸服務改善之規劃策略。（111 高三級）

# 參考文獻

一、中文文獻

[1] 陳惠國，2010，研究方法 -- 理論與應用，滄海書局，臺中。

[2] 賴士葆著，1987，工程經濟分析，華泰書局，臺北。

## 二、英文文獻

[1] Chu, A.T.W., Kalaba, R.E. and Spingarn, K., 1979, A comparison of two methods for determining the weights of belonging to fuzzy sets, Journal of Optimization Theory and Application, Vol. 27, No. 4, pp.531-538.

[2] Dickey, J.W. and Diewald, W.J., 1983, Metropolitan Transportation Planning, Second Edition, McGraw-Hill Book Co, USA.

[3] Hwang, C.L. and Yoon, K., 1981, Multiple Attribute Decision Making: Methods and Applications, Springer-Verlag, Berlin.

[4] Hill, M., 1996 A Method for Evaluating Alternative Plans: The Goals-Achievement Matrix Applied to Transportation Plans, Dissertation at University of Pennsylvania, USA.

[5] Hill, M., 1973, Planning for multiple objectives. an approach to the evaluation of transportation plans, Transportation Research Board.

[6] Meyer, M.D. and Miller, E.J., 2001, Urban Transportation Planning, Second Edition, McGraw-Hill Book Co -Singapore, USA.

[7] Saaty, T.L., 1971, How to make a decision: the analytic hierarchy process, European Journal of Operational Research, Vol. 40, pp. 9-10.

[8] Shannon, C.E. and Weaver, W., 1947, The Mathematical Theory of Communication, The University of Illinois Press, Urbana.

# 第 18 章

# 運輸系統方案之執行

　　最佳方案之產生固然非常重要，方案之執行也是絕對不可忽視的程序。未考量執行層面的方案，通常只能放在檔案架上集塵而已。有許多的規劃師誤以為技術分析是最困難的工作，而方案執行僅屬於細節而已。狹義的方案執行係指標案之發包、施工與驗收，但實際上運輸方案的執行是一個非常複雜的多階段過程，不同階段的活動可能循序也可能平行執行，如果在規劃階段沒有預做準備，執行的部分就不可能成功。職是之故，本章著重討論在規劃階段有關執行之部分，特別是財源的籌措、預算的編列與分配，甚至償債方法。後續內容之順序安排如下：第一節介紹調度計畫（programming）的一般特性；第二節探討方案優先順序之排定方式；第三節進行財源分析與說明資金的可得性；第四節說明創新性之財務計畫以及機構之能力；第五節則提出結論與建議。

# 18.1 調度計畫的一般特性

　　調度計畫（programming）[1]係指適時提供執行方案所需之資金財源，俾能完成各期程所預定之目標（Meyer and Miller, 2001, p. 565）。就調度計畫過程的觀點而言，運輸規劃方案的產生與執行並非相互獨立的兩個階段，它們是彼此相互關連且與時並進的。從圖 18-1a 之運輸方案發展與執行過程可知，當步驟 4、5 在進行初步設計與定案設計時，步驟 3 就已經在進行調度計畫過程（programming process）研訂長期與短期之運輸改善計畫（transportation improvement program, TIP）。

　　從圖 18-1b 之調度計畫過程的要素與連結可知，當步驟 IV、V 在進行系統規劃以及方案規劃與設計時，步驟 I、II、III 就已經在進行調度計畫過程了。

　　調度計畫的處理程序包括三個考量點（Meyer and Miller, 2001, p. 565）：(1) 資源之可得性（availability），即資源的數量與來源必須足以支付推動方案所需（在方案的推動過程中，執行與監控方案進度之組織資源也是非常的重要）；(2) 資源的分配（distribution），即資金之分配，包括運具間、功能系統間（functional systems）、行政轄區間，以及特殊的方案間的絕對水準以及相對的分配；(3) 方案在時間軸上之實施階段，考量方案之間在時間軸與空間上的相互倚賴姓（interdependencies），亦即短期決策所造成未來之影響（implications）。（Meyer and Miller, 2001, p. 565）

　　資金調度計畫過程之關鍵元素如表 18-1 所示：

---

[1]　亦可譯作編程、修程、財務調度計畫、資金調度計畫

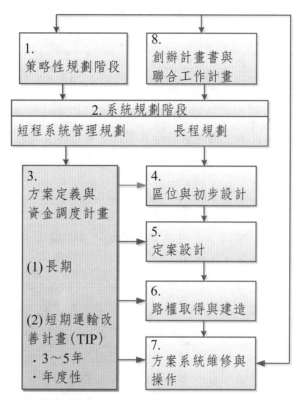

圖 18-1a　運輸方案發展與執行過程（Dickey and Diewald, 1983, p. 476）

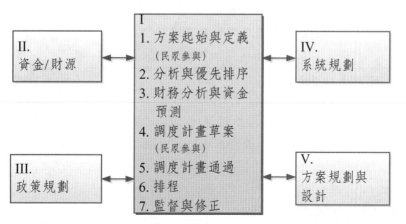

圖 18-1b　調度計畫過程的要素與連結（Dickey and Diewald, 1983, p. 523）

表 18-1　資金調度計畫過程之關鍵元素

| 關鍵元素 | 目的／主要活動 |
|---|---|
| 1. 設定計畫之目標與標的 | 使用清楚可量度之文字說明運輸機關想要完成的事項，以符合其運輸計畫的政策目標 |
| 2. 建立計畫之績效測度 | 設立標準以利機關可以量度調度計畫執行之進度，並以系統績效、成本、與效益評估其調度計畫所獲致之結果 |
| 3. 估計需求並確認方案 | ·確認並量度缺失、問題、與需求<br>·確認替選方案針對這些需求之解決方式 |
| 4. 方案評估 | ·根據一致性之標準評估研提之方案 |
| 5. 優先排序以及擬定調度計畫 | ·將機關之工作項目變成調度計畫之領域，以反應不同的標的或不同的工作型式<br>·確認每一調度計畫之優先順序，以符合機關之目標與標的<br>·根據機關之目標與標的，設定方案之優先順序<br>·發展財務受限之候選調度計畫，以反應真實之方案預算與排程 |
| 6. 調度計畫的權衡取捨 | ·評估所研提調度計畫可達成之目標<br>·評估在調度計畫領域內或方案間轉移資源之權衡取捨<br>·根據機關之優先順序，決定在調度計畫領域內資源分配水準 |
| 7. 預算編列 | 根據可得之資源、方案與計畫成本，發展支用計畫 |
| 8. 調度計畫之執行與監督 | ·執行調度計畫<br>·監督調度計畫執行之進度<br>·持續追蹤系統之狀況與績效<br>·根據績效測度評估所獲得之結果 |

（Meyer and Miller, 2001, pp. 569-570）

　　在表 18-1 的資金調度計畫過程之關鍵元素中，最重要的關鍵元素為第 5 項與第 7 項，即方案選擇之優先排序，以及確認資金的可得性。

# 18.2 方案選擇之優先順序

　　優先順序的排列係指先後利用技術性與非技術性的分析方法排定方案或方案片段的過程。技術性的排序方法為依據量化與非量化的因素排定初步的優先排序，然後將初步結果再依據非技術性（例如，政治的因素或非量化的專業判斷）之因素，予以調整

排序（Dickey and Diewald, 1983, p. 525）。方案之執行必須設定資金取得優先順序，亦即安排哪些方案必須優先執行，哪些方案可以晚一些執行或直接刪除不予考慮。用來排定優先順序之決策方法有五種，(1) 目標達成法（goal achievement）；(2) 數字評分法（numerical rating）；(3) 優選指標法（priority indexes）；(4) 調度計畫評估矩陣法（programming evaluation matrix）；以及 (5) 多目標系統分析技法（multiobjective systems analysis techniques）。（Meyer and Miller, 2001, p. 570）

## 18.2.1 目標達成法

目標達成法首先需確認地方發展最為重要之目標，並主觀的按照目標達成程度設定方案執行之優先排序。美國聖路易斯之方案排序圖（圖 18-2）（Meyer and Miller, 2001, p. 571），揭櫫方案需要強調的七個課題，即 (1) 系統維護（system preservation）；(2) 安全（safety）；(3) 系統保育（congestion）；(4) 接近機會（access to opportunity）；(5) 貨物運輸（goods movement）；(6) 永續發展（sustainable development）；(7) 資源保護（resource conversation）。中間粗體黑線為預算線，隨著預算之增加，成本效果較低的方案也逐漸納入調度計畫之名單之內。

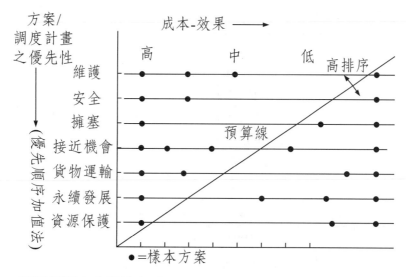

圖 18-2　聖路易斯之方案排序（East-West Gateway Coordinating Council, 1999）

## 18.2.2 數字評分法

數字評分法係利用十七章所介紹之評估方法，例如，益本比法、淨現值法、成本效能評估法計算方案之相對價值（relative worth），進行排序以決定最佳的方案。

### 18.2.3 優選指標法

優選指標法是排定方案優先順序最常見的方法。這些優選指標是根據使用者效益、環境衝擊，以及設備之現況所計算而來。評分最高之方案可以依序排入調度計畫直到超出預算限制爲止。

以下以美國德克薩斯州達拉斯／沃斯堡（Dallas-Ft. Worth）之優選指標法爲例，說明三個不同性質之方案之評選標準以及對應之權重如下表（NCTCOG, 2000）。

表 18-2　方案之優選指標，達拉斯／沃斯堡

| 評選標準 | 可能得分 |
|---|---|
| 鐵路：總分 100 | |
| 計畫年之成本效果 | 25 |
| 目標年之成本效果 | 20 |
| 空氣品質／能源消耗 | 20 |
| 方案承諾／當地之成本分攤 | 20 |
| 複合運輸／多運具／社會移動性 | 15 |
| 紓緩壅塞／空氣品質：總分 100 | |
| 現況之成本效果，益本比 | 總分 20 |
| 0.0～0.49 | 0 |
| 0.50～0.99 | 3 |
| 1.00～1.49 | 5 |
| 1.50～1.99 | 8 |
| 2.00～2.99 | 10 |
| 3.00～4.99 | 15 |
| >4.99 | 20 |
| 空氣品質／能源消耗，減少 1 磅的 $NO_2$ 需花費 \$ | 總分 20 |
| >\$99.99 | 0 |
| 50.00～99.99 | 5 |
| 10.00～49.99 | 10 |
| 5.00～9.99 | 15 |
| <5.00 | 20 |
| 當地之成本分攤，承諾之百分比 | 總分 20 |

| 評選標準 | 可能得分 |
|---|---|
| 0〜20 | 0 |
| 21〜25 | 3 |
| 26〜30 | 7 |
| 31〜35 | 10 |
| 36〜40 | 13 |
| 41〜45 | 17 |
| >45 | 20 |
| 複合運輸／多運具／社會移動性 | 總分 20 |
| 小汽車（占有率 =1） | 0 |
| 貨物運輸，行人，自行車，TDM，公共運輸 | 20 |
| 壅塞管理計畫／運輸控制措施<br>在壅塞與空氣品質計畫中有包括該方案嗎？ | 總分 20 |
| 否 | 0 |
| 是 | 20 |
| 地面運輸容量改善計畫：總分 100 | |
| 計畫年之成本效果 | 24 |
| 目標年之成本效果 | 18 |
| 空氣品質／能源消耗 | 18 |
| 當地之成本分攤 | 24 |
| 複合運輸／多運具／社會移動性 | 16 |

## 18.2.4 調度計畫評估矩陣法

調度計畫評估矩陣法與第十七章所介紹之評估矩陣法[2]（evaluation matrix）類似，只是將該章所使用之方案衝擊（project impacts）改成這裡的方案優先排序（project priorities）。評估標準可以是定性的也可以是定量的項目。

## 18.2.5 多目標系統分析技法

多目標系統分析技法利用多目標優化／最佳化的技術，針對預設之目標（例如，最

---

[2] 多屬性評估法（Hwang, and Yoon, 1981）

小化旅行時間、每人成本,以及土地使用改變)從眾多的調度計劃組合中進行評選。這個方法最大之缺點就是非劣解(noninferior solution)的數量太多,決策者很不容易從中挑選偏好解(preferred solution)。

常見之目標決策的分析方法有五種,即 (1)「妥協規劃法」(compromise programming method),(2)「加權法」(the weighting method or weighted sum method),(3)「ε 限制法」(the ε-constraint method),(4)「吉藍尼線性多目標法」(multiobjective simplex method of Zeleny),(5)「菲力普線性多目標法」(multiobjective simplex method of Philip)等五種方法。第一種方法無須提供偏好資訊(no preference information given),後面四種方法均需提供事後偏好資訊(a posteriori preference information given),才能從所產生之非劣解種找出偏好解。以下僅介紹妥協規劃法以及加權法兩種方法。

### 18.2.5.1 妥協規劃法

妥協規劃法,亦稱調和規劃法(Cohon, 1978)或稱全域準則法(the method of global criterion),是以範數(norm)之距離概念為基礎,其求解概念係在尋找距離理想解(ideal solution)$z^*$,最近的妥協解(compromise solution)$z(\mathbf{x})$。其數學規劃模型如下所示:

$$\min_{\mathbf{x} \in S} d_p = \left[ \sum_{i=1}^{k} \left| w_i \frac{z_i(\mathbf{x}) - z_i^*}{z_i^*} \right|^p \right]^{\frac{1}{p}}$$ （18-1）

其中,

$w_i$:對應於第 $i$ 個目標函數的權重,$0 < w_i < 1$;

$p$:稱之為範數,為 $\{1, 2, \cdots, \infty\}$ 中任一數值,不同的值代表不同之距離觀念。

常用之距離觀念有三種:

(1) 當 $p = 1$ 時,$d_1 = \sum_{i=1}^{k} \left| w_i \frac{z_i(\mathbf{x}) - z_i^*}{z_i^*} \right|$,稱之為街廓距離(city block distance),Boychuk and Ovchinnikov(1973)建議使用。

(2) 當 $p = 2$ 時,$d_2 = \sqrt{\sum_{i=1}^{k} \left| w_i \frac{z_i(\mathbf{x}) - z_i^*}{z_i^*} \right|^2}$,即為一般的歐基理德距離[3](Euclidian dis-

---

[3] 亦稱為直線距離

tance），Salukvadze（1979）建議使用。

(3) 當 $p = \infty$ 時，$d_\infty = \max\limits_{i=1,\cdots,k} \left| w_i \dfrac{z_i(\mathbf{x}) - z_i^*}{z_i^*} \right|$

【例題 12-1】請以妥協規劃法求解下列多目標規劃問題。

$$
\begin{aligned}
\max_{\mathbf{x}} \quad & z_1(\mathbf{x}) = 5x_1 - 2x_2 \\
\max_{\mathbf{x}} \quad & z_2(\mathbf{x}) = -x_1 + 4x_2 \\
\text{s.t.} \quad & -x_1 + x_2 \le 3 \\
& x_1 + x_2 \le 8 \\
& x_1 \le 6 \\
& x_2 \le 4 \\
& x_1, x_2 \ge 0
\end{aligned}
\tag{18-2}
$$

【解答】

$z_1(\mathbf{x})$ 極大化的最佳解 $\mathbf{x}_1^* = (6, 0)$，$z_1^* = 30$，$z_2(\mathbf{x})$ 極大化的最佳解 $\mathbf{x}_2^* = (1, 4)$，$z_2^* = 15$，以及 $z_1(8.33, 5.83) = 30$，$z_2(8.33, 5.83) = 15$，因此理想解為 $\mathbf{x}^* = (8.33, 5.83)$。

假設 $w_1 = w_2 = 0.5$, p = 1，則

$$
d_1 = \sum_{i=1}^{k} \left| w_i \frac{z_i(\mathbf{x}) - z_i^*}{z_i^*} \right| = \frac{1}{2}\left[ \frac{(5x_1 - 2x_2) - 30}{30} + \frac{(-x_1 + 4x_2) - 15}{15} \right] = 1 - \frac{1}{20}\left(x_1 + 2x_2\right)
$$

可求得妥協解 $\mathbf{x} = (4, 4)$，$z_1(4, 4) = 12$，$z_2(4, 4) = 12$。求解過程參見圖 18-3。

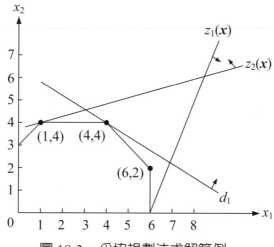

圖 18-3　妥協規劃法求解範例

### 18.2.5.2 加權法

加權法，或稱權重法、或稱權衡法，是最早發展出來的無偏好多目標規劃法，也是多目標規劃法裡面最基本的分析方法。加權法必須先給定各個目標函數（objective function）的權重值（weight），然後再將各個目標加權合併為整體的單一目標問題，如下所示（Cohon, 1978）：

$$\max_{\mathbf{x} \in S} \quad w_1 z_1(\mathbf{x}) + w_2 z_2(\mathbf{x}) + \ldots + w_k z_k(\mathbf{x}) = \sum_{i=1}^{k} w_i z_i(\mathbf{x}) \qquad (18\text{-}3)$$

其中，

$w_i$：第 $i$ 個目標函數 $z_i$ 的權重參數；

$S$：可行解區域。

所得到的最佳解為多目標規劃問題的一個非劣解，參見圖 18-4。

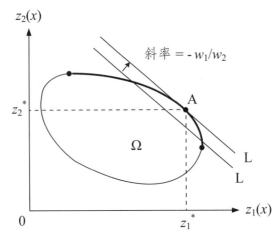

圖 18-4　加權法之求解示意圖（非線性凸形可行解區域）

加權法之求解步驟可整理如下：

**步驟 1**：設定每個目標函數一個對應之權重值。

**步驟 2**：根據設定的權重值將多目標規劃問題合併轉換成單目標規劃問題，求解決策者心目中的理想值，所得到的最佳解為一個非劣解。

**步驟 3**：產生之非劣解數量是否足夠？若是，停止；否則，調整各目標的權重比例，回到步驟 2。

加權法的優點為沒有繁瑣的公式，其基本原理也相當的簡單明確，再加上計算相當的簡便，因此被廣泛的使用。至於加權法的缺點則可歸納如下：

(1) 對應於非劣解的目標值，未必是決策者偏好的效用值。

(2) 依照權重法的基本假設，各目標透過權數予以相加是可以比較的，但僅適用於可行解區域爲凸集合之情況，參見圖 18-5，當可行解區域爲非凸集合，則可能找不到對應之非劣解，參見圖 18-6。

(3) 所求出的解，有可能會發生在劃定的點上，而點與點之間也可能產生近似非劣解集合，但並非眞正非劣解集合，而且其相近的程度並無法確知，非劣解的集合之逼近程度只有透過各種不同權重的組合來改善。

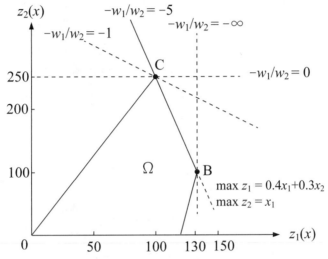

圖 18-5　加權法之求解示意圖（線性凸形可行解區域）

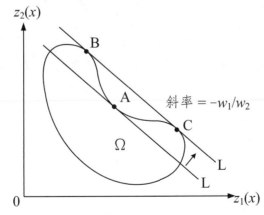

圖 18-6　加權法之求解示意圖（非凸形可行解區域）

# 18.3 財源分析與資金的可得性

財務分析包括兩個主要步驟：(1) 評價地方財務狀況是否足以擔負運輸方案之調度計劃；(2) 評價償付未來（新）債務的財務能力。（Meyer and Miller, 2001, p. 587）

## 18.3.1 財務狀況

財務分析是指方案執行之財務狀況，包括過去或未來的經濟變數、服務收益，以及預期的調度計畫之支出。財務分析可以看出一個地區之財務健全性，例如，人口成長與各部門的就業趨勢，可以提供一個基礎，評估收入的水準、營業稅收，以及一般性的政府收益。操作成本與收益可以製作成收益與支出之年度現金流（cash flow）的格式（參見圖 18-7），然後再考量貨幣的時間價值進行評估加以比較。

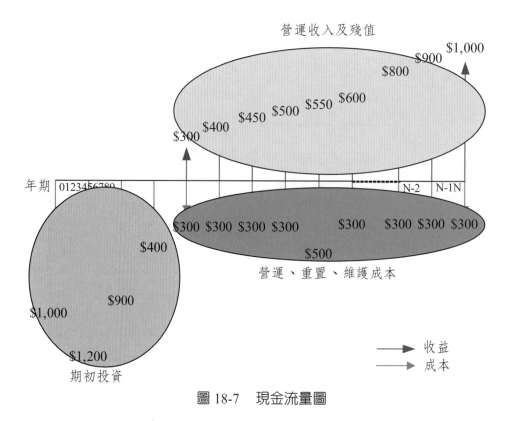

圖 18-7　現金流量圖

至於敏感度分析，通常只針對關鍵的輸入變數與假設進行分析。

## 18.3.2 財務能力

一旦建立了財務條件，就必須接著確定補助或補貼未來操作與資金債務的能力，

這就稱之爲財務能力。財務能力聚焦於新服務之支持，而財務條件則用於支持現有之服務。決定未來資金可得性的四個步驟如下：

1. 未來可從上級政府取得之資金
2. 地方政府的財源估計
3. 確定現金流之需求
4. 確定預算總額與赤字

## 18.4 創新性的財務計畫以及機構之能力

以下探討非傳統之資金來源以及機構之能力。

### 18.4.1 非傳統之資金來源

運輸改善計畫（transportation improvement program, TIP）的創新性財務計畫可整理如下圖 18-8（FHWA, 1996; Meyer and Miller, 2001, p. 598）。

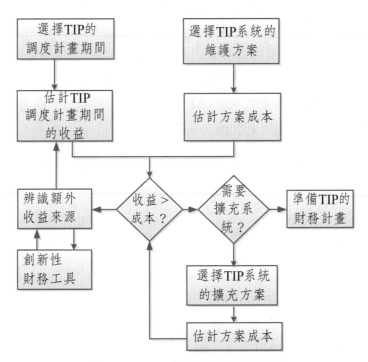

**圖 18-8　TIP 的創新性財務計畫**

通常在一個都會區所採行之運輸財務策略有三種：(1) 道路收費（toll roads）；

(2) 開發費（development fees）、抽佣（extraction），以及加值稅（value-added taxation）；(3) 私有化（privatization）。

## 18.4.2 機構之能力

機構之能力關係到方案執行成功的關鍵要素。這項能力不是只限定於適當之組織架構以推動方案之執行。也需要各種技巧與分析能力來執行、操作以及維持運輸專案與系統。例如：

1. 執行智慧型運輸系統（ITS）之能力。
2. 協調土地使用與捷運服務規劃之能力。
3. 協調開發單位與運輸主管單位共同解決運輸系統問題之能力。

## 18.5 結論與建議

調度計畫為將已有或預期之資源與運輸需求配對以達成計畫目標的一個過程。由於運輸計畫與 TIP 都會受到財源之限制，因此只有資金來源無虞之方案才可能納入調度計畫之內。這就彰顯了計畫過程中排定優先順序之重要性了。在本章中，介紹了五種排定優先順序之決策方法：(1) 目標達成法；(2) 數字評分法；(3) 優選指標法；(4) 調度計畫評估矩陣法；以及 (5) 多目標系統分析技法。但不管採用何種排序方法，運輸計畫之目標必須與調度計畫的標準有直接之連結。此外，非量化或主觀之資訊也必須包括在評估過程當中，而排序的過程也會影響到調度計畫的確實性。

## 問題研討

1. 名詞解釋：
   (1) 調度計畫（programming）
   (2) 專案計畫（project）
2. 如何進行運輸計畫的財源分析以及資金的可得性？
3. 如何擬訂運輸改善計畫的創新性財務計畫？

# 相關考題

1. 在運輸方案評選的決策過程中，決策者與規劃人員各有其角色，試分別說明兩者之任務與功能。（110 特四等）

# 參考文獻

## 一、中文文獻

[1] 陳惠國，2010，研究方法 -- 理論與應用，滄海書局，臺中。

[2] 翁振益、周瑛琪，2006，決策分析方法與應用，華泰文化，台北。

## 二、英文文獻

[1] Boychuk, L.M. and Ovchinnikov, V.O., 1973, Principle methods for solution of multicriterion optimization problem, *Soviet Automatic Control*, Vol. 6, pp. 1-4.

[2] Cohon, J.L., 1978, *Multiobjective Programming and Planning*, Academic Press New York.

[3] Dickey, W, Diewald, W.J., Hobeika, A.G., Hurst, C.J., Stephens, N.T., Stuart, R.C., Walker, R.D.. Metropolitan Transportation Planning, 2nd Edition - John W. Dickey.

[4] Goicoechea, A., Hansen, D.R. and Duckstein, L., (1982), *Multiobjective Decision Analysis with Engineering and Business Applications*, Wiley, New York.

[5] Hwang, C.L. and Masud, Abu Syed Md., 1979, *Multiple Objective Decision Making – Methods and Applications*, Springer-Verlag, New York.

[6] Hwang, C.L. and Yoon, K., 1981, *Multiple Attributes Decision Making: Method and Application*, Springer-Verlag, Berlin Heidelberg, Germany.

[7] Meyer, Michael D., Miller Eric J. Meyer and Miller, 2001, Urban Transportation Planning: A Decision-Oriented Approach, McGraw-Hill.

[8] NCTCOG, 2000, Small Area Household and Population Estimates (2000 – 2015), Regional Data Center, North Central Texas Council of Governments.

[9] Salukvadze, M.E., 1979, *Vector-Valued Optimization Problems in Control Theory*, Academic Press, New York.

[10] Zeleny, M., 1974, *Linear Multiobjective Programming*, Band 95 der Reihe Lecture Notes in Economics and Mathematical Systems, Springer, Berlin.

# 區塊鏈基礎之智慧運輸系統

　　傳統的「智慧運輸系統」（ITS）係將電子、電腦、通訊技術、與控制感測技術應用於交通運輸領域，以達成安全、便捷、順暢、效率與環境友善的運輸系統為目標，其內容包括九個主要之子系統，即：(1) 先進交通管理服務（ATMS）；(2) 先進用路人資訊服務（ATIS）；(3) 先進公共運輸服務（APTS）；(4) 商車營運服務（CVOS）；(5) 先進車輛控制安全服務（AVCSS）；(6) 電子收付費服務（EPS&ETC）；(7) 緊急事故支援系統（emergency management system, EMS）；(8) 弱勢使用者保護服務（（vulnerable individual protection services, VIPS）；(9) 資訊管理服務（IMS）。不論屬於何種子系統，其標準的作業方式都是將相關的交通資料彙總到交控中心，然後根據分析結果做出因應對策。這種中心化的作業方式，雖然能夠掌握全盤資料，但因為過度集中，很容易遭受駭客的攻擊，竄改資料或提供假資料，造成決策錯誤，影響交通順暢與交通安全。

　　為了改善智慧運輸系統資料遭駭、遭竄改的風險，就必須引入透明、安全、去中心化的區塊鏈技術。本附錄內容之順序安排如下：第一節先簡略說明區塊鏈的原理；第二節介紹區塊鏈基礎的智慧運輸；第三節說明異質性智慧運輸系統之區塊鏈基礎的動態金鑰管理；第四節概述區塊鏈基礎的智慧運輸平台架構；第五節說明人工智慧與區塊鏈的發展；第六節則提出結論與建議。

# 附 1.1 區塊鏈的原理

　　「區塊鏈」是一種大型網路記帳簿，其特性包括 (1) 去中心化；(2) 防止資訊被刪除或竄改；(3) 預防不合法的交易行為；(4) 共同維護公開帳本等在內。簡言之，區塊鏈是一種透過共識演算法實現信任去中心化的技術，在區塊鏈分散式帳本的系統中，節點是提供、維護「共同總帳」的單位，不同的節點之間以網狀的方式相互連結，成為「去中心化」獨立自主的電腦網路。由於交易去中介化、資料庫去集中化、無法竄改、可回溯追蹤變動紀錄、交易手續費低等特性，可突破現今交易的許多限制。

　　比特幣是第一個使用區塊鏈技術的密碼貨幣，具有支付功能。在比特幣形成過程中，區塊是一個存儲單元，記錄了一定時間內各個節點的全部交易訊息[1]，包括版本別

---

[1]　當交易已經遞交，但在未打包成區塊、串到區塊鏈之前，都是未生效的。因此，交易的時間是打包成區塊的時間，與交易遞交時間無關，同一個區塊內的交易時間相同，即為區塊產生的時間點。在以太坊，礦工有權利選擇要打包哪些交易，用戶在遞交交易時也會提交欲交付的手續費，若是手續費太低，造成沒有礦工有意願打包該交易時，是有可能該筆交易就躺在交易池（transaction pool）裡被忽略。此時用戶可以重新遞交交易，但是附上較高的手續費，直到交易被

（version）、前置區塊的雜湊值（previous block hash）、墨克根（Merkle root）[2]、時戳（timestamp）、位元數（bits）、隨機值（nonce）[3]、交易次數（transaction count），參見圖 19-1。

| | |
|---|---|
| 版本 | 02000000 |
| 前置區塊雜湊值<br>（反向） | 1789 daunc　006 d 747 c 37 swh　23 hd 83 kd 92<br>99 c 8d 607 j3ns　9js 8a 902918　j3n 00000000 |
| Merkle 根<br>（反向） | 8a 938470 aj 484 g0a 8cnne　983 fhdf 808293<br>nc 93 a 7ec 8en 892 nf90 ee 790 s 8adc 41787 |
| 時戳 | 358 b 0553 |
| **位元** | 535 f0119 |
| 隨機值 | 48750833 |
| 交易次數 | 65 |
| 比特幣交易 | |
| 交易 | |
| … | |

**區塊雜湊**

0000000000000000000000000000
e078 a 5789 cnawddwfwq　832 f
ecdc　9270 xw37 caskg　7801 jva
5091 fabd　42828 s 7w87982 a 50

**附圖 1-1　區塊結構**

　　各個區塊之間透過雜湊值實現鏈接，後一個區塊包含前置區塊的雜湊值，隨著訊息交流的擴大，一個區塊與一個區塊相繼接續，形成的結果就叫區塊鏈，參見附圖 1-2。

　　區塊鏈的形成主要可劃分成四個步驟（Chiu, 2019）：

**步驟 1**：區塊鏈初始架構與交易

　　區塊鏈的初始區塊必須包括被連結的資訊（類似連結 google 網站的 IP 以及網域名）並將之放在點對點（peer-to-peer, p2p）協定的軟體內，根據這個連結資訊，節點數才可能成長。區塊鏈的每個節點都有一把私鑰（private key），而每把私鑰都對應一個地址，例如：0xca2…，每筆交易記錄了從某地址到另一地址的價值傳遞，例如：0xca2…支付 1 顆比特幣給 0xc70…，每筆交易會被發出該交易的節點用其私鑰簽署，數位簽章會成為交易資料的一部分，參見附圖 1-3 所示。

---

成功打包為止。

[2] 墨克根為墨克樹（Merkle tree）的根。墨克樹亦稱雜湊樹（hash tree），是一種樹形資料結構，每個葉節點均以數據塊的雜湊作為標籤，而除了葉節點以外的節點則以其子節點標籤的加密雜湊作為標籤。雜湊樹能夠高效、安全地驗證大型資料結構的內容。

[3] Nonce 是一個在加密通訊只能使用一次的數字。在認證協定中，它往往是一個隨機或偽隨機數，以避免重放攻擊（replay attack）。Nonce 也用於串流加密法以確保安全。如果需要使用相同的金鑰加密一個以上的訊息，就需要隨機數 Nonce 來確保不同的訊息與該金鑰加密的金鑰流不同。

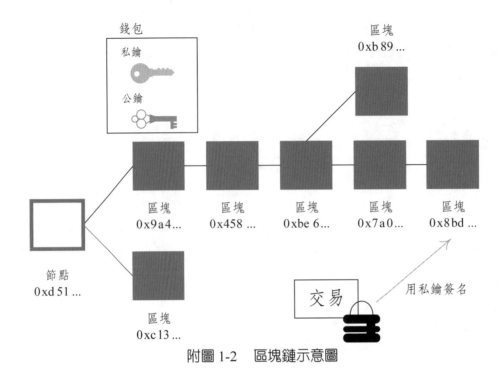

附圖 1-2　區塊鏈示意圖

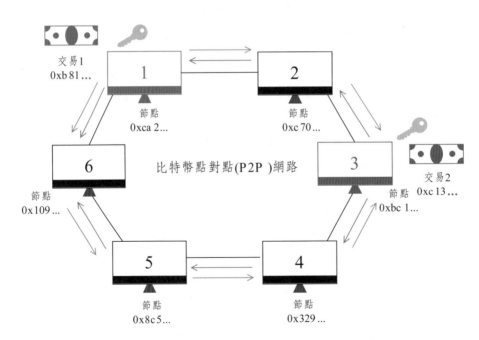

附圖 1-3　區塊鏈初始架構與交易（步驟 1）

**步驟 2**：區塊鏈簽署交易的廣播

　　簽署過的交易會被廣播至網路中的每一個節點，理想上每個節點會取得在網路產生的所有交易。參見圖 19-4 所示。

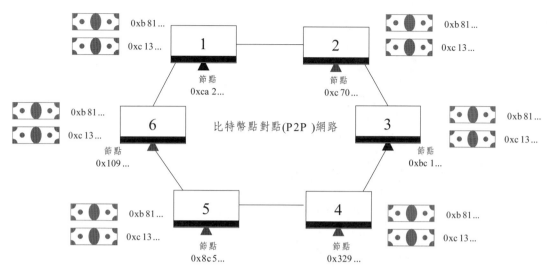

附圖 1-4　區塊鏈簽署交易的廣播（步驟 2）

**步驟 3**：區塊鏈簽署交易的驗證

　　節點一旦接收到簽署的交易就可以驗證該交易是否合法。願意擔任礦工的節點就會把交易打包成區塊，但由於每個節點都有各自的區塊，因此工作量證明（proof of work, PoW）[4]（Dwork and Naor, 1993; Jakobsson and Juels, 1999），參見附圖 1-5，的共識機制（consensus）[5]就被用來決定哪一個區塊將被所有節點接受。

　　附圖 1-5 工作量證明之程序說明當滿足難度時，就生成合法區塊，即可串上主鏈；但若生成區塊不符合難度，則須更改區塊資料，即代表更新隨機數（nonce），這個過程就叫做挖礦。

　　比特幣在進行工作量證明之前，節點記帳會做進行如下準備工作：

1. 收集廣播中還沒有被記錄帳本的原始交易訊息
2. 檢查每筆交易訊息中付款地址有沒有足夠的餘額
3. 驗證交易是否有正確的簽名
4. 把驗證通過的交易訊息進行打包記錄
5. 添加一個獎勵交易：給自己的地址增加 6.25 比特幣[6]

---

[4] 2011 年 Quantum Mechanic 另提出權益證明（proof of stake, PoS）共識機制，挖礦獎勵機率與參與者「持有代幣數量百分比」和「持有代幣時間」成正比，它不需要消耗大量能源挖礦，即大量的電力與電腦運算時間。

[5] 共識演算法（consensus algorithm）比較複雜的部分是如何處理分岔、礦工誠信（integrity）的驗證等。

[6] 2009.01.03-2012.11.28 區塊礦工獎勵 50 比特幣，2012.11.28-2016.0709 區塊礦工獎勵 25 比特幣，2016.07.09-2020.05.19 區塊礦工獎勵 12.5 比特幣，2020 .0.5.19 後下降為 6.25 比特幣。

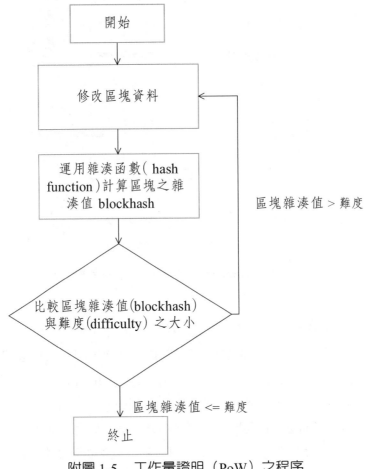

附圖 1-5　工作量證明（PoW）之程序

6. 如果節點爭奪記帳權成功的話，就可以得到 6.25 比特幣的獎勵。

　　若區塊成功通過工作量證明，則該區塊爲合法。參見附圖 1-6 所示。

　　假如已知函數爲 $x^3 + \log^2 x + \sin x = y$，若給定 $x$ 值就很容易算出 $y$ 值，但由 $y$ 值推算 $x$ 值則相當困難。同樣的，雜湊函數（sha256）可以很容易將輸入值（123）射到一組特定的（256）位元序列，例如：0xb89…；但由序列映射回輸入值幾乎不可能，如附圖 1-7 所示，這樣的特性使雜湊函數適合用來產生訊息摘要。

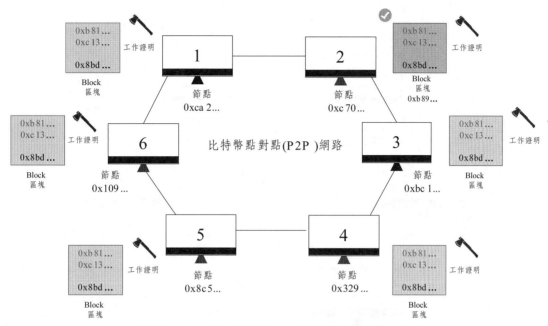

附圖 1-6　區塊鏈簽署交易的驗證（步驟 3）

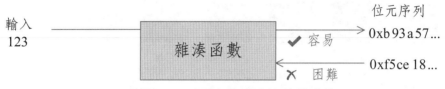

附圖 1-7　區塊鏈雜湊函數的產生

**步驟 4**：區塊鏈資料的維護

　　每個區塊都會包含前置區塊的雜湊值（參見附圖 1-1），合法區塊會被廣播至網路中的每一個節點並於驗證後串接至舊的區塊上，形成新的區塊鏈。每個節點皆維護同一個版本的區塊鏈及交易資料，找出合法區塊的節點會被獎勵，參見附圖 1-8 所示。

　　中本聰（2008）提出首個加密貨幣（cryptocurrency）比特幣，嗣後大量資金炒作比特幣蔚為風潮，其他運用區塊鏈的加密貨幣也紛紛進入市場。但因不受政府監管，故被用於吸金、洗錢等負面用途，各國政府逐漸介入監管，加密貨幣價格暴起暴落，對加密貨幣激情逐漸降溫。

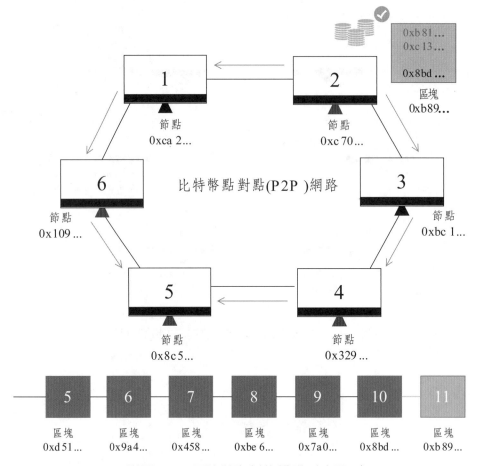

比特幣點對點(P2P )網路

附圖 1-8　區塊鏈資料的維護（步驟 4）

　　全球不論公私領域，區塊鏈的應用卻反而日漸蓬勃，包括製造業、供應鏈、能源業、食品業、金融業，以及運輸業。WEF 網站整理出區塊鏈應用的六大領域（治理與法律、單位與人員管理、經濟與社會結構、金融產品與服務、去中心化資產管理、環境永續）34 項類別，如下圖：

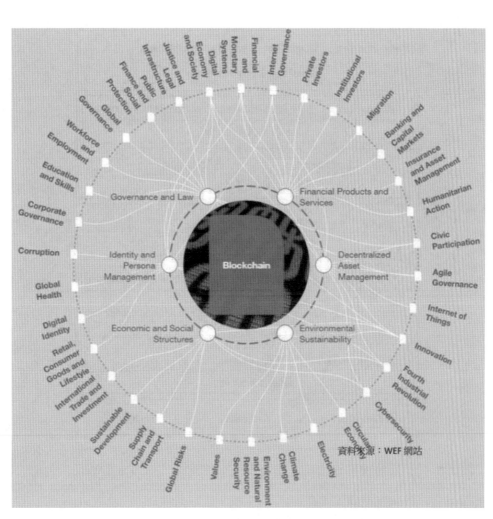

附圖 1-9　WEF 網站整理之區塊鏈應用領域類別

　　供應鏈與交通運輸亦為區塊鏈的應用領域之一，但是與區塊鏈基礎智慧運輸系統有關的現有文獻不多，以下就重要文獻進行簡單的回顧。

# 附 1.2 區塊鏈基礎的智慧運輸

　　Yuan and Wang's（2016）為第一篇探討區塊鏈基礎的智慧運輸（Blockchain-based ITS, B$^2$ITS）架構的文章，其內容提出一個 7 層的概念模型（conceptual model）如下：

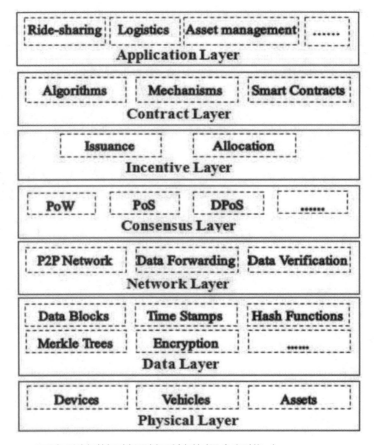

附圖 1-10　區塊鏈基礎智慧運輸系統的概念架構（Yuan and Wang, 2016）

1. 實體層：包括儀器、車輛與資產。

2. 資料層：包括資料區塊、時間戳、雜湊函數、墨克爾樹、加密等。

3. 網路層：包括 P2P 網路、資料傳導、資料驗證。

4. 共識層：PoW、PoS、DPoS 等。

5. 誘因層：發行（issuance）、配置（allocation）。

6. 合約層：包括演算法、機制（mechanism）、智慧合約（smart contracts）。

7. 應用層：包括共乘、物流、資產管理等。

　　同時亦認為 B²ITS 將可進一步朝向平行運輸管理的方向（如附圖 1-11）的方向發展。亦即實質空間（physical space）的 blockchain of things 與網路空間（cyber space）的大數據可以描述真實的運輸系統，這個真實的運輸系統一方面可以數位化建構區塊鏈，另一方面可以平行處理人工運輸系統的智慧合約。

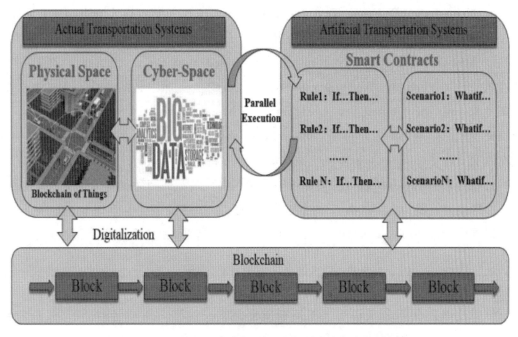

附圖 1-11　區塊鏈基礎智慧運輸系統的平行運輸管理

為了詮釋以上七層架構的區塊鏈基礎 ITS 概念，本文以叫車系統 La'zooz 為例進行說明。

雖然這是第一篇論文公開探討區塊鏈基礎的智慧運輸系統，但其概念架構仍然只是對照比特幣區塊鏈的架構，並未針對智慧運輸系統的特性分析，提出真正適合使用的區塊鏈網路系統，而且其說明的 La'zooz 叫車系統，只屬於單項主題的應用，並不具有智慧運輸系統的代表性。

# 附 1.3 異質性智慧運輸系統之區塊鏈基礎的動態金鑰管理

網路實體系統（Cyber-Physical system, CPS）為提升人類生活品質最具潛力的技術，其中實體部分是指基礎設施、網路偵測器（network sensor）以及運算儀器（computation devices），軟體部分則包括程式、軟體操作系統以及物聯網環境。CPS 的應用極廣，包括智能合約、智能電網、ITS、智慧城市、智能醫藥系統，以及智能電表。在各種應用中最大的挑戰主要為保安性、私密性與效率性。智慧型運輸系統屬於網路實體系統的一種應用，因此面對這三種挑戰以確保交通安全與車流的順暢。

Lei et al.'s（2017）針對異質性智慧運輸系統提出區塊鏈基礎的動態金鑰管理方法

（Blockchain-Based Dynamic Key Management for Heterogeneous Intelligent Transportation Systems），其主要內容分成兩個部分：第一部分為依據去中心化區塊鏈架構建立網路（network topology based on a decentralized blockchain structure），在異質車輛通訊系統（vehicular communication systems, VCS）領域中區塊鏈概念被用以簡化分散式金鑰管理（distributed key management in heterogeneous VCS domains）。第二部分主要是引用動態交易收集時間（dynamic transaction collection period）以進一步縮短車輛交接時（vehicles handover）的金鑰轉傳時間（key transfer time）。經由密集模擬與分析結果顯示，其所研擬的智慧運輸架構因為其區塊鏈結構在金鑰轉換時間比起中心化結構具有的優勢，因此具有效能與效率。在此同時其動態計畫（dynamic scheme）也可以讓保安管理員（security managers, SMs）有彈性的適應各種交通水準。

## 附 1.3.1　分散式區塊鏈網路

　　傳統的網路架構分成四層，第四層為車輛的使用者，第一至第三層為服務提供者，分別為中央管理者（central manager, CM）、保安管理員（security manager, SM）以及路旁單位（roadside unit, RSU）。車輛資料會傳遞到路旁單位，然後轉傳到保安管理員，最後彙總到中央管理者。每一個保安管理員對應數個路旁單位再連結多部車輛，形成一個保安領域（security domain），如附圖 1-12 所示。

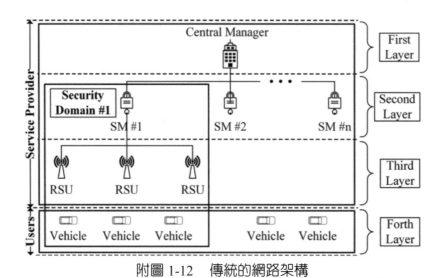

附圖 1-12　傳統的網路架構

　　傳統的網路架構如果納入第三方公證，則形成架構如附圖 1-13 所示。相關的路旁設施將收集的車輛資料轉傳至對應的保安管理員，然後彙總至部分集中的證書權責單位（certificate authority）。

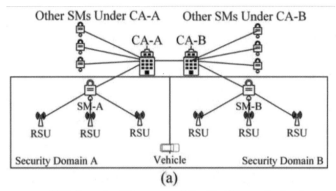

SM: Security Manager　　CA: Certificate Authority

附圖 1-13　納入第三方公證機構的傳統網路架構

至於無第三方權證機構的區塊鏈網路架構，則形成架構如附圖 1-14 所示。相關的路旁設施將收集的車輛資料轉傳至對應的保安管理員，每個保安管理員在區塊鏈網路中形成一個節點並可以挖礦的方式擔任第三方驗證的工作，至於中央管理員原先擔任驗證的角色則被移出，其存儲資料的功能則只有當需要時才會被用到，因此不屬於區塊鏈的主體。

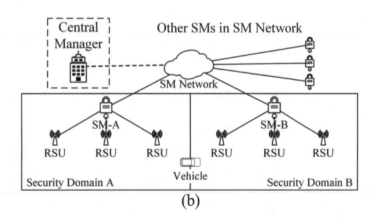

附圖 1-14　無第三方權證機構的區塊鏈網路架構

## 附 1.3.2　最小金鑰轉傳時間

跨域傳統架構下的金鑰轉傳交接程序如附圖 1-15 所示。保安管理員 A（SM-A）將收集時間內（collection period）的交易 #1 至交易 #n 轉傳至認證權責單位 A（CA-A），CA-A 花費處理時間 $t_{p1}$ 形成交易封包（transaction packet）交接給 CA-B，CA-B 花費處理時間 $t_{p2}$ 將交易封包轉傳給 SM-B。這段過程所花費的金鑰傳遞時間爲以上三種時間之和。

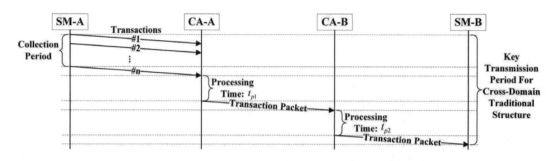

附圖 1-15　跨域傳統架構下的金鑰轉傳交接程序

　　傳統架構下無須跨域的金鑰轉傳交接程序可以簡化如附圖 1-16 所示。保安管理員 A-1（SM-A-1）將收集時間內（collection period）的交易 #1 至交易 #n 轉傳至認證權責單位 A（CA-A），CA-A 花費處理時間 $t_{p1}$ 形成交易封包（transaction packet）直接轉傳給 SM-A-2。這段過程所花費的金鑰傳遞時間為以上兩種時間之和。

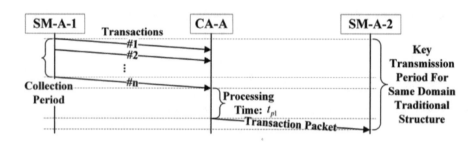

附圖 1-16　同域傳統架構的金鑰轉傳交接程序

　　至於在區塊鏈架構下的金鑰轉傳交接程序可以表示如附圖 1-17 所示。保安管理員 A（SM-A）將收集時間內（collection period）的交易 #1 至交易 #n 彙總，並在保安管理員雲端（SM-Cloud）成為區塊鏈網路的一個節點，經過準備時間（preparation time）$t_{prep}$ 與挖礦時間（mining time）$t_{mining}$ 之後，將經認證的區塊回傳給 SM-A。這段過程所花費的金鑰傳遞時間為以上三種時間之和。

　　至於每筆交易與區塊的內容格式分別如附表 1-1、1-2 所示。

　　每筆交易的內容包括兩個部分，交易抬頭的部分包括交易的雜湊結果，是項交易在區塊裝的編號，目前保安領域的編號（$SM\text{-}this$）、目的地保安領域的編號（$SM\text{-}dest$）、車輛辨識文件包括加密的車輛筆名（pseudonym）與證件（certificate），以及將這個交易簽封 $Sig\{Cipher + dest_{SM}\}SK_{SM\text{-}this}$ 以確保誠實（integrity）與可信（authentication）。至於承載內容則為加密的交易資訊 $Cipher = En\{info\}PK_{SM\text{-}this}$。

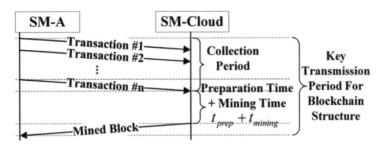

附圖 1-17　區塊鏈架構下的金鑰轉傳交接程序

附表 1-1　交易的格式

| Transaction Header |
| --- |
| Hashed result of the transaction |
| Number of this transaction in block |
| Current security domain number *SM-this* |
| Destination security domain number *SM-dest* |
| Vehicle identity materials<br>including the encrypted vehicle pseudonym and certificate |
| Signature of this transaction to ensure integrity and authentication<br>$Sig\{Cipher + dest_{SM}\}SK_{SM\text{-}this}$ |
| **Payload:** (Encrypted Transaction Information)<br>$Cipher = En\{info\}PK_{SM\text{-}dest}$ |

　　區塊抬頭的部分包括區塊的版本編號（version），前一個區塊的雜湊數（previous block hash）、默克爾樹根（Merkle tree root）、時戳（timestamp），目標難度（targeted difficulty）、隨機數（nonce）。

附表 1-2　區塊的格式

| Block Header | |
| --- | --- |
| Field | Description |
| Version | Block Version Number |
| Previous Block Hash | Hash of the previous block in the chain |
| Merkle Tree Root | Hash of the merkle tree root $Root_M$ |
| Timestamp | Creation time of this block |
| Targeted Difficulty | The Proof-Of-Work difficulty target |
| Nonce | A counter for the Proof-Of-Work |
| Block Payload (Transactions) | |
| Transaction No.1 $\cdots$ Transaction No.n | |

最佳的交易收集時間（optimized transaction collection time）$t_{B-1}$ 是根據最小金鑰轉傳時間（minimum key transfer time）$t_{CP} \in \left[ t_{CP}^1, t_{CP}^n \right]$ 而來，其選擇公式如下：

$$\underset{t_{CP}}{\arg\min}\ t_{B-1}\ \ \text{subject to:}\ \ t_{CP} \in \left[ t_{CP}^1, t_{CP}^n \right] \tag{附1-1}$$

## 附 1.4 區塊鏈基礎的智慧運輸平台架構

Li, Nejad, and Zhang's（2019）針對連網車提出區塊鏈基礎的交通號誌控制系統（traffic signal control systems）設計一個保護資料安全的架構，並以美國運輸部認可的 CV 試驗計劃的智慧交通號誌系統（Intelligent Traffic Signal System, I-SIG）為對象進行模擬試驗獲得良好的效果。

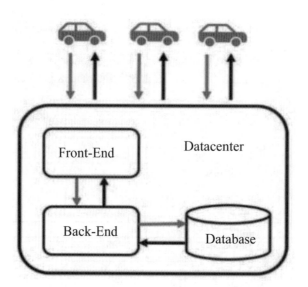

附圖 1-18　中心化的伺服器車輛網路

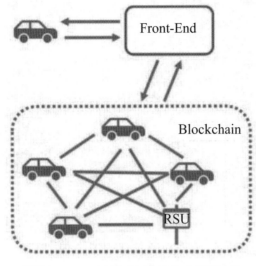

附圖 1-19　區塊鏈基礎的車輛網路

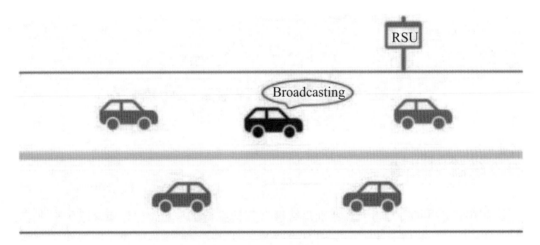

附圖 1-20　車輛廣播情境

# 附 1.5 人工智慧與區塊鏈的發展

　　區塊鏈與人工智慧是近年來最夯的革命性技術（most trending and disruptive technologies）。區塊鏈技術可以用加密貨幣自動付款而且可以在分散式、安全、可信賴的情況下進出資料的共用帳本、交易與紀錄。區塊鏈可以在沒有中介人或可信任第三方的情況下，利用智慧契約（smart contract）治理參與者之間的互動。在另一方面，AI 提供機器一種近似人類的智慧與決策能力。Salah, Rehman, Nizamuddin, Al-Fuqaha（2019）

將區塊鏈應用於人工智慧（blockchain for AI）進行完整的文獻回顧，提出區塊鏈於人工智慧的應用分類如下。

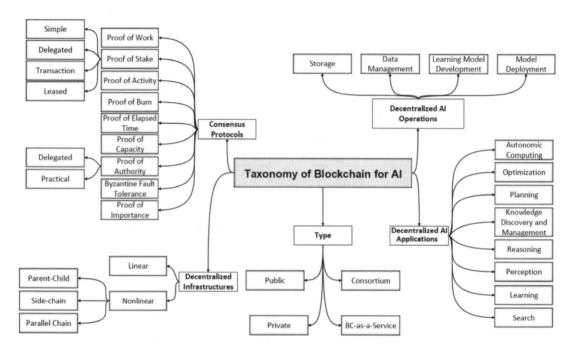

附圖 1-21    區塊鏈在人工智慧應用的分類

# 附 1.6 結論與建議

　　區塊鏈在交通運輸的應用（特別是智慧型運輸系統 ITS）尚在起步階段，未來的發展潛力很大，但是向研究所需投入的資源相當可觀，必須整合產官學研的資源才可能有突破性的成果呈現。此外，區塊鏈與人工智慧之整合應用也是未來非常值得探討的重要方向，如附 1.5 節內容說明。

# 參考書目

[1] 陳綠蔚、張國恩主編，2019-08，區塊鏈＋時代的社經變革與創新思維，中技社出版 ISBN-978-986-98284-8-2

[2] Blockdata, Blockchain in Transport Alliance (BiTA), 2017, https://www.blockdata.tech/pro-

files/blockchain-in-transport-alliance-bita

[3] The U.S. Department of Transportation (USDOT), 2021, CV Pilot Deployment Program, https://www.its.dot.gov/pilots/cv_pilot_apps.htm.

[4] Dominic, D. et al., 2016, Risk Assessment for Cooperative Automated Driving," presented at the Proceedings of the 2nd ACM Workshop on Cyber-Physical Systems Security and Privacy, Vienna, Austria, 2016.

[5] "Ethereum," https://www.ethereum.org/.

[6] Guo, H., Meamari, E., and Shen, C.-C., Blockchain-inspired event recording system for autonomous vehicles, in 2018 1st IEEE International Conference on Hot Information-Centric Networking (HotICN), 2018, pp. 218-222: IEEE.

[7] "Hyperledger Fabric," https://www.hyperledger.org/projects/fabric.

[8] "Hyperledger Composer," https://www.hyperledger.org/projects/composer.

[9] Hui, Hongwen, An, Xingshuo, Wang ,Haoyu, Ju, Weijia, Yang, Huixuan, Gao, Hongjie, and Lin, Fuhong, 2019, Survey on blockchain for Internet of Things, Journal of Internet Services and Information Security (JISIS), Vol. 9, No. 2, pp. 31-41.

[10]Jakobsson, M., Juels, A., 1999, Proofs of work and bread pudding protocols, Communications and Multimedia Security. Kluwer Academic Publishers: 258-272.

[11]Dwork, Cynthia and Naor, Noni, 1993, Pricing via processing, or, combatting junk mail, advances in cryptology. CRYPTO'92: Lecture Notes in Computer Science No. 740. Springer: 139-147.

[12]Jiang, T., Fang, H., and Wang H., 2018, Blockchain-based Internet of vehicles: distributed network architecture and performance analysis, IEEE Internet of Things Journal, 2018.

[13]Lei, A., Cruickshank, Cao, H., Asuquo, Y., P. C., Ogah P. A., and Sun, Z., 2017,Blockchain-based dynamic key management for heterogeneous intelligent transportation systems. *IEEE Internet of Things Journal*, 4(6):1832-1843, December 2017.

[14]Li, Wanxin, Nejad, Mark, Zhang Rui, 2019, A Blockchain-Based Architecture for Traffic Signal Control Systems. 2019 (v1).ICIOT 2019: 33-40. [i2]

[15]Salah, K, Rehman, MH, Nizamuddin, N, Al-Fuqaha, A., 2019, Blockchain for AI: review and open research challenges. IEEE Access 7, 1-23 (2019)

[16]Sheehan, B., Murphy, F., Ryan, C., Mullins, M., and Liu, H.Y. (2017). Semi-autonomous vehicle motor insurance: A Bayesian network risk transfer approach, Transportation Research Part C, 80, 206-215.

[17]Smart Transportation, https://www.experfy.com/internet-of-things/intelligent-transportation),

accessed on December 23, 2019.

[18] Tomás, Juan Pedro, June 26, 2017, What is smart transportation? Enterprise iot insights, https://enterpriseiotinsights.com/20170626/transportation/20170625transportationwhat-smart-transportation-tag23-tag99

[19] Yuan, Y. and Wang, F., Blockchain and cryptocurrencies: model, techniques, and applications, IEEE Transactions on Systems, Man, and Cybernetics: Systems, Vol. 48, no. 9, pp. 1421-1428, 2018.

[20] Yuan, Y. and Wang, F.-Y., 2016, Towards blockchain-based intelligent transportation systems," in 2016 IEEE 19th International Conference on Intelligent Transportation Systems (ITSC), 2016, pp. 2663-2668: IEEE.

# 附錄二
# 智能合約在公共運輸的應用

公路公共運輸為改善交通運輸效率與提升偏遠地區服務水準最具效能的手段之一，惟現有的公路公共運輸管理卻存在權益關係人（包括主管機關、客運業者以及客運駕駛員在內）互信基礎薄弱的問題，從而影響效率與安全。為有效改善上述問題，本附錄介紹以去中心化為基礎之區塊鏈技術，並以 Solidity 程式語言撰寫兩個智能合約：(1)「客運駕駛員安全行駛」智能合約，其目的在於解決權益關係人間由於健康、工時等項目所產生之爭議及對於安全行駛之影響；(2)「客運業路線虧損補貼」智能合約，其目的在於改善客運業者與主管機關間因缺乏互信而制定出較為繁瑣且冗長之路線虧損補貼審查制度，並以營運彈性較大，虧損補貼之信任問題更受重視的幸福巴士實務資料進行測試。驗證結果顯示，本系統可以有效解決目前公車營運過程中各權益關係人間的缺乏信任問題，從而有效保障駕駛員之安全行駛以及縮短客運業虧損補貼之作業流程。

本附錄內容之順序安排如下：第一節介紹公共運輸的發展現況與分析；第二節說明公路公共運輸之營運課題與幸福巴士選定；第三節說明研究流程與內容；第四節為智能合約之初步設計與雛型展示；第五節敘述區塊鏈智能合約之權益關係人參與；第六節進行區塊鏈智能合約之可行性分析；第七節說明區塊鏈智能合約之配套措施；第八節說明預期成果；第九節提出星際檔案系統的使用潛力；第十節則提出結論與建議。

## 附 2.1 公共運輸的發展現況與分析

公路公共運輸（包含公路客運及市區公車等）可以解決都市間運輸走廊的交通壅擠問題以及偏鄉地區的交通不便問題，已成為交通主管單位維護基本民行權益之施政重點。公路公共運輸發展甚久，已成為整體運輸系統不可或缺的一環，但也存在亟需改善之重要課題。本節將先闡述目前國內公共運輸發展之現況，並提出公路公共運輸所面臨之相關課題。

### 附 2.1.1　國內公共運輸發展現況

公路公共運輸為最具調整彈性及市占率最高的大眾運輸方式之一，截至 2019 年為止，營運之路線已超過 2200 條，每年之運量超過 12 億人次，總行駛班次數接近 4000 萬班，並行駛超過 10 億車公里及 170 億延人公里（交通部統計處，2020）。平均每日有將近 340 萬人使用，在整體大眾運輸運量中擁有約五成之市占率（交通部統計處，2017），更可以顯示其重要性。然而公路公共運輸肇事之案件屢見不鮮，單就台北市聯營公車為例，在 2019 年即造成將近 500 起之事故。近年來詳細肇事次數可見附圖 2-1。

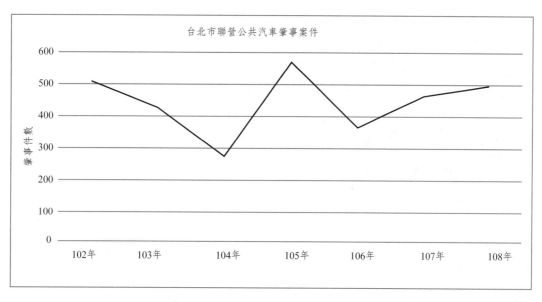

**附圖 2-1 台北市聯營公共汽車肇事案件（台北市政府交通局，2020）**

自從政府於 99 年度開始執行公共運輸計畫至今已投入近 400 億元，而其中有超過 4 成約 157 億元用於公路公共運輸之虧損補貼，歷年之虧損補貼金額可參考附圖 2-2。在 2019 年有超過半數之公路公共運輸路線（1,162 條）領有虧損補貼，虧損補貼的總額約 13 億元，佔政府編列共 38 億之公路公共運輸相關計畫預算的 3 成，為公路公共運輸計畫中相當重要之項目，且補貼之金額亦有上升之趨勢（交通部公路總局，2020）。

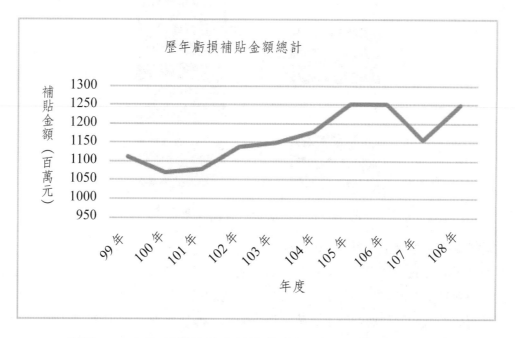

**附圖 2-2 歷年虧損補貼金額總計（交通部公路總局，2020）**

由上述公路公共運輸營運現況可以歸結如下：

1. 公路公共運輸每日有 340 萬人使用，占整體大眾運輸運量的五成，然由台北市聯營公共汽車來看，肇事案件居高不下。
2. 超過半數之公路公共運輸路線皆需仰賴虧損補貼。

## 附 2.1.2　公路公共運輸之發展課題

目前公路公共運輸之發展已經相當成熟且穩定，但仍有許多仍待克服之難題，首先是時常發生駕駛員因健康狀態不佳或違反工時規定所衍生出的交通事故，例如在 2020 年 9 月在台北因違法勞基法休息之相關規定而導致一死一傷的車禍（李宛諭，2020）。此外，各權益關係人間缺乏信任基礎，間接造成營運虧損補貼申請程序繁雜。由於公路公共運輸搭乘人數眾多具有相當之重要性，又超過半數之路線須申請營運虧損補貼，故在實務上駕駛員之安全行駛及路線虧損補貼之請領程序仍有改善之空間。

為了能了解實務之運作方法，曾先與公路客運主管機關、實務業界及學界進行交流與訪談（相關之訪談單位包括：新竹區監理所、公路總局、雲林縣政府、新竹縣尖石鄉公所、鼎漢工程顧問有限公司）。透過交流與訪談得以更深入了解到目前市場的實務運作以及市場營運現況，並據以提出兩個亟需進行改善的課題說明於下（參見附圖2-3）：

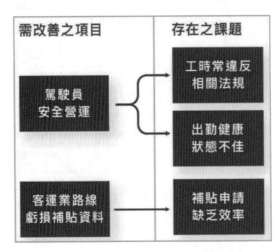

附圖 2-3　公路公共運輸營運課題

### 1.「駕駛員安全行駛」亟需進行改善

目前駕駛員的安全行駛要求經常受到忽視，例如在健康狀態不佳的情況下仍照表出勤，導致車禍頻繁發生（林悅，2018），而駕駛員與業者間對於工時的計算標準以及相關勞動法規的詮釋與遵守上亦時常產生爭議（邱學慈等人，2018），並因此導致了駕駛員與客運業者間的齟齬不合，一旦安全行駛條件不足也會造成乘客搭乘的安全疑

慮。

　　確保駕駛員安全行駛之前提在於重視駕駛員之相關權利及義務，其中主要可分爲健康狀況、工時等兩大部分。目前此兩部分的相關資訊雖有相對應之系統可提供或推得，但資料輸入儲存之方便性與安全性上尚待加強，且缺乏系統之整合，導致目前仍未有效利用，對公路客運業的管理效能具有不利的影響，亟需對現行的駕駛員之安全行駛進行改善。

## 2.「客運業路線虧損補貼」處理耗時、效率不彰且缺乏驗證

　　公路客運營運攸關全民的移動需求與易行性指標，並不屬於一般性之營利事業，因此，路線、班次與票價之訂定也須配合政府的管制與要求，往往造成客運業路線之票箱收入不敷營運成本支出。爲了維護基本民行之權益，避免業者虧損致無法持續營運，主管機關需要針對部分營收虧損或不足之路線編列預算，並由公路客運業者按照相關規定申請路線營運補貼。

　　然而目前補貼申請文件依然以人工審核及紙本郵寄作業爲主（公路客運即時動態資訊網，2020），補貼申請文件皆以業者所提報之資料爲準，缺乏資料驗證之機制，且申請過程曠日費時、缺乏效率，故亟需加以改善以維護各方應有之權益。

　　根據上述的說明，我們可以瞭解公路公共運輸的管理目前所面對的爲相關資料輸入、儲存、驗證、保安、執行與時效等重要議題。若僅靠舊有的思維模式處理這些課題效果有限，因此必須引用創新的科技才能達到預定的目標。

# 附 2.2 公路公共運輸之營運課題與幸福巴士選定

　　本章先針對前所揭櫫的公路公共運輸之營運課題與內容進行詳細的說明，然後比較幸福巴士與一般公路公共運輸之營運特性的差異，最後選定幸福巴士做爲本研究之測試對象。

## 附 2.2.1　公路公共運輸之營運課題

　　車輛肇事改善及路線虧損補貼申請爲公路公共運輸在營運過程中相當需要重視的部分。以下針對這兩個課題進行詳細說明。

## 1. 藉由駕駛員安全行駛，改善車輛肇事問題

　　交通事故往往是因爲駕駛員之健康、工時狀態不符合法規要求所造成，如果駕駛員能在健康、工時狀態方面合乎法規要求，將可確保駕駛員安全行駛從而避免事故發生。

此目標可藉由駕駛員之健康狀況以及駕駛工時的記錄進行判斷而達成。在健康狀態紀錄方面，交通部運研所北區區域運輸發展研究中心與「豪泰客運」合作開發出一套健康駕駛管理系統，主要利用「心臟頻譜血壓計」對駕駛員進行生理狀況（包含血壓、心跳、心律雜訊、瓣膜雜訊及心血管雜訊）之紀錄，並藉由所紀錄之生理狀況判斷駕駛員當日是否適合開車，其判斷標準及勤務處理措施如附表 2-1 所示。

附表 2-1　生理狀況判斷及勤務處理措施

| 狀態值 | 判讀依據 | 勤務管理措施 |
|---|---|---|
| 0<br>（正常狀態） | 心臟與血壓量測數值正常 | 按照原班表值勤 |
| 1<br>（異常警訊） | 心跳太快，應持續追蹤<br>心跳偏慢，應適量運動<br>「輕度」或「中度」高血壓<br>「心律」雜訊【3～6】<br>「瓣膜」雜訊【3～6】<br>「心血管」雜訊【3～6】 | 仍可執行原行車任務，但建議該駕駛員前往就醫進行檢查與治療 |
| 2<br>（危險警訊） | 「重度」高血壓<br>「心律」雜訊【>7】<br>「瓣膜」雜訊【>7】<br>「心血管」雜訊【>7】 | 抽班，要求該駕駛就醫檢查與治療，狀況改善才能繼續排班 |

資料來源：交通部運輸研究所，2018

　　駕駛員可將健保卡插入（或將個資輸入）「心臟頻譜血壓計」進行身分之驗證，並可以利用物聯網的技術將檢查資料記錄傳送至其設備廠商開發之「雲端健康照護資料庫」平台，再交由客運業者進行資料之存取。

　　「豪泰客運」利用「心臟頻譜血壓計」實施駕駛健康管理機制後，平均每月量測比例皆超過 75%。當系統產生警示時，駕駛員本身會對其生理狀況產生警覺，且業者也會協助生理狀況出現警示之駕駛員就醫，在經過約半年的追蹤後發現，駕駛員發生異常與危險警訊之比例大約下降了 5%，顯示該系統確實發揮其效用（交通部運輸研究所，2018）。

　　至於目前駕駛員工時的判讀主要是利用車輛動態系統進行查核，查驗工作分為三個階段：

(1) 事前查核：要求業者提前兩天將駕駛預計行駛之班表上傳動態系統，並依據前三個月之資料依照尖／離峰時段、平／假日分析各班次平均行駛時間，可由分析結果提

前告知業者預排班表超過工時的可能性，以及是否需要更改班表。

(2) 事中查核：於實際行駛當天在行駛完第一趟後、其後每趟開車前 15 分鐘將進行判讀，以當天駕駛時數加上預估下一個班次任務之行駛時數看有無超過當日工時之可能，若可能超時仍發車將警示相關單位。如果超時輕微僅會通知客運業者，但如果超時嚴重會將警示傳送通知至監理所及公路總局。

(3) 事後查核：若行駛過程中因特殊狀況（如：行車事故或嚴重塞車）導致超過工時，將會經由事後查核之機制予以紀錄。

經過上述機制可看出，目前關於健康狀態及工時紀錄皆有相對應之系統可以擷取，但現行系同存在兩個缺點：(1) 子系統彼此獨立並未整合；(2) 無法確保所記錄之資料不會受到竄改或遭遇資料庫毀損。故為改善現有客運肇事次數偏高的現況，以達成駕駛員安全行駛，必須尋求較佳之解決方案。

## 2. 客運業路線虧損補貼

目前客運業補貼作業有兩個主要課題，即補貼請領程序及資料正確性：

### (1) 補貼請領程序

現行客運業者送件從開始到撥款需要將近 1 個月的時間，其中包括審核及處理程序，以及文件來回的寄送時間。目前客運業者在遞送補貼申請後資料會先由地方監理站做初步的審核，而監理站在完成初步審核後須將資料再以郵寄之方式送交監理所，再由監理所做最後的審核並撥款。而因各個監理所所轄區域廣大，在文件郵寄的過程中需要耗費相當多的時間，而實際進行實際審核所需之天數其實並不多，故補貼請領程序這部分是相當值得進行改善。

### (2) 資料正確性

目前在「交通部公路總局鼓勵使用公路汽車客運電子票證票價優惠措施執行管理要點」中提到了監理機關須確認電子票證各票種乘客優惠金額與電子票證公司或清分機構資料是否一致；而在「公路汽車客運偏遠服務路線營運虧損補貼審議及執行管理要點」亦規定若所報各項資料有不實者，將進行相關責任追究。

然而上述管理要點在實務上卻鮮少確實執行，各地監理機關通常僅會依照「公路汽車客運偏遠服務路線營運虧損補貼審議及執行管理要點」中所規範的依補貼計畫之執行情形進行每月二次之查核，而且目前對於客運業者提交之各路線補貼明細幾乎完全信任全盤接收，並無完善之查核程序。換句話說，現行作業方式並無法防止業者利用此一漏洞進行補貼款項之浮報，因此亟需進行改善。

## 附 2.2.2 公路公共運輸之分類與幸福巴士選定

公路公共運輸的種類可依照主管單位之不同劃分為公路汽車客運業及市區汽車客運業兩種，並可再細分為國道客運、公路客運、市區公車、幸福巴士等 4 類。不同種類之公路公共運輸，其有關路線虧損補貼的請領規定亦有所差異整理如附表 2-2 所示。

附表 2-2　公路公共運輸之分類

| 種類 | 主管機關 | 子類別 | 可否請領虧損補貼 | 虧損補貼請領金額（萬元／每年） |
|---|---|---|---|---|
| 公路汽車客運業 | 公路總局 | 國道客運 | 不可 | -- |
| | | 公路客運 | 可 | 62,197 |
| 市區汽車客運業 | 縣市政府 | 一般公車 | 可 | 62,863 |
| | | 幸福巴士 | 可 | 7,950 |

公路總局為了改善偏遠地區民眾基本民行之需求，於 2019 年起對各縣市政府推廣「幸福巴士」之公路公共運輸政策，其特色為讓民眾在有出行需求時再提供運輸服務，不但可藉此降低營運成本，並能透過預約的方式安排繞駛的地點，增加民眾候車之方便性。

相較於固定排班之一般公路客運，幸福巴士在營運之行駛里程、行駛班次擁有較大之彈性，但也因為彈性較大，營運流程將更加複雜，申請補貼之金額更具竄改之空間。根據實際辦理幸福巴士虧損補貼之單位表示，相較於一般公車路線幸福巴士需要花費大量在人力與時間進行資料處理、驗證，因此若能優先進行改善，將可以獲得更高的效益。故將優先對於幸福巴士之虧損補貼程序進行改善。

公路公共運輸為在台灣最為普及、涵蓋率最廣之大眾運輸工具，具有固定路線、固定班次、固定車站及固定費率等特性。但在一般公路客運之營運模式之下，偏鄉地區常常面臨到載客率不佳之問題，雖然政府已制定了相關之補貼計畫，但仍有部分路線因載客率較低，而面臨停駛之危機，使得偏遠地區基本民行之需求無法被適當滿足。

近年來，公路總局開始推動需求反應式公共運輸服務（DRTS）之政策，藉此改善偏遠地區交通的便利性，以滿足偏遠區域之基本民行需求。所謂需求反應式公共運輸服務其運作方式為在旅運需求產生時同步提供相對應之供給。此措施可以在不影響服務品質之條件下提升服務績效，亦可避免因公車載客率偏低導致政府須進行較大額度之補貼，並能同時壓低營運成本。其特點為在無需求時，DRTS 不須出車，可以大幅降低客運業的油料成本及人事成本。且相較於一般公路客運，其車型較小（多為乙類大客車或小型車），因此維修、購車之成本亦較低（王穆衡等人，2010）。

　　相較於一般固定路線、班次之服務，實行 DRTS 之成效良好，對比於一般固定路線、班次之服務約可減少 43% 之營運費用支出（交通部公路總局，2016）。根據舊金山灣區在 2004 年對於 DRTS 進行相關研究後指出，DRTS 可分爲不同類型之營運模式，當需求量高時可比照一般公車採用固定班距之模式營運，當需求量較低時則可採用彈性班次及彈性路線進行營運（王穆衡等人，2010）。自去年（2019 年）起，交通部基於偏鄉仍有部分固定班次營運之基本民行需求，除了原有 DRTS 之彈性需求外，更增加了固定班次營運的部分，並更名爲「幸福巴士」，隨後將 2019 年訂爲幸福巴士元年。

　　由上可知幸福巴士之推動是爲了維護基本民行權益（交通部，2019），其營運可分爲固定班次及預約班次部分，因此營運較一般公路客運更具彈性。幸福巴士之固定班次具有總里程 10% 之額外彈性里程，至於預約班次則具有總里程 20% 之額外彈性里程，可以使幸福巴士在基於原規劃的路線上，加上更多營運之彈性，讓偏鄉居民完成出行的最後一哩路。截至今年（2020 年）6 月底全國偏鄉地區公共運輸涵蓋率已達 83% 之目標（交通部，2019），並期望透過幸福巴士使偏鄉居民的幸福感可以透過幸福巴士滿足其行的權利來達到。

　　幸福巴士之定位主要介於客運業與計程車業之間，可以彌補現有運輸服務不足之處。相較於客運業及計程車業，幸福巴士之特色可從價格及客製化兩個面向來說明（王穆衡等人，2010）。

(1) 價格制定：幸福巴士提供了額外的彈性里程，並在其里程限度之內提供及門（door to door）之服務，而預約班次則可使有出行需求時其需求被滿足，無出行需求時可取消班次運行，減少資源浪費，但其費用因每班車搭乘人數普遍較一般客運業少，且客製化程度較高，故相對於固定路線、固定班次之客運業，其所收取之費用與一般客運業仍有不同。

(2) 客製化程度：幸福巴士通常使用乙類大客車，或 7～9 人座小客車進行服務，相較之下可提供較多的乘載量，但幸福巴士仍需大致按照所規劃之路線營運，因此客製化程度無法與計程車相比。至於計程車一般使用 5 人座自小客車，僅需針對車內單一旅客之起迄點自由作出路線之安排，可任意指定搭乘時間及地點，提供更爲客製化之服務，因此其價格也高於幸福巴士與一般客運。

　　幸福巴士的推動過程中會先比照一般客運推動營運之程序進行，可參考附圖 2-4，先公告並徵求客運業者的經營，若公告後沒有業者願意營運，地方政府及監理單位會再評估是否需要以幸福巴士進行營運。而在營運補貼方面，由於幸福巴士之路線設置不屬於業者自行規劃，故營運初期即可適用「客運偏遠服務路線營運虧損補貼審議及執行管理要點」請領補貼，使業者提高營運之意願。其目的爲使幸福巴士能以相較於一般公路客運更佳之補貼條件，使此便民之服務可以更容易的深入台灣各鄉鎮，並採用更爲開

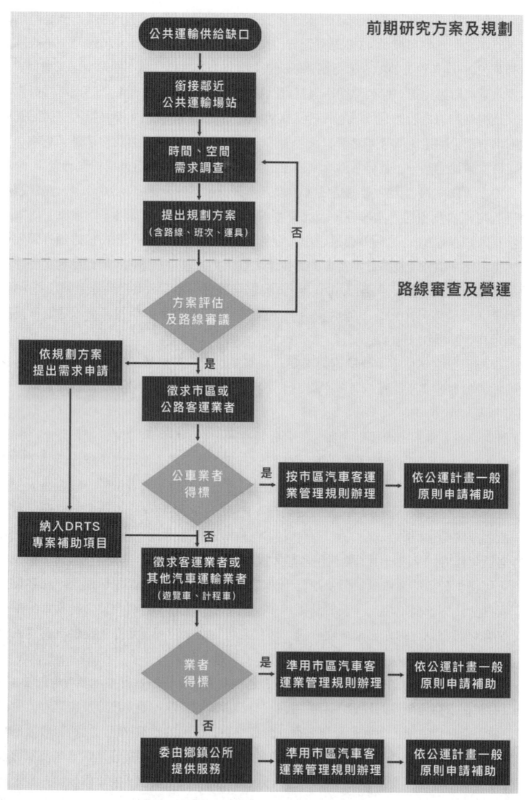

附圖 2-4　幸福巴士之模式選擇流程圖（資料來源：王穆衡等人，2010）

放、多元及彈性之方式改善偏鄉交通不便問題，達成以「人本為主」、「便捷運輸」之施政目標（交通部，2019）。

為了因地制宜，幸福巴士的營運模式各地不盡相同，可參考附表 2-3。

附表 2-3　幸福巴士營運模式

| 代表地點 | 預約班次 | 預約路線 |
|---|---|---|
| 新竹縣尖石鄉 | 有 | 有 |
| 嘉義縣大埔鄉 | 有 | 無 |
| 雲林縣古坑鄉 | 無 | 有 |
| 苗栗縣三灣鄉 | 無 | 無 |

茲挑選雲林之 701 線幸福巴士之實務資料作為運作之測試對象，係基於以下四點綜合考量：(1) 實務資料取得可行性；(2) 幸福巴士營運模式；(3) 電子票證利用率；(4) 預約服務利用頻率。

701 線幸福巴士於 2019 年 5 月底起由臺西客運營運，為雲林草嶺地區在 921 大地震之後再度有公車開通，其行駛路線由草嶺行駛至斗六（路線圖可參考附圖 2-5），可滿足草嶺地區民眾的就醫、就學、觀光與生活等基本民行需求。701 線幸福巴士每週三至週日每天往返四個班次，並依平假日居民不同之需求而有不同的發車時間，以便能更貼近民眾之需求。

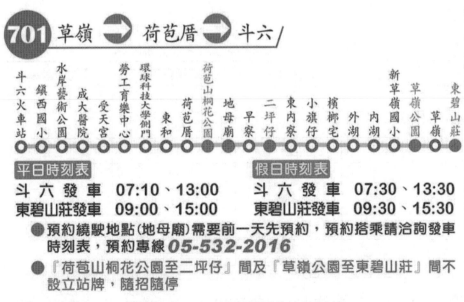

附圖 2-5　701 線幸福巴士之路線圖

資料來源：http://www.taisibus.com/ticket-data/701.html

在實務營運過程中，電子票證之資料較投現資料擁有較多之資訊，由 701 線幸福巴士的實務營運資料中（參考附表 2-4）可以看出其電子票證之使用率極高，因此更容易取得詳細之資料，例如：(1) 各班次搭乘人數、(2) 上下車站位、(3) 搭乘費用，故在資料取得與後續分析上更具優勢。

附表 2-4　701 線幸福巴士之電子票證使用率

| 年份 | 月份 | 客運人次（人） | 電子票證人次（人） | 電子票證使用率（%） |
|---|---|---|---|---|
| 2019 年 | 六月 | 542 | 528 | 97.42 |
| | 七月 | 465 | 433 | 93.12 |
| | 八月 | 385 | 373 | 96.88 |
| | 九月 | 306 | 306 | 100.00 |
| | 十月 | 361 | 361 | 100.00 |
| | 十一月 | 377 | 376 | 99.73 |
| | 十二月 | 356 | 353 | 99.16 |
| 平　均 | | 398.86 | 390 | 97.78 |

　　為了方便民眾之搭乘，701 線幸福巴士還特別提供了預約繞駛及特定路段隨招隨停之服務（雲林縣政府新聞處 - 公共關係科，2019）。為了更了瞭幸福巴士預約要求繞駛之實際情況，本研究以預約繞駛率（定義為民眾向客運業者預約繞駛之次數與行駛班次之比率）代表民眾對於預約繞駛之需求程度，並將 2019 年各月份之預約行駛率計算如附表 2-5。

附表 2-5　701 線幸福巴士之預約繞駛率

| 年份 | 月份 | 行駛班次 | 預約繞駛次數 | 預約繞駛率（%） |
|---|---|---|---|---|
| 2019 年 | 六月 | 88 | 49 | 56 |
| | 七月 | 84 | 36 | 43 |
| | 八月 | 92 | 17 | 18 |
| | 九月 | 84 | 22 | 26 |
| | 十月 | 88 | 26 | 30 |
| | 十一月 | 88 | 20 | 23 |
| 平　均 | | 87.33 | 28.33 | 33 |

由附表 2-5 可知平均預約繞駛率約為 33%，這代表民眾對於預約繞駛地點有一定之

需求，但由於預約繞駛班次代表行駛里程數將會高於一般正常行駛路線，若無法詳盡且正確的紀錄各班次之行駛距離，將會對路線補貼的金額產生較大的爭議。針對公共運輸營運的課題，擬引進區塊鏈技術予以改善。

## 附 2.3 研究流程與內容

本研究之流程如附圖 2-6 所示。

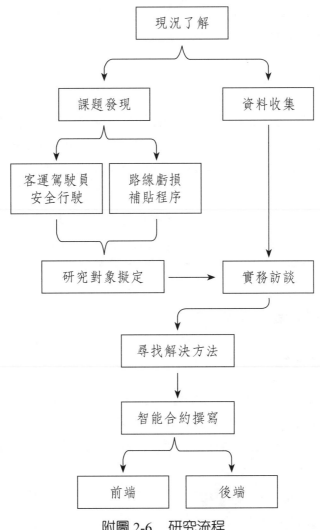

附圖 2-6　研究流程

研究流程中大部分步驟之內容已於之前強調與敘明，因此本節僅就資料收集、實務訪談、區塊鏈技術與特性以及智能合約方案之規劃部分分別說明如下：

## 附 2.3.1　現有文件檔案資料之蒐集

現有文件檔案資料之蒐集主要將與研究主題相關之法規及報告進行整理：

1.「客運駕駛員安全行駛」

「公路客運重大死傷人為肇事防治研析」（立法院議題研析，2017）、「汽車運輸業管理規則」、「交通部公路總局公路汽車客運動態資訊管理系統管理要點」及「勞基法」等條文進行研究，並將其中有關之內容彙整。

2.「客運業路線虧損補貼」

有關補貼申請流程以及補貼金額之計算，可參考「大眾運輸事業補貼辦法」、「公路汽車客運偏遠服務路線營運虧損補貼審議及執行管理要點」及「交通部公路總局鼓勵使用公路汽車客運電子票證票價優惠措施執行管理要點」等。

## 附 2.3.2　訪談資料的整理

本研究訪談及詢問的對象包含：監理機關（包含監理所及公路總局）相關業務之承辦人員、地方政府執行單位、國內知名交通顧問公司之管理階層以及對區塊鏈及公共運輸專業具有了解之專家學者。透過訪談後獲得了更加明確的研究方向（請參見附 2.1.2 節公路公共運輸之發展課題），包括：

1. 區塊鏈之機制對於研究之兩個主題：「客運駕駛員安全行駛」（健康與出勤議題）以及「客運業路線虧損補貼」（路線營運與補貼議題），皆可發揮其優勢。
2. 駕駛員健康及工時資料，由於涉及客運業者業務敏感性或駕駛員個人隱私，較不容易取得。
3. 現階段客運業補貼缺乏資料驗證機制。

## 附 2.3.3　區塊鏈技術與其特性

為了有效解決目前在公路公共運輸管理上的重大議題，即：駕駛員安全行駛的確保、客運業路線虧損補貼程序過於冗長以及非公開資料存在安全性等問題，亟需導入創新且更加完善之技術，以突破現有作業方式之侷限。經由比較評估，選用區塊鏈之智能合約作為克服上述問題之創新技術。

區塊鏈（blockchain）為近年發展相當快速的技術，具有去中心化、不可竄改性等特性，可以大幅提升資料的安全性及信任度（請參見第三節區塊鏈觀念與技術特性）。交通部在 2021 年開始進行之 ITS 五年計畫將區塊鏈列將帶動智慧運輸深化、升級的一項技術。經濟部技術處也將區塊鏈列為 2019/2020 的產業技術白皮書（第五章）的發展

重點。若能將撰寫的智能合約（smart contract）部署於區塊鏈，將可以更加發揮區塊鏈之完整功能。智能合約為運作於區塊鏈以太坊中之程式架構，可用來進行交易資產，例如以太幣或其他數位資產及資料（ethereum.org, 2020；陳恭，2017）。藉由智能合約的撰寫與部署，不但可以省去以往在傳統上須由人工進行之繁瑣流程，更可直接將成果報表產出，不僅可以減少人員輸入錯誤之可能、亦可提高資料的安全性。

　　為了確認區塊鏈智能合約對於公路公共運輸課題之可行性，亦與相關學者進行相關之討論，瞭解到將區塊鏈應用於公路公共運輸，具有相當多之效益（請參考附表2-6）。

附表 2-6　公路公共運輸導入區塊鏈之效益

| 公路公共運輸之課題 | 需改善之內容 | 區塊鏈之特性 | 區塊鏈之效益 |
|---|---|---|---|
| 客運駕駛員安全行駛 | 健康狀態、工時不符合法規要求 | 智能合約、不可竄改性 | 獲得具公信力之適合駕車判斷 |
| 客運業路線虧損補貼 | 補貼程序冗長 | 智能合約、去中心化、不可竄改性 | 安全性提升，資料無法虛報 |

　　雖然在國際上將區塊鏈應用於交通運輸領域已有案例，例如將區塊鏈運用於車輛維護紀錄及物流作業程序，但在國內尚付諸闕如，因此本研究將是國內的交通運輸領域的初次嘗試。

　　為了實際運用區塊鏈進行智能合約操作，本研究將以區塊鏈技術為基礎，運用 Solidity 程式語言建立兩個智能合約，並將之部署於「以太坊虛擬機」（Ethereum virtual machine, EVM）。關於本研究於撰寫智能合約所使用之相關套件與框架，茲說明於下。

　　智能合約的開發框架有多種，例如 Remix 或 Truffle 整合發展環境（IDE），前者只適合部署與測試智能合約，而後者除了測試智能合約上包含其他特性，例如合約自動測試、在 Truffle 框架內執行 JS 腳本的腳本運行器（script runner）、公共與私人網路的網路管理、直接與智能合約溝通的互動控制台等。因此本研究選取 Truffle 作為後續之整合發展環境。

　　在撰寫智能合約之前，需要下載相關的套件與軟體，包括：Node.js、npm、Ganache、Metamask 以及 web3.js。茲分別將各套件介紹如下：

1. Node.js 可使 JavaScript 程式語言的編寫不再僅限於用戶端使用，可讓使用者在伺服器端利用 JavaScript 進行程式之編寫。

2. npm 為使用 JavaScript 進行編寫之軟體套件管理系統，亦為 Node.js 所預設之軟體套件管理系統。

3. Ganache 為一可於本機運行之個人化區塊鏈，可用來作為智能合約部署、發展及測試

沙盒環境。

4. Metamask 是可於 Google Chrome 瀏覽器中運行之擴充套件，可使區塊鏈與瀏覽器進行連結，亦可做為區塊鏈貨幣之儲存錢包。

5. web3.js 則為連接區塊鏈使用者端及伺服器端之套件。

　　智能合約的部署與運作主要可以分成後端（區塊鏈伺服器端）及前端（區塊鏈使用者端）兩部分，如附圖 2-7，並分別介紹如下：

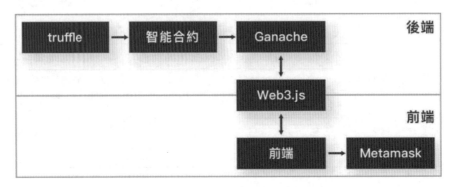

附圖 2-7　智能合約前後端之介接

1. 前端部分將透過 web3.js 進行與後端之介接，並以 Metamask 進行測試幣金鑰之管理與保存。

2. 後端主要以 Solidity 語言撰寫建構智能合約，藉由 Truffle 框架編譯後佈署於 Ganache 進行區塊鏈運作程序的本機模擬，可依照業者之資料格式製作數筆測試資料以模擬實際運作的狀態。於模擬完畢無誤後，利用模擬實際運算之結果，可再進一步將智能合約佈署於測試網（Kajpust, 2017）。

## 附 2.3.4　智能合約方案之規劃

　　由於公路公共運輸的種類較多，本研究中僅先以營運彈性較大之幸福巴士為例，並以區塊鏈 Solidity 語言撰寫兩個智能合約方案，其規劃內容如下：

### 1.「客運駕駛員安全行駛」智能合約

　　駕駛員安全行駛智能合約會直接紀錄駕駛員之健康狀態（例如，血壓／酒精資料），俾能更明確的藉由各種客觀的判定因素決定該駕駛是否適合開車，（例如，醫學上規定心率雜訊偏高可能不適合駕車）（運輸研究所，2018），也能進一步檢核駕駛員之出勤資料是否符合勞動部規定的勞動條件（例如，每工作 4 小時需休息 30 分鐘等），使駕駛員能更加安全的駕駛車輛，並保障公眾之安全。

　　工作紀錄與勞動條件核對在傳統上需要人工作業，難免有疏失，且舊有子系統彼此

獨立並未整合；亦無法保證所記錄之資料不會受到惡意人士竄改或遭遇資料庫毀損等問題。且在現行資料須由人工填寫，容易產生錯誤，但透過區塊鏈及智能合約的機制，可以在資料寫入的過程中直接由智能合約進行驗證，可保障駕駛的權益以及資料之安全性並減少可能的人為錯誤。

本研究駕駛員安全行駛智能合約之區塊鏈架構圖將公司業者、監理單位以及權責主管單位設置為區塊鏈節點，請參見附圖 2-8。架構圖中將駕駛員作為節點單位之優點為：(1) 可將駕駛員的出勤狀況直接與區塊鏈做連結；(2) 直接與排班表結合以辨識其所駕駛之車輛；(3) 身為權益關係人，駕駛員可更直接緊密的參與系統，增加歸屬感。

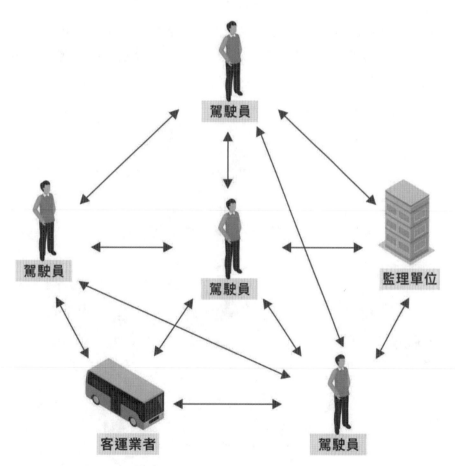

附圖 2-8 「客運駕駛員安全行駛」的智能合約之區塊鏈節點架構圖

## 2.「客運業路線虧損補貼」智能合約

在本智能合約中希望改善兩部分：(1) 縮短業者與主管機關間的補貼文件冗長之寄送與作業時間，以及 (2) 確認相關資料的正確性。

由於目前整個客運業補貼核發的程序仍需逐層審核，客運業者先須將資料送交監理

站，監理站初步審核完畢後再送交監理所審核。而補貼之相關文件目前仍以傳統郵寄為主，又各監理所所管轄範圍廣大，因此郵寄往來所需之時間相當久，造成補貼核發流程中不必要的時間浪費。

經由去中心化架構之智能合約，以上作業程序可直接在網上進行，不再需要花費額外時間在文件寄送上，各個具有權限之區塊鏈節點也可以直接查看審查內容，省下文件往返寄送之作業時間。另在區塊鏈的架構中，主管機關可直接由區塊鏈中獲得公路公共運輸補貼之資料，不再需要由業者另行提供。

藉由執行不可任意更改之智能合約，補貼審核可直接進行，並可避免業者為獲得更多的補貼金額而任意竄改資料，可大幅增加資料的正確性。

在「客運業路線虧損補貼」智能合約中，將各權益關係人（stakeholder）設為區塊鏈之節點，包括客運業者、營運幸福巴士之鄉公所、縣市政府、監理機關、公路總局等，則「客運業路線虧損補貼」智能合約之區塊鏈架構圖可參考附圖 2-9，各權益關係人亦可在區塊鏈上直接查詢系統資料。

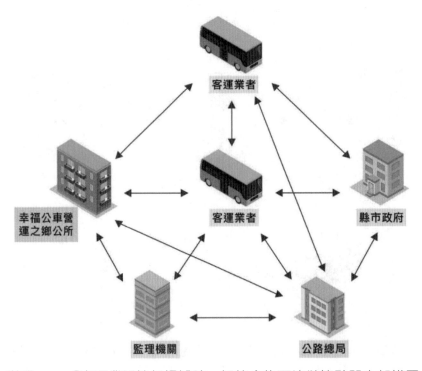

附圖 2-9　「客運業路線虧損補貼」智能合約區塊鏈節點間之架構圖

# 附 2.4 智能合約之設計與雛型展示

　　規劃方案中包括兩個智能合約在內：「客運駕駛員安全行駛」智能合約以及「客運業路線虧損補貼」智能合約。以下將分開說明兩個智能合約之流程圖、操作頁面，並將智能合約進行實務資料的測試。

　　由於「客運駕駛員安全行駛」智能合約在資料取得上遭遇了些許困難，經由徵詢官方、業者及實務界後，了解到「客運駕駛員安全行駛」智能合約之健康狀態、及工時透明化等作業因牽涉到不同的主管機關，在法規未清楚規範前，相關單位對此系統多半存有著較保守或排斥的想法，例如不願意在法規未要求的狀況下額外進行健康狀態之監督與管理，也不樂見工時透明化等作業導入系統後招致「新業務」成本上升。在缺乏主管機關行政協助下，本研究不克獲取實際資料進行分析，但還是依照該項功能之整體架構及細部內容，撰寫 Solidity 程式並部署、完成測試。

　　另在「客運業路線虧損補貼」智能合約中，因業務範圍僅涉及主管機關與客運營運單位之補貼申請的作業流程，較無個人隱私與業務機密之考量，各權益關係人協助之意願較高，故在本研究中「客運業路線虧損補貼」智能合約將會使用實務資料進行測試。茲將本研究所規劃之兩個智能合約之前端設計成果分別說明如下。

## 附 2.4.1 「客運駕駛員安全行駛」智能合約之設計與展示

　　「客運駕駛員安全行駛」智能合約主要將涵蓋健康狀態及工時等兩部分，以確保駕駛員能安全行駛，降低肇事可能。本研究彙整其內容及相關之上班勤務資料紀錄，研擬出「客運駕駛員安全行駛」智能合約之前端流程，如附圖 2-10 所示。

　　根據「客運駕駛員安全行駛」智能合約之前端流程圖可以依序設計前端介面，茲依序說明如下：

1. 前端應用開啓後，先進行駕駛員之登入，駕駛員登入頁面呈現如附圖 2-11，以確保本系統不會遭到盜用登入或刻意記錄錯誤資料。

2. 駕駛員登入完成後，可選擇其打卡狀態，分成「上班」、「下一趟」、「休息」、「下班」等四種，駕駛員打卡選擇頁面呈現如附圖 2-12。除了常見之上、下班打卡種類外，本研究亦加入了「下一趟」、「休息」兩種選項。

　(1)「下一趟」選項主要是爲了要區分駕駛員所駕駛路線之去、回程時間點，俾能準確計算駕駛人在路線單程行駛過程中所花費之時間，使系統具備如同現有車輛動態系統之事前、事中查核功能中藉由歷史之行駛資料推估下趟行駛是否有超時工作之可能。

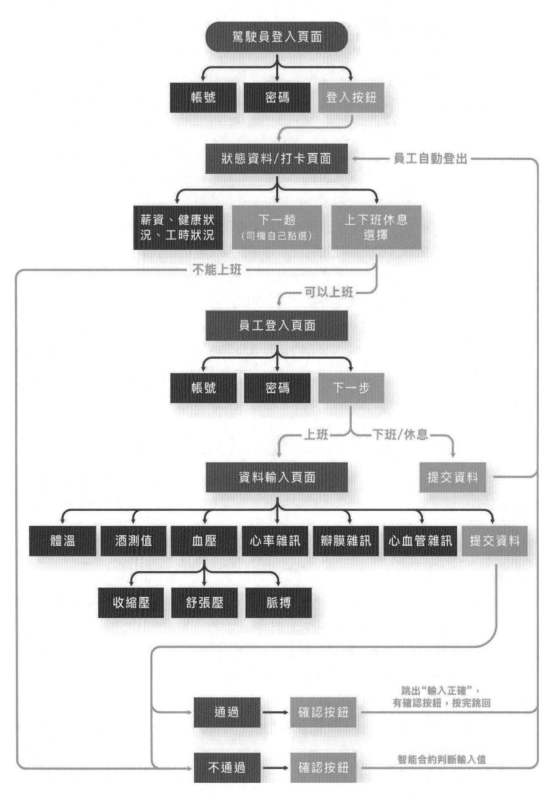

附圖 2-10 「客運駕駛員安全行駛」智能合約之前端流程圖

(2)「休息」選項是爲了方便查核勞基法 35 條「勞工連續工作四小時，至少應有三十分鐘之休息」之規定，故增加此選項以供選擇。

附圖 2-11 駕駛員登入頁面

附圖 2-12 駕駛員打卡選擇頁面

爲了能使系統依據所記錄的工時資料可以正確的判斷駕駛員是否適合開始或繼續進行勤務，本研究將「勞基法」及「汽車運輸業管理規則」有關於工時之相關規範整理如附圖 2-13 所示。

3. 打卡頁面旁亦可選擇查看基本資料頁面，顯示於附圖 2-14。在此頁面中可以提供駕駛員檢視個人之健康狀態及工時等資訊，並將各資訊整合於同一頁面，使資訊的查詢更加便利，讓工時資料能以更加透明化之方式顯示。此外，亦增加薪資欄位，提供業者進行輸入，並讓駕駛員得以查詢，而未來若有需求，亦可利用智能合約將薪資做更明確之計算。

4. 因駕駛員上班須進行酒測等程序，爲避免駕駛員利用本系統在尙未開始工作前先行打卡上班浮報工時，故在點選打卡程序後將需要站場之監督人員進行登入以確認駕駛員之上班時間並協助駕駛員進行健康狀態之量測，監督人員之登入頁面顯示於附圖 2-15。

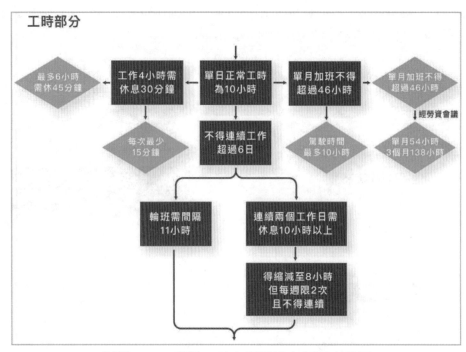

附圖 2-13　駕駛工時之相關規定判斷流程圖

附圖 2-14　基本資料頁面

附圖 2-15　場站監督人員登入頁面

5. 當駕駛員及監督人員皆登入於系統後，即可進行健康資料之輸入程序，健康資料輸入頁面呈現如附圖 2-16。在此頁面中可以紀錄駕駛員之各項健康資料，包括：體溫、酒測、血壓、脈搏及心律雜訊等相關資訊，以提供系統進行判斷駕駛員是否適合出車之依據。

6. 當資料填寫完畢後即可點選送出之程序。因區塊鏈具有不可竄改性，若資料輸入錯誤將不易進行更正。故在此程序中將要求監督人員進行資料之確認，其相關之頁面呈現如附圖 2-17，藉以避免因資料輸入錯誤致使駕駛員無法成功完成報到手續。

附圖 2-16　駕駛員健康資料輸入頁面

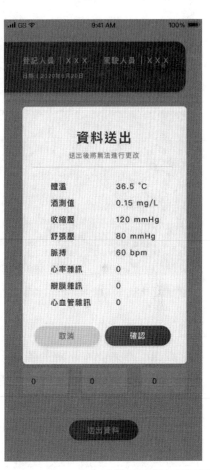

附圖 2-17　監督人員資料確認頁面

7. 完成資料確認後即可經由智能合約進行輸入資料之判讀，並能將判讀之結果透過附圖 2-18 及附圖 2-19 提供給場站監督人員及駕駛員檢視並作為是否適合出車之依據。

附圖 2-18　駕駛員適合出車頁面　　　　附圖 2-19　駕駛員不適合出車頁面

　　透過「客運安全行駛」智能合約內容以及所設計之頁面運作，將可成功整合現有分散之健康管理系統、車輛動態系統之工時審核功能，並加入區塊鏈所擁有之不可竄改性、資料安全及去中心化等特性，使乘客在搭乘時的安全更受到保障。

## 附 2.4.2 「客運業路線虧損補貼」智能合約之設計與展示

　　「客運業路線虧損補貼」智能合約係以改善幸福巴士之補貼審核程序為目的，如前所述，幸福巴士之：(1) 行駛班次、(2) 行駛里程，皆較具彈性，因此將區塊鏈技術應用於幸福巴士之補貼程序將更能彰顯區塊鏈之功能，故本研究之智能合約以幸福巴士作為研究對象，其前端流程如附圖 2-20 所示。

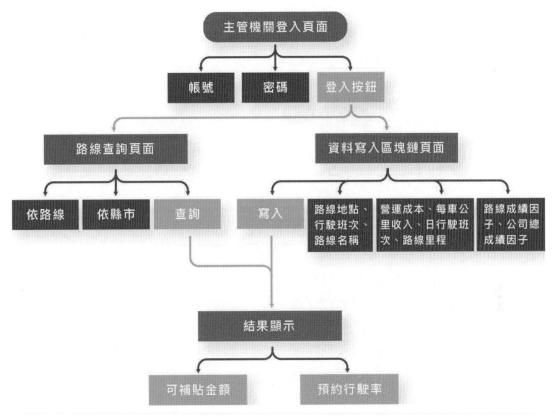

附圖 2-20　「客運業路線虧損補貼」智能合約之前端流程圖

「客運業路線虧損補貼」智能合約將補貼程序中需要呈現以及須輸入之資料設計成相關的頁面，說明如下，並進行實務資料之測試：

1. 開啓區塊鏈之前端應用後，相關人員須先進行登入，以確保本系統不會遭到惡意登入並記錄錯誤之資料。其介面呈現如附圖 2-21a。

附圖 2-21a　相關業務人員登入頁面

2. 登入後，即可以進行補貼金額查詢之動作，因幸福巴士之路線並非皆有設定編號，故在本智能合約之設計中亦允許利用行駛地點、路線名稱及營運單位進行查詢。查詢之頁面呈現於附圖 2-21b。

附圖 2-21b　補貼金額查詢頁面

3. 於附圖 2-21b 選取路線後，將可以查看該路線之補貼金額及預約使用率等相關資訊。在本研究與公路主管機關及相關業務單位進行實務訪談後了解，幸福巴士為欲服務偏鄉滿足民眾基本民行之路線，搭乘人數本來就不會太高，故並不適合援用搭乘人數作為績效指標，因此應採用較為合理的「預約繞駛率」作為績效指標。這個新的指標有助於主管機關更加了解各地路線營運之狀況，為較佳之反應指標，故在本研究中將預約繞駛率作為幸福公車各路線在資料查詢頁面中可檢視之指標。

在相關資料尚未輸入前，預約繞駛率及可補貼金額等指標將顯示空白，如附圖 2-21c 所示，待資料填寫後區塊鏈即會顯示其相關之數值。

附圖 2-21c　路線資料查詢頁面

4. 在路線補貼金額查詢頁面旁可點選進行補貼資料之填寫，以利將資料寫入區塊鏈並進行補貼之程序。本研究以雲林縣古坑鄉 701 線幸福巴士為例，進行實務資料之測試，並以逐班次輸入之方式將實務之資料寫入智能合約中，如附圖 2-21d 所示。

由於受到 Solidity 程式語言之資料格式限制，本研究會先將具有小數點之資料乘以 1000，使得小數點資料能以整數之格式呈現，例如每車公里合理營運成本原為 40.252 元／每公里，為方便程式進行運算，會先改成以 40,252 元／每公里之數字輸入，待最後計算完成補貼金額後，再還原為原先之小數點數字，即可呈現正確之結果。

附圖 2-21d　資料輸入頁面

5. 當補貼之資料填寫完畢後即可點選送出之程序。但因區塊鏈具有不可竄改性，若資料輸入錯誤將不易進行資料之修改。故在附圖 2-21e 中所顯示之頁面將要求相關人員進行資料之確認，以避免因資料輸入錯誤而造成補貼金額計算錯誤。

附圖 2-21e　資料確認頁面

6. 在完成資料確認後即會經由智能合約將資料寫入區塊鏈進行儲存及更新補貼金額。其頁面呈現於附圖 2-21f。

7. 在每月之資料全數匯整於區塊鏈後，即可進行補貼資料查詢，查詢之結果如附圖 2-21g 所示。由於透過本研究所設計之區塊鏈智能合約所計算出之結果與本研究獲得之實務資料之結果相同，顯示本智能合約取代舊有制度之可行性極高。

　　藉由本研究所設計之智能合約架構，將可於去中心化且具備高度安全性之區塊鏈架構內紀錄補貼資料，可有效解決現行資料易有缺漏之現象，並可以讓補貼之程序改為直接於區塊鏈中進行，不再需要進行相當繁瑣且耗時之行政程序。

## 附 2.5 區塊鏈智能合約之權益關係人參與

　　本研究曾經進行多次的訪談，對象包括了公路總局、監理單位、雲林縣政府、顧問公司以及多位專家學者，經過訪談後本研究更加了解實務運作，並納入受訪單位、人員

附圖 2-21f　資料送出頁面

附圖 2-21g　匯入資料後之查詢頁面

對於本研究之建議。茲將權益關係人（例如，客運業者、主管機關、乘客）參與的情形綜整如下：

## 附 2.5.1　營運業者之參與

對營運業者而言，由於近年來客運業長期超時工作、過勞所導致之影響逐步浮上檯面，例如 2017 年發生之蝶戀花遊覽車事件、2019 年阿羅哈客運翻覆事故，及多起駕駛員因心肌梗塞所導致之意外。使客運業駕駛員之健康、工時問題成為最近重要的議題。藉由幸福巴士之導入與營運雖然造福了居民，但也同時增加承辦人員的業務量，惟可利用區塊鏈技術予以解決，分述如下：

### 1. 業者注重駕駛員健康狀態之管理

多家客運業者已進行資料即時傳送之措施，例如「統聯客運」將酒測儀結合攝影設備，在駕駛員進行酒測後可及時將資料回傳至總公司進行紀錄（陳偉業等，2010）。而「豪泰客運」則與「北區區域運輸發展研究中心」合作建置一套與物聯網結合之「健康駕駛管理系統」，並進行是否適合進行駕駛任務之決策分析（運輸研究所，2018）。由上述案例可知目前業者對於健康資料管理極為重視，因此若能導入本研究所規劃之智能合約，將可以使業者在駕駛員健康資料管理上更加便利。

### 2. 業者已努力改善駕駛員超時工作問題

以往客運業之工時狀況較不透明，且不符合勞基法的要求（邱學慈等人，2018）。不過近年來公路總局開始要求客運業者在車輛動態系統事先上傳班表進行工時的事前審查，在事前審查工時資料的合格率上，初期仍常有超時違規之狀況發生，但最近客運業者已逐漸配合相關規定，並大幅的改善此狀況，若能導入智能合約業者將可以更進一步的進行工時狀態之管理。

### 3. 利用區塊鏈技術可紓緩因導入幸福巴士服務所增加之繁重業務量

幸福巴士的營運目前大多數都是由各地鄉公所所執行，而鄉公所承辦人員之業務往往不只幸福巴士一項，由於幸福巴士預約之方式雖然可以線上進行預約，但仍保留電話預約之機制，使得承辦人員之業務量又更加繁重。因此若能導入本研究之「客運業路線虧損補貼」智能合約進行補貼之流程簡化，承辦人員即可不再需要處理繁瑣之補貼申請程序，將可以使承辦人員之業務減輕許多。

## 附 2.5.2　主管機關之參與

主管機關之參與可提升監理及稽查之功能，故對智能合約之建置抱持正面與支持之態度：

## 1. 正面支持駕駛員健康資料紀錄

　　主管機關之實務需求主要在於當客運發生事故後，透過本研究所設計之智能合約將可以使主管機關可以更方便且快速的獲得由區塊鏈所記錄之長期資料，以便進行事故後的原因調查，而不需擔心原有資料儲存可能面對到的資料遺失、資料不全等問題。因此主管機關對於「客運駕駛員安全行駛」智能合約中健康狀態功能這部分相當支持。

## 2. 掌握工時資料可落實稽查工作

　　公路總局近年來所作的相關管理措施，例如：將工時資料結合至車輛動態系統，使主管機關能更清楚了解各客運業者之排班狀況，皆可看出主管機關近年來對於工時查核之重視。而本研究在實際與公路總局及監理單位主管人員訪談後也獲得一致之結果，因此，若能透過「客運駕駛員安全行駛」智能合約了解駕駛員是否超時，將會對主管機關的管理帶來相當大的益處。

## 3. 智能合約可立即查核申請補貼資料之真偽，免除繁瑣之核對程序

　　在目前的補貼程序中，若業者提供錯誤之資料進行補貼申請，因票證資料仍需額外向各票證公司申請，程序較為繁雜，故相當不易進行查核之動作。且目前在補貼資料的審核上仍需花費相當多的時間進行，因此對於「客運業路線虧損補貼」智能合約之設計主要皆抱持較為支持之態度。

## 附 2.5.3　乘客之參與

　　就乘客而言，雖然密集的班次可以提升乘客的便利性，但若班次密集的便利性是建立在駕駛員超時的基礎下，則並非乘客所樂見。因若駕駛員健康狀態不佳、超時工作而導致車禍，最直接受到影響的即為乘客之安全。而多數的乘客也會優先選擇形象較佳、肇事率較低之業者。

　　故若能以「客運駕駛員安全行駛」智能合約進行駕駛員相關權益之管理，雖然由於資料隱私及涉及商業機密等問題，乘客無法直接檢視駕駛員之相關健康狀態及工時等資料。但由於去中心化、不可任意竄改的智能合約架構存在，乘客將得以了解駕駛員之健康狀態及工時等資料是否合乎規範，此作法不但可以保障駕駛員之相關權益，也可以相對的提升民眾對於使用公路公共運輸的信任度。

## 附 2.5.4　小結

　　目前在客運業者及主管機關之實務操作中皆有處理「部分」本研究所進行之項目，包括了將駕駛員進行健康狀態之管理與紀錄，及對工時資料結合車輛動態系統，顯示了本研究之方向與權益關係人（行政部門、業者、乘客）所關心之項目大致相同。對於權

益關係人的參與而言，本研究之相關規劃確能改善現況（請參考附表 2-7），故對於本研究採取支持之態度。

　　而在路線虧損補貼程序中由於現行程序繁雜且資料不易確認，故有改善必要。透過區塊鏈之智能合約架構即可以改善現有之問題，例如系統較易受駭客攻擊、資料易受竄改以及具安全隱憂之缺點，提升整體系統之效能。

附表 2-7　各權益關係人於智能合約中可改善之項目

| 權益關係人 | 區塊鏈智能合約可改善項目 |
| --- | --- |
| 客運業者 | 健康資料、工時管理之便利性；補貼請領之時效改善 |
| 主管機關 | 事故調查、工時督導之便利性；補貼查核更加便利 |
| 乘客 | 了解駕駛員之各項資料皆為正常，可安心乘車。 |

# 附 2.6 區塊鏈智能合約之可行性分析

　　區塊鏈技術為一較新之應用，但現有之法規、實務運作仍維持較傳統之運作模式，並無任何改變。故實際運用區塊鏈技術至公路公共運輸之前仍須進行相關法規及運作模式之修正，才能具備實施之可行性。本研究將可行性的評估區分成技術、財務及營運等三方面，分述如下：

## 附 2.6.1　技術可行性

　　區塊鏈仍在持續發展中，受限於智能合約內部的設定，目前 Solidity 語言並未支援浮點數（float）之資料格式，但本研究利用簡單算數技巧予以克服，即先將變數之數值乘以特定倍數，以此已乘倍數之數值先進行運算，最後將運算結果除以該倍數即可還原為正確之結果。

　　在現有之 Solidity 語法架構下仍可以建構出具實用性之智能合約，區塊鏈之優勢得以充分發揮。雖然現有之技術已可滿足本研究所撰寫之智能合約，但仍可再進一步利用星際檔案系統（IPFS）的功能提升績效，即採用以區塊鏈為基礎之分散式網路傳輸協議，排除重複儲存資料的可能性，使之更適合在區塊鏈的架構中有效運作。目前國際上已有將區塊鏈技術應用於交通界之範例，例如：雷諾、微軟與法國 Viseo 合作利用區塊鏈技術保護汽車數據；在物流領域中則有 BiTA 聯盟（Blockchain in Transport Alliance）以區塊鏈作為資產追蹤、貨運單據核銷及報關流程等相關程序之應用。

# 附 2.6.2　財務可行性

目前健康駕駛管理系統及車輛動態系統為互相獨立之系統，故在資料儲存、系統維護等作業皆須編列兩筆預算進行系統之維持，而本研究之智能合約可將此兩系統進行合併，且區塊鏈智能合約由於其具備不可竄改性，維護之需求較低，僅須負擔資料上鏈之成本。

若能利用星際檔案系統的架構在第二階層（second tier）中作業，儲存成本可以更加低廉（IPFS，2020），由於可大幅節省部署於區塊鏈的成本，故在財務方面將更具優勢。

現有核算路線補貼之程序僅須使用 Excel 試算表程式，幾乎無處理成本，不過卻會產生加班費、列印成本等費用。若改用智能合約進行，雖然處理成本將略有所提升，但若全盤考量已避免的加班費用以及列印成本，仍可較現有之系統更具優勢。

本研究所撰寫之智能合約可以為各權益關係人帶來相關之效益與建構之相關成本，整理於附表 2-8。雖然導入智能合約時建構之初期投資成本稍高，但若納入所能帶來的效益進行全盤之考量，使用智能合約仍具有優勢。

附表 2-8　本研究智能合約之財務分析

| 項目 | 子項目 | 效益<br>（萬元／每年） | 成本<br>（萬元／每年） | 參考資料 |
|---|---|---|---|---|
| 降低事故成本 | 醫療及賠償金（每件） | 20～400 | -- | 邱瓊玉，2019；林俊宏等人，2019；楊國文，2020；交通部公路總局，2019 |
| | 車輛維修費用（每件） | 100 | | |
| | 駕駛訓練成本（每人） | 15 | | |
| 降低違反勞基法之相關罰鍰 | | 1000 | -- | 陳于晴，2019；程啓峰等人，2019；黃怡菁等人，2020 |
| 業務人員加班費 | | 30 | -- | 實務訪談 |
| 郵寄及列印成本 | | 10 | -- | -- |
| 系統初步規劃費用 | | -- | 30 | -- |
| 車輛設備之硬體修改（每車） | | -- | 2 | -- |
| 車輛設備保養費用 | | | 200 | -- |

## 附 2.6.3　營運可行性

營運可行性可分為法規調適以及服務競合兩部分進行說明：

### 1. 法規調適部分

為了導入區塊鏈於公路公共運輸，相關法規需進行調整，可參考附表 2-9，並進行相關說明如下：

附表 2-9　法規調適內容

| 法規條文 | 現有內容 | 調適內容 |
|---|---|---|
| 汽車運輸業管理規則第 19 條 | 健康資料之監督僅止於駕駛與客運業者之關係 | 考慮提升管理的層級。提升安全性 |
| 虧損補貼要點第十五條 | 以紙本進行相關補貼申請 | 以智能合約直接處理，不須紙本資料 |
| 虧損補貼要點第十六條 | 逐級審查相關資料 | 以智能合約處理，不須逐級審查 |

註：本表將「公路汽車客運偏遠服務路線營運虧損補貼審議及執行管理要點」簡化為「虧損補貼要點」

在目前「汽車運輸業管理規則」第 19 條中對於健康資料之監督僅止於駕駛與客運業者之關係，並未直接要求主管機關（縣市政府及監理機關）予以監督，但由於駕駛員之健康一旦出現問題，將會直接影響到乘客的安全，故在法規中，宜明訂監督駕駛健康狀態之權責單位，並考慮提升管理的層級。

在逐級審查的部分，因補貼之相關公式皆已寫入智能合約中，而智能合約之設計亦不容許權益關係人中的任何一方進行任意之竄改，故在逐級審查的制度上亦可簡化。

### 2. 與現有服務競合部分

目前在健康（健康駕駛管理系統）及工時（車輛動態系統）部分皆具備相對應之管理系統，但由於現有之系統彼此獨立、缺乏整合，且在現有系統架構中依然使用中心化之資料儲存方式，而儘管在健康駕駛管理系統中有使用到中心化之雲端架構之資料儲存方式，但依舊無法解決其存在安全性隱憂之缺點。

隨著個資保護的觀念日益加深，且在現有之車輛動態系統及健康駕駛管理系統中所儲存之資料皆為對於駕駛員相當具隱私性之資料，故在資料的安全性上不可不慎，而本研究所使用之區塊鏈技術，即是為了解決目前資料安全性仍存在隱憂所發展之技術。且在本研究之架構中，可使健康駕駛管理系統及車輛動態系統進行整合，提供單一窗口且更具安全性之系統以供使用。

以往補貼之申請流程皆採用傳統文書作業，僅有路線虧損補貼之金額採用 Excel 試

算表進行計算，故在「客運業路線虧損補貼」智能合約導入後預期將會因程序簡化而減少相關人員之工作量。但由於本智能合約將牽涉到補貼款之核發，為使各權益關係人瞭解在導入本智能合約後金額計算之結果不會與先前有所差異，且能獲得如流程簡化、核發加速之優點，在「客運業路線虧損補貼」智能合約之競合關係可以分三階段進行調整：

(1) 第一階段將採用原有之補貼核發程序與區塊鏈之核發程序並行之流程。

(2) 第二階段將實際檢視運用區塊鏈架構之補貼核發程序所帶來之益處。項目包含了可以使主管機關了解透過配套方案所提供的物聯網技術，可確保取得票證資料之正確性並能由已確保正確之資料直接經由智能合約進行補貼審核所帶來的便利性及信任度，以及在區塊鏈架構導入後可將補貼核發程序由現行需文書處理及郵寄所需的三週，改為透過智能合約內相關程式碼的計算，達到立即完成之效益。使各權益關係人接受此架構，並逐步取代原有之補貼程序。

(3) 第三階段將使區塊鏈架構之補貼核發程序完整取代現有之程序，使整體補貼流程更加便利。

本研究所設計之智能合約皆具備相當大之可行性，不僅可藉由區塊鏈之架構使整體系統之安全性加以提升，亦可使相關承辦人員之工作量降低。但由於現有法規之限制，仍需實行還需進行相關法規之修改。為了平順過渡過新舊系統的磨合階段，可考慮區塊鏈智能合約剛開始施作時可與現行手工作業方式並存，然後逐漸取代，最終目的將完全取代現有手工作業方式。

# 附 2.7 區塊鏈智能合約之配套措施

為了使本研究更符合實務上之需求，除了使用區塊鏈技術撰寫智能合約外仍需搭配數項配套方案使本計畫能更加完善，包括：健康狀態、工時若不符需進行之處理；資料輸入需進行之確認；車機故障所需之處理；投現金額的確認；物聯網之介接等在內，並將其相關方案整理於附表 2-10，並分述如下：

## 1. 駕駛員健康狀態、工時異常之處理

由於在本系統中，現階段在系統判斷出狀態異常後僅能將資訊提交給客運業者及主管機關端進行通知，但若每一筆狀態異常發生時皆須由主管機關對業者進行督導，可能會導致主管機關之工作量過大。故須另行設計在健康狀態、工時異常時之處理方式，例如：

附表 2-10 　相關配套方案

| 項目 | 配套方案（編號） |
|---|---|
| 駕駛員健康狀態、工時異常之處理 | (1) 異常發生次數計入評鑑項目 |
| | (2) 建立健康狀態之複檢機制 |
| | (3) 依異常狀態發生之次數決定通報不同之單位。 |
| 車機故障所需之處理 | (1) 申請事後補齊資料紀錄 |
| | (2) 準備備援車輛、加速維修程序 |
| 資料輸入之確認 | (1) 資料再度確認機制 |
| | (2) 藉由物聯網來確保資料 |
| | (3) 利用區塊鏈「僅限追加」資料之特性 |
| 投現金額的確認 | (1) 支援更多非現金支付 |
| | (2) 持續推動電子票證 |
| | (3) 引進自動點幣機 |
| 將物聯網介接相關之車輛感測器 | |

### (1) 將異常發生次數計入評鑑項目

若須使業者正視駕駛員之健康狀態、工時等權益，最有效之方法即為將異常次數計入評鑑項目之中。因若評鑑之成績較低，將會影響到業者之：①虧損補貼金額、②新設路線之申請及③路線續營等權益。且若服務評鑑之成績過低，亦有可能依「公路法」之相關規定停止該業者部分路線之營業。故將異常次數設為評鑑項目將可以有效使業者對這部分更加正視。

### (2) 建立健康狀態之複檢機制

因健康狀態的量測值有時會因外在因素的影響而造成無法正確呈現真實健康狀態之情形，例如，剛進行完運動可能會造成心跳脈搏偏高、戶外天氣炎熱亦會造成體溫容易過高，不過這些狀態皆不代表駕駛員本身的健康狀態具有問題，故若須準確判斷駕駛員之健康狀態需有相關複檢機制。例如，在首次量測後若未通過標準可於一旁先坐著休息，使身體之各項健康狀態回復正常後再進行複檢。

### (3) 異常狀態發生之次數超標再行通報主管機關

因若每次有異常狀態即通報主管機關將會造成其業務量過大，為了解決此問題將可改為先行設定門檻值，當單一業者單月之異常狀態發生次數高於門檻值即代表違規現象嚴重，須立即改善，主管機關收到相關警報之同時亦可及時進行稽查。

## 2. 車機故障所需之處理辦法

透過客運車機所紀錄之資料，可以應用於智能合約中的：(1) 行駛路線里程判斷、(2) 工時紀錄。車機所紀錄之資料以往較少應用於評鑑、補貼等用途之原因為車機故障率較高，業者也擔心導入車機資料後將導致評鑑成績或補貼款會有較大的差距，故對於這方面之應用較為抗拒排斥（陳偉業，2010）。但在 2015 年後公路總局已制定「動態資訊管理系統之管理要點」，除了明文規定車機故障時之通報、處理程序外，亦規範了班次及駕駛員之資料須上傳至車輛動態資訊管理系統之合格率，藉以規範業者改善車機系統，故車機故障率已較數年前改善許多。

然而由於車機之妥善率牽涉到補貼核發之金額，故若需直接以車機之資料進行行駛路線里程之判斷，仍需將各班次之資料完整呈現。故仍需對於目前偶發之車機故障情形進行修正之配套措施。相關配套措施如下：

### (1) 申請事後補齊資料紀錄

雖然在現行制度下，車機故障之情形已不常見，但若仍發生故障情形，可以保留每月數次之修改機會使業者可以將資料及車機故障說明提交給主管機關後由主管機關進行資料紀錄之補登。

### (2) 準備備援車輛、加速維修程序

當車機發生故障時，因為客運調度站全數車輛皆同時在進行載客之可能性不高，因此應有備援車輛可供調度。故若發現車機故障時即進行車輛之更換程序，如此可先以車機正常之車輛進行營運，並盡快維修故障之車輛，使各班次之營運不致出現問題。

## 3. 資料輸入之確認

區塊鏈擁有去中心化、不可竄性等特性使其在對於資料安全要求較高的行業中備受關注，而公路公共運輸因涉及到需要儲存相當多具隱私及商業機密的資料，因此也相當適合使用區塊鏈。但也因區塊鏈的不可竄改性，若資料輸入錯誤，將不易修改，故在導入區塊鏈系統的同時，需研擬避免資料輸入錯誤之解決方案。

### (1) 於資料送出頁面再度確認資料的完整性

為了避免因在資料輸入時因不注意而造成輸入錯誤，將在資料送出前再度要求輸入人員確認資料的正確性，以降低資料輸入錯誤之可能。本研究已先將此配套方案實行，並呈現於附圖 2-16 及附圖 2-21d 之資料確認頁面。

### (2) 藉由物聯網輸入

除了可由資料輸入時進行確認外，亦可藉由物聯網來確保資料輸入之正確性，有關於運用物聯網之說明，呈現於配套方案第 5 點。

(3) 利用區塊鏈「僅限追加」（append-only）資料之特性。

雖然已上鏈的資料無法進行更動，但可以利用「僅限追加」資料之特性補正資料，並由主管機關更新紀錄（Iinuma, 2018）。

### 4. 投現金額的確認

在客運業虧損補貼中，車輛營收的資料是相當重要的一部分。車輛營收主要可以分成電子票證收入及投現收入，在電子票證收入部分，由於若已與物聯網進行資料介接，則資料即可直接接入區塊鏈中不易造假。但投現之資料則較不易掌握。雖然隨著電子票證之普及，在 2018 年市區公車之電子票證平均使用率已達到八成（郭昌儒，2019），但為了更準確的推估車輛之營收資訊，仍需發展相關之配套方案。

#### (1) 支援更多非現金支付之方式

隨著現今以非現金付車資之方式愈來愈多，除了傳統的電子票證外，各信用卡業者也紛紛推出結合電子票證之信用卡，除了具備電子票證之功能外，亦可以自動進行加值，避免臨時需要使用電子票證時因餘額不足而無法使用，增加了不少方便性。此外隨著目前智慧型手機的普及，亦有部分客運業者開始提供使用手機二維碼（QR-Code）作為乘車之憑證。這些更加便利的支付方式皆可提供除了電子票證之外的不同選擇，使原本投現之乘客轉而使用不同之支付方式。

#### (2) 持續推動電子票證使用

近年來，公路總局為了推廣電子票證之使用，亦推出了不少電子票證之優惠方案，加速了公路公共運輸電子票證之普及，例如：連假轉乘優惠、鼓勵公路客運使用電子票證措施等，皆使電子票證之利用率持續提升。公路客運之電子票證利用率也從 2015 年的三成提升到 2018 年的七成（郭昌儒，2019），顯示公路總局在這幾年電子票證之推動相當成功。因此若相關措施持續推動，將能使更多乘客改變其支付方式，以達成更高之電子票證利用率。

#### (3) 引進自動點幣機

為了徹底解決及確認投現金額是否正確，亦可考慮引進日本常使用之自動點幣機（如附圖 2-22），此機器不僅可以自動確認所投之金額，亦支援找零之功能，可使投現金額紀錄之準確度更高。藉由此自動點幣機即可透過機器直接計算出各車次投現之金額，並可再將資料連接物聯網，以方便智能合約進行利用。

附圖 2-22　日本之自動點幣機（資料來源：維基百科）

### 5. 物聯網之與車輛之介接

　　雖然透過區塊鏈架構即可避免資料在儲存時受到任意修改，但由於在現階段之架構下仍需以人工的方式將資料輸入至區塊鏈前端中，因此仍然可能在資料輸入時發生有意或無意之錯誤。但若透過物聯網之介接即可確保從資料獲得到上鏈的過程中皆不會受到人為之干擾，因此可再將整體區塊鏈架構之安全性加以提升。

　　物聯網係將設置於設備上之控制／感測器與網際網路進行連結（劉翁昆，2019），透過物聯網之連結即可在網際網路上即時查看連接於物聯網上設備之相關數據，亦可即時進行遠端操控。而在本研究中物聯網之技術可應用於：(1) 使路線之行駛里程、(2) 票箱收入等相關資料直接由車機、車輛感測器或驗票機接入區塊鏈系統。經由區塊鏈之不可竄改性，使各權益關係人對於該系統之信任度更加提升。

# 附 2.8 預期成果

　　本研究所規劃之智能合約，將可使客運業：(1) 擁有更加完整之健康狀態紀錄；(2) 工時狀態更符合法規之規定。並藉助上述兩點減少車輛事故，達成駕駛員安全行駛之目的；及 (3) 補貼款之核發流程更加快速、完善。而藉由本研究之導入，若能推廣運

用於整體客運業之營運與監督，預期將會有以下之成果：

1. 「駕駛員安全行駛」智能合約：使健康狀態、工時藉由區塊鏈之特性進行整合，將可以產生下列之預期成果：

   (1) 降低事故成本超過五百萬元

   因駕駛員為客運業之重要資產，使駕駛員保持健康將可以使客運業之營運更加安全與順利。透過本研究所開發之智能合約將使駕駛員能夠更加了解自身之健康狀況，可在健康出現警訊時即時提醒，避免更嚴重之情況發生。

   駕駛員於勤務中因突發健康狀況或工時未達要求所導致之車禍相關賠償金，根據附表 2-8 粗估約需花費超過五百萬元。而透過本系統所能提供更佳的管理模式，預期將可省下上述相關之費用。

   (2) 節省違反勞基法之相關罰鍰約千萬元

   由於目前客運業者之工時違規狀況屢見不鮮，雖然已利用車輛動態系統進行確認，但由於目前較無直接將相關超時之情況直接運用於評鑑中，故較不具約束力。而透過本研究之架構及直接將超時次數運用於評鑑之配套方案，將使客運業者對於工時之相關法規更加以遵守。

   藉由附表 2-8 可得知，近一年來客運業者違反勞基法之相關罰鍰總計已超過千萬元，而若導入本研究「客運駕駛員安全行駛」智能合約之以區塊鏈為基礎之系統，將可以使各客運業者對於相關之法規更加遵守，並能使各業者減少支付相關之罰鍰。

   (3) 逐步達成駕駛員安全行駛之目標

   藉由本研究所規劃之智能合約的導入，駕駛員得以擁有更完整、更合乎要求之健康狀態及工時，進而能改善現行常有之因駕駛員健康狀態及工時欠佳而造成之事故，使整體公路公共運輸之安全性得以提升。

2. 「客運業路線虧損補貼」智能合約：在此智能合約中，將對補貼之流程進行改善，預期可產生以下之預期成果：

   (1) 降低業務人員之工作量與加班費

   本智能合約之運作，將可減少補貼之申請程序，並可確保資料之正確性，也可使原本進行虧損補貼審核之人員降低工作量，透過實際訪談的了解，預期每年將可省下近三十萬元之加班費。

   (2) 縮短補貼之申請、審查與核定流程

   由於「客運業路線虧損補貼」智能合約將不再需要進行資料傳送之過程，故預期將可以省下將近一週的文件遞送流程。而也因補貼流程得以簡化，預期將使補貼之整體流程由現行紙本作業所需之三週作業程序縮短至可立即完成補貼審核程

序。

(3) 郵寄及列印成本降低

由於在導入智能合約的運作後，不再需要傳統之文書郵寄及紙張列印之程序，不僅更符合行政院所訂之減碳政策，更可以省下相關費用。由於目前在偏遠服務路線營運虧損補貼要點中要求需列印一式五份之資料，且每年需申請三次，故若改用智能合約作為處理，預計將可以為整體客運業省下約十萬元之資料列印費用。

(4) 補貼資料正確性得以驗證

現今之補貼申請大多仰賴業者所提送之資料，較不易掌握實際資料之正確性。但透過「客運業路線虧損補貼」智能合約之導入將可以確保資料之正確性，以核發正確之補貼金額。

若將區塊鏈架構導入現行之公路公共運輸管理系統，由於可以減少相關不必要的支出，例如：違反勞基法之罰鍰、重新訓練駕駛員之費用、審查補貼所需之加班費等，預期將可以省下超過千萬元之支出。

綜上所述，區塊鏈雖然為一較新之技術，但其具備不可竄改性、去中心化等特性，相當適合運用於權益關係人眾多之公路公共運輸架構。而本研究透過撰寫智能合約將「駕駛員安全行駛」及「客運業路線虧損補貼」這兩部分進行改善，並對於營運彈性較大之幸福巴士進行實務資料之測試，確能獲得區塊鏈可用以改善公路公共運輸之結論。

# 附 2.9 星際檔案系統的使用潛力

區塊鏈為一個可以自動執行的程式碼，用於執法（enforcement）「前訂文字」（terms）與「條件」（conditions）。與比特幣用於驗證數位貨幣不同，區塊鏈挖礦節點在區塊上執行、驗證與儲存資料。傳統的區塊鏈在儲存大量資料時是一個非常昂貴的媒介體（medium），例如比特幣區塊鏈儲存文檔時，每個區塊的上限為一個百萬位元組（megabyte）。解決這個問題的辦法為利用去中心化的儲存媒介體（medium）去儲存這個資料，而資料的雜湊值則與其區塊鏈區塊連結或在區塊鏈智能合約程式碼內使用。

一般常見的去中心化儲存技術有「星際檔案系統」（interplanetary file system, IPFS）、「雲集」（swarm）、Filecoin、BigChainDB、Storj 等。IPFS 是一個點對點的分散式去中心化的檔案系統，節點之間彼此相連並共用一個檔案系統。IPFS 將內容賦予地址（content-addressable），亦即 IPFS 的內容可以經由 IPFS 的雜湊地址進

接（accessed）。這種檔案系統是沒有爭議的，因爲它工作的方式與區塊鏈近似，有一串結點而且不可以竄改檔案內容。職是之故，IPFS 可以利用內容賦予地址的超連結（hyperlinks）來提供高產出量（throughput）以及提供內容賦予地址的區塊儲存模式（content-addressed block storage model）。由於去中心化的性質，單一節點失效並不會影響檔案系統的進接。

# 附 2.10 結論與建議

區塊鏈的去中心化與防僞特性可以解決權益關係人之間的信任課題，因此深具發展潛力。目前將智能合約技術應用到交通運輸領域的研究逐漸展開，包括：導入區塊鏈技術之海運物流系統－以危險物品裝載運送爲例，應用區塊鏈智能合約提升幸福巴士之效益以及智能合約在車輛零件物流之應用。隨著物聯網（internet of things, IOT）以及區塊鏈第二層（layer）之有效發展，將區塊鏈技術應用於智慧型車路系統的時程將大爲縮短。

# 問題研討

1. 名詞解釋：
   (1) 智能合約
   (2) 幸福公車
   (3) 繞駛率
2. 請說明公路公共運輸當前營運的課題有哪些？
3. 物聯網對於公共運輸智能合約能產生何種效益？
4. 區塊鏈儲存文檔容量有限，有何改進方法？

# 參考文獻

[1] 王穆衡、史習平、翁美娟、張學孔、李克聰、魏健宏、周文生、賴以軒、王景弘、吳奇軒、陳德紹、吳忠賢、鐘志宜、李訓誠、李菀叡、陳奕如、簡佑芸、許耀文，2010，需求反應式公共運輸系統之整合研究（1/3），交通部運輸研究所，台北。

[2] 公路客運即時動態資訊網，2020，有效落實公路汽車客運監理業務，取自 https://www.tai-wanbus.tw/eBUSPage/About.aspx，公路客運即時動態資訊網，引用日期 2020/09/18。

[3] 立法院議題研析，2017，公路客運重大死傷人為肇事防治研析，立法院，台北。

[4] 台北市政府交通局，2020，臺北市聯營公共汽車肇事案件，台北市政府，台北。

[5] 交通部公路總局，2016，大客車駕駛擴大徵才就業安薪方案，取自 https://tinyurl.com/y2en-7q7y，交通部公路總局，引用日期 2020/09/04。

[6] 交通部公路總局，2019，105 年擴大辦理需求反應式公共運輸服務專案便利偏鄉民行，取自 https://tinyurl.com/y3kny84l，交通部公路總局，引用日期 2020/08/02。

[7] 交通部公路總局，2020，公路公共運輸計畫執行情形，交通部公路總局，台北。

[8] 交通部統計處，2017，民眾日常使用運具狀況調查摘要分析，交通部，台北。

[9] 交通部統計處，2020，公路客、貨運統計，交通部，台北。

[10] 交通部統計處，2020，公路汽車客運業營運概況，交通部，台北。

[11] 交通部統計處，2020，市區汽車客運業營運概況，交通部，台北。

[12] 交通部運輸研究所，2018，客運業好幫手：健康駕駛管理系統，取自 https://www.iot.gov.tw/cp-23-393-fb1ee-1.html，交通部，引用日期 2020/08/23。

[13] 交通部，2019，交通部業務概況報告，交通部，台北。

[14] 交通部，2020，交通部業務概況報告，交通部，台北。

[15] 李宛諭，2020，內湖公車衝人行道 1 死 1 傷北市：駕駛未充足休息，取自 https://www.cna.com.tw/news/firstnews/202009220314.aspx，中央社，台北。

[16] 邱學慈、陳德倫、呂月琪，2018，時薪只有 88 元血汗超時睡不飽——那些沒有再上車的桃客司機，取自 https://www.twreporter.org/a/tybus-driver-overwork，報導者，台北。

[17] 邱瓊玉，2019，公車摔傷保險最多賠 20 萬柯允檢討，取自 https://udn.com/news/story/7323/4149034，聯合報，台北。

[18] 林俊宏、劉志原，2019，【車禍最高和解金 4】車禍人命值多少法院近年判賠金額曝光，取自 https://www.mirrormedia.mg/story/20190819inv004/，鏡週刊，台北。

[19] 林悅，2018，公車駕駛身體不適衍生車禍頻傳遠距健康照護把關，取自 https://www.ettoday.net/news/20180316/1131615.htm，ETtoday 新聞雲，台北。

[20] 郭昌儒，2019，從電子票證大數據觀察旅運轉乘，主計月刊，第 763 期，頁 88-92，台北。

[21] 張朝能、吳招義，2019，需求反應式公共運輸服務（DRTS）執行成果之檢討，交通部運輸研究所，台北。

[22] 許明恩，2018，複雜的技術簡單說，帶你輕鬆了解區塊鏈在做什麼，取自 https://www.you-tube.com/watch?v=YbRFRkJGIeo，TEDxTalks，台北。

[23] 陳恭，2017，智能合約的發展與應用，財金資訊季刊，第 90 期，頁 33-39，台北。

[24] 陳偉業、蘇昭銘、周宏儒、陳奕廷、姜禹辰、蘇尚彬、王穆衡、蔡欽同，2010，先進大眾運輸系統資訊於主管機關端之管理應用之檢討及示範計畫（1/2），交通部運輸研究所，台北。

[25] 陳于晴，2019，超時工作、未給例假休息三大客運遭開罰近 300 萬元，取自 https://news.cnyes.com/news/id/4425500，鉅亨網，台北。

[26] 程啓峰、汪淑芬，2019，阿羅哈客運司機超時 3 項違規累犯最高罰 300 萬，取自 https://www.cna.com.tw/news/firstnews/201906110106.aspx，中央社，台北。

[27] 雲林縣政府新聞處 - 公共關係科，2019，雲林交通上場 701「斗六 - 荷苞村 - 草嶺」DRTS 需求反應式公車路線 31 日正式通車營運，取自 https://www.yunlin.gov.tw/News_Content.aspx?n=1244&s=237666，雲林縣政府。

[28] 黃瑞雯、黃仲平、劉彥妤、林詩欽，2018，新北市偏遠地區需求反應式公共運輸服務實施可行性分析，新北市政府交通局。

[29] 黃怡菁、郭俊麟，2020，駕駛超時工作中興大業巴士累犯重罰 190 萬，取自 https://news.pts.org.tw/article/469292，公視新聞網，台北。

[30] 黃慧雯，2020，Gmail / Google 雲端硬碟故障修復 Google 向用戶致歉，取自 https://www.chinatimes.com/realtimenews/20190313003007-260412?chdtv，中時新聞網，台北。

[31] 楊國文，2020，公車連撞 5 車市價 200 多萬 BMW 修車費索賠逾百萬，取自 https://news.ltn.com.tw/news/society/breakingnews/3186365，自由時報，台北。

[32] 劉翁崑，2019，物聯網（*Internet of Things*）的時代來臨，取自 http://web.lib.fcu.edu.tw/libstories/archives/5869，引用日期 2020/9/3。。

[33] 魏誌宏，2019，基於智能合約的可應用票券系統方案，國立中山大學資訊管理學系研究所碩士論文，高雄，取自 https://hdl.handle.net/11296/2693c2。

[34] 顏傑、林哲偉、王中芸、宋亞欣，區塊鏈智能合約在公路公共運輸上的應用—以幸福巴士為例，109 年公路公共運輸規劃競賽成果報告書。

[35] 顏傑，「區塊鏈基礎的危險物品運送之研究」，科技部大專學生研究計畫書。

[36] Ethereum.org, 2020, *Learn about Ethereum*, https://ethereum.org/en/learn/, Accessed on 2020/08/23.

[37] Iinuma, A., 2018, *What Is Blockchain And What Can Businesses Benefit From It?*, https://tinyurl.com/y6gnvayh, Accessed on 2020/09/21.

[38] IPFS, 2020, *IPFS powers the Distributed Web*, https://ipfs.io/, Accessed on 2020/09/22.

[39] Kajpust, D., 2017, *The Best Way to Start Coding in Solidity*, https://tinyurl.com/ ydbttmwl, Accessed on 2020/04/22.

[40] Kim, C., 2018, *6 Top Cloud Security Threats in 2018*, https://reurl.cc/v11KRk, Accessed on 2020/08/21.

[41] Mughal, A., Joseph, A., 2020, Blockchain for cloud storage security: A review, *International Conference on Intelligent Computing and Control Systems*（*ICICCS 2020*）, pp. 1163-1169.

[42] Zhu, L., Wu, Y., Gai, K., Choo, K.K., 2019, Controllable and trustworthy blockchain-based cloud data management, *Future Generation Computer Systems* Vol. 91, pp. 527-535.

國家圖書館出版品預行編目資料

運輸規劃—基礎與進階／陳惠國作. ——初
版.——臺北市：五南圖書出版股份有限公
司, 2023.12
面；　公分
ISBN 978-626-366-595-8(平裝)

1.CST: 運輸規劃

557　　　　　　　　　　112015110

5G59

# 運輸規劃—基礎與進階

作　　　者 — 陳惠國（259.6）

發 行 人 — 楊榮川

總 經 理 — 楊士清

總 編 輯 — 楊秀麗

副總編輯 — 王正華

責任編輯 — 張維文

封面設計 — 姚孝慈

出 版 者 — 五南圖書出版股份有限公司

地　　　址：106台北市大安區和平東路二段339號4樓

電　　　話：(02)2705-5066　傳　　真：(02)2706-6100

網　　　址：https://www.wunan.com.tw

電子郵件：wunan@wunan.com.tw

劃撥帳號：01068953

戶　　　名：五南圖書出版股份有限公司

法律顧問　林勝安律師

出版日期　2023年12月初版一刷

定　　　價　新臺幣650元

# 經典永恆・名著常在

## 五十週年的獻禮——經典名著文庫

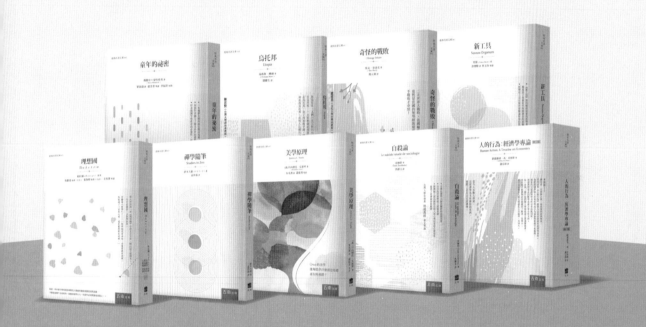

五南，五十年了，半個世紀，人生旅程的一大半，走過來了。

思索著，邁向百年的未來歷程，能為知識界、文化學術界作些什麼？

在速食文化的生態下，有什麼值得讓人雋永品味的？

歷代經典・當今名著，經過時間的洗禮，千錘百鍊，流傳至今，光芒耀人；

不僅使我們能領悟前人的智慧，同時也增深加廣我們思考的深度與視野。

我們決心投入巨資，有計畫的系統梳選，成立「經典名著文庫」，

希望收入古今中外思想性的、充滿睿智與獨見的經典、名著。

這是一項理想性的、永續性的巨大出版工程。

不在意讀者的眾寡，只考慮它的學術價值，力求完整展現先哲思想的軌跡；

為知識界開啟一片智慧之窗，營造一座百花綻放的世界文明公園，

任君遨遊、取菁吸蜜、嘉惠學子！